Annales
Histoire, Sciences Sociales

77ᵉ année
nº 1 janvier-mars 2022

Histoire environnementale (Antiquité-Moyen Âge)

Sommaire

Éditorial	5

Interdisciplinarité
Adam Izdebski *et alii* — 11
L'émergence d'une histoire environnementale interdisciplinaire
Une approche conjointe de l'Holocène tardif

Historiographie
Philippe Leveau — 61
Le destin de l'Empire romain dans le temps long de l'environnement (note critique)

Magali Watteaux — 85
Un discours de la méthode pour une histoire environnementale du haut Moyen Âge

Geneviève Bührer-Thierry — 97
La Nature et le corps du roi
Réflexions sur l'idéologie politique des temps carolingiens

Économie et écologie
Michel Reddé — 105
Le développement économique des campagnes romaines dans le nord de la Gaule et l'île de Bretagne

Histoire environnementale (comptes rendus) — 147

Résumés / Abstracts — I
Livres reçus — VII

L'édition française des *Annales* est consultable
en accès libre sur les portails suivants :
- Cairn, depuis 2001, avec un délai de quatre ans
  (www.cairn.info/revue-annales.htm)
- Gallica, 1929 à 1938 (www.gallica.bnf.fr)
- Persée, 1929-1932, 1939-1941, 1943-2002
  (www.persee.fr/collection/ahess)

Et sur abonnement sur les portails suivants :
- Cambridge Core, depuis 1929
  (www.cambridge.org/annales)
- JSTOR, depuis 1929, avec un délai de cinq ans
  (www.jstor.org/journal/annahistscisoc)

L'édition anglaise des *Annales* est consultable
en texte intégral sur les portails suivants :
- Cairn international, 2012 à 2016
  (www.cairn-int.info/journal-annales.htm)
- Cambridge Core, depuis 2012
  (www.cambridge.org/annales-in-English)
- Revues.org, 2012 à 2016
  (www.revues.org/annales-english-edition)

Depuis 2017, la revue des *Annales* est publiée en version
imprimée et en ligne par les Éditions de l'EHESS
en partenariat avec Cambridge University Press.

Les abonnements peuvent être achetés auprès de votre
agence d'abonnement habituelle ou directement auprès
de Cambridge University Press :
 Cambridge University Press (Journals)
 University Printing House
 Shaftesbury Road
 Cambridge CB2 8BS (Royaume-Uni)
 journals@cambridge.org

Les abonnements débutent au premier numéro de l'année ;
tarifs et bulletin d'abonnement se trouvent en fin
de numéro et à l'adresse :
 www.cambridge.org/annales/subscribe-fr

Vente au numéro (France, Belgique, Suisse) : 25 €
Diffusion en librairie / Distribution :
 Harmonia Mundi Livre
 Le Mas de Vert
 13200 Arles (France)

Vente au numéro pour le reste du monde :
veuillez contacter Cambridge University Press

Informations éditoriales :
http://annales.ehess.fr

Rédaction des *Annales*
EHESS
2 cours des Humanités
93300 Aubervilliers (France)
Tél. : +33 (0)1 88 12 05 62
Courriel : annales@ehess.fr

Maquette : Michel Rohmer
Mise en pages et édition :
Sophie Muraccioli
et Clémence Peyran

© École des hautes études
en sciences sociales,
Paris, 2022

ISSN (édition française) :
0395-2649 (version imprimée)
1953-8146 (version numérique)

Annales
Histoire, Sciences Sociales

Fondateurs : Marc Bloch et Lucien Febvre
Ancien directeur : Fernand Braudel

Revue trimestrielle publiée depuis 1929,
éditée par l'École des hautes études
en sciences sociales en partenariat avec
Cambridge University Press

Directeur de la rédaction
Vincent Azoulay

Comité de rédaction
Étienne Anheim, Romain Bertrand, Guillaume Calafat, Vanessa Caru,
Jean-Yves Grenier, Camille Lefebvre, Antoine Lilti, Catherine Rideau-Kikuchi,
Antonella Romano, Anne Simonin, Michael Werner

Responsables de la version anglaise
Nicolas Barreyre, Stephen W. Sawyer

Rédaction
Chloe Morgan, Sophie Muraccioli, Clémence Peyran

Comité scientifique
Mary Beard, Jane Burbank, André Burguière, Sandro Carocci, Jocelyne Dakhlia,
Lorraine Daston, François Hartog, António Manuel Hespanha, Christian Lamouroux,
Emmanuel Le Roy Ladurie, André Orléan, Jacques Poloni-Simard, Jacques Revel,
Pierre-François Souyri, Sanjay Subrahmanyam, Laurent Thévenot, Lucette Valensi

Histoire environnementale
(Antiquité-Moyen Âge)

Numéro spécial

Centré sur l'histoire environnementale des périodes anciennes, ce numéro spécial s'inscrit dans une tradition bien enracinée, quoique profondément renouvelée au cours des cinquante dernières années. À distance de la « longue durée » braudélienne, où le climat servait de toile de fond immobile et majestueuse au déploiement des actions humaines, une histoire environnementale davantage sensible aux « fluctuations de la météorologie » et « au paroxysme des contagions » avait déjà trouvé une place dans les Annales *au début des années 1970 sous la plume d'Emmanuel Le Roy Ladurie*[1]*. Après un moment d'éclipse, elle a refait surface dans les pages de la revue au cours de la dernière décennie, sans doute parce que s'y nouent étroitement des questions méthodologiques, épistémologiques et politiques.*

La revue s'est ainsi fait l'écho de ces profondes mutations à travers un numéro spécial coordonné par Alice Ingold en 2011 et, plus récemment en 2017, par un volumineux dossier consacré au concept d'Anthropocène, désormais omniprésent dans le débat public et scientifique[2]*. La définition de cette nouvelle ère géologique reste toutefois controversée : si le rôle de l'humanité dans l'altération actuelle du climat fait aujourd'hui (plus ou moins) consensus, on ne s'accorde guère pour dater l'origine du bouleversement. En 3 000 ans avant notre ère ? Depuis la révolution industrielle anglaise au XVIII*e *siècle ? Ou seulement avec les Trente Glorieuses ? Pour le dire autrement, l'Anthropocène commence-t-il dès la fin du*

---

1. Emmanuel LE ROY LADURIE, « Présentation », n° spécial « Histoire et environnement », *Annales HSS*, 29-3, 1974, p. 537.
2. Alice INGOLD, « Écrire la nature. De l'histoire sociale à la question environnementale ? », *Annales HSS*, 66-1, 2011, p. 11-29 ; dossier « Anthropocène », *Annales HSS*, 72-2, 2017, p. 263-378.

néolithique, lorsque s'établit la conjonction entre sédentarisation humaine, domestication animale, exploitation agricole et étatisation politique ? N'est-ce pas là cependant réintroduire subrepticement l'idée de péché originel, comme si le ver avait déjà été dans le fruit... En outre, si le véritable bouleversement n'intervient qu'avec l'instauration du système capitaliste, la notion d'Anthropocène ne risque-t-elle pas de faire écran, en occultant le véritable acteur du changement – non l'homme, mais le capitalisme ? D'où la proposition d'une dénomination alternative, le Capitalocène...

Au cours des cinq dernières années, les débats ont continué à évoluer à la faveur de la publication de plusieurs livres marquants – dont les deux ouvrages qui font ici l'objet de notes critiques. Méthodologiquement tout d'abord, l'histoire environnementale a bénéficié de l'apport d'indicateurs scientifiques toujours plus précis, grâce aux avancées spectaculaires de la glaciologie, de l'archéogénétique, de l'ostéologie (l'étude des ossements animaux et humains) et de l'archéobotanique – palynologie (étude des pollens) et dendrochronologie (datation par les arbres et les végétaux). Épistémologiquement ensuite, ces nouvelles données ont induit non seulement une évolution des stratégies de recherche, désormais résolument interdisciplinaires, mais ont également retenti sur les manières d'écrire l'histoire et, en particulier, d'articuler les « archives de la nature » et la documentation historique traditionnelle. Politiquement enfin, cette histoire environnementale s'est écrite au prisme d'interrogations écologiques toujours plus vives, dans un monde aux prises avec la dérive climatique et la destruction massive du vivant.

Dans ce contexte mouvant, ce numéro spécial entend opérer une série de déplacements. Déplacement chronologique, tout d'abord, les articles se situant en amont de la rupture de l'Anthropocène, du moins dans son acception la plus courante : ils couvrent l'Antiquité et le haut Moyen Âge en Méditerranée, au Proche-Orient et en Europe occidentale – période que les géologues appellent l'Holocène tardif, c'est-à-dire la dernière partie de l'ère quaternaire. Pour autant, ce choix ne vise nullement à refroidir le débat historiographique : s'interroger, avec Kyle Harper, sur le rôle joué par le climat et les épidémies dans la chute de l'Empire romain d'Occident revient d'ailleurs à poser la question, sinon de la fin du monde, du moins de la fin d'un monde. Si la proposition est assurément stimulante, elle n'est pas exempte d'une certaine rétroprojection sur le passé antique des inquiétudes environnementales et géopolitiques actuelles, comme le montre la note critique signée par Philippe Leveau.

Déplacement disciplinaire, ensuite. En 2017, dans les Annales, *trois géologues appelaient à développer une « science hybride » et collaborative, à cheval entre temps géologiques et temps historiques*[3]. *Le défi est ici relevé par un collectif de huit historiens et de huit spécialistes de sciences expérimentales qui, sous la houlette d'Adam Izdebski, unissent leurs savoir-faire pour écrire une histoire à parts égales de l'Holocène tardif. Loin de tout triomphalisme scientiste, cette collaboration aboutit à souligner les forces comme les faiblesses des indicateurs scientifiques (*proxies*) qui permettent de reconstituer les interactions entre les sociétés humaines et leur milieu : les « archives de la nature » ne peuvent se substituer aux sources traditionnelles sans risquer de basculer dans le déterminisme climatique ;*

---

3. Jan ZALASIEWICZ, Colin WATERS et Mark WILLIAMS, « Les strates de la ville de l'Anthropocène », *Annales HSS*, 72-2, 2017, p. 329-351, ici p. 351

mieux encore, cette documentation nouvelle doit plutôt inciter les spécialistes à approfondir la lecture des sources littéraires ou administratives déjà disponibles pour l'Antiquité et le haut Moyen Âge.

Déplacement par rapport aux styles historiographiques traditionnels, enfin. Ce numéro spécial fait cohabiter des modes d'écriture très différents ; si des voix singulières, voire souveraines, s'y font entendre, la recherche collective y occupe une place cruciale : l'équipe interdisciplinaire réunie par Adam Izdebski recourt à une écriture chorale de façon à mieux articuler des documentations plurielles, hétérogènes et lacunaires ; Michel Reddé donne à lire les résultats de deux grandes enquêtes collectives sur les campagnes du nord-est de la Gaule et de la Bretagne romaines pour en proposer une comparaison et une interprétation d'ensemble qui fasse droit à la diversité interne de l'Empire, y compris sur le plan écologique ; quant au livre de Jean-Pierre Devroey sur la nature au temps de Charlemagne, deux historiennes, Geneviève Bührer-Thierry et Magali Watteaux, en offrent une recension croisée à partir de deux points de vue bien différents – l'anthropologie du pouvoir et l'histoire archéologique des campagnes – pour en montrer toute la richesse et les nouveaux chantiers à ouvrir.

Enquête collective nécessitant des moyens humains et matériels importants ; note critique sur un livre majeur mais controversé ; recensions croisées proposant le regard de deux historiennes sur un même ouvrage ; article de synthèse à vocation comparatiste : ce numéro donne à lire une histoire environnementale réflexive, parfois inquiète, aussi attentive aux lacunes de la documentation qu'aux risques de rétroprojection anachronique.

Les Annales

Interdisciplinarité

Dossier

L'émergence d'une histoire environnementale interdisciplinaire
Une approche conjointe de l'Holocène tardif

*Adam Izdebski, Kevin Bloomfield, Warren J. Eastwood,
Ricardo Fernandes, Dominik Fleitmann, Piotr Guzowski,
John Haldon, Francis Ludlow, Jürg Luterbacher, Joseph G. Manning,
Alessia Masi, Lee Mordechai, Timothy P. Newfield,
Alexander R. Stine, Çetin Şenkul et Elena Xoplaki*

L'histoire, en tant que discipline, traverse une phase de transition. D'une part, de nouveaux types d'indices (palynologiques, dendrologiques, glaciologiques, ostéologiques, archéogénétiques, etc.) sont disponibles, mais beaucoup d'historiens demeurent réticents à les utiliser, faute d'avoir été formés pour le faire. D'autre part, la situation mondiale actuelle, particulièrement critique, marquée par des changements climatiques et des perturbations écosystémiques sans précédent ainsi que par l'émergence (non sans lien avec ces dérèglements) de maladies hautement transmissibles, incite à se tourner vers le passé, à la recherche de parallèles signifiants et de boussoles susceptibles de nous guider. Des professionnels d'autres disciplines – notamment de la médecine, des sciences de l'environnement et de l'économie – se sont attelés à cette tâche en proposant au grand public des « leçons historiques ». Les historiens, quant à eux, participent encore trop peu souvent aux débats sur les défis du présent et le futur de la planète qui en découle, alors même que ceux-ci captivent l'opinion et contribuent effectivement à tracer les contours de notre avenir.

Pour remédier à cette situation, les historiens doivent s'emparer des nouveaux indicateurs et des perspectives disciplinaires et théoriques sur le passé qui ont émergé au cours des décennies récentes. Par ailleurs, ils doivent défendre la pertinence de ce que l'on pourrait appeler, dans une perspective évolutionniste, le passé récent – à savoir la période allant de l'Antiquité à la révolution industrielle – pour apporter des réponses aux questions majeures qui occupent aujourd'hui nombre d'esprits. Les auteurs du présent article, huit historiens et huit spécialistes de sciences naturelles, souhaitent participer à cet effort en réfléchissant à la manière dont les premiers peuvent engager le dialogue avec les disciplines des seconds. Par souci de concision, cette contribution se concentre sur les sciences de la Terre, branche des sciences naturelles avec laquelle l'histoire a entretenu, depuis longtemps, les interactions les plus fortes, tout en reconnaissant l'influence, parfois importante, qu'exercent de nombreux autres champs des sciences naturelles sur la discipline – par exemple, la recherche sur l'ADN ancien (archéo-génétique) et les sciences cognitives[1].

D'un point de vue géologique, et selon les échelles de temps utilisées dans les sciences de la Terre, l'immense majorité des historiens travaillent sur l'Holocène tardif, soit environ les trois derniers millénaires. Le début de cette ère coïncide avec l'émergence des « civilisations classiques » aux deux extrémités de l'Eurasie et en Méso-Amérique, dans la vallée de l'Indus et dans d'autres régions, lesquelles ont donné naissance à des processus socio-économiques et politiques qui ont considérablement participé aux réussites techniques et technologiques auxquelles nous sommes parvenus, mais aussi aux problèmes que nous connaissons aujourd'hui, de la dérive climatique globale aux extinctions de masse de nombreuses espèces et à l'avènement de l'Anthropocène[2]. L'Holocène tardif, étonnamment stable en matière de variabilité climatique par rapport à la période précédente de la même ère, aux ères glaciaires et interglaciaires antérieures ou encore à notre XXe siècle, est la période pour laquelle nous disposons des meilleurs outils pour étudier le passé de l'humanité. D'abondantes sources écrites, dont le volume et la qualité s'accroissent au fur et à mesure que l'on s'approche du présent, complètent les indices matériels laissés au cours de l'évolution humaine et relevant traditionnellement de l'archéologie, et les données paléo-environnementales collectées à partir des « archives » de la nature et étudiées par les sciences naturelles. Ces traces textuelles permettent de reconstruire de façon plus exhaustive le passé humain, ouvrant la voie à des possibilités de recherche uniques et faisant de l'Holocène tardif l'« âge des historiens ». Cette ère est étudiée sur tous les continents, dans des centaines de départements d'histoire où les chercheurs travaillent depuis des décennies (si ce n'est des siècles) pour expliquer les dynamiques des sociétés, complexes, qui s'y sont développées. Ces historiens ont assurément beaucoup à apporter au dialogue interdisciplinaire sur la place de l'humanité dans la longue durée de l'histoire de la planète.

Si les paléosciences prennent part à ce dialogue avec leurs propres questions, elles ne cherchent ni à se substituer à l'histoire ni à s'arroger le rôle interprétatif prééminent dans la reconstitution du passé humain. Cependant, l'apport de

---

1. Sur l'ADN ancien, voir, par exemple, Carlos Eduardo G. AMORIM *et al.*, « Understanding 6th-Century Barbarian Social Organization and Migration through Paleogenomics », *Nature Communications*, 9-1, 2018, https://doi.org/10.1038/s41467-018-06024-4. Sur les sciences cognitives, voir en particulier le chapitre sur la neuro-histoire de Rob BODDICE et Daniel LORD SMAIL, « Neurohistory », *in* M. TAMM et P. BURKE (dir.), *Debating New Approaches to History*, Londres, Bloomsbury Academic, 2018, p. 313-318.
2. Sur l'avènement de l'Anthropocène et son utilisation en tant que concept par les historiens, voir le dossier « Anthropocène », *Annales HSS*, 72-2, 2017, p. 263-378.

nouvelles sources – les données des sciences naturelles – ne saurait aller sans l'arrivée de nouvelles incertitudes. Celles-ci ont été le lot quotidien des historiens pendant des siècles, mais la mise en œuvre de nouvelles méthodologies, en particulier *via* l'utilisation de données émanant des sciences naturelles, contraint la discipline historique à devoir composer avec les incertitudes propres à ces nouveaux indicateurs scientifiques (par exemple en termes de datation ou de localisation) : quel est leur degré de fiabilité pour l'utilisation que les historiens souhaitent en faire ? Cela représente à la fois un défi méthodologique et une chance puisqu'en combinant un plus large éventail de sources, avec leurs limites propres (et indépendantes), nous avons la possibilité de reconstituer le passé de façon plus crédible tout en atténuant les contraintes documentaires auxquelles les historiens se heurtent traditionnellement.

Depuis plus d'une décennie, un changement de paradigme s'est opéré concernant la nature des sources disponibles pour reconstruire le passé humain. Au cours de cette période, les paléoscientifiques ont commencé à publier des données pertinentes pour l'histoire de l'Holocène tardif et, inévitablement, à proposer des explications environnementales novatrices au sujet d'événements et de processus historiques majeurs[3]. Ce faisant, ils ont souvent cherché à prouver que leurs données pouvaient être appliquées à des questions touchant à l'histoire humaine et, également, à comprendre comment les sociétés passées avaient réagi aux changements environnementaux, étant peut-être davantage conscients que d'autres de la trajectoire périlleuse des changements climatiques à venir[4]. Certains historiens, en retour, se sont emparés d'une série d'indicateurs fournis par les sciences naturelles et des discussions qu'ils sous-tendent[5]. Cependant, pour que des données

---

3. Pour un travail récent et bien connu, voir Ulf Büntgen *et al.*, « Cooling and Societal Change during the Late Antique Little Ice Age from 536 to around 660 A. D. », *Nature Geoscience*, 9-3, 2016, p. 231-236.
4. Même s'il y a eu, par le passé, des phases pendant lesquelles la discipline historique a déjà manifesté un tel intérêt, notamment dans le contexte de l'école des Annales : voir par exemple le numéro spécial « History and Climate: Interdisciplinary Explorations », *The Journal of Interdisciplinary History*, 10-4, 1980. La « phase » contemporaine qui fait l'objet de cet article se distingue par les progrès considérables en matière de portée et de précision des données que les sciences de la nature sont capables de fournir aujourd'hui, mais aussi par l'accès sans précédent aux archives historiques rendu possible par la numérisation et le développement de nouvelles méthodes d'analyse du contenu.
5. Pour des exemples récents, voir notamment Nicholas P. Dunning, Timothy P. Beach et Sheryl Luzzadder-Beach, « Kax and Kol: Collapse and Resilience in Lowland Maya Civilization », *Proceedings of the National Academy of Sciences*, 109-10, 2012, p. 3652-3657 ; Steven Hartman *et al.*, « Medieval Iceland, Greenland, and the New Human Condition: A Case Study in Integrated Environmental Humanities », *Global and Planetary Change*, 156, 2017, p. 123-139 ; C. E. G. Amorim *et al.*, « Understanding 6th-Century Barbarian Social Organization… », art. cit. ; Joseph R. McConnell *et al.*, « Lead Pollution Recorded in Greenland Ice Indicates European Emissions Tracked Plagues, Wars, and Imperial Expansion during Antiquity », *Proceedings of the National Academy of Sciences*, 115-22, 2018, p. 5726-5731 ; Dan Penny *et al.*, « Geoarchaeological Evidence from Angkor, Cambodia, Reveals a Gradual Decline Rather than a Catastrophic 15th-Century Collapse », *Proceedings of the National Academy of Sciences*, 116-11, 2019, p. 4871-4876.

scientifiques nouvellement produites soient plus amplement reconnues comme des sources légitimes au sein de la discipline historique, à égalité avec les sources textuelles et les vestiges de la culture matérielle, il est nécessaire d'apprendre à les manipuler correctement, en identifiant leurs forces mais aussi en sondant leurs limites.

Pour ce faire, les historiens doivent rechercher et promouvoir des cadres théoriques et des stratégies de recherche qui incluent les données produites par les sciences naturelles. Dans le contexte des sciences de la Terre, de tels cadres et modèles ont été proposés par des historiens de l'environnement, souvent avec l'aide de chercheurs travaillant dans les domaines de la géographie historique, de l'écologie humaine et historique, de l'histoire économique et d'autres champs encore. Puisant ses racines dans les mouvements de défense de l'environnement des années 1960, l'histoire environnementale est particulièrement vigoureuse aux États-Unis[6]. Néanmoins, c'est en Europe que l'interdisciplinarité est devenue partie intégrante de la recherche en histoire environnementale, transformant ce champ en une alliance polymorphe de chercheurs en sciences naturelles et d'historiens. Ces collaborations reflètent différentes conceptions des relations entre l'être humain et l'environnement : si la plupart d'entre elles dérivent de l'écologie scientifique, d'autres sont issues de la discipline historique, comme le modèle des conséquences climatiques élaboré par Christian Pfister et d'autres historiens du climat – qui s'inspire de l'histoire économique et considère les forces naturelles comme des « influenceurs » externes de l'expérience humaine –, ou le modèle de Richard C. Hoffmann et Verena Winiwarter, qui se concentre davantage sur les boucles de rétroaction entre processus naturels et action humaine[7]. Nous ferons référence à plusieurs de ces modèles ainsi qu'à leur mise en œuvre avant de les aborder, en conclusion, d'un point de vue rhétorique et, pourrait-on dire, métanarratif. Reste que l'histoire environnementale interdisciplinaire qui nous intéresse ici tend, par essence, à être positiviste et matérialiste, aussi bien dans ses objectifs que dans son épistémologie. Elle cherche avant tout à reconstituer les états et les phénomènes géologiques passés et à les relier aux processus sociaux, ce qui nécessite d'établir des chronologies solides et de procéder à des reconstructions précises.

Nous soulignerons d'abord les difficultés inhérentes aux indicateurs paléo-environnementaux avec lesquels les historiens sont amenés à travailler et examinerons les échelles spatio-temporelles auxquelles l'histoire environnementale interdisciplinaire peut opérer de façon pertinente. Nous présenterons ensuite un certain nombre d'études de cas et de stratégies de recherches dont l'objectif

---

6. Grégory Quenet, *Qu'est-ce que l'histoire environnementale ?*, Seyssel, Champ Vallon, 2014.
7. L'une des applications les plus classiques du modèle d'histoire climatique se trouve dans l'article de Christian Pfister et Rudolf Brázdil, « Social Vulnerability to Climate in the 'Little Ice Age': An Example from Central Europe in the Early 1770s », *Climate of the Past*, 2-2, 2006, p. 115-129. Pour l'approche de la « rétroaction », voir par exemple l'introduction de l'ouvrage de Richard C. Hoffmann, *An Environmental History of Medieval Europe*, Cambridge, Cambridge University Press, 2014, ainsi que Verena Winiwarter et Martin Knoll, *Umweltgeschichte. Eine Einführung*, Cologne, Böhlau, 2007.

consiste à élaborer des récits historiques en se fondant à la fois sur des preuves écrites et sur des données issues des sciences naturelles. Qu'il s'agisse simplement de rassembler et de discuter les différentes preuves ou de conduire des analyses textuelles ou quantitatives complexes, les approches possibles sont nombreuses, comme le sont leurs forces et leurs faiblesses respectives. *In fine*, nous examinerons les métarécits dominants dans ce champ interdisciplinaire émergent et formulerons quelques recommandations pour de futures études.

Les données paléo-environnementales du point de vue de l'historien

Les sciences naturelles sont très diverses et fortement pluralistes. Il n'existe ni une seule paléoscience (une discipline ou branche des sciences naturelles qui étudierait le passé dans sa totalité), ni une unique histoire environnementale interdisciplinaire. La plupart des historiens qui recourent aux sciences naturelles se spécialisent dans une seule branche, en acquérant progressivement l'expertise nécessaire pour exploiter de manière critique les données probantes (il s'agit d'« historiens interdisciplinaires » au sens strict) ; d'autres découvrent des études spécifiques en rapport avec une enquête historique particulière, qu'ils utilisent pour appréhender leurs questions de recherche dans un contexte élargi (on dira de ceux-là qu'ils sont des historiens « ouverts d'esprit », adeptes d'une « lecture large »). Dans chaque groupe toutefois, beaucoup ignorent à quel point l'univers des sciences de la Terre – et, par extension, celui des paléosciences – est divers, riche et hétérogène.

Parmi les méthodologies à l'interface entre l'histoire et les sciences naturelles, c'est l'étude des changements climatiques passés qui possède la plus longue tradition de recherche[8]. Dans l'histoire telle qu'elle s'écrit aujourd'hui, le changement climatique est une notion générale qui recouvre un large éventail de processus et de phénomènes se déroulant à différentes échelles spatiales et temporelles. Cela peut aller de précipitations extrêmes sur des périodes courtes – quelques heures ou quelques jours –, d'épisodes de sécheresse persistant pendant des semaines ou même des années, de conditions météorologiques anormales pendant toute une saison ou plusieurs années consécutives (par exemple, dans une zone tropicale, une décennie de moussons plus faibles que la normale suivie d'une puissante éruption volcanique), jusqu'à des évolutions climatiques de plus long terme pour une zone donnée, selon une échelle décennale voire séculaire (ainsi d'une tendance à l'assèchement ou d'un refroidissement causés par un forçage externe ou par des variations internes au système climatique). La diversité des phénomènes météorologiques et climatiques interdit toute généralisation simpliste quant au rôle du climat dans l'histoire. Ainsi, l'interaction entre un type de changement climatique et une société particulière (et les écosystèmes associés) diffère toujours selon le phénomène météorologique ou

---

8. On peut faire remonter cette tradition à Emmanuel Le Roy Ladurie, « Histoire et Climat », *Annales ESC*, 14-1, 1959, p. 3-34.

climatique considéré ou, plus exactement, selon ce que notre interprétation des données paléoclimatiques suggère à ce propos. Sans parler, bien sûr, de l'immense complexité des systèmes politique, économique et culturel singuliers qui conditionnent, à chaque fois, la façon dont une société réagit au « changement climatique »[9].

La variabilité climatique passée a laissé des traces dans les archives humaines et naturelles ; ces dernières peuvent prendre la forme de sédiments lacustres ou marins, de dépôts de tourbe, de spéléothèmes (stalactites ou stalagmites) dans des grottes, d'arbres vivants ou morts, de couches de glace, etc. Correctement exploitées, ces archives sont susceptibles de fournir un grand nombre de *proxies*, ou données indirectes, c'est-à-dire d'indicateurs chiffrés, physiques ou chimiques, permettant d'approcher les conditions environnementales passées, sans toutefois refléter directement tel ou tel paramètre climatique ou météorologique. Alors que le champ de la paléoclimatologie s'est développé et a gagné en maturité, les données indirectes utilisées se sont multipliées et diversifiées. Ces archives s'étant constituées à partir de multiples processus environnementaux (naturels), elles nécessitent différentes méthodes d'extraction et d'analyse. Pour interpréter une archive et établir une donnée indirecte, il est souvent nécessaire, par exemple, de maîtriser la morphologie des plantes ou des animaux, de mesurer des concentrations de composés et d'éléments inorganiques ou d'effectuer des mesures isotopiques de matériaux organiques et inorganiques. De nombreux champs scientifiques sont concernés et chacun d'entre eux requiert un degré élevé de spécialisation.

Les reconstructions du climat fondées sur des données indirectes, qu'elles soient d'origine documentaire ou naturelle, contiennent leur lot d'incertitudes. Pour le chercheur confronté à cet obstacle, l'étalonnage des données est un enjeu crucial. En effet, puisqu'il est impossible de mesurer directement le climat du passé, les chercheurs sont contraints d'évaluer la quantité de matière organique et inorganique subsistante qui résulte de processus complexes, influencés par les variables climatiques antérieures ou par d'autres phénomènes météorologiques. Nous calibrons les données indirectes – recueillies sur le terrain et analysées en laboratoire – en les comparant à des observations modernes réalisées à partir d'instruments météorologiques, lesquelles couvrent en général les seuls XIXe et XXe siècles. Nous obtenons ainsi des estimations de la température ou des précipitations pour des périodes spécifiques d'une année donnée. Dans certains cas, les données indirectes permettent de reconstituer à la fois des températures et des précipitations, fournissant dès lors des informations plus générales au sujet des conditions hivernales ou des épisodes de sécheresse. L'incertitude chronologique constitue un autre aspect, encore plus important, sur lequel nous nous pencherons par la suite. La fragilité des datations, d'une part, et les marges d'erreur inhérentes au processus de reconstitution paléoclimatique (étalonnage des données), d'autre part, tendent à engendrer une incertitude « composite », à multiples variables, avec laquelle l'historien qui utilise ces données doit composer.

---

9. Dagomar DEGROOT *et al.*, « Towards a Rigorous Understanding of Societal Responses to Climate Change », *Nature*, 591-7851, 2021, p. 539-550.

La paléoécologie – l'étude par les sciences naturelles des paysages du passé – et la paléoclimatologie sont en butte à de nombreux défis communs, notamment en termes de chronologie. La paléoécologie, ou science paléo-environnementale, emploie également des approches très hétérogènes pour reconstituer le passé. Dans la majorité des cas, les chercheurs paléo-environnementaux travaillent sur des carottes de sédiments, soit de longs cylindres de matière organique et inorganique (ou boue) extraits de fonds lacustres ou de tourbières qui favorisent l'accumulation de cette matière couche par couche et, partant, garantissent sa conservation sur de longues périodes. Ces carottes peuvent être analysées à l'aide de diverses méthodes, à commencer par la géochimie des sédiments, qui permet d'établir des schémas d'érosion locaux et de déterminer les processus physico-biologiques responsables de la production et de l'accumulation des sédiments. Par l'amplitude de leur variation, ces paramètres peuvent témoigner de transformations importantes de l'écosystème local, voire du paysage tout entier, à des moments spécifiques du passé, le plus souvent d'origine anthropique. Ces interventions humaines apparaissent par exemple à l'examen des grains de pollen conservés dans les sédiments et produits par des plantes présentes autour des bassins sédimentaires (nos lieux d'étude) : la palynologie permet ainsi de retracer les modifications des cultures et des systèmes agricoles. Bien qu'elle permette d'identifier des espèces ou des familles de plantes et de déterminer l'évolution de leur présence au fil du temps avec un degré élevé de précision, cette méthode n'en demeure pas moins, elle aussi, une approximation. Il est donc rare de pouvoir identifier avec certitude la signature spatiale exacte des dynamiques de la végétation : si le pollen de certaines plantes, comme la vigne ou les céréales, se disperse dans un rayon relativement limité, celui d'autres végétaux, comme les oliviers ou les pins, parcourt de longues distances, ce qui conduit souvent à un mélange de résidus locaux et régionaux dans un même jeu de données[10]. Un certain nombre d'autres techniques permettent d'évaluer l'influence humaine sur les paysages, notamment une série de biomarqueurs – des composés organiques révélant la présence de plantes ou d'animaux dans le passé, comme les betastanols présents dans les excréments des omnivores, en général les porcs ou les humains[11]. Aucun de ces indicateurs, pris isolément, n'autorise une mesure ou une reconstitution directe des activités humaines ou des écosystèmes passés à l'échelle du paysage. Cependant, une fois combinés, ils rendent possibles des approximations fiables que les historiens et les archéologues peuvent utiliser et contextualiser à l'aide de sources écrites ou matérielles.

Les écrits que nous produisons sur le passé sont ancrés dans des lieux spécifiques et se rapportent à des périodes particulières de l'histoire. Les historiens

---

10. Adam Izdebski, « Palynology and Historical Research », *in* A. Izdebski et J. Preiser-Kapeller (dir.), *A Companion to the Environmental History of Byzantium*, Leyde, Brill, 2022 (à paraître).

11. Voir par exemple Robert M. D'Anjou *et al.*, « Climate Impacts on Human Settlement and Agricultural Activities in Northern Norway Revealed through Sediment Biogeochemistry », *Proceedings of the National Academy of Sciences*, 109-50, 2012, p. 20332-20337.

utilisent le temps et l'espace pour structurer leurs récits – ils étudient un *problème* spécifique dans le cadre d'un « où et quand » particulier. Dans une large mesure, le temps et l'espace définissent également les spécialisations et les sous-disciplines de l'histoire académique : la plupart des chercheurs sont spécialistes de certaines aires géographiques à une époque donnée. C'est bien plus rarement le cas dans les sciences naturelles, où la spécialisation est souvent fondée sur la méthode. En toute logique, les historiens qui étudient la possibilité d'intégrer des données et des idées issues des sciences naturelles dans leurs travaux commencent, la plupart du temps, par recenser les données disponibles dans un cadre spatio-temporel précis. Ils s'intéressent ensuite aux chevauchements entre ces données et leurs objets de recherche pour élaborer de nouveaux récits. La fiabilité des données devient dès lors un enjeu majeur pour pouvoir intégrer des indicateurs variés provenant de disciplines souvent radicalement différentes. Avant d'examiner des cas d'étude concrets – ou, plus exactement, des contextes méthodologiques dans lesquels des communautés issues des sciences humaines et des sciences naturelles interagissent et où les ensembles de données qu'elles produisent s'enchevêtrent –, il faut commencer par se pencher sur la façon dont les échelles temporelles et spatiales sont conçues et utilisées dans les disciplines des sciences naturelles qui côtoient le plus fréquemment l'histoire de l'Holocène tardif.

Un défi épistémologique : relier phénomènes climatiques et indicateurs chiffrés

Les phénomènes liés au climat peuvent être locaux, régionaux, hémisphériques ou mondiaux ; ils définissent donc la « pertinence » spatiale des informations fournies par les données indirectes. Par conséquent, le changement climatique se déroule à des échelles d'une troublante diversité. Pour commencer, les variations affectant l'ensemble d'un hémisphère voire la planète entière sont relatively rares – et souvent associés à des types de forçage spécifiques, comme de fortes éruptions volcaniques tropicales ou le phénomène El Niño/Oscillation australe (ENSO). Elles se traduisent ensuite différemment dans les climats régionaux, entraînant par exemple des modifications des schémas pluviométriques saisonniers sur une échelle semi-continentale, en lien avec les fluctuations des moussons ou les températures de surface des océans. Enfin, en raison des variations microclimatiques et microrégionales, les mêmes phénomènes climatiques hémisphériques, ou même régionaux, peuvent avoir des effets locaux différenciés, voire opposés, en fonction d'un grand nombre de facteurs, notamment les interactions terre/mer, la nature de la végétation ou la morphologie des sols. Les températures tendent à varier de façon plus homogène à l'échelle de zones plus étendues (souvent continentales ou sous-continentales), tandis que les conditions hydroclimatiques (pluie, neige, humidité du sol, etc.) peuvent osciller de manière significative à des échelles régionales ou locales.

Pour mieux saisir les questions spatiales soulevées par l'interprétation des données indirectes, penchons-nous sur les conditions hydroclimatiques principalement hivernales au lac Nar, en Anatolie centrale. Comme nous l'avons mentionné, les données météorologiques contemporaines (recueillies par des instruments de mesure) sont utilisées pour comprendre quels phénomènes climatiques les données indirectes reflètent. Elles peuvent également servir à évaluer la pertinence spatiale de ces données, c'est-à-dire à déterminer les zones qu'elles couvrent effectivement. Les figures 1 et 2 font apparaître des corrélations spatiales statistiquement significatives entre les conditions pluviométriques automnales et hivernales du lac Nar et celles de la zone environnante sur des échelles temporelles de trente et soixante ans. Sur une échelle de temps d'environ une génération humaine, soit trente ans (fig. 1), les valeurs obtenues pour le lac Nar se révèlent surtout pertinentes pour l'Anatolie centrale (avec un coefficient de corrélation de Spearman d'environ 0,8[12]), moins pour le reste de la région anatolienne (avec un coefficient de corrélation d'environ 0,6) et encore moins pour la Bulgarie, la Roumanie et le sud-ouest de l'Ukraine, où seulement la moitié des précipitations automnales et hivernales suivent une tendance similaire à celle de la région du lac Nar. Si l'on double l'échelle de temps, à savoir soixante ans (fig. 2), les valeurs de corrélation spatiale avec des régions situées en dehors de l'Anatolie centrale décroissent, mais la corrélation reste tout de même statistiquement significative et, ce pour une zone plus étendue encore – englobant le sud de la Grèce ainsi que les régions septentrionales de l'Irak et du Levant. Cet exemple montre clairement la nécessité de prendre en compte plusieurs échelles spatiales et temporelles lorsque l'on manie une donnée indirecte dans une analyse historique. Le cas du lac Nar peut tout à fait être utilisé pour produire une histoire climatique de l'Anatolie centrale, mais les tendances mises au jour ne sauraient être extrapolées à d'autres régions de la Méditerranée, à moins d'être corroborées par d'autres données indirectes. Il faut également garder à l'esprit que seules certaines dynamiques de long terme sont identifiables grâce aux données indirectes (et que leur pertinence est, elle aussi, irrégulière dans le temps[13]). Il ne saurait donc y avoir une histoire climatique unique pour la Méditerranée, ni même pour la Méditerranée orientale[14].

---

12. Le coefficient de corrélation de Spearman estime à quel point la relation entre deux variables peut être décrite par une fonction monotone. Il s'agit d'un test de corrélation de rang qui ne nécessite aucune hypothèse sur la distribution des données, contrairement au coefficient de Pearson qui exige des variables normalement distribuées. Il est notamment approprié pour des variables ordinales. Le coefficient de Spearman prend des valeurs entre -1 et +1 et la relation entre les variables est d'autant plus forte que sa valeur est proche de -1 ou de 1. Par ailleurs, une corrélation positive signifie que lorsqu'une variable croît, l'autre variable a tendance à croître également tandis qu'une corrélation négative signifie que lorsqu'une variable croît, l'autre variable décroît.
13. Inga Labuhn *et al.*, « Climatic Changes and their Impacts in the Mediterranean during the First Millennium A.D. », *in* A. Izdebski et M. Mulryan (dir.), *Environment and Society in the Long Late Antiquity*, Leyde, Brill, 2018, p. 65-88.
14. John Haldon *et al.*, « Plagues, Climate Change, and the End of an Empire: A Response to Kyle Harper's *The Fate of Rome* (1): Climate », *History Compass*, 16-12, 2018, https://doi.org/10.1111/hic3.12508 ; Timothy P. Newfield, « The Climate Downturn of 536-50 », *in* S. White, C. Pfister et F. Mauelshagen (dir.), *The Palgrave Handbook of Climate History*, Londres, Palgrave, 2018, p. 447-493, en particulier p. 467-474.

Figure 1 – Corrélation de Spearman entre les précipitations automnales et hivernales du lac Nar, 1981-2010

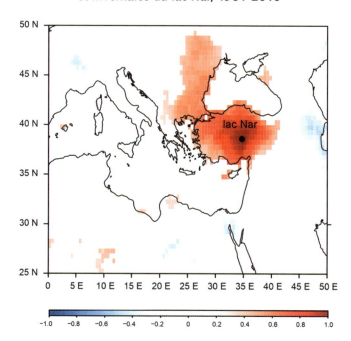

Note : corrélation de Spearman après élimination de la tendance et des précipitations des régions voisines pour la période.

La précision temporelle de la donnée indirecte dépend à son tour non pas des spécificités du phénomène climatique qu'elle représente, mais avant tout de l'archive naturelle d'où on l'a extraite – qu'il s'agisse du fond d'un lac, d'une tourbière, des stalagmites d'une grotte, d'un arbre, etc. Dans certains cas, les paléoclimatologues peuvent élaborer des reconstitutions climatiques avec une précision annuelle (en se fondant par exemple sur les cernes des arbres) ; néanmoins, ils recourent en général à des échelles multidécennale ou centennale dans leurs jeux de données. La distance entre les points correspondant aux valeurs d'une donnée indirecte peut donc correspondre à une seule année ou bien à des décennies, voire à des siècles – ces estimations temporelles étant elles-mêmes affectées d'un degré d'incertitude oscillant entre un à deux ans et plusieurs décennies.

Ces fluctuations s'expliquent par les méthodes de datation radiométriques, comme la datation par le carbone 14 (^{14}C) ou par les séries de l'uranium, largement employées pour élaborer des chronologies. Les scientifiques mesurent les propriétés radiométriques d'échantillons choisis à partir de différentes profondeurs de carottes ou de spéléothèmes qui, en raison du processus d'accumulation des sédiments, reflètent différentes « dates », ou emplacements dans le temps. À partir de ces premières mesures, ils extrapolent afin d'élaborer un modèle âge-profondeur

Figure 2 – Corrélation de Spearman entre les précipitations automnales et hivernales du lac Nar, 1951-2010

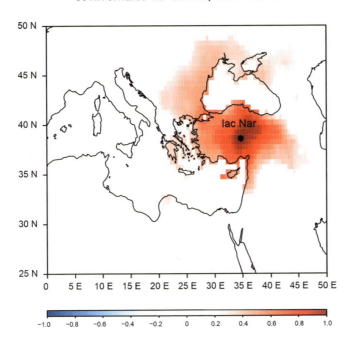

Note : corrélation de Spearman après élimination de la tendance et des précipitations des régions voisines pour la période.

pouvant être utilisé pour fournir une estimation de l'âge (et non pas une « date » en tant que telle) de tous les autres échantillons. Comme tout procédé de mesure, les méthodes radiométriques comportent une marge d'erreur. Même si cette dernière est relativement faible la plupart du temps, du fait des progrès technologiques constants, tous les matériaux ne se prêtent pas à la datation ; de plus, le recueil d'échantillons de qualité reste aléatoire : certaines parties d'une carotte seront par conséquent datées plus précisément que d'autres. L'incertitude chronologique inhérente aux méthodes radiométriques est en outre renforcée par la nécessité de procéder à un étalonnage. La datation au ^{14}C, par exemple, repose sur la comparaison des mesures de carbone radioactif avec des dates calendaires connues, obtenues par exemple par des méthodes dendroclimatologiques[15] (fig. 3). Le processus d'étalonnage d'une mesure radiocarbone aboutit à une incertitude chronologique pouvant varier considérablement en fonction des segments temporels considérés, selon la présence ou non d'indicateurs temporels complémentaires – les incertitudes peuvent ainsi être plus ou moins importantes d'un

---

15. Relatives à l'étude des cernes annuels de croissance des arbres.

demi-millénaire à un autre. Cela signifie que, dans la majorité des cas, les données paléo-environnementales permettent de raisonner à l'échelle de décennies, de demi-siècles ou même de siècles, plutôt qu'à l'échelle annuelle ou mensuelle de l'« histoire événementielle ».

Figure 3 – Exemple d'étalonnage radiocarbone du lac Engir en Anatolie (âge ^{14}C « brut » mesuré de 1320 ± 30)

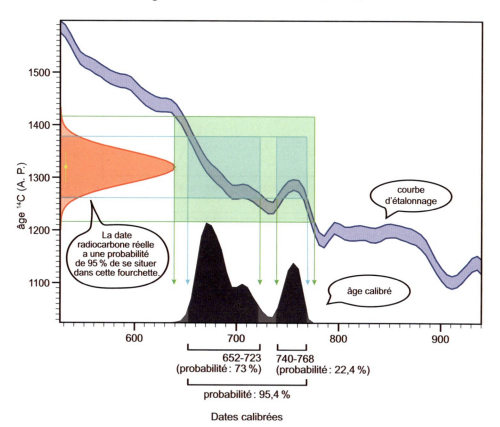

Note : l'axe vertical montre les mesures radiocarbones (ligne jaune), avec la distribution théorique de la probabilité (en rouge : une déviation standard, probabilité de 67 % ; en rose : deux déviations standards, probabilité de 95 %). La ligne bleue correspond à la courbe d'étalonnage radiocarbone de l'hémisphère nord. L'axe horizontal représente la distribution de la probabilité étalonnée (en noir : une déviation standard, probabilité de 67 % ; en gris : deux déviations standards, probabilité de 95 %).
Source : préparé avec l'OxCal v. 4.3.2, Christopher BRONK RAMSEY, « Methods for Summarizing Radiocarbon Datasets », Radiocarbon, 59-6, 2017, p. 1809-1833 ; courbe d'étalonnage atmosphérique IntCal13, Paula J. REIMER et al., « IntCal13 and Marine13 Radiocarbon Age Calibration Curves 0-50,000 Years cal BP », Radiocarbon, 55-4, 2013, p. 1869-1887.

Pour mieux comprendre ces difficultés, prenons un autre exemple, celui du lac Engir, situé non loin du lac Nar. Les sédiments des deux lacs ont fait l'objet d'une analyse palynologique dont les résultats, concordants, montrent que les systèmes agricoles mixtes (combinant agriculture et élevage) se sont effondrés en Cappadoce à la fin de l'Antiquité. C'est la date exacte de ce changement qui pose problème : tandis que les sédiments varvés du lac Nar indiquent précisément les années 660 apr. J.-C.[16], la chronologie du lac Engir se fonde sur deux dates radiocarbones (1320 ± 30 ans A. P. [avant le présent] pour les mesures effectuées à 114,5 centimètres et 1540 ± 30 ans A. P. pour celles prises à 175 centimètres)[17]. Or le changement dans les sédiments est repérable à une profondeur de 137 centimètres : il est donc crucial d'estimer correctement l'âge de l'échantillon prélevé au niveau du 137e centimètre de la carotte. Avec deux datations radiocarbones, une telle estimation est possible en utilisant deux modèles âge-profondeur : la régression linéaire et l'interpolation linéaire. D'un point de vue technique, l'interpolation linéaire est une régression linéaire progressive consistant à interpoler des âges estimés entre des datations au carbone 14 et la surface (c'est-à-dire la date à laquelle la carotte a été prélevée au début du XXIe siècle) ; on utilise pour ce faire des fonctions linéaires différentes pour chacune des deux sections de la carotte – entre les deux dates, d'une part, et entre la seconde date et la surface, d'autre part (fig. 4). L'estimation de l'âge d'un échantillon à partir d'un modèle âge-profondeur est une question de probabilité ; on n'obtient jamais de données précises, mais plutôt une répartition de probabilité au fil du temps, laquelle montre à quel endroit la date exacte (inconnue) a le plus de chance de se trouver. Ainsi, pour l'échantillon prélevé au 137e cm, le modèle de régression linéaire (en rouge) « disperse » cette probabilité sur trois cents ans, tandis que l'interpolation linéaire (en bleu) restreint la répartition aux environs du VIIe siècle apr. J.-C. – et plutôt vers la première moitié de ce siècle. En fin de compte, le choix du modèle dépend d'arguments mathématiques et géologiques, bien que les deux modèles ici utilisés montrent que les effondrements du système agricole à Engir et à Nar sont probablement contemporains. Il convient de souligner que le modèle du lac Engir est un modèle simple (sachant qu'en général, plus le modèle est complexe, meilleur il est). Ce type de modèle peut contenir des dizaines de dates radiocarbones et est susceptible de comporter des ruptures ou des irrégularités importantes dans le processus de sédimentation, ce qui complique considérablement l'estimation de l'âge.

---

16. Ann ENGLAND *et al.*, « Historical Landscape Change in Cappadocia (Central Turkey): A Palaeoecological Investigation of Annually-Laminated Sediments from Nar Lake », *The Holocene*, 18-8, 2008, p. 1229-1245.
17. Çetin ŞENKUL *et al.*, « Late Holocene Environmental Changes in the Vicinity of Kültepe (Kayseri), Central Anatolia, Turkey », *Quaternary International*, 486, 2018, p. 107-115.

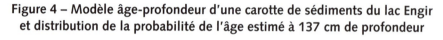

Figure 4 – Modèle âge-profondeur d'une carotte de sédiments du lac Engir et distribution de la probabilité de l'âge estimé à 137 cm de profondeur

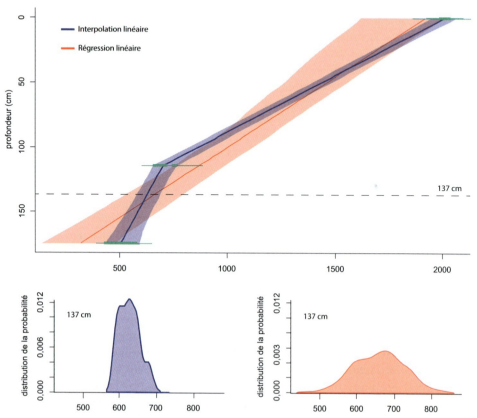

Note : le modèle représenté en bleu est celui de l'interpolation linéaire entre points de données ; en rouge, celui de la régression linéaire et de la distribution de la probabilité de l'âge estimé à 137 cm de profondeur (l'échantillon montrant la transition entre l'agriculture de la fin de l'Antiquité et l'abandon des terres du début de l'époque médiévale). Sur le graphique du haut, les lignes vertes représentent les deux mesures radiocarbones avec leur distribution de probabilité, plus la surface de la carotte (début du XXIe siècle). Les lignes bleue et rouge montrent la meilleure estimation unique de l'âge pour chaque profondeur de carotte dans chaque modèle âge-profondeur ; les zones en bleu et en rose donnent à voir la distribution de la probabilité de 95 % de l'estimation de l'âge dans chaque modèle âge-profondeur. Les deux graphiques du bas montrent à quoi ressemble en réalité la distribution de la probabilité pour une section spécifique de la profondeur de la carotte (ici, 137 cm de profondeur), en fonction du modèle (en bleu : interpolation linéaire ; en rouge : régression linéaire).
Source : graphiques réalisés à l'aide de la modélisation âge-profondeur du programme CLAM, Maarten BLAAUW, « Methods and Code for 'Classical' Age-Modeling of Radiocarbon Sequences », Quaternary Geochronology, 5-5, 2010, p. 512-518. Les dates radiocarbones proviennent de Çetin ŞENKUL et al., « Late Holocene Environmental Changes in the Vicinity of Kültepe (Kayseri), Central Anatolia, Turkey », Quaternary International, 486, 2018, p. 107-115.

Un retour à l'historiographie permet de placer ce problème dans un autre contexte : celui de la façon dont les dernières générations d'historiens ont pensé le temps. À n'en pas douter, la transformation en cours de l'histoire en tant que discipline, à laquelle s'ajoutent les récents progrès des paléosciences, peut également se lire comme une redéfinition de la structure braudélienne du temps historique. L'échelle (infra)centennale et régionale de la plupart des données paléo-environnementales correspond exactement au niveau de changement de la « moyenne durée » qui est, selon Fernand Braudel, la temporalité de l'histoire sociale et économique[18]. En outre, la disponibilité croissante des données paléo-environnementales rend aujourd'hui possible de « traduire » des phénomènes environnementaux qui relevaient auparavant de la « longue durée » (soit l'échelle à laquelle aucun changement perceptible par l'homme n'a lieu) en moyenne durée. En somme, il devient désormais réalisable de discerner des tendances climatiques ou, pour reprendre les termes d'Emmanuel Le Roy Ladurie, des « conjonctures climatiques »[19], marquées par des changements se produisant à un rythme relativement rapide, entre deux générations, voire plus rapidement encore. Cela ne signifie pas qu'il n'existe aucun processus de longue durée au sens braudélien, ni que les histoires environnementales se déroulent uniquement à cette temporalité intermédiaire. Disons plutôt que les processus sont définis par leur *rythme*, et non par leur *spécificité* : la dimension environnementale accompagne le social et l'économique aussi bien que le politique et le culturel, quelle que soit l'échelle sur laquelle les phénomènes que nous étudions se produisent.

Dans cette logique, certains participants à des débats plus contemporains sur la longue durée ont suggéré qu'il était nécessaire, afin de travailler efficacement sur des perspectives historiques de plus long terme, de déconstruire ou de subdiviser la longue durée en échelles temporelles plus fines. Une telle refonte devait permettre de mieux comprendre les processus sociaux qui constituent la base des tendances centennales[20]. On ne s'étonnera pas que les historiens français de l'école des Annales aient proposé des stratégies similaires il y a déjà trente ans, lorsqu'ils tentaient de trouver une solution aux impasses de l'histoire quantitative : la solution la plus couramment adoptée a consisté à appréhender les événements spécifiques de la microhistoire comme des modèles pour analyser des phénomènes de plus grande échelle[21]. Dans cette perspective, une étude quantitative doit donc

---

18. Fernand Braudel, *La Méditerranée et le monde méditerranéen à l'époque de Philippe II*, Paris, Armand Colin, 3 vol., 1949 ; *id.*, « Histoire et Sciences sociales. La longue durée », *Annales ESC*, 13-4, 1958, p. 725-753.
19. Terme employé pour la première fois dans un article publié il y a plus de cinquante ans : Emmanuel Le Roy Ladurie, « Aspects historiques de la nouvelle climatologie », *Revue historique*, 225-1, 1961, p. 1-20.
20. Christian Lamouroux, « Longue durée et profondeurs chronologiques », *Annales HSS*, 70-2, 2015, p. 359-365.
21. La « question des échelles d'analyse » était l'une des préoccupations majeures au moment de la « crise » des *Annales* dans les années 1980 : « Histoire et sciences sociales. Un tournant critique ? », *Annales HSS*, 43-2, 1988, p. 291-293. Pour un traitement plus complet du débat sur les niveaux « micro » et « macro » des échelles d'observation dans l'historiographie française, voir Jacques Revel, « Micro-analyse et construction du social », *in* J. Revel (dir.), *Jeux d'échelles. La micro-analyse à l'expérience*, Paris, Gallimard/Éd. du Seuil, 1996, p. 15-36 ; *id.*, « Paysage par gros temps », *in* A. Romano et S. Sebastiani (dir.), *La forza delle incertezze. Dialoghi storiografici con Jacques Revel*, Bologne, Il Mulino, 2016, p. 353-369.

associer une approche de long terme avec une méthode plus microhistorique ou, à tout le moins, avec une méthode plus qualitative adoptant une résolution plus fine[22]. Or, avec la profusion des données paléo-environnementales, les historiens ne sont plus cantonnés à combiner des approches quantitatives et qualitatives venant de la discipline historique elle-même : ils peuvent désormais intégrer à leurs travaux des preuves produites en dehors des sciences humaines. Croiser différents types de données indirectes environnementales avec des preuves archéologiques ou textuelles permet non seulement de réduire la gamme des interprétations possibles, mais aussi d'en limiter la portée chronologique et géographique.

Les chercheurs travaillant au croisement de l'histoire, d'une part, et de l'archéologie et de la géologie, d'autre part, ont été les premiers à être confrontés à ce défi. Il y a vingt ans, par exemple, l'historien du paysage et archéogéographe Gérard Chouquer estimait que les différentes disciplines, au lieu d'être cantonnées à l'étude de certaines « couches » de temporalité bien définies – depuis le passé (plus) profond des géologues jusqu'à l'espace humain et naturel contemporain des géographes –, devraient toutes collaborer, en réunissant les ressources à leur disposition, de manière à travailler sur certains objets transversaux aux échelles spatio-temporelles les plus adaptées[23]. Les approches paléoscientifiques ont fait des progrès si considérables au cours de la dernière décennie, tant pour l'éventail des phénomènes qu'elles sont capables de reconstituer que pour la précision chronologique de leurs méthodes, qu'un tel programme est désormais possible. De nombreux problèmes auxquels les générations précédentes d'historiens – pionnières de la collaboration avec les sciences de la Terre – ont dû faire face sont peu à peu résolus et l'on peut raisonnablement espérer, du fait de l'intérêt croissant des sciences de la Terre pour les origines de l'Anthropocène, qu'une synergie plus efficace encore se développe à l'avenir entre les chercheurs des sciences humaines et des sciences de la Terre.

Afin d'illustrer les gains heuristiques permis par de tels rapprochements, nous allons maintenant exposer comment cette interdisciplinarité est aujourd'hui mise en pratique, en nous concentrant sur les trois types d'étude les plus courants

---

22. De telles approches ont également été proposées au sein de la tradition de l'école des Annales, si l'on pense au travail du laboratoire d'archéologie et d'histoire environnementale de Gênes, dirigé par Diego Moreno. Dans ce cas, un travail historique détaillé, en particulier dans le domaine de la géographie historique, constitue une nouvelle base pour l'interprétation de découvertes archéologiques et de données paléo-environnementales. Voir par exemple Giulia Beltrametti, Roberta Cevasco, Diego Moreno et Anna Maria Stagno, « Les cultures temporaires, entre longue durée et chronologie fine (Montagne ligure, Italie) », *in* C. Rendu et R. Viader (dir.), *Cultures temporaires et féodalité. Les rotations culturales et l'appropriation du sol dans l'Europe médiévale et moderne*, Toulouse, Presses universitaires du Midi, 2014, p. 235-258 ; Valentina Pescini, Carlo Alessandro Montanari et Diego Teodorico Moreno, « Multi-Proxy Record of Environmental Changes and Past Land Use Practices in a Mediterranean Landscape: The Punta Mesco Cape (Liguria – Italy) between the 15th and 20th Century », *Quaternary International*, 463, 2018, p. 376-390.

23. Gérard Chouquer, *L'étude des paysages. Essais sur leurs formes et leur histoire*, Paris, Errance, 2000, p. 170-175.

permettant, dans le domaine de l'histoire environnementale, de nourrir la recherche historique avec des données issues des sciences naturelles : les études à grands traits de type enquête, les études quantitatives plus ciblées et les études textuelles interdisciplinaires.

Les études de type enquête : mettre en relation des jeux de données disparates

Les études de type enquête ont été les premiers exemples d'histoire environnementale interdisciplinaire. On peut les décrire comme des tentatives de contextualiser historiquement des données issues des sciences naturelles, lesquelles ont parfois été produites bien antérieurement ou sur une longue période, et souvent indépendamment des questionnements historiques traditionnels (on pense par exemple à la chute de l'Empire romain d'Occident ou à la guerre de Trente Ans). En d'autres termes, il s'agit d'études où les historiens travaillent *avec* les scientifiques ayant fourni ces données et qui cherchent *a posteriori* à leur conférer un sens (et une portée) historique. Au cours des deux dernières décennies, la plupart de ces enquêtes ont été consacrées à l'histoire du climat[24]. Ce modèle initial comprenait fréquemment un volet « marketing », important quoique problématique, puisque l'histoire servait principalement à élargir l'application d'un projet de sciences naturelles classique et attirer l'attention sur celui-ci. C'est pourquoi ces études reflètent non seulement l'usage par des historiens de « produits » scientifiques, mais aussi l'utilisation par les sciences (ou plutôt par les chercheurs en sciences naturelles) de l'histoire pour valider leurs affirmations et conférer à leurs conclusions une plus grande portée[25]. Ces risques d'instrumentalisation méritent d'être soulignés, dans la mesure où les projets interdisciplinaires tout comme l'utilisation et l'interprétation des données scientifiques peuvent provoquer des tensions considérables, voire des luttes de pouvoir. Lorsqu'ils collaborent avec les paléoscientifiques, les historiens se trouvent parfois engagés dans des débats qui ne leur sont guère voire pas familiers. Ils courent

---

24. Les plus exhaustives sont probablement deux études portant sur la fin de l'Antiquité : Michael McCormick *et al.*, « Climate Change during and after the Roman Empire: Reconstructing the Past from Scientific and Historical Evidence », *The Journal of Interdisciplinary History*, 43-2, 2012, p. 169-220 ; John Haldon *et al.*, « The Climate and Environment of Byzantine Anatolia: Integrating Science, History and Archaeology », *The Journal of Interdisciplinary History*, 45-2, 2014, p. 113-161. On peut aussi citer : U. Büntgen *et al.*, « Cooling and Societal Change during the Late Antique Little Ice Age… », art. cit. L'étude de type enquête peut également être mise en œuvre sur une plus grande échelle, même au sein d'une monographie historique ; pour un exemple développé, voir Adam Izdebski, *A Rural Economy in Transition: Asia Minor from Late Antiquity into the Early Middle Ages*, Varsovie, Taubenschlag Foundation, 2013. Pour un exemple récent de l'application à grande échelle de cette approche, voir Lee Mordechai *et al.*, « The Justinianic Plague: An Inconsequential Pandemic? », *Proceedings of the National Academy of Sciences*, 116-51, 2019, p. 25546-25554.

25. Kristina Sessa, « The New Environmental Fall of Rome: A Methodological Consideration », *The Journal of Late Antiquity*, 12-1, 2019, p. 211-255.

alors le risque d'exagérer l'importance historique d'un jeu de données, de négliger le travail critique sur les sources ou de sous-estimer les limites de toute exégèse, si plausible soit-elle. L'histoire n'est pas à l'abri d'un mésusage et le travail des historiens d'une interprétation erronée[26]. Mais la réciproque est également vraie : les scientifiques peuvent, en toute ignorance, intervenir et même prendre position à propos de sujets suscitant d'intenses débats historiographiques, en conférant à une interprétation donnée l'avantage d'être appuyée par les données « objectives » des sciences naturelles.

Un exemple récent révèle bien les faiblesses, mais aussi les forces d'une telle approche[27]. Nombre d'auteurs du présent article ayant été impliqués dans cette enquête, menée en 2016, nous sommes paradoxalement bien placés pour y revenir sous un angle critique ! La Sicile, objet de ladite étude, est un terrain particulièrement fertile pour appréhender les relations entre climat et société avant l'ère industrielle, d'une part, et entre données historiques et données environnementales, d'autre part. L'île, riche en traces humaines, écrites et matérielles, se trouve dans une région caractérisée par une vulnérabilité accrue aux changements climatiques contemporains. On dispose donc d'un grand nombre de données – produites depuis plusieurs années par des chercheurs en sciences naturelles, des archéologues et des historiens – pouvant être rassemblées afin de renouveler l'écriture de l'histoire environnementale de la Sicile sur la longue durée.

La Sicile a connu une situation singulière tout au long du premier millénaire de notre ère. Dès la fin du IIIe siècle av. J.-C., l'île devient une province romaine et ce jusqu'à la chute de l'Empire romain d'Occident, au Ve siècle ; après un intermède ostrogoth, elle est intégrée à l'Empire romain d'Orient. La Sicile est ainsi restée dans le giron de la Rome impériale jusqu'à la conquête arabe du

---

26. De nombreux exemples existent, comme une étude relatant la présence de traces de pollution au plomb dans une carotte glaciaire du Groenland – très probablement liées à la production d'argent dans la péninsule Ibérique et en France durant l'Antiquité et le haut Moyen Âge – qui a servi à reconstituer le supposé PIB de Rome, bien que l'étude elle-même n'aille pas au-delà des inférences sur la croissance économique romaine (J. R. McConnell *et al.*, « Lead Pollution Recorded in Greenland Ice… », art. cit.). Un autre exemple, encore plus parlant peut-être, est fourni par la base de données « Digitizing Historical Plague », mise en ligne en 2012 par une équipe formée majoritairement de scientifiques du climat : l'outil repose sur une lecture positiviste d'un catalogue incomplet et centré sur l'Europe occidentale d'épidémies de peste à la fin de la période médiévale et au début de l'époque moderne, publié dans les années 1970 et qui n'était pas destiné à être utilisé comme un jeu de données quantitatif complet sur la peste européenne à l'époque préindustrielle : voir l'article de Ulf Büntgen *et al.*, « Digitizing Historical Plague », *Clinical Infectious Diseases*, 55-11, 2012, p. 1586-1588, fondé sur l'ouvrage de Jean-Noël Biraben, *Les hommes et la peste en France et dans les pays européens et méditerranéens*, Paris/La Haye, Éd. de l'EHESS/Mouton, 2 vol., 1975. Depuis sa publication, et en particulier depuis mars 2020, ce jeu de données a servi de base à de nombreux articles sur l'épidémiologie, la démographie et les conséquences économiques de la peste noire et des épidémies de peste postérieures en Europe.

27. Laura Sadori *et al.*, « Climate, Environment and Society in Southern Italy during the Last 2000 Years: A Review of the Environmental, Historical and Archaeological Evidence », *Quaternary Science Reviews*, 136, 2016, p. 173-188.

ixe siècle. Au cours de cette période, le climat de l'île a été marqué par des changements de longue durée, suffisamment significatifs pour modifier la productivité agricole locale. L'étude en question, menée par une équipe de chercheurs issus des sciences sociales et des sciences naturelles, s'est penchée sur l'interaction entre les changements climatiques et les processus socio-écologiques dans la Sicile de l'Antiquité tardive[28]. En examinant les aspects méthodologiques de ce travail, nous espérons montrer de manière plus approfondie comment historiens et chercheurs en sciences naturelles combinent différents types de données dans le but d'élaborer des scénarios de changement socio-écologique, dont ils évaluent ensuite la plausibilité grâce à une étude de type enquête.

Cette recherche multidisciplinaire s'est fondée, au départ, sur une étude multi-indicateurs d'une carotte de sédiments prélevée dans le fond du lac de Pergusa, situé dans le centre-est de l'île[29]. Cette carotte de sédiments, ou « colonne de boue », a été échantillonnée au moyen de diverses approches analytiques. L'usage de plusieurs méthodes scientifiques appliquées à la même carotte a permis d'éviter toute incertitude concernant la relation chronologique entre les différents résultats obtenus. L'analyse des sédiments a notamment porté sur le pollen – utilisé pour reconstituer le couvert végétal et l'histoire agricole – et les isotopes de l'oxygène ($\delta^{18}O$) – permettant de mesurer la pluviométrie hivernale puisque, dans le cas du lac de Pergusa, la proportion de ces différents isotopes est corrélée aux précipitations et à l'évaporation. La carotte a été datée au ^{14}C et un modèle âge-profondeur relativement solide a été mis au point, qui a donné lieu à une incertitude chronologique (ou intervalle de confiance) d'environ cinquante ans pour le pollen et pour les isotopes. Des données paléoclimatiques et des relevés de pollen déjà existants pour d'autres sites en Sicile et en Italie du Sud ont également été pris en compte afin d'étendre la portée spatiale de l'étude. Pour quantifier les processus socio-économiques, les auteurs se sont appuyés sur des données numismatiques (présence de pièces de l'Empire romain d'Orient en Sicile) ainsi que sur les données d'enquête archéologique (nombre d'établissements ruraux) ; ils ont aussi fait référence à d'autres matériaux archéologiques – poterie principalement – dans leurs interprétations finales (fig. 5).

L'étude a conclu à une quadruple corrélation sur une période de trois cents ans (s'étalant de la moitié du ive siècle à la moitié du viie siècle) entre : (1) une hausse des précipitations hivernales, attestées par les mesures des isotopes de l'oxygène ; (2) l'absence de preuve d'une quelconque expansion de la population arboricole, qui aurait normalement dû se produire dans la région pendant les périodes marquées par une hausse de l'humidité (c'est-à-dire sans les interférences humaines caractéristiques de cette période) ; (3) une extension de la culture des céréales et de l'olivier, visible grâce aux données sur le pollen ; (4) une augmentation sensible de la densité des établissements ruraux entre la moitié du ive siècle et au moins la moitié du viie siècle.

28. *Ibid.*
29. Une étude multi-indicateurs utilise différentes techniques analytiques pour examiner des matériaux de la même carotte de sédiments, ce qui permet de reconstituer un plus grand nombre de variables environnementales.

Figure 5 – Données paléo-environnementales du lac de Pergusa, avec données numismatiques et données relatives aux établissements ruraux en Sicile

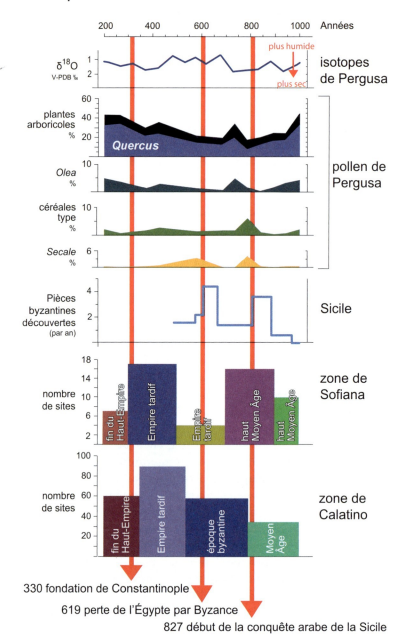

Source : adapté de Laura Sadori et al., « Climate, Environment and Society in Southern Italy during the Last 2000 Years: A Review of the Environmental, Historical and Archaeological Evidence », Quaternary Science Reviews, 136, 2016, p. 173-188 ; figure modifiée d'après Adam Izdebski et al., « Realising Consilience: How Better Communication between Archaeologists, Historians and Natural Scientists Can Transform the Study of Past Climate Change in the Mediterranean », Quaternary Science Reviews, 136, 2016, p. 5-22.

Selon les auteurs, l'augmentation des précipitations hivernales (1) aurait dû favoriser à la fois l'expansion de l'agriculture et l'anthropisation du paysage (2 et 3) ainsi que le développement des établissements ruraux (4), en particulier sur les terres habituellement sèches et peu fertiles de l'île. Or, si les relations temporelles entre les phénomènes (1), (2) et (3) ne font guère de doute, puisqu'ils sont reconstitués à partir de la même carotte de sédiments, la corrélation avec le phénomène (4) reste problématique. La datation des établissements ruraux dépend en effet des typo-chronologies de céramiques, dont la précision peut varier entre des décennies et des siècles. De plus, les typo-chronologies sont susceptibles d'être modifiées en fonction des progrès de la recherche sur les céramiques anciennes[30]. L'association entre les phénomènes (1) et (2) et le phénomène (4) n'est donc guère plus qu'un tableau brossé à grands traits, reposant sur une association chronologique approximative et sur le lien causal supposé entre la hausse du nombre de sites ruraux et le développement des activités agricoles.

L'étude interdisciplinaire sur la Sicile a replacé cette expansion économique rurale potentiellement liée à une oscillation du climat dans le contexte d'un phénomène assez bien connu : la croissance contemporaine des marchés des céréales en Méditerranée orientale, en Italie et en Afrique du Nord dans le sillage de la fondation de Constantinople en 330 apr. J.-C.[31]. Surtout, les auteurs ne sont pas allés jusqu'à affirmer qu'il existait un lien causal fort entre climat, environnement et société, malgré la corrélation temporelle relativement importante entre les phénomènes climatiques, environnementaux et humains observés : ils ont en effet admis que des facteurs humains, comme la fondation de Constantinople et ses conséquences, étaient en eux-mêmes suffisants pour expliquer les changements socio-écologiques visibles, à savoir les phénomènes (2), (3) et (4). Si le climat a pu avoir une influence sur ces développements, son rôle n'a pas été nécessairement causal. Il a plutôt fourni un contexte favorable au développement efficace de certains processus socio-économiques. Dans ce sens, le climat peut être vu comme un élément amplificateur et facilitateur d'un changement socio-écologique discernable.

Les auteurs ont observé un autre fait intéressant, à savoir la séquence formée par : (a) une baisse des précipitations hivernales à partir de la fin du VIIe siècle ; (b) une contraction de la culture céréalière, précédée par une hausse de court terme de la culture du seigle, plus résistante à la sécheresse, ce qui a entraîné un abandon des terres et une expansion des surfaces boisées ; (c) une démonétarisation du territoire ; (d) un déclin de l'importance politique de la Sicile dans l'Empire romain

---

30. Philip Bes, *Once Upon a Time in the East: The Chronological and Geographical Distribution of Terra Sigillata and Red Slip Ware in the Roman East*, Oxford, Archaeopress, 2015 ; David K. Pettegrew, « Regional Survey and the Boom-and-Bust Countryside: Re-Reading the Archaeological Evidence for Episodic Abandonment in the Late Roman Corinthia », *International Journal of Historical Archaeology*, 14-2, 2010, p. 215-229 ; Andrew Bevan *et al.*, « Measuring Chronological Uncertainty in Intensive Survey Finds: A Case Study from Antikythera, Greece », *Archaeometry*, 55-2, 2013, p. 312-328.

31. Domenico Vera, « Fra Egitto ed Africa, fra Roma e Costantinopoli, fra annona e commercio. La Sicilia nel Mediterraneo tardoantico », *Kokalos*, 43/44, 1997, p. 33-72.

d'Orient, qui aboutit à la conquête de l'île par les souverains arabes d'Afrique du Nord. Comme dans l'exemple précédent, la relation chronologique entre les phénomènes (a) et (b) est assurée, puisque les données proviennent de la même carotte de sédiments. Les données numismatiques présentent également un degré élevé de précision chronologique[32]. Par ailleurs, comme le notent les auteurs, la diminution des dépôts de pièces en Sicile pourrait avoir été liée à des processus économiques et politiques s'inscrivant dans la démonétarisation générale de l'économie byzantine et la perte d'intérêt du gouvernement impérial pour l'île[33].

En revanche, le lien temporel entre les phénomènes (a) à (c) et le phénomène (d) (la conquête arabe de l'île) reste difficile à saisir. Une séquence chronologique d'événements (à l'instar d'une corrélation temporelle) ne suffit pas à établir un lien causal entre eux, et les auteurs de l'étude n'ont pas été en mesure de rassembler d'autres preuves pour étayer l'hypothèse selon laquelle la détérioration climatique aurait affaibli le système socio-économique byzantin de l'île et provoqué sa défaite lors de la conquête arabe. Cette conquête a été, au demeurant, très graduelle, s'étalant sur près d'un siècle : le contexte politico-militaire byzantin, d'une part, et la situation politique locale (en Italie), d'autre part, suffisent sans doute à expliquer à la fois la prise du pouvoir par les Arabes et le rythme très lent auquel celle-ci s'est produite. Il n'y a pas eu à proprement parler d'« effondrement », mais plutôt un lent processus de conquête et de transformation socio-économique, qui pourrait avoir été déclenché en partie par un changement du régime des précipitations hivernales de la région, amorcé à la fin du VIIe siècle et au début du VIIIe siècle.

Cette étude de cas illustre le potentiel autant que les risques d'une approche purement quantitative, que les scientifiques paléo-environnementaux ont tendance à favoriser en encourageant les historiens et les archéologues à fournir des « chiffres » permettant à des reconstitutions paléoclimatiques et paléoenvironnementales, par essence quantitatives, d'être associées à des sources écrites, de nature souvent qualitative. Des études comme celle-ci peuvent révéler des cooccurrences et des séquences intrigantes, ou à l'inverse une absence de lien temporel, entre des phénomènes climatiques, environnementaux et sociaux, mais elles montrent leurs limites dès lors qu'il s'agit d'établir des relations causales plausibles.

---

32. Cela n'est cependant vrai que si l'on prend seulement en considération la chronologie de la mise en circulation des monnaies : certaines pièces peuvent être utilisées pendant des périodes bien plus longues et il est difficile d'estimer globalement la durée de leur circulation. Pour une discussion plus approfondie de cette question, voir Marcus Phillips, « Currency in Seventh-Century Syria as a Historical Source », *Byzantine and Modern Greek Studies*, 28-1, 2004, p. 13-31.

33. Comme le font remarquer les auteurs, cela pourrait s'expliquer par la baisse de la productivité agricole de la Sicile, si cruciale pour le gouvernement impérial dans sa lutte pour se maintenir face au califat : L. Sadori *et al.*, « Climate, Environment and Society in Southern Italy… », art. cit., p. 182. Voir également John Haldon, « Some Thoughts on Climate Change, Local Environment, and Grain Production in Byzantine Northern Anatolia », *in* A. Izdebski et M. Mulryan (dir.), *Environment and Society in the Long Late Antiquity*, op. cit., p. 200-206.

Si ces approches constituent une première étape intéressante pour qui veut étudier les liens entre climat et société, elles ne peuvent toutefois, en raison du caractère parcellaire et hétérogène des différents types de données, apporter le genre de réponse que les historiens ou les spécialistes de l'environnement recherchent souvent. Il n'est donc pas encore possible de déterminer à quel point des jeux de données créés dans le cadre de projets divers et menés dans des optiques différentes peuvent être utilisés à d'autres fins. Ce rappel à la prudence est d'autant plus de mise que ces jeux de données sont régulièrement inclus dans de nouveaux projets, souvent sans que soit menée une réelle réflexion sur les avantages et les inconvénients d'une telle démarche. Du reste, lorsque cette inclusion concerne une enquête de facture similaire, la réutilisation n'est généralement pas si problématique. En revanche, lorsque des données provenant d'un champ spécifique sont mobilisées pour répondre à des interrogations dans un autre champ et qu'en passant de l'un à l'autre, elles sont détachées de leur contexte original de recherche, d'importantes questions d'interprétation se posent et les conclusions peuvent s'en trouver faussées.

Afin d'améliorer cette approche combinatoire, il convient de s'assurer que tous les types de preuves réunis – historiques, archéologiques, environnementales, etc. – opèrent sur les mêmes échelles spatiales, sociales et temporelles. La chose est loin d'être simple, car les différents jeux de données résultent fréquemment d'analyses disparates et les produits finaux n'ont pas été véritablement conçus pour coïncider. Il en va de même dans le domaine des paléosciences. La plupart des scientifiques ne recueillent qu'une partie des données qu'ils utilisent pour arriver à leurs conclusions, le reste étant constitué par un volume conséquent d'informations existantes. L'apport d'un nombre plus important de données présente un intérêt évident, notamment celui de faciliter des analyses à plus grande échelle et même, de manière générale, de favoriser l'interdisciplinarité ; le danger est néanmoins grand, pour les auteurs, de perdre le contrôle des données utilisées et de voir la précision de leurs études amoindrie. L'une des solutions à ce problème consiste à inviter les spécialistes pertinents à participer à l'étude, ce qui peut certes rendre la recherche plus complexe, poser des problèmes logistiques et ralentir le déroulement du projet. Au demeurant, cette stratégie interdisciplinaire ne résout pas tout : les chercheurs tendent à être contraints par la nature de leurs preuves, si bien que comparer et tester des séries temporelles calibrées différemment pour chercher des corrélations revient à comparer des variables incomparables. Pour qu'une telle approche soit réellement efficace, il faudrait que ces études résultent d'ateliers consacrés à des questions de recherche spécifiques, inscrites dans un cadre spatio-temporel clair. L'idéal serait de mettre en place davantage d'équipes interdisciplinaires permanentes, qui puissent se consacrer à la restructuration des données déjà existantes et, lorsque cela est nécessaire, à la production de nouvelles données bien calibrées entre elles.

Misère et richesse de la quantification et de l'inférence statistique

Les observations hydrométéorologiques, atmosphériques ou astronomiques délibérément établies, continues et systématiques (par exemple, des relevés de phénomènes potentiellement pertinents pour le climat tels que les taches solaires, les aurores ou les voiles de poussière) sont très prisées, en particulier pour la période pré-instrumentale et le début de la période instrumentale – soit, en ce qui concerne l'Europe, la période précédant le XVIIIe siècle et le début des relevés météorologiques systématiques sur le continent. Parmi ces sources, on trouve des journaux météorologiques, parfois tenus par des professionnels qualifiés, mais surtout rédigés par des amateurs passionnés. Ces documents contiennent des terminologies fixes pour décrire les phénomènes climatiques, leur intensité et leur durée, manifestant l'effort, de la part de leurs auteurs, de limiter la subjectivité de leurs descriptions. Si des journaux de ce type existent en Europe dès la fin de la période médiévale[34], des observations environnementales systématiques ont eu cours ailleurs, dans d'autres contextes, souvent institutionnels, à l'instar des journaux astronomiques babyloniens, qui perdurent du VIIe siècle au Ier siècle av. J.-C.[35], et des relevés du nilomètre égyptien.

Parce qu'elle peut facilement être traduite en données quantitatives, cette documentation a fait progresser notre compréhension des changements climatiques du passé et de leurs conséquences sur les sociétés[36]. Mais cette progression a également été rendue possible par des sources plus qualitatives : ainsi, certaines

---

34. Christian Pfister *et al.*, « Daily Weather Observations in Sixteenth-Century Europe », *Climatic Change*, 43, 1999, p. 111-150 ; Urs Gimmi *et al.*, « A Method to Reconstruct Long Precipitation Series Using Systematic Descriptive Observations in Weather Diaries: The Example of the Precipitation Series for Bern, Switzerland (1760-2003) », *Theoretical and Applied Climatology*, 87, 2007, p. 185-199 ; Stephen O'Connor *et al.*, « A Weather Diary from Donegal, Ireland 1846-1875 », *Weather*, 76-12, 2021, p. 385-391.

35. Joost Huijs, Reinhard Pirngruber et Bas van Leeuwen, « Climate, War and Economic Development: The Case of Second-Century BC Babylon », *in* R. J. van der Spek, B. van Leeuwen et J. L. van Zanden (dir.), *A History of Market Performance: From Ancient Babylonia to the Modern World*, Londres, Routledge, 2015, p. 128-148 ; Johannes Haubold, John Steele et Kathryn Stevens (dir.), *Keeping Watch in Babylon: The Astronomical Diaries in Context*, Leyde, Brill, 2019.

36. Elles ne sont néanmoins pas à l'abri d'éventuels biais. Par exemple, elles échouent souvent à saisir des changements de long terme dans des conditions climatiques ambiantes moyennes, en particulier si ces tendances se manifestent sur une période excédant la durée de vie d'observateurs individuels. Voir, sur ce point, l'introduction de Raymond Bradley et Philip D. Jones, « Climate since A.D. 1500 », *in* R. Bradley et P. D. Jones (dir.), *Climate since A.D. 1500*, Londres, Routledge, 1995, p. 1-16 ; M. J. Ingram, D. J. Underhill et G. Farmer, « The Use of Documentary Sources for the Study of Past Climates », *in* T. M. L. Wigley, M. J. Ingram et G. Farmer (dir.), *Climate and History: Studies in Past Climates and Their Impact on Man*, Cambridge, Cambridge University Press, 1981, p. 180-213. En effet, on rencontre la même difficulté pour reconstituer des changements de long terme à l'échelle de siècles ou de millénaires à partir d'échantillons de cernes d'arbres qui, pris individuellement, couvrent des périodes temporelles plus courtes :

annales et chroniques médiévales contiennent des relevés de conditions météorologiques extrêmes, d'événements politiques et de comportements sociaux dont des chercheurs ont pu quantifier la fréquence et la magnitude[37]. Les sources de type annales ont souvent été écartées par les scientifiques, entre autres parce qu'elles se concentrent sur des phénomènes particuliers, d'une rare intensité, et ne permettent pas une reconstitution annuelle complète des conditions moyennes. Conscient de ces limites, E. Le Roy Ladurie pensait toutefois qu'« il serait absurde, hypercritique, de rejeter *a priori* l'information événementielle », et que l'historien qui agirait de la sorte « refuserait l'évidence des textes et récuserait arbitrairement des témoins valables »[38]. L'appel a été entendu : ces sources sont désormais plus fréquemment utilisées, en association avec des archives naturelles, afin de tester des hypothèses spécifiques concernant les changements climatiques passés et la vulnérabilité des sociétés, en particulier pour les périodes médiévales, pour lesquelles les autres sources sont moins abondantes en comparaison[39].

Le corpus des annales irlandaises du Moyen Âge fournit un exemple de récit fiable des principaux événements historiques du pays, dont la relation commence à partir du VIe siècle apr. J.-C. pour s'interrompre seulement au XVIIe siècle, sous l'effet des bouleversements liés à la colonisation anglaise[40]. Ces textes recensent, de manière crédible, pas moins de 65 « phénomènes de froid » extrême pendant cette période (fig. 6). Les informations fournies peuvent être rapportées à la chronologie des éruptions volcaniques explosives qui ont entraîné d'importantes retombées de sulfate atmosphérique sur la calotte glaciaire du Groenland et peuvent donc être identifiées par des mesures du sulfate dans les carottes de glace extraites de la région. Ce recoupement révèle l'influence majeure, pendant plus d'un millénaire, de l'activité volcanique explosive sur le climat de la région de l'Atlantique nord-est, à laquelle appartient l'Irlande[41].

Edward R. Cook *et al.*, « The 'Segment Length Curse' in Long Tree-Ring Chronology Development for Palaeoclimatic Studies », *The Holocene*, 5-2, 1995, p. 229-237.
37. Voir par exemple M. McCormick *et al.*, « Climate Change during and after the Roman Empire », art. cit. ; Sébastian Guillet *et al.*, « Climatic and Societal Impacts of a 'Forgotten' Cluster of Volcanic Eruptions in 1108-1110 CE », *Scientific Reports*, 10, 2020, https://doi.org/10.1038/s41598-020-63339-3 ; Günter Blöschl *et al.*, « Current European Flood-Rich Period Exceptional Compared with Past 500 Years », *Nature*, 583-7817, 2020, p. 560-566.
38. Emmanuel Le Roy Ladurie, *Histoire du climat depuis l'an mil*, Paris, Flammarion, [1967] 2020, p. 474.
39. Cette rareté a été constatée depuis longtemps : Hubert H. Lamb, *Climate, History and the Modern World*, Londres, Routledge, 1995. Pour des exemples importants d'une telle utilisation, voir Michael McCormick, Paul E. Dutton et Paul A. Mayewski, « Volcanoes and the Climate Forcing of Carolingian Europe, A. D. 750-950 », *Speculum*, 82-4, 2007, p. 865-895 (ainsi que l'annexe statistique de Nick Patterson) ; Christian Pfister *et al.*, « Winter Air Temperature Variations in Western Europe during the Early and High Middle Ages (AD 750-1300) », *The Holocene*, 8-5, 1998, p. 535-552.
40. Daniel McCarthy, *The Irish Annals: Their Genesis, Evolution and History*, Dublin, Four Courts Press, 2008.
41. Francis Ludlow *et al.*, « Medieval Irish Chronicles Reveal Persistent Volcanic Forcing of Severe Winter Cold Events, 431-1649 CE », *Environmental Research Letters*, 8-2, 2013, http://dx.doi.org/10.1088/1748-9326/8/2/024035.

Figure 6 – Page des Annales d'Ulster couvrant la période allant de 852 à 858 apr. J.-C.

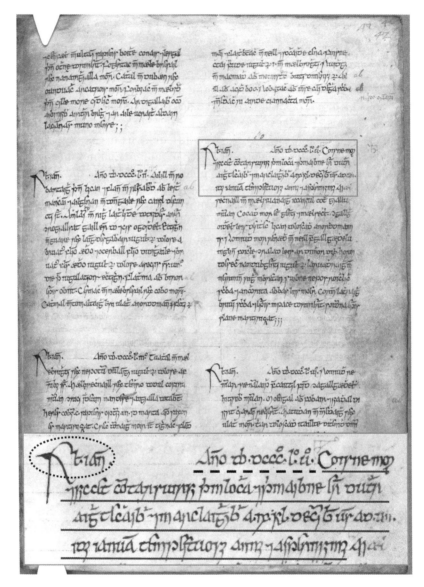

*Note : dans la partie entourée, on peut lire « K1. Ianair ». Il s'agit de l'abréviation des « calendes de janvier », c'est-à-dire le 1ᵉʳ janvier, date qui marque le début de chaque liste d'entrées annuelle. Le texte souligné en pointillé donne la date de l'*Anno Domini *en chiffres romains tandis que le texte souligné d'un trait continu fait référence à la première entrée historique pour l'année 856 (la date mentionnée dans le manuscrit, 855, est incorrecte). L'entrée rapporte qu'« il y avait beaucoup de glace et de gel si bien que l'on pouvait traverser les principaux lacs et cours d'eau d'Irlande à pied ou à cheval à partir du neuvième jour des calendes de décembre [23 novembre 855] et jusqu'au septième jour des ides de janvier [7 janvier 856]. Une année orageuse et rude ».*
Source : Annals of Ulster, *manuscrit 1282, Trinity College Dublin, fol. 42r. Image reproduite avec l'aimable autorisation du Board of Trinity College Dublin.*

Des traces de froid extrême, en décalage avec la relative douceur du climat maritime irlandais, ont été relevées dans les sources écrites (avec la mention, notamment, d'épisodes de gel et de neige ou des descriptions générales de conditions froides) et quantifiées par type, fréquence et saisonnalité. Pour établir des correspondances significatives – c'est-à-dire la succession suffisamment rapprochée de deux phénomènes pour suggérer une relation causale possible –, il a fallu évaluer la précision des chronologies respectivement fournies par les carottes glaciaires et les chroniques des annales, ainsi que les échelles de temps des processus atmosphériques et climatiques pertinents – en particulier le temps de transport du sulfate vers le Groenland et le temps de latence entre les éruptions et leurs conséquences climatiques. Au terme de l'examen, il apparaît que 37 épisodes de froid (soit 56,3 % des épisodes recensés) se sont produits quelques années seulement après la date d'une éruption, ce qui laisse penser que l'activité volcanique a joué un rôle non négligeable dans le déclenchement de ces épisodes, aux répercussions considérables sur la société irlandaise[42]. Il en ressort aussi, il est vrai, que le climat irlandais a pu connaître des refroidissements extrêmes sans que l'activité volcanique en ait été la cause. Cependant, lorsqu'elle existe, la corrélation est très forte : la probabilité qu'un tel niveau de cooccurrence soit dû au hasard est quasiment nulle (0,03 %), renforçant les arguments en faveur de la réalité du lien apparent.

Par ailleurs, la plupart des épisodes de froid consignés dans les annales l'ont été en hiver, qu'ils aient été associés ou non à des éruptions. La documentation écrite permet donc de mieux comprendre les répercussions historiques de l'activité volcanique : les archives naturelles (biologiques) telles que les cernes des arbres n'offrent en général que des indications sur le climat du printemps et de l'été – soit la période de croissance active des végétaux. Comme l'ont souligné certains chercheurs, les « archives naturelles » ne doivent pas automatiquement primer sur les archives humaines dans les études sur les interactions entre les hommes et l'environnement[43] : l'exemple irlandais montre combien les deux ensembles doivent être considérés comme complémentaires. Pour ce faire, il est toutefois nécessaire d'approcher ces ressources (et les possibilités qu'elles offrent) de façon impartiale, de s'efforcer d'identifier leurs forces et faiblesses respectives et d'avoir confiance dans ce que chaque discipline a à apporter. Pour quantifier de manière crédible les éléments présents dans les annales irlandaises, il a par exemple fallu comprendre l'histoire de ces textes. En effet, en raison de leur généalogie croisée ou d'erreurs commises par les scribes, un même événement peut être enregistré deux fois ou plus. Saisir les raisons qui incitaient à enregistrer les conditions météorologiques s'est également révélé essentiel pour repérer les relevés dont la véracité pouvait être mise en doute : il importait ainsi de se demander comment les événements

---

42. Voir Bruce M. S. Campbell et Francis Ludlow, « Climate, Disease and Society in Late-Medieval Ireland », *Proceedings of the Royal Irish Academy*, 120C, 2020, p. 159-249 ; Donnchadh Ó Corráin, « Ireland c. 800: Aspects of Society », *in* D. Ó Cróinín (dir.), *A New History of Ireland*, vol. 1, *Prehistoric and Early Ireland*, Oxford, Oxford University Press, 2005, p. 549-608.
43. John Moreland, « AD 536 – Back to Nature? », *Acta Archaeologica*, 89-1, 2018, p. 91-111.

climatiques extrêmes étaient perçus et par les scribes, et par leur lectorat (notamment comme des présages ou des vecteurs d'une punition divine) ; il fallait aussi déterminer si leurs exagérations voire leurs inventions pouvaient s'expliquer par des motifs politiques, rhétoriques ou théoriques[44]. Alors que des travaux antérieurs ont fait l'objet de critiques légitimes pour n'avoir pas suffisamment prêté attention à ces questions[45], l'expertise historique est aujourd'hui considérée comme fondamentale lorsque l'on utilise des traces écrites pour reconstituer le climat[46]. Le cas des annales irlandaises le démontre de façon limpide : si tous les relevés douteux avaient été considérés comme fiables et que les doublons n'avaient pas été détectés, on aurait comptabilisé 181 épisodes de froid extrême, soit 178,5 % de plus que le chiffre corrigé[47].

Dans des études comme celle consacrée à l'Irlande, les historiens se placent, avec leurs sources et leurs méthodes, au service des questions posées par les sciences de la nature. Un autre exemple – il s'agit cette fois-ci d'une étude sur l'Égypte ancienne menée conjointement par un historien et un climatologue historique[48] – met en évidence l'utilisation d'archives naturelles et le recours à la quantification et à la modélisation statistique pour répondre à des questionnements d'historiens au sujet de la causalité. La quantification de l'activité socio-économique et la prise en compte d'événements majeurs pour l'une des périodes les plus richement documentées de l'Égypte ancienne, à savoir la dynastie lagide (305-30 av. J.-C.), ont permis à la fois de tester des hypothèses classiques et de frayer des nouvelles pistes concernant l'influence historique des variations des conditions hydroclimatiques.

L'Égypte constitue un excellent laboratoire pour l'étude des relations entre l'homme et l'environnement. En effet, la faible pluviométrie générale qui caractérise la région a induit une forte dépendance au Nil pour l'irrigation et la culture de décrue, rendant la société égyptienne particulièrement vulnérable aux répercussions hydroclimatiques du forçage volcanique. L'injection d'aérosols sulfatés dans

---

44. Francis Ludlow, « Utility of the Irish Annals as a Source for the Reconstruction of Climate », thèse de doctorat, Trinity College Dublin, 2011 ; Daniel McCarthy et Aidan Breen, « Astronomical Observations in the Irish Annals and their Motivation », *Peritia*, 11, 1997, p. 1-43 ; Mark Williams, *Fiery Shapes: Celestial Portents and Astrology in Ireland and Wales, 700-1700*, Oxford, Oxford University Press, 2010.

45. De telles critiques ont souvent été formulées à l'encontre du travail d'Hubert H. Lamb et Gordon Manley (même si le caractère précurseur de leur travail a été souligné) : Astrid E. Ogilvie et Graham Farmer, « Documenting the Medieval Climate », *in* M. Hulme et E. Barrow (dir.), *Climates of the British Isles: Past, Present and Future*, Londres, Routledge, 1997, p. 112-134.

46. Rudolf Brázdil et al., « Historical Climatology in Europe: The State of the Art », *Climatic Change*, 70, 2005, p. 363-430.

47. Francis Ludlow et Charles Travis, « STEAM Approaches to Climate Change, Extreme Weather and Social-Political Conflict », *in* A. de la Garza et C. Travis (dir.), *The STEAM Revolution: Transdisciplinary Approaches to Science, Technology, Engineering, Arts, Humanities and Mathematics*, New York, Springer, 2019, p. 33-65.

48. Joseph G. Manning et al., « Volcanic Suppression of Nile Summer Flooding Triggers Revolt and Constrains Interstate Conflict in Ancient Egypt », *Nature Communications*, 8, 2017, https://doi.org/10.1038/s41467-017-00957-y.

la stratosphère à la suite d'éruptions explosives entraîne des déséquilibres énergétiques à court terme affectant le système climatique : en modifiant la réflexion des rayons du Soleil, de tels événements peuvent conduire non seulement à des refroidissements intenses en surface, à l'échelle hémisphérique ou planétaire (c'est ce mécanisme qui est responsable, au moins partiellement, des hivers rigoureux en Irlande), mais aussi à des changements du cycle hydrologique. Les données instrumentales et la modélisation climatique suggèrent que les grandes éruptions tropicales tendent à faire baisser les précipitations globales moyennes (principalement du fait d'un refroidissement qui réduit l'évaporation), tandis que les éruptions dans des latitudes plus élevées de l'hémisphère nord peuvent également contribuer à réduire le contraste thermique entre le nord et le sud, contraste qui entraîne la migration vers le nord des vents de la mousson estivale porteurs d'humidité. C'est un facteur clef pour la crue estivale du Nil, alimentée principalement par les pluies de la mousson africaine sur les hauts plateaux éthiopiens. Avant la construction de barrages, au XXe siècle, les pluies de la mousson déclenchaient la crue du Nil à la hauteur d'Assouan, à la frontière sud de l'Égypte, à partir du début du mois de juin. Les niveaux les plus élevés étaient atteints en août et en septembre et la décrue s'amorçait en général à la fin du mois d'octobre, date à laquelle les semis commençaient[49].

La période ptolémaïque a été un tournant dans l'histoire de l'Égypte. Elle coïncida avec l'émergence de nouveaux cadres politiques et économiques, notamment l'établissement d'une nouvelle capitale à Alexandrie, rapidement devenue l'un des plus grands centres urbains du monde méditerranéen. Le blé à grain nu, relativement vulnérable à la sécheresse, était l'une des principales cultures de l'Égypte à cette époque, adaptée au goût de l'élite grecque et destinée à fournir un marché méditerranéen plus large[50]. De nouvelles institutions fiscales, la diffusion de la monnaie, le développement des banques et le fermage des impôts permirent à l'Égypte d'exercer un contrôle plus serré de sa productivité agricole déjà fameuse, en autorisant l'État à extraire davantage de surplus de son territoire[51]. Des conflits majeurs entre l'Égypte et son principal rival, le royaume séleucide en Asie occidentale, dominèrent les relations interétatiques au cours des IIIe et IIe siècles av. J.-C.[52]. Généralement considérée comme le plus riche et le plus accompli des États hellénistiques successeurs de l'empire d'Alexandre le Grand (et correspondant également à la plus longue dynastie de l'histoire égyptienne),

---

49. Fekri A. Hassan, « Historical Nile Floods and Their Implications for Climatic Change », *Science*, 212, 1981, p. 1142-1145 ; Luke Oman *et al.*, « High-Latitude Eruptions Cast Shadow over the African Monsoon and the Flow of the Nile », *Geophysical Research Letters*, 33-18, 2006, https://doi.org/10.1029/2006GL027665 ; Brian Zambri et Alan Robock, « Winter Warming and Summer Monsoon Reduction after Volcanic Eruptions in Coupled Model Intercomparison Project 5 (CMIP5) Simulations », *Geophysical Research Letters*, 43-20, 2016, p. 10920-10928.
50. Joseph G. Manning, *The Last Pharaohs: Egypt Under the Ptolemies, 305-30 BC*, Princeton, Princeton University Press, 2010, p. 117-164.
51. *Ibid.*
52. John D. Grainger, *The Syrian Wars*, Leyde, Brill, 2010.

l'Égypte ptolémaïque connut des troubles croissants à la fin du IIIe siècle av. J.-C. : rongée par un désordre social intermittent mais grandissant et soumise à la pression de Rome, alors en pleine expansion, elle devait aussi faire face à l'hostilité persistante de ses rivaux séleucides et à des tensions internes liées, au moins en partie, à la croissance démographique.

Dans l'étude présentée ici (fig. 7), le lien entre l'histoire politique et économique de l'Égypte ptolémaïque et l'activité volcanique explosive a pu être établi grâce, à la fois, à l'intégration de données sur le forçage volcanique fournies par des carottes de glace, à l'utilisation de la modélisation climatique et à des preuves tirées d'inscriptions et de papyrus anciens. Les auteurs ont commencé par comparer les niveaux de la crue estivale, enregistrés principalement par le célèbre nilomètre de l'île de Roda, près du Caire, avec les dates des éruptions volcaniques explosives, obtenues à partir de l'étude de carottes de glace, entre 622 et 1902. Ils ont ainsi mis en évidence une baisse persistante de la crue estivale après des éruptions tropicales ou extratropicales. Cette corrélation est étayée par les données de sortie des modèles climatiques, qui montrent que les principales éruptions du XXe siècle ont été suivies par un assèchement du bassin-versant du Nil (fig. 7a et 7b). Afin de confirmer que le même phénomène caractérisait la période ptolémaïque, des indicateurs qualitatifs extraits de papyrus et d'inscriptions ont été utilisés pour établir un classement qualitatif de la crue annuelle sur une échelle ordinale[53]. Il en ressort bien que la qualité de la crue tendait à être plus faible les années où se produisait une éruption. On peut donc faire l'hypothèse d'un lien de causalité plausible entre les éruptions et les événements historiques marquants de l'Égypte ptolémaïque.

Cette approche a également permis de comparer la chronologie des éruptions volcaniques répétées avec celle d'événements historiques récurrents, partant de repérer des associations temporelles statistiquement significatives. En raison, entre autres, de la qualité des sources documentaires égyptiennes, les grandes incertitudes de datation susceptibles de faire obstacle à ce genre d'analyse ont été réduites au minimum ; dans le même temps, l'histoire du forçage volcanique a été précisée grâce à la synchronisation récente des données extraites à partir de plusieurs carottes de glace[54]. Parmi les événements historiques récurrents aptes à la datation, on compte notamment dix révoltes contre les souverains lagides[55].

---

53. Ce classement a été adapté de Danielle BONNEAU, *Le fisc et le Nil. Incidences des irrégularités de la crue du Nil sur la fiscalité foncière dans l'Égypte grecque et romaine*, Paris, Éd. Cujas, 1971.
54. Michael SIGL *et al.*, « Timing and Climate Forcing of Volcanic Eruptions for the Past 2,500 Years », *Nature*, 523-7562, 2015, p. 543-549 ; Matthew TOOHEY et Michael SIGL, « Volcanic Stratospheric Sulfur Injections and Aerosol Optical Depth from 500 BCE to 1900 CE », *Earth System Science Data*, 9-2, 2017, p. 809-831.
55. Ces dix dates de révoltes (ou plus précisément, ces dates de débuts de révolte potentiels) ont été choisies par J. G. MANNING *et al.*, « Volcanic Suppression of Nile Summer Flooding Triggers Revolt… », art. cit., d'après les travaux d'Anne-Emmanuelle VEÏSSE, *Les révoltes égyptiennes. Recherches sur les troubles intérieurs en Égypte du règne de Ptolémée III à la conquête romaine*, Louvain, Peeters, 2004.

Figure 7 – Conséquences des éruptions volcaniques sur la crue du Nil et sur le royaume ptolémaïque

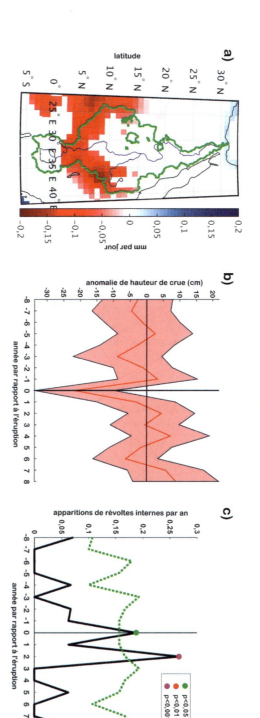

Note : graphique a) : moyenne d'ensemble de la réponse des précipitations moins évaporation (P-E) à cinq éruptions volcaniques du XXe siècle dans les résultats du modèle d'intercomparaison de modèles couplés 5 (CMIP5). La réponse est la moyenne P-E au cours de la première saison estivale (mai à octobre) contenant ou suivant l'éruption, rapporté aux cinq étés précédant l'éruption. Seules les anomalies statistiquement significatives au niveau 5 % sont représentées. La zone délimitée en vert représente le bassin du Nil. Graphique b) : moyennes annuelles de la hauteur de la crue estivale du Nil enregistrées au nilomètre islamique corrélées aux dates – estimées à partir de carottes glaciaires – de 60 éruptions majeures entre 622 et 1902 apr. J.-C. (présentées sous forme d'écart par rapport à la moyenne des années sans éruption volcanique). L'écart moyen de la hauteur de la crue pendant les soixante années où une éruption s'est produite est représenté au point 0 sur l'axe horizontal ; les années 1 à 8 représentent l'écart moyen de la hauteur de la crue pour chacune des huit années suivant l'éruption, et les années -1 à -8 l'écart moyen de la hauteur de la crue pour chacune des huit années précédant l'éruption. La zone colorée indique l'intervalle de confiance bilatéral de 90 %, estimé à l'aide de la loi t de Student. Les hauteurs de la crue estivale du Nil sont en moyenne 22 cm plus basses les années où une éruption s'est produite (p < 0,01). Graphique c) : dates de déclenchement des révoltes internes contre le pouvoir de la dynastie ptolémaïque corrélées aux dates de 16 éruptions volcaniques (représentées à l'année 0 sur l'axe horizontal ; les années 1 à 8 représentent les huit années suivant l'éruption et les années -1 à -8 les huit années précédant l'éruption), à l'exclusion d'une période tampon de huit ans au début et à la fin de la période considérée, à savoir 305-30 av. J.-C. Les points indiquent des valeurs statistiquement significatives, estimées à l'aide du test exact de Barnard. La ligne verte en pointillé représente le seuil de confiance de 95 %, également estimé à l'aide du test exact de Barnard.

Source : figures et légendes adaptées de Joseph G. MANNING et al., « Volcanic Suppression of Nile Summer Flooding Triggers Revolt and Constrains Interstate Conflict in Ancient Egypt », Nature Communications, 8, 2017, https://doi.org/10.1038/s41467-017-00957-y.

Or trois d'entre elles ont commencé au cours d'une année durant laquelle une éruption s'est produite et cinq autres dans un délai de deux ans après une année marquée par une éruption (fig. 7c). D'autres catégories d'événements peuvent être considérées dans la même optique. Sur les neuf périodes durant lesquelles le conflit entre l'Égypte ptolémaïque et le royaume séleucide a cessé, trois coïncident avec une année ayant connu une éruption, deux autres se situent dans un délai de deux ans après une éruption et une troisième dans un délai de trois ans ; par ailleurs, deux des neuf décrets sacerdotaux ont été émis au cours d'une année marquée par une éruption et un autre au cours de l'année suivant une éruption. Dernière observation : la vente de terres héréditaires, dont on suppose depuis longtemps qu'elle est le symptôme de difficultés économiques[56], puisque les familles sont normalement réticentes à se séparer de leurs propriétés, connaît en moyenne une flambée pendant plusieurs années après les éruptions[57].

Ce qui frappe, donc, c'est la coïncidence répétée entre un petit nombre d'événements dont on connaît précisément la date : éruptions volcaniques, révoltes internes et cessation (probablement liée) des campagnes militaires extérieures, tentatives pour réaffirmer ou maintenir l'ordre politique par le biais de décrets sacerdotaux promulgués au nom des souverains ptolémaïques et fréquence accrue des ventes de terres[58]. Certes, on ne peut exclure que cette conjonction, aussi rapprochée soit-elle, ne soit rien de plus que le fruit du hasard. Néanmoins, la probabilité que l'association entre les dates des éruptions volcaniques et ces événements soit purement aléatoire a été envisagée et elle se trouve être faible (de l'ordre de 5 %, voire considérablement moins, dans tous les cas)[59].

Afin d'illustrer l'utilité des modèles statistiques pour saisir les interactions entre climat et sociétés du passé, peut-être faut-il aller plus loin. Considérons l'association observée entre le déclenchement des révoltes contre le pouvoir ptolémaïque, documenté par les papyrus, et les dates des éruptions volcaniques connues grâce aux carottes de glace polaires. Cette corrélation, quelle que soit sa force, n'exclut pas la possibilité qu'une éruption et une révolte se produisent parfois durant la même année, de manière totalement fortuite. La question statistique qu'il faut alors se poser est la suivante : le nombre de correspondances observées dans la

---

56. Joseph G. Manning, *Land and Power in Ptolemaic Egypt: The Structure of Land Tenure*, Cambridge, Cambridge University Press, 2003.
57. On a trouvé la trace de 84 ventes datées avec suffisamment de précision. Pour plus de détails, voir J. G. Manning *et al.*, « Volcanic Suppression of Nile Summer Flooding Triggers Revolt… », art. cit.
58. En tenant compte de quelques incertitudes mineures concernant les dates de déclenchement des révoltes et des éruptions. Un essai avec une liste plus complète (bien que potentiellement moins précise) de possibles déclenchements de révoltes a été effectué et il a été constaté qu'une association statistiquement significative s'observait encore. Voir Francis Ludlow et Joseph G. Manning, « Revolts under the Ptolemies: A Paleoclimatological Perspective », *in* J. J. Collins et J. G. Manning (dir.), *Revolt and Resistance in the Ancient Classical World and the Near East: The Crucible of Empire*, Leyde, Brill, 2016, p. 154-171.
59. J. G. Manning *et al.*, « Volcanic Suppression of Nile Summer Flooding Triggers Revolt… », art. cit.

réalité est-il inhabituel ? Pour répondre à cette interrogation, il suffit d'élaborer un modèle probabiliste permettant de calculer le nombre de correspondances auquel on pourrait s'attendre s'il n'y avait pas de réelle association entre ces événements. Les auteurs de l'étude ont donc procédé à des « simulations » qui ont réattribué, de manière randomisée, une nouvelle date à chaque éruption entre 305 et 30 av. J.-C. et compté le nombre de correspondances entre le déclenchement des révoltes et les dates réattribuées aux éruptions, en répétant ce processus un million de fois afin de produire une répartition de référence aléatoire[60]. Puisque le nombre de correspondances observées dans la réalité excède le nombre de correspondances dans 98 % de ces simulations, on peut en conclure qu'il y a une probabilité supérieure à 98 % qu'une association réelle existe entre le déclenchement des révoltes et les éruptions volcaniques : en d'autres termes, l'association ne tient pas du hasard et la correspondance observée est « statistiquement significative » à un niveau de confiance de 98 %.

Ce test permet aux auteurs de l'étude d'affirmer l'existence d'un lien causal entre les éruptions volcaniques et le déclenchement des révoltes. Ils reconstituent à partir de là une chaîne de conséquences qui pourrait s'énoncer de la sorte : l'activité volcanique a eu une incidence hydroclimatique démontrable sur le Nil ; ces variations de la crue ont influé sur la productivité agricole égyptienne ; la baisse significative des rendements des cultures aurait provoqué des pénuries alimentaires, des hausses de prix, la crainte de famines, des difficultés à s'acquitter des impôts levés par l'État, un abandon des terres et une migration des populations vers les centres urbains pour y trouver de l'aide ; ces bouleversements ont alors pu conduire à des révoltes, en particulier lorsque le contexte général – notamment les tensions ethniques continues entre les Égyptiens natifs et les élites grecques, mais aussi les mobilisations militaires coûteuses – aggravait une situation déjà tendue[61]. Reste à acquérir une compréhension plus fine de ce contexte, qui a certainement connu des fluctuations au cours des trois siècles (ou presque) de domination lagide.

D'autres enchaînements causaux liant les éruptions aux révoltes sont également envisageables, selon que les premières sont considérées comme la cause directe ou indirecte des secondes. Les éruptions pourraient, par exemple, avoir déstabilisé la société égyptienne en provoquant un brusque refroidissement, entraînant une diminution des récoltes et une hausse de la mortalité animale. Une autre hypothèse est encore possible : en voilant ou en modifiant le rayonnement solaire, les éruptions auraient conduit à des désordres nourris par des interprétations religieuses locales – la poussière volcanique en suspension pouvant être interprétée comme un signe de la colère divine. Par ailleurs, ces liens de causalité variaient en intensité en fonction des interventions humaines qui tantôt les atténuaient, tantôt les renforçaient. Ainsi, l'aggravation des tensions sociales provoquée par la baisse des rendements agricoles pouvait être limitée par des baisses d'impôts, l'imposition

---

60. *Ibid.*, p. 7.
61. Ces conditions, qui peuvent également être considérées comme apportant une contribution « causale », ont pour effet de rendre l'association entre l'activité volcanique explosive et les révoltes « causale de manière probabiliste » plutôt que « de manière déterministe ».

de prix plafonds pour les denrées alimentaires, des interdictions d'exporter, des greniers d'État ou encore par l'importation en urgence de céréales. C'est d'ailleurs pourquoi tous les événements volcaniques survenus durant la période ptolémaïque ne sont pas associés à une révolte : l'Égypte lagide est manifestement parvenue à résister à certains chocs hydroclimatiques causés par les éruptions.

Les désordres sociaux de la période se caractérisent par de fortes variations en intensité, en durée et en étendue. Parmi les épisodes de révolte identifiés, certains semblent avoir concerné toute l'Égypte et duré une vingtaine d'années, alors que d'autres apparaissent comme plus brefs et localisés. Or cette variabilité ne saurait être appréhendée avec un modèle explicatif trop simple, faisant des révoltes la conséquence mécanique des chocs climatiques. Faut-il alors essayer de corréler l'intensité des révoltes avec la sévérité des événements climatiques ? Certaines éruptions se traduisaient seulement par des troubles ponctuels et locaux de la crue du Nil, tandis que d'autres entraînaient des années de sécheresse affectant toute la vallée du fleuve et déclenchaient des famines aiguës. L'ampleur des troubles aurait varié en fonction du dérèglement climatique. Toutefois, l'analyse de la documentation écrite invite à compliquer ce scénario : des défaillances de la crue assez localisées ont ainsi pu causer un sentiment de panique et d'appréhension parmi les habitants qui se souvenaient des précédentes crises, comme l'atteste le décret de Canope de 238 av. J.-C.[62]. Dans les deux cas, on peut faire l'hypothèse que le stress résultant de la défaillance de la crue a agi comme un facteur amplificateur des tensions ethniques existantes dans certaines régions d'Égypte[63]. Il reste par conséquent un important travail de fond à réaliser sur les sources historiques pour compléter les approches historico-statistiques et approfondir leur interprétation. En revenant aux documents, les historiens peuvent affiner leur compréhension des révoltes égyptiennes, indépendamment des données paléoclimatiques. Ils peuvent également examiner leur extension géographique – la topographie pouvant jouer un rôle dans le degré de vulnérabilité d'une région donnée face à la baisse de la crue du Nil – et les ventiler en différentes catégories afin de mettre en évidence des associations plus précises entre événements historiques et chocs hydroclimatiques.

Les approches illustrées par les études sur l'Irlande et sur l'Égypte restent relativement rares dans l'ensemble du domaine de l'histoire environnementale[64]. Ce genre d'enquête est pourtant riche de potentialités compte tenu de l'attention croissante portée à la construction de données quantitatives et aux méthodes

---

62. Stefan Pfeiffer, *Das Dekret von Kanopos (238 v. Chr.). Kommentar und historische Auswertung eines dreisprachigen Synodaldekretes der ägyptischen Priester zu Ehren Ptolemaios' III. und seiner Familie*, Munich, K. G. Saur, 2004.
63. F. Ludlow et J. G. Manning, « Revolts under the Ptolemies », art. cit.
64. Pour des aperçus récents d'études sur le lien entre climat et société prenant également en compte les préoccupations au sujet du déterminisme environnemental et des approches quantitatives et statistiques, voir Bas J. P. van Bavel *et al.*, « Climate and Society in Long-Term Perspective: Opportunities and Pitfalls in the Use of Historical Datasets », *WIREs Climate Change*, 10-6, 2019, https://doi.org/10.1002/wcc.611 ; Fredrik Charpentier Ljungqvist, Andrea Seim et Heli Huhtamaa, « Climate and Society in European History », *WIREs Climate Change*, 12-2, 2021, https://doi.org/10.1002/wcc.691.

spécialisées permettant de les analyser ; il ouvre donc le champ à des modes de raisonnement réservés jusqu'à maintenant aux sciences sociales et appliqués à des sociétés contemporaines aux données abondantes. Certes, ces approches ont leurs limites et soulèvent des interrogations. Comme Aryn Martin et Michael Lynch l'ont fait remarquer, « bien que ce soit un exercice simple lorsqu'on l'envisage de manière abstraite, dans certains cas, compter peut être compliqué, discutable et porter à conséquence sur le plan social. Les jugements catégoriels déterminent *ce qui compte* comme cas éligible, exemple ou donnée, et ces catégories peuvent être source de difficultés et controversées[65] ». Dans le domaine de la climatologie historique, la catégorisation et la quantification d'informations historiques (en particulier qualitatives) sont réductrices par essence[66]. Le codage d'événements ou de phénomènes (qu'il s'agisse d'une sécheresse ou d'une famine, par exemple) en fonction de catégories rigides, incapables d'englober toutes leurs dimensions, s'accompagne forcément d'une perte de nuance et de contexte[67].

Il n'existe aucun moyen de saisir parfaitement le contenu pertinent de sources écrites complexes. C'est pourquoi, même si les preuves écrites ne sont pas forcément quantifiables, on peut légitimement employer cette approche pour « faire parler » un texte, à condition de prendre en compte le contexte de création de la source pour étayer des analyses quantitatives. Comme le montrent les études consacrées à l'Irlande et à l'Égypte, cette approche présente des avantages bien réels. Pour en tirer pleinement parti, il est nécessaire de faire preuve d'une certaine ouverture d'esprit, afin d'apprécier aussi bien ses potentialités que ses limites, et d'avoir conscience qu'elle complète d'autres approches historiques plus établies plutôt qu'elle ne les concurrence[68].

---

65. Aryn MARTIN et Michael LYNCH, « Counting Things and People: The Practices and Politics of Counting », *Social Problems*, 56-2, 2009, p. 243-266, ici p. 243 (les auteurs soulignent).

66. Ce problème dépasse la climatologie historique. Par exemple, dans le contexte de la prolifération de l'histoire sérielle (ou histoire quantitative) dans l'historiographie française du XXe siècle, plusieurs figures majeures du mouvement ont souligné « l'impossibilité de conclure ». C'est le cas de Bernard Lepetit, qui employait cette expression dans un article de synthèse, paru en 1989, où il se référait à des historiens « quantitatifs », comme François Furet, ayant dressé le même constat deux décennies plus tôt : Bernard LEPETIT, « L'histoire quantitative. Deux ou trois choses que je sais d'elle », *Histoire & mesure*, 4-3/4, 1989, p. 191-199, ici p. 193. Cette observation rappelle les critiques, plus récentes, adressées à l'approche « cliométrique » en histoire économique (c'est-à-dire se cantonnant à l'analyse des données quantitatives du passé) : Francesco BOLDIZZONI, *The Poverty of Clio: Resurrecting Economic History*, Princeton, Princeton University Press, 2011. En effet, les cliométriciens ont été accusés de ne pas être concluants et parfois de « plaquer » des théories élaborées *a priori* sur les preuves historiques avant d'analyser les données elles-mêmes.

67. Il est quelquefois difficile de savoir quand un phénomène doit être considéré comme un « événement », par opposition à un « processus », et cela influe sur la manière de catégoriser et de quantifier le phénomène en question.

68. Pour un exemple de cette complémentarité entre la cliométrie et l'histoire économique, voir Joshua L. ROSENBLOOM, « The Good of Counting », *in* J. L. ROSENBLOOM (dir.), *Quantitative Economic History: The Good of Counting*, Londres, Routledge, 2008, p. 1-7, ici p. 2.

Réinterpréter les sources textuelles à la lumière des données scientifiques

Les deux types de pratiques interdisciplinaires décrits ci-dessus ont en commun d'avoir été appliqués à des situations dans lesquelles les données issues des sciences naturelles pouvaient, d'une manière ou d'une autre, bénéficier de l'apport de sources textuelles ou matérielles, habituellement réservées aux historiens. Les deux approches diffèrent cependant par leur manière d'appliquer des méthodes quantitatives et d'organiser leur raisonnement en conséquence. Reste maintenant à examiner la démarche intellectuelle symétrique, c'est-à-dire lorsque les sources textuelles conservent un rôle prééminent mais voient leur interprétation influencée par les données scientifiques. Le premier exemple concerne l'Italie à la fin de l'Antiquité et a trait aux sources littéraires ; le second s'intéresse à la Pologne à l'époque médiévale et repose sur une documentation économique et juridique. Nous constaterons que, dans les deux cas, les nouvelles données paléoclimatiques ou paléoécologiques disponibles ont amélioré notre compréhension de certaines sources écrites que les historiens utilisaient pourtant depuis très longtemps.

Commençons par l'Antiquité tardive et le cas italien. Dans les années 1980, des scientifiques ont mis en relation des archives naturelles enregistrant une puissante éruption volcanique au milieu du VIe siècle avec des sources écrites à la même époque évoquant apparemment l'obscurcissement atmosphérique qui s'en est ensuivi[69]. Selon certains, la dépression climatique associée à l'éruption, désignée comme l'« événement de 536 » (date à laquelle les répercussions ont commencé à se faire sentir), a eu un effet considérable sur les sociétés de tout l'hémisphère nord[70]. Les informations fournies par certaines données environnementales indirectes, notamment des analyses de carottes de glace polaires et de longues séries dendroclimatologiques, ont alimenté un flux régulier d'études revisitant et réinterprétant les sources textuelles et archéologiques à la lumière de ces nouveaux

---

[69]. Voir Richard B. STOTHERS et Michael R. RAMPINO, « Volcanic Eruptions in the Mediterranean before AD 630 from Written and Archaeological Sources », *Journal of Geophysical Research*, 88-B8, 1983, p. 6357-6371. Les auteurs ont rassemblé et recontextualisé des textes de quatre auteurs de la Méditerranée antique tardive qui ont tous évoqué, de manière accessoire, des dérèglements climatiques et météorologiques étranges ; une fois rapprochées, ces références ont permis d'inférer une puissante éruption volcanique. Les traces d'un refroidissement post-éruption dans les données dendrologiques ont été trouvées par M. G. L. BAILLIE, « Dendrochronology Raises Questions about the Nature of the AD 536 Dust-Veil Event », *The Holocene*, 4-2, 1994, p. 212-217. Des différences de datation apparentes ont été résolues dans M. SIGL *et al.*, « Timing and Climate Forcing of Volcanic Eruptions… », art. cit. Pour une synthèse récente, voir T. P. NEWFIELD, « The Climate Downturn of 536-50 », art. cit., p. 452-463.

[70]. Ce point suscite une controverse : voir Joel D. GUNN (dir.), *The Years without Summer: Tracing A.D. 536 and Its Aftermath*, Oxford, Archaeopress, 2000 ; U. BÜNTGEN *et al.*, « Cooling and Societal Change during the Late Antique Little Ice Age… », art. cit. ; Kyle HARPER, *The Fate of Rome: Climate, Disease, and the End of an Empire*, Princeton, Princeton University Press, 2017.

indicateurs[71]. De la même façon, des textes historiques disparates ont été collationnés pour documenter un événement climatique, à propos duquel les paléosciences apportent un éclairage contextuel supplémentaire.

De façon significative, les débats autour des répercussions de l'éruption – leur portée et leur ampleur – ont été tranchés en se fondant presque exclusivement sur les preuves paléoscientifiques[72]. Les sources textuelles n'ont pas bénéficié de la même attention[73]. Pourtant, la lecture attentive d'un document célèbre vient sensiblement modifier le cadre narratif associé à l'événement, tout en restant compatible avec les réalités climatiques connues par l'apport des autres disciplines. C'est à l'homme politique latin Cassiodore (v. 485-v. 580) que l'on doit la plus riche description de l'événement 536, conservée dans ses *Variae*, qui rassemblent sa correspondance alors qu'il se trouvait au service de la monarchie ostrogoth, à la tête du pays entre 493 et 553[74]. À première vue, les lettres corroborent une interprétation catastrophiste. On y apprend que le Soleil n'a plus sa luminosité habituelle et que les températures ont été fraîches pendant près d'une année[75]. Le cycle des saisons lui-même a été bouleversé : « nous avons eu un hiver sans orages, un printemps sans temps mitigé, un été sans vagues de chaleur[76] », explique l'auteur. Comprenant que les cultures ne pousseront pas dans ces conditions, Cassiodore ordonne l'ouverture de greniers d'État pour écarter le risque d'une famine imminente[77].

Si le texte semble refléter le pouvoir implacable du climat sur la société prémoderne, il faut se garder de le prendre au pied de la lettre. Dans la longue liste des désastres environnementaux que l'on trouve dans les écrits de Cassiodore, certains

---

71. R. B. Stothers et M. R. Rampino, « Volcanic Eruptions in the Mediterranean before AD 630… », art. cit. Pour une perspective globale sur l'éruption, du Yucatán à la Chine, voir les articles rassemblés dans J. D. Gunn, *The Years without Summer*, op. cit. : sans le cadre volcanique, rien ne relierait des sujets aussi disparates que l'épistolographie romaine et l'hydraulique maya. Pour une discussion sur le contexte climatique et philosophique du récit par Cassiodore de l'événement de 536, voir K. Harper, *The Fate of Rome*, op. cit., p. 251-252 ; pour une discussion plus générale sur l'événement, *ibid.*, p. 249-259. La bibliographie sur l'événement de 536 est importante et s'enrichit régulièrement : voir les travaux récents de K. Harper et de T. P. Newfield pour davantage de références.
72. Samuli Helama, Phil D. Jones et Keith R. Briffa, « Dark Ages Cold Period: A Literature Review and Directions for Future Research », *The Holocene*, 27-10, 2017, p. 1600-1606 ; Samuli Helama, Phil D. Jones et Keith R. Briffa, « Limited Late Antique Cooling », *Nature Geoscience*, 10-4, 2017, p. 242-243 ; J. Haldon et al., « Plagues, Climate Change, and the End of an Empire », art. cit.
73. Pour une exception, voir Antti Arjava, « The Mystery Cloud of 536 CE in the Mediterranean Sources », *Dumbarton Oaks Papers*, 59, 2005, p. 73-94.
74. Cassiodore, *Variae*, XII, 25 ; pour une traduction en anglais, voir Cassiodore, *The* Variae: *The Complete Translation*, trad. par M. S. Bjornlie, Oakland, University of California Press, 2019, p. 493-495. Sur le contexte historique et littéraire, voir M. Shane Bjornlie, *Politics and Tradition between Rome, Ravenna and Constantinople: A Study of Cassiodorus and the* Variae, *527-554*, Cambridge, Cambridge University Press, 2013.
75. Cassiodore, *Variae*, XII, 25, 2.
76. Cassiodore, *Variae*, XII, 25, 3 ; Cassiodore, *The* Variae, op. cit., p. 494.
77. Cassiodore, *Variae*, XII, 25, 6.

sont tirés de récits antérieurs d'anomalies similaires. En observant que l'étrange nuage a duré « pendant presque toute une année », l'écrivain reprend en fait mot pour mot une expression de Pline l'Ancien, qui relate le seul autre exemple documenté d'une atténuation prolongée du rayonnement solaire[78], en 43 av. J.-C., peu de temps après l'assassinat de Jules César[79]. Un autre élément de la description catastrophiste de Cassiodore – comment « l'air chargé de neige […] bloque la chaleur du soleil et détourne la vue de la faiblesse humaine[80] » – s'inspire librement d'un autre récit fort célèbre, la *Vie de César*, où Plutarque évoque le passage d'une comète après la mort de César : « […] puis l'obscurcissement de la lumière du soleil. Car, pendant toute cette année, le disque solaire fut pâle : il n'avait pas de rayonnement à son lever, et la chaleur qui en émanait était faible et languissante ; aussi l'air restait-il épais et lourd, faute d'une température assez élevée pour le raréfier[81] ». Que de telles allusions intertextuelles aient été des sortes de tropes dans la littérature latine doit nous mettre en garde contre la tentation de les utiliser comme des preuves directes.

Dans ces conditions, évaluer avec précision les répercussions de l'éruption de 536 sur le climat et la société en Italie s'apparente à une mission impossible ; il faut se contenter d'une observation générale : des dérèglements environnementaux ont été identifiés à cette date. Les reconstitutions des événements et des processus climatiques du passé doivent être appréciés à l'aide de preuves scientifiques. Le recours à des textes historiques, en particulier ceux qui accordent une grande place à la rhétorique et à l'artifice, est une entreprise à hauts risques, car ces écrits précisent rarement la durée, la portée et l'intensité des phénomènes qu'ils décrivent. Cependant, l'interprétation de ces textes se trouve enrichie grâce à des informations que seules les paléosciences peuvent apporter. Dans la lettre de Cassiodore, les références intertextuelles traduisent en réalité un effort pour transformer un événement sans précédent en un fait compréhensible, à travers l'utilisation d'un cadre familier puisé dans la culture littéraire romaine. Pour le moment, la nouvelle recherche interdisciplinaire s'est essentiellement attachée à comprendre l'effet du climat sur les populations humaines. Or il importe de

---

78. Cassiodore, *Variae*, XII, 25, 2 ; Cassiodore, *The Variae*, *op. cit.*, p. 494. Pline l'Ancien, *Histoire naturelle*, II, 98. La même expression se retrouve en latin chez Cassiodore (*Quod non eclipsis momentaneo defectu, sed totius paene anni agi niholiminus constat excursu*) et Pline (*Fiunt prodigiosi et longiores solis defectus, qualis occiso dictatore Caesare et Antoniano bello totius paene anni pallore continuo*).

79. Sur la comète de César, voir John T. Ramsey et A. Lewis Licht, *The Comet of 44 B.C. and Caesar's Funeral Games*, Atlanta, Scholars Press, 1997. À l'image de l'événement de 536, les dérèglements climatiques constatés en 43 av. J.-C résultaient probablement d'une éruption volcanique, possiblement celle du volcan Okmok situé en Alaska, dans les îles Aléoutiennes : voir Joseph R. McConnell *et al.*, « Extreme Climate after Massive Eruption of Alaska's Okmok Volcano in 43 BCE and Effects on the Late Roman Republic and Ptolemaic Kingdom », *Proceedings of the National Academy of Sciences*, 117-27, 2020, p. 15443-15449.

80. Cassiodore, *Variae*, XII, 25, 5 ; Cassiodore, *The Variae*, *op. cit.*, p. 494.

81. Plutarque, *César*, LXIX, 4 ; traduction française tirée de Plutarque, *Vies parallèles*, trad. par B. Latzarus, t. 4, Paris, Classiques Garnier, 1950, p. 276.

se demander comment les auteurs anciens ont parlé du climat, et l'étude des sources littéraires constitue probablement l'un des meilleurs moyens d'envisager cette question.

Le second exemple tend à aboutir aux mêmes conclusions à partir de l'examen de sources documentaires, *a priori* exemptes, pour une large part, de l'intertextualité qui caractérise (et parfois fausse) les sources littéraires. Déplaçons-nous cette fois en Grande-Pologne (*Wielkopolska*), berceau de l'État polonais instauré dans la seconde moitié du Xe siècle. Pendant des siècles, cette région a été l'une des plus peuplées, des plus développées et des plus riches du pays. L'histoire économique de la Grande-Pologne (et de la Pologne en général) a fait l'objet de nombreuses études, notamment sur le début de l'époque moderne. Néanmoins, le nombre limité de traces écrites représente un obstacle de taille. Les sources administratives, tels les registres fiscaux ou les inventaires des propriétés, ne sont en effet apparues qu'au XVIe siècle. La documentation disponible sur le haut Moyen Âge est encore plus limitée : il existe bien un inventaire des fouilles archéologiques d'objets du début de la période médiévale en Grande-Pologne, mais il concerne surtout les centres proto-urbains, alors que les activités économiques dominantes de la région étaient l'agriculture et l'élevage[82].

Pour reconstituer le réseau des établissements ruraux et l'état de l'économie rurale à l'époque médiévale, les historiens ont fait appel à une documentation spécifique : les « privilèges de location ». Ces textes, qui consignaient les règles gouvernant les relations entre propriétaires et paysans, apparaissent au XIIIe siècle, au début de la colonisation allemande en Grande-Pologne[83]. Des recherches récentes ont établi que le XIVe siècle constitue à cet égard une période clef puisque des chartes de l'époque recensent une augmentation significative de nombre de villages déjà existants ou nouvellement établis[84]. Par conséquent, c'est devenu un lieu commun d'affirmer que le réseau de villages en Grande-Pologne – toujours discernable aujourd'hui dans certaines zones, avec sa disposition régulière de champs et de maisons – résulte de changements intervenus au cours des XIIIe et XIVe siècles[85]. Des villages furent alors transférés au droit allemand ; parallèlement, les techniques agricoles se modernisaient dans les exploitations environnantes.

---

82. Archaeologiczne Zdjęie Polski, http://www.nid.pl ; Ryszard MAZUROWSKI, *Metodyka archeologicznych badań powierzchniowych*, Varsovie, Państ. Wydaw. Naukowe, 1980.

83. Jan M. PISKORSKI, « The Medieval Colonization of Central Europe as a Problem of World History and Historiography », *in* N. BEREND (dir.), *The Expansion of Central Europe in the Middle Ages*, Londres, Routledge, 2017, p. 215-236.

84. Teodor TYC, *Początki kolonizacji wiejskiej na prawie niemieckim w Wielkopolsce (1200-1333)*, Poznań, Drukiem K. Miarki, 1924 ; Konstanty Jan HŁADYŁOWICZ, *Zmiany krajobrazu i rozwój osadnictwa w Wielkopolsce od XIV do XIX wieku*, Lviv, Kasa im. Rektora J. Mianowskiego, 1932 ; Karol STEFAŃSKI, « Wsie na prawie niemieckim w Wielkopolsce w latach 1333-1370 », *Roczniki Historyczne*, 37, 1971, p. 1-36.

85. Antoni GĄSIOROWSKI, « Krajobraz naturalny i rozwój osadnictwa. Organizacja społeczna i rozwój gospodarstwa wiejskiego », *in* J. TOPOLSKI (dir.), *Historia Wielkopolski do roku 1795*, Poznań, Wydawnictwo Poznańskie, 1969, p. 254-261, ici p. 256.

Toutefois, bien que ces privilèges de location aient créé une sorte de réalité juridique, ils ne représentent rien de plus qu'un plan ou une intention d'établir un nouveau village ou de moderniser un village existant. Ils ne prouvent nullement que ces plans aient été mis en œuvre, immédiatement ou même plus tard[86]. De plus, ces textes ne documentent pas la chronologie de l'évolution démographique et économique d'un village ni les moments de crise : ils se contentent de recenser les actes juridiques pertinents. Ces limites, inhérentes à la typologie documentaire conservée, peuvent néanmoins être contournées en recourant à des archives environnementales et en menant des recherches historico-environnementales conjointes.

Un projet récent sur la Grande-Pologne, associant histoire et paléoécologie, a pris la forme de micro-études, comprenant une recherche paléoécologique multi-indicateurs conduite à partir de matériaux extraits de tourbières de la région[87]. En mettant l'accent sur des moments charnières de son histoire politique et économique, en mêlant archives historiques et environnementales et en recourant à des méthodes propres aussi bien aux sciences humaines qu'aux sciences de la nature, cette recherche a modifié notre compréhension du déroulement de la colonisation de la région à la fin de la période médiévale. La fréquence des dates radiocarbones obtenues (plus d'une par siècle) a permis en particulier de mieux saisir la dynamique coloniale. Après analyse des données environnementales, la transition vers le droit allemand évoqué dans les sources écrites apparaît ainsi moins rapide que les historiens l'avaient affirmé auparavant et, également, décalée dans le temps. Les données palynologiques témoignent non seulement d'une déforestation graduelle, mais aussi d'une hausse, tout aussi graduelle, de la proportion des pollens issus de plantes cultivées, en particulier des céréales (fig. 8).

La tourbière de Kazanie dans le centre de la Grande-Pologne est un bon exemple de ce développement lent et progressif. Bien que la plupart des sites ruraux environnants aient été établis ou réorganisés conformément au droit allemand aux XIIIe et XIVe siècles, ce n'est qu'à partir du XVe siècle que l'on observe une augmentation significative de l'activité économique humaine induite par le développement de l'agriculture. C'est à ce moment-là que la population a augmenté notablement et que les techniques agricoles ont probablement été modernisées, avec l'introduction de l'assolement triennal et d'outils plus avancés, tels que la charrue et la herse en fer, ainsi que la mise en place d'un nouveau schéma d'organisation des champs. La part des pollens issus de céréales dans les échantillons collectés pour l'étude n'a dépassé 1 % de manière permanente qu'à la fin du XIVe siècle, avant de progresser tout au long du XVe siècle, pour atteindre 3 %. Ces relevés impliquent que la colonisation débutée aux XIIIe et XIVe siècles ne

---

86. Stanisław Kuraś, *Przywileje prawa niemieckiego miast i wsi małopolskich XIV-XV wieku*, Wrocław, Instytut Historii Polskiej Akademii Nauk, 1971, p. 111.
87. Sambor Czerwiński *et al.*, « Environmental Implications of Past Socioeconomic Events in Greater Poland during the Last 1200 Years: Synthesis of Paleoecological and Historical Data », *Quaternary Science Reviews*, 259, 2021, https://doi.org/10.1016/j.quascirev.2021.106902.

Figure 8 – Développement des établissements ruraux en Grande-Pologne

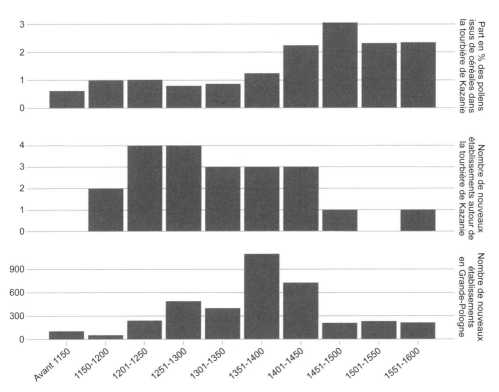

Note : le graphique du haut a été élaboré à partir des données palynologiques, ceux du milieu et du bas à partir des données des chartes de privilèges de location. Le graphique du milieu reflète le voisinage immédiat du site montré dans le graphique supérieur, c'est-à-dire la tourbière de Kazanie, près de Pobiedziska, en Grande-Pologne ; le graphique du bas correspond aux données pour toute la région.
Source : adapté de Jan HŁADYŁOWICZ, Zmiany krajobrazu i rozwój osadnictwa w Wielkopolsce od XIV do XIX wieku, *Lviv, Kasa im. Rektora J. Mianowskiego, 1932, p. 109-227* ; Sambor CZERWIŃSKI et al., « Znaczenie wspólnych badań historycznych i paleoekologicznych nad wpływem człowieka na środowisko. Przykład ze stanowiska Kazanie we wschodniej Wielkopolsce », Studia Geohistorica, *7, 2019, p. 59, 63* ; Sambor CZERWIŃSKI et al., « Environmental Implications of Past Socioeconomic Events in Greater Poland during the Last 1200 Years: Synthesis of Paleoecological and Historical Data », Quaternary Science Reviews, *259, 2021, https://doi.org/10.1016/j.quascirev.2021.106902, p. 8.*

concernait pas des groupes de population importants. Les villages modernisés ou nouvellement implantés étaient relativement petits et leur potentiel économique et démographique ne s'est développé que lentement, sur une longue période, avant d'atteindre un pic au XVIe siècle[88].

L'ajout de sources environnementales conduit donc à réviser, de manière non négligeable, la vision historiographique traditionnelle de la colonisation allemande : alimentée dans une large mesure par la croissance démographique naturelle, l'expansion rurale fut graduelle en Grande-Pologne. Comme pour les textes littéraires latins discutés plus haut, l'incorporation de données produites par les sciences naturelles mène soit à une interprétation complètement nouvelle des sources textuelles, soit à l'accréditation d'une hypothèse existante aux dépens d'autres – dont certaines, élaborées pendant des décennies, ont longtemps eu cours dans la recherche historique traditionnelle. Avec la précision et la pluralité croissantes des données paléoscientifiques, il devient désormais envisageable d'accéder à une compréhension plus exhaustive et plus solide du passé. L'ambition de cet article est d'aider à catalyser et à faciliter ce processus[89].

Élaborer des récits historiques dans des environnements interdisciplinaires

Dans sa monographie parue en 1967, *Histoire du climat depuis l'an mil*, E. Le Roy Ladurie concluait que, sur le long terme, les conséquences du climat sur les humains semblaient minimes et difficiles à détecter[90]. Aujourd'hui, après cinquante ans de recherche, cette opinion apparaît comme exagérément sceptique, à tout le moins réductrice, pour ne pas dire solipsiste. En réalité, E. Le Roy Ladurie se méfiait des interprétations simplistes qui auraient pu être tirées de son livre. Près de trente-cinq ans plus tard, alors que la crise climatique mondiale poussait le grand public et les chercheurs à s'intéresser à nouveau au rôle du climat dans les affaires humaines, l'historien français proposa des conclusions bien différentes : dans les trois volumes de son *Histoire humaine et comparée du climat*, parue en 2004, il n'hésitait plus à souligner le rôle de la variabilité climatique dans l'histoire humaine[91]. D'une certaine façon,

---

88. S. Czerwiński *et al.*, « Environmental Implications of Past Socioeconomic Events… », art. cit. Il faut noter que la même équipe de recherche a démontré qu'une colonisation à grande échelle aux retombées écologiques importantes pouvait avoir eu lieu en l'espace d'une génération dans des circonstances particulières, lorsque les capacités financières et institutionnelles existaient : voir Mariusz Lamentowicz *et al.*, « How Joannites' Economy Eradicated Primeval Forest and Created Anthroecosystems in Medieval Central Europe », *Scientific Reports*, 10-1, 2020, https://doi.org/10.1038/s41598-020-75692-4.

89. Pour un autre exemple récent d'une approche similaire, voir Martin Bauch, « Die Magdalenenflut 1342 am Schnittpunkt von Umwelt- und Infrastrukturgeschichte », *NTM Zeitschrift für Geschichte der Wissenschaften, Technik und Medizin*, 27-3, 2019, p. 273-309.

90. E. Le Roy Ladurie, *Histoire du climat depuis l'an mil*, op. cit.

91. Id., *Histoire humaine et comparée du climat*, Paris, Fayard, 3 vol., 2004-2009.

il s'agissait là d'un retour à des positions défendues par la génération d'historiens actifs pendant les premières décennies du XXe siècle, tels Ellsworth Huntington aux États-Unis ou Franciszek Bujak en Pologne[92]. Plus généralement, ces revirements révèlent en creux les tensions auxquelles sont soumis les historiens qui prennent le parti de décrire les aspects « naturels » de l'histoire : il est facile de les assigner, même contre leur gré, à de grands récits idéologiques prédéterminés.

Dans la plupart des études sur le climat, le métarécit qui s'impose dépend souvent de la discipline – des sciences humaines ou des sciences de la nature – surplombante dans l'analyse[93]. Pour comprendre les luttes qui se jouent autour de la définition d'un métarécit légitime, il est utile d'aborder brièvement les principaux tropes rhétoriques qui dominent le champ émergent de l'histoire environnementale interdisciplinaire – au sens d'Hayden White, à savoir la métaphore, la métonymie, la synecdoque et l'ironie[94]. Jusqu'à récemment, le catastrophisme et le déterminisme faisaient office de figures rhétoriques majeures dans l'histoire du changement climatique. Leur représentation réductrice tenait de la métonymie : fondés sur une cause unique et des arguments mécanistes, ces récits s'organisaient selon une intrigue tragique. De telles narrations ont bien souvent pour objectif de remuer les consciences de leurs lecteurs et de les encourager à agir[95]. C'est pourquoi, même s'ils peuvent être trompeurs en ordonnant le passé selon une trame rigide et en se focalisant sur une fin inéluctable, le catastrophisme et le déterminisme ne sont pas sans intérêt. Ils peuvent être déployés dans des narrations historiques afin de susciter l'action, et c'est sans surprise que ces métarécits tendent à dominer dans les histoires dont les auteurs appartiennent aux disciplines des sciences de la nature : ces derniers ne sont-ils pas les plus conscients des changements climatiques en cours et de la gravité de la crise environnementale dans laquelle nous sommes entrés[96] ?

Bien entendu, l'usage métonymique du catastrophisme n'est que l'un des nombreux tropes à la disposition des historiens du climat (H. White en décrit quatre, tout en soulignant qu'il en existe probablement davantage). C'est pourquoi un champ parvenu à maturité comme l'histoire environnementale ne devrait pas se limiter à un seul trope, un seul arc narratif, pour raconter le passé. Aujourd'hui, un

---

92. Ellsworth HUNTINGTON, *Civilization and Climate*, New Haven, Yale University Press, [1915] 1924 ; Franciszek BUJAK, *Nauka, społeczeństwo, historia*, Varsovie, Państ. Wydaw. Naukowe, 1976.
93. Voir à ce sujet Adam IZDEBSKI *et al.*, « Realising Consilience: How Better Communication between Archaeologists, Historians and Natural Scientists Can Transform the Study of Past Climate Change in the Mediterranean », *Quaternary Science Reviews*, 136, 2016, p. 5-22.
94. Hayden WHITE, *Metahistory: The Historical Imagination in Nineteenth-Century Europe*, Baltimore, Johns Hopkins University Press, 1973.
95. *Ibid.*
96. Bien entendu, ces approches ont désormais droit de cité dans la discipline historique et suscitent une attention considérable de la part du grand public. Voir en particulier Ronnie ELLENBLUM, *The Collapse of the Eastern Mediterranean: Climate Change and the Decline of the East, 950-1072*, Cambridge, Cambridge University Press, 2012, et K. HARPER, *The Fate of Rome, op. cit.*

métarécit alternatif a ainsi le vent en poupe : la « résilience ». Ce discours d'escorte tient de l'ironie, si ce n'est de la synecdoque. Celle-ci se caractérise par un mode de présentation qui tend à prendre la partie pour le tout (les récits de résilience ayant pour objectif de présenter des perspectives holistiques à partir de cas précis) ; elle combine un argument organiciste (la résilience mettant en avant l'unité plutôt que le conflit entre l'homme et la nature) et une idéologie conservatrice (la résilience étant souvent utilisée pour renforcer les politiques néolibérales au nom de la capacité de rebond de l'humanité). Et puisque l'on a ici affaire à une synecdoque dont la dramaturgie penche du côté de la comédie (avec un *happy end*), on ne s'étonnera pas que les récits de résilience fassent généralement preuve d'un optimisme prudent. Compte tenu des changements climatiques que connaît la planète, cette tonalité optimiste peut dérouter les auteurs de ces récits eux-mêmes, si bien que les études valorisant la résilience sont souvent précédées d'un avertissement invitant le lecteur à ne pas se laisser griser par un excès d'optimisme et à ne pas sous-estimer la gravité de la crise.

La résilience a fait son apparition dans le discours académique en tant que méthode pour évaluer les répercussions, passées et présentes, du climat et de la variabilité climatique sur les populations humaines en s'éloignant de sa définition originale qui se concentrait, dans un premier temps, sur l'ingénierie et, dans un deuxième temps, sur les systèmes écologiques[97]. Sur le fond, la résilience cherche à mesurer la stabilité et la durabilité d'un système confronté à différents facteurs de stress menaçant son équilibre ; la résilience du système correspond ainsi à sa « résistance au changement[98] ». Appliqué à l'histoire environnementale, le concept a le plus souvent été utilisé pour étudier les effets de l'environnement sur l'État et les institutions socio-économiques à différentes échelles, de l'empire au village[99].

---

97. Sur les origines de la résilience dans le domaine de l'écologie, voir C. S. Holling, « Resilience and Stability of Ecological Systems », *Annual Review of Ecology and Systematics*, 4, 1973, p. 1-23. Sur l'utilité du concept appliqué aux sociétés humaines, voir Carl Folke, « Resilience: The Emergence of a Perspective for Social-Ecological Systems Analyses », *Global Environmental Change*, 16-3, 2006, p. 253-267.

98. Il existe de nombreuses définitions de la résilience, mais « la tendance à comprendre la résilience comme la résistance au changement est omniprésente dans la littérature » : Lennart Olsson *et al.*, « Why Resilience Is Unappealing to Social Science: Theoretical and Empirical Investigations of the Scientific Use of Resilience », *Science Advances*, 1-4, 2015, http://dx.doi.org/10.1126/sciadv.1400217, ici p. 2.

99. Voir, entre autres, Adam Izdebski, Lee Mordechai et Sam White, « The Social Burden of Resilience: A Historical Perspective », *Human Ecology*, 46-3, 2018, p. 291-303 ; Elena Xoplaki *et al.*, « Modelling Climate and Societal Resilience in the Eastern Mediterranean in the Last Millennium », *Human Ecology*, 46-3, 2018, p. 363-379 ; Elena Xoplaki *et al.*, « The Medieval Climate Anomaly and Byzantium: A Review of Evidence on Climatic Fluctuations, Economic Performance and Societal Change », *Quaternary Science Reviews*, 136, 2016, p. 229-252 ; Elena Xoplaki *et al.*, « Hydrological Changes in Late Antiquity: Spatio-Temporal Characteristics and Socio-Economic Impacts in the Eastern Mediterranean », *in* P. Erdkamp, J. G. Manning et K. Verboven (dir.), *Climate Change and Ancient Societies in Europe and the Near East: Diversity in Collapse and Resilience*, Cham, Palgrave Macmillan, 2021, p. 533-560 ; Tamara Lewit, « A Viewpoint on Eastern Mediterranean Villages in Late Antiquity: Applying the Lens of Community

L'action du climat sur les sociétés passées s'est fait sentir à plusieurs niveaux : formation et déclin des États, productivité agricole, configuration et densité des implantations, etc. Les sociétés résilientes sont celles qui, en quelque sorte, sont parvenues à résister aux tempêtes et à s'adapter aux nouvelles réalités tout en préservant leurs attributs sociaux fondamentaux (tels que définis par l'observateur ou le chercheur moderne). Si le catastrophisme a occupé une place majeure dans les publications des sciences de la nature sur l'histoire climatique et dans les ouvrages d'histoire environnementale s'adressant au grand public, il n'a jamais été hégémonique : comparables à la théorie de la résilience, les interprétations structuralistes de la relation entre l'environnement et l'histoire humaine sont ainsi parmi les plus anciennes à avoir eu cours dans le champ, puisqu'elles remontent aux premières publications d'E. Le Roy Ladurie[100]. Bien qu'ils évitent les tendances déclinistes des récits de type catastrophiste, les récits fondés sur la résilience entretiennent néanmoins l'idée selon laquelle le climat agit et les humains réagissent en fonction. Même les adaptations et les améliorations réussies restent des réactions à des stimuli extérieurs. Jusqu'à présent, la plupart des recherches interdisciplinaires se sont donc concentrées sur la compréhension des effets du climat sur les populations humaines.

Les sciences humaines et sociales ont soumis à une critique radicale l'approche socio-écologique de la résilience, en montrant comment elle participait à défendre le *statu quo* néolibéral existant : toute action aurait pour enjeu de renforcer les systèmes existants pour qu'ils puissent mieux affronter les crises environnementales, au lieu de chercher à changer le système qui les a engendrées. Les précédents historiques de sociétés résilientes (à l'aune de l'analyse historique) ne doivent pas être instrumentalisés aujourd'hui pour légitimer le maintien d'un régime socio-économique destructeur de la vie sur Terre. Par conséquent, dans un monde contemporain globalisé dominé par l'idéologie néolibérale, les métarécits de la résilience et leur usage optimiste de la synecdoque (selon lequel des parties d'un système peuvent résister aux crises environnementales) apparaissent pour ce qu'ils sont : une position conservatrice (défendant le maintien de l'ordre existant) et non libérale (insoucieuse des êtres humains affectés par la dérive climatique). Voilà une autre raison pour laquelle les récits de la résilience ne doivent pas devenir hégémoniques dans le champ de l'histoire environnementale interdisciplinaire, nonobstant les appels répétés à abandonner les récits catastrophistes[101].

Resilience Theory », *Studies in Late Antiquity*, 4-1, 2020, p. 44-75. En 2018, la revue *Human Ecology* a consacré un numéro spécial à la question de la résilience historique vis-à-vis de la pression climatique : voir l'article introductif de John Haldon et Arlene Rosen, « Society and Environment in the East Mediterranean ca 300-1800 CE: Problems of Resilience, Adaptation and Transformation. Introductory Essay », *Human Ecology*, 46-3, 2018, p. 275-290.
100. E. Le Roy Ladurie, *Histoire du climat depuis l'an mil, op. cit.*
101. Pour des exemples les plus récents, voir B. J. P. van Bavel *et al.*, « Climate and Society in Long-Term Perspective », art. cit. ; F. Charpentier Ljungqvist, A. Seim et H. Huhtamaa, « Climate and Society in European History », art. cit.

En fin de compte, nous ne devons rejeter ni les récits métonymiques du catastrophisme ni les récits de la résilience usant de la synecdoque, mais plutôt nous efforcer d'identifier leurs forces et leurs faiblesses respectives et de continuer à expérimenter leur utilisation pour écrire une histoire environnementale réellement interdisciplinaire. Plus le champ sera conscient de ces intrications théoriques et rhétoriques, plus il deviendra facile de mélanger les tropes, d'en inventer de nouveaux et de porter le message – aussi fort sur le plan social que riche sur le plan intellectuel – dont notre époque a besoin.

En guise de conclusion, il faut insister sur le fait que l'histoire environnementale interdisciplinaire dont cet article a dressé le portrait ne modifie ni le rôle ni la fonction des récits historiques traditionnels. Nous nous contentons de suggérer aux chercheurs, lorsque cela est pertinent, d'incorporer différents types de preuves – et leurs interprétations – dans leurs travaux. La pertinence des paléosciences se révèle étonnamment vaste, au point que toutes les questions historiques, ou presque, pourraient bénéficier de leur apport.

Les principales difficultés que soulève cette incorporation sont pratiques et théoriques plutôt que financières. Si de nombreuses questions de recherche dans le domaine socio-environnemental requièrent effectivement des projets à grande échelle, et donc un financement des agences de recherche nationales ou européennes, plusieurs études novatrices ont vu le jour grâce à des réseaux et à une collaboration de terrain. Ainsi que l'illustrent la plupart des cas évoqués ici, il a souvent suffi qu'un géologue commence par produire des données intéressantes, puis qu'il sollicite un historien capable de l'aider à les contextualiser. La plupart du temps, les vrais obstacles à cette interdisciplinarité se trouvent au sein de nos champs respectifs. L'histoire en tant que discipline institutionnalisée n'est pas encore habituée à voir des chercheurs arpenter les périodes et les régions en essayant de tirer parti de l'expertise d'équipes entières afin de traiter des questions de recherche socio-environnementale. Bien que la discipline s'enorgueillisse globalement de ces entreprises, qui démontrent sa vitalité et sa pertinence aux yeux du grand public, les historiens préfèrent trop souvent rester dans les limites de leurs structures « tribales » et rejettent tacitement les nouvelles habitudes et valeurs académiques ainsi que l'ouverture, pourtant le prérequis de l'histoire interdisciplinaire. Ces chercheurs retranchés dans le fortin de leur discipline, tout habitués qu'ils sont à contrôler la narration comme les données, continuent fréquemment de ne pas apprécier à sa juste valeur le travail d'équipe menant à des publications conjointes, dans lequel c'est la synergie de plusieurs auteurs, plutôt que la contribution bien délimitée d'un individu, qui crée une plus-value intellectuelle. Si la discipline historique, et en particulier le champ de l'histoire environnementale préindustrielle, veut éviter l'obsolescence programmée ou une sorte d'antiquarisme hors d'âge, elle doit résolument s'ouvrir au co-autorat et au travail collectif avec des expertises diverses, pratique qui est d'ores et déjà monnaie courante dans les sciences de la nature et même dans la discipline sœur de l'histoire, l'archéologie. Dans cette optique, la meilleure stratégie consiste peut-être à revoir l'éducation et la formation des historiens qui s'intéressent à l'environnement, afin qu'ils apprennent à manier les sources écrites et les données scientifiques avec prudence. Moyennant quoi, et compte tenu de la multiplication des approches du passé, l'avenir de l'histoire, en tant que discipline et aventure intellectuelle, s'annonce radieux.

Adam Izdebski
Max Planck Institute for the Science of Human History (Allemagne)
Jagiellonian University in Kraków (Pologne)

Kevin Bloomfield
Cornell University (États-Unis)

Warren J. Eastwood
British Institute of Archaeology at Ankara,
The British Academy (Royaume-Uni)

Ricardo Fernandes
Max Planck Institute for the Science of Human History (Allemagne)
University of Oxford (Royaume-Uni)
Masaryk University (République tchèque)

Dominik Fleitmann
University of Basel (Suisse)

Piotr Guzowski
University of Białystok (Pologne)

John Haldon
Princeton University (États-Unis)

Francis Ludlow
Trinity College Dublin (Irlande)

Jürg Luterbacher
Justus-Liebig-Universität Gießen (Allemagne)

Joseph G. Manning
Yale University (États-Unis)

Alessia Masi
Max Planck Institute for the Science of Human History (Allemagne)
Sapienza Università di Roma (Italie)

Lee Mordechai
Hebrew University Jerusalem (Israël)

Timothy P. Newfield
Georgetown University (États-Unis)

Alexander R. Stine
San Francisco State University (États-Unis)

Çetin Şenkul
Süleyman Demirel Üniversitesi (Turquie)

Elena Xoplaki
Justus-Liebig-Universität Gießen (Allemagne)

Traduction d'Antoine Heudre

---

* Cet article est l'aboutissement d'un colloque de la Climate Change and History Research Initiative qui a eu lieu à Princeton en mai 2017. Joseph G. Manning, Alexander R. Stine et Francis Ludlow remercient la National Science Foundation (NSF) des États-Unis pour l'importante bourse qui les a aidés à financer leurs travaux (bourse n° 1824770 CNH-L,

« Volcanism, Hydrology and Social Conflict: Lessons from Hellenistic and Roman-Era Egypt and Mesopotamia »). F. Ludlow tient aussi à remercier le Harvard University Center for the Environment pour la bourse « Ziff Environmental » dont il a bénéficié et l'Initiative for the Science of the Human Past at Harvard pour la bourse de recherche qui lui a été accordée. Piotr Guzowski remercie le Programme national pour le développement des humanités du ministère de l'Enseignement supérieur et de la Science de la République de Pologne pour le financement accordé pour la période 2016-2019. A. R. Stine a également bénéficié de deux bourses de la NSF (AGS-1903674 et ICER-1824770). Elena Xoplaki remercie l'Académie d'Athènes et le « Réseau national de recherche sur le changement climatique et son impact » grec (projet 200/937), ainsi que les projets NUKLEUS et ClimXtreme du ministère fédéral allemand de l'Enseignement et de la Recherche et le projet EM-MHeatwaves du Service allemand des échanges académiques (DAAD). L'ensemble des auteurs remercient Niklas Luther de la Justus-Liebig-Universität Gießen pour les calculs et l'élaboration des figures 1 et 2.

Historiographie

Dossier

Le destin de l'Empire romain dans le temps long de l'environnement (note critique)

Philippe Leveau

Sous le titre *Comment l'Empire romain s'est effondré*, l'historien américain Kyle Harper propose une lecture des sept siècles de l'Antiquité qui séparent l'instauration du régime impérial à Rome par Auguste et les débuts de la conquête arabe. Elle s'ouvre par un prologue intitulé « Le triomphe de la nature » qui énonce ce qui en sera le fil rouge : la soumission de l'Empire à la nature que les Romains avaient cru pouvoir domestiquer, alors qu'ils avaient profité d'un moment particulier dans l'histoire du climat. Ils ont construit « un empire urbanisé et interconnecté » s'étendant « sur l'ensemble du monde connu ». Mais, « en conspirant de manière involontaire avec la nature, les Romains ont créé une écologie des maladies qui a permis le déchaînement de puissance latente de l'évolution des agents pathogènes »[1]. K. Harper énonce ainsi l'objectif qu'il poursuivra : montrer à un grand public cultivé que, contrairement à la thèse avancée par Edward Gibbon, « le grand historien anglais de la chute de Rome », selon laquelle celle-ci « fut l'effet inévitable de l'excès de sa grandeur »[2], les nouveaux outils scientifiques mettent en avant le rôle clef joué par les changements environnementaux, longtemps ignorés ou sous-estimés, que sont le climat et les maladies. Dans cette note critique, après avoir présenté le contenu

---

* Cette note s'intéresse à l'ouvrage de Kyle Harper, *Comment l'Empire romain s'est effondré. Le climat, les maladies et la chute de Rome*, trad. par P. Pignarre, Paris, La Découverte, [2017] 2019, 544 p. (édition originale : id., *The Fate of Rome: Climate, Disease, and the End of an Empire*, Princeton, Princeton University Press, 2017).
1. K. Harper, *Comment l'Empire romain s'est effondré*, op. cit., p. 33-38, ici p. 37.
2. *Ibid.*, p. 36.

de ce livre, je discuterai de la question fondamentale posée par son auteur : comment introduire, dans le débat sur la périodisation de l'Antiquité, des données qui ne relèvent ni du temps court des événements ni du temps long des changements culturels, mais d'une temporalité *autre*, celle de l'environnement ?

Un « grand récit » environnemental

Sous le titre « L'environnement de l'Empire », un premier chapitre est consacré à la présentation des trois histoires dont K. Harper va décrire l'interférence : celle d'une formation sociale, l'Empire romain, celle du climat durant la période de l'Holocène récent et celle des agents pathogènes qui affectent l'espèce humaine. Leur confrontation croisée nécessitait une pratique pluridisciplinaire intégratrice qu'il identifie comme une « consilience » : cette démarche vise à confronter des faits relevant, d'un côté, des disciplines naturalistes et, de l'autre, des sciences humaines pour mettre au jour le réseau homogène des relations de cause à effet qui les relient. À ce concept, il faut ajouter celui de résilience, défini comme « la capacité d'absorber et de s'adapter aux pressions[3] ». Son point de départ est, au sens propre, malthusien : K. Harper s'interroge sur la tension entre croissance démographique et disponibilité de la ressource ou, pour le dire autrement, entre une population toujours plus nombreuse et la capacité de la terre à en assurer la subsistance. Dans la dernière partie de cette analyse, je reviendrai sur le rôle que K. Harper assigne aux deux concepts de consilience et de résilience.

L'auteur entend faire bénéficier la connaissance historique des progrès « vertigineux » accomplis ces dernières décennies par les sciences du climat et par la génomique. Les premières exploitent les « archives naturelles » – carottes de glace, spéléothèmes (stalactites et stalagmites), sédiments lacustres, marins et glaciaires, indicateurs végétaux –, qui constituent autant d'enregistreurs d'une histoire du climat[4]. Leur exploitation permet d'identifier des années durant lesquelles la météorologie a assuré d'abondantes récoltes ou, à l'inverse, engendré des calamités agricoles. Ces archives donnent accès à une histoire du climat, extérieur aux sociétés humaines, à la différence du second type d'indicateurs désormais à la disposition des historiens : la génomique microbienne, branche moderne de la biologie. Il existe ainsi des « archives biologiques », établies au moyen de l'extraction et du séquençage de l'ADN ancien, qui documentent la sensibilité des sociétés aux agents pathogènes, bactéries, virus et autres parasites, à l'origine des maladies infectieuses ayant décimé les populations humaines.

Grâce à la première catégorie d'indicateurs, il est désormais possible de définir des périodes qui, au regard du *ratio* entre bonnes et mauvaises années météorologiques, sont définies comme des phases climatiques plus ou moins

---

3. *Ibid.*, p. 58.
4. Voir, dans le présent numéro, l'article d'Adam Izdebski *et al.*, « L'émergence d'une histoire environnementale interdisciplinaire. Une approche conjointe de l'Holocène tardif », *Annales HSS*, 77-1, 2022, p. 11-58.

favorables. Durant l'Antiquité, se seraient ainsi succédés : un « optimum climatique romain » qui débute dans les années 200 av. J.-C. et dure jusque dans les années 150 apr. J.-C. ; une période de transition de 150 à 450 ; enfin, une période de péjoration, le « petit âge de glace de l'Antiquité tardive », qui commence dans les années 450 et s'achève dans les années 700[5]. Durant la première phase, le climat chaud, humide et stable qui règne sur la plus grande partie de l'Empire favorise le développement économique et la croissance démographique, à l'inverse de la troisième phase, durant laquelle une pandémie aux effets considérables se conjugue à la dégradation du climat. Les trois siècles qui les séparent sont traités par K. Harper comme une période de transition durant laquelle l'instabilité climatique et les maladies pandémiques ébranlent déjà les fondements de l'Empire. Couvrant une grande partie de l'Europe, le nord du continent africain et le Proche-Orient asiatique, l'Empire contribue à une intense circulation des hommes et des marchandises qui, à son tour, assure la diffusion des agents pathogènes depuis des foyers épidémiques africain et asiatique.

Ainsi, entre le Haut-Empire et le début du Moyen Âge, l'intrication des systèmes humain et naturel (les maladies et le climat) a été à l'origine de « quatre tournants essentiels, au cours desquels le cours des événements a subi une succession de changements momentanés et désorganisateurs »[6]. Sous Marc Aurèle d'abord, « une crise multidimensionnelle déclenchée par une pandémie […] a interrompu l'expansion économique et démographique[7] » : la peste antonine, signalée en 165 par les sources. Une deuxième étape commence au milieu du IIIe siècle, marqué par une accumulation d'épisodes de sécheresse, une pandémie – la peste cyprienne – et des difficultés politiques qui menacent l'Empire de désintégration. La troisième étape trouve son point de départ dans une série de migrations en provenance des steppes eurasiennes. L'Empire se fracture alors entre un Occident abandonné aux royaumes barbares et un Orient byzantin où il se maintient. Au VIe siècle, le « choc démographique » subi par l'Empire sous les effets combinés de la peste bubonique, de la péjoration des conditions climatiques et de l'abandon des anciens territoires romains au nouveau conquérant arabe marque l'entrée dans une nouvelle période de l'histoire.

À partir de ces quatre tournants, K. Harper décompose en six chapitres l'histoire des régions *circum* méditerranéennes et de leurs marges, d'Auguste à Mahomet, en combinant géopolitique et histoire du climat et des maladies. Le Haut-Empire voit la montée en puissance d'un Empire qui, jusqu'aux Sévères, s'assure le contrôle politique, militaire et fiscal d'un immense espace couvrant la majeure partie de l'Europe, le nord de l'Afrique et l'est de l'Asie. Le chapitre 2, « Les jours heureux », doit son titre aux conditions favorables qui accompagnent l'expansion de l'Empire aux Ier et IIe siècles ; le chapitre 3, « La vengeance d'Apollon », s'intéresse à la peste antonine qui sévit au cours des années 160-180. Intitulé « Le vieillissement du monde » – en référence au *lamento* de la littérature de l'époque, confrontée

---

5. K. Harper, *Comment l'Empire romain s'est effondré, op. cit.*, p. 51, tab. 1.
6. *Ibid.*, p. 58-59.
7. *Ibid.*, p. 59.

à l'instabilité climatique et à une nouvelle pandémie –, le chapitre 4 traite de la période charnière du IIIᵉ siècle qui sépare le Haut et le Bas-Empire, de la crise politique et militaire qui faillit emporter l'Empire et du rebond qui s'ensuivit. Cette séquence mouvementée favorisa l'intégration de l'aristocratie provinciale dans la haute société romaine et, au-delà, la provincialisation de l'Empire. Le chapitre 5, « La célérité de la roue de la fortune », traite du « long IVᵉ siècle », période de transition climatique durant laquelle le pouvoir se déplace de Rome à Constantinople. Durant cette phase de redressement, l'Empire, redevenu « le plus puissant du monde[8] », se mue en une autocratie militaire. Les chapitres 6 et 7 portent sur la période qui sépare la déposition du dernier empereur de Rome en 476 et la bataille de Yarmouk en 634, qui voit les Byzantins défaits par les armées musulmanes et privés des territoires les plus dynamiques de l'Empire (Égypte, Palestine, Syrie). Avec l'avènement du califat islamique, le Croissant fertile devient « le cœur et le carrefour de la civilisation[9] ». La coupure géographique de la Méditerranée en deux qui en résulte marque le début du Moyen Âge.

Décomposons un instant cette ultime séquence. Le chapitre 6, « La vendange de la colère », est consacré à la « peste justinienne » qui, de son apparition en 541 jusqu'à sa dernière recrudescence dans les années 740, affecte le Proche-Orient et les rives de la Méditerranée. La circulation du bacille profite du réseau commercial organisé autour de Constantinople, « plaque tournante globale », qui couvre la Méditerranée orientale et une partie de l'Occident. Intitulé « Le jour du jugement dernier », le chapitre 7 traite de la péjoration climatique qui marque la même période : cette phase de refroidissement général débute par l'« année sans été », survenue en 536 et interprétée selon une grille apocalyptique[10]. L'ouvrage s'achève sur une comparaison entre la démographie de l'Empire romain et celle du même espace à notre époque : là où la population atteignait des dizaines de millions d'habitants, elle se compte désormais en centaines. Faut-il dès lors y voir « le triomphe de l'humanité », pour reprendre le titre de l'épilogue ? K. Harper assortit prudemment la formule d'un point d'interrogation. « Grâce aux ressources apparemment sans limites de notre régime énergétique, observe-t-il, les périls les plus graves qui nous menacent sont bien plus la conséquence de notre abondance que du risque d'être victimes de la rareté[11] ». La croissance exponentielle de la population du globe à l'époque industrielle n'invalide pas pour autant ce qui constitue la thèse centrale de Malthus dans l'*Essai sur le principe de population* : les sociétés humaines dépendent de leur fondement écologique[12].

---

8. *Ibid.*, p. 238.
9. *Ibid.*, p. 394.
10. *Ibid.*, p. 351-356.
11. *Ibid.*, p. 399.
12. *Ibid.*, p. 397.

Débats et critiques

L'éditeur français a modifié le titre originel du livre, « Le destin de Rome » (*The Fate of Rome*), à la différence de ses collègues italien (*Il destino di Roma*) et allemand (*Fatum*)[13]. Plus fidèlement traduit, le sous-titre, *Le climat, les maladies et la chute de Rome*, reflète bien les liens de causalité établis par l'auteur : les conditions climatiques, au départ favorables, ont permis à Rome de se constituer un Empire à l'échelle de trois continents ; en s'ouvrant sur l'Afrique et sur l'Asie, Rome a toutefois favorisé la circulation de pandémies qui, couplée avec le retournement de la conjoncture climatique, a conduit à son effondrement.

K. Harper fait le choix d'une chronologie dépassant les datations politiques attendues et, notamment, l'abdication du dernier empereur romain d'Occident en 476. Elle rompt avec l'historiographie traditionnelle qui distingue les deux siècles du Haut-Empire, caractérisés par une montée en puissance apparemment irrésistible, cinq décennies de crise au IIIe siècle durant lesquelles l'Empire faillit éclater, puis une phase de stabilisation et de renaissance propre au Bas-Empire. Dans ce découpage, la période suivante était considérée comme un âge noir – les *Dark Ages* chers à l'historiographie anglaise –, celui des royaumes barbares qui se partagent l'Occident, tandis qu'en Orient, un Empire proto-byzantin prolonge l'Empire romain.

En repoussant la fin de l'Empire romain jusqu'à la conquête islamique et la coupure de la Méditerranée en deux qui s'en suit, K. Harper retrouve la thèse formulée en 1922 par Henri Pirenne dans un article qui fit sensation sous le titre *Mahomet et Charlemagne* avant d'être repris, en 1937, dans un livre posthume qui aurait mérité de figurer dans sa bibliographie[14]. D'après l'historien belge, les invasions germaniques ont laissé intacte une *Romania* dont le sol « a bu la vie barbare[15] ». D'un côté, cette lecture continuiste s'enracinait dans une tradition déjà ancienne et, en particulier, faisait écho à la notion de *Spätantike* proposée dès la fin du XIXe siècle par l'historien de l'art autrichien Aloïs Riegl pour rendre compte de la permanence de la civilisation gréco-romaine au-delà des coupures politiques entre Orient et Occident. De l'autre, elle annonçait la notion postérieure d'Antiquité tardive qui, d'après Peter Brown, forme la véritable ligne de partage des eaux entre le monde antique et le Moyen Âge européen[16]. C'est par ce biais que s'imposa, dans l'historiographie américaine, l'idée d'une *Long Late Antiquity* allant du IIIe au VIIIe siècle et donnant une primauté aux déterminants culturels et sociaux.

---

13. Kyle HARPER, *Il destino di Roma. Clima, epidemie e la fine di un impero*, trad. par L. Giacone, Rome, Einaudi, 2019 ; id., *Fatum. Das Klima und der Untergang des Römischen Reiches*, trad. par A. Leube et W. Heinrich Leube, Munich, C. H. Beck, 2020.
14. Henri PIRENNE, *Mahomet et Charlemagne*, Paris, Nouveau Monde éditions, [1937] 2012.
15. *Ibid.*, p. 23.
16. Peter BROWN, *Genèse de l'Antiquité tardive*, trad. par A. Rousselle, Paris, Gallimard, [1978] 1983, p. 22-23.

Reste que tous les historiens sont loin de s'accorder sur la pertinence d'une telle périodisation et, notamment, sur ce qui constitue une continuité ou une rupture. À quel point les royaumes francs et germaniques ont-ils été les héritiers de l'Empire d'Occident ? Les Byzantins les considéraient-ils de la sorte ? Certes, en 508, l'empereur Anastase décerna à Clovis le consulat et le titre d'Auguste, mais ce geste n'a pas une interprétation univoque[17]. Faut-il alors plutôt justifier ce découpage chronologique par des considérations religieuses ? D'après Giuseppe Zecchini, l'Antiquité tardive aurait surtout débuté « par un changement de religion, du paganisme au christianisme, qui intéressa tout le monde méditerranéen », pour s'achever, trois siècles plus tard, « par un second changement de religion, du christianisme à l'Islam » – ces basculements spirituels jouant un rôle « plus important que les échanges culturels et commerciaux »[18]. Ou bien ne faut-il voir dans ce label d'Antiquité tardive qu'une construction, inventée et maniée par les historiens de l'Occident dans les deux sens du terme, à savoir des occidentalistes, mais aussi des Occidentaux ? Selon Polymnia Athanassiadi, cet étiquetage aurait introduit l'Empire byzantin dans un cadre interprétatif préfabriqué défini par « les deux gourous de l'Antiquité tardive, Henri-Irénée Marrou et Peter Brown[19] ».

Aucune de ces coupures ne faisant l'unanimité, il faut se résigner à ce que la chute de l'Empire romain soit « une histoire sans fin », pour reprendre le sous-titre de l'ouvrage de Bertrand Lançon, paru la même année que celui de K. Harper. Soucieux « de réexaminer les éléments du dossier à la lumière des enjeux d'aujourd'hui », celui-ci se demande, dans un ultime développement, si « la 'chute' est un événement ou une 'croyance' »[20]. Partant du constat qu'« elle est devenue une référence topique dès que l'on veut illustrer un état de crise éventuellement létale pour les États contemporains, qu'il s'agisse de crise politique, militaire, religieuse ou morale »[21], il dresse le bilan d'un phénomène historiographique dont Alexander Demandt avait démontré, dès 1984, la dimension éditoriale[22]. Chaque tradition historiographique nationale a eu tendance à voir la chute de Rome au miroir de ses propres obsessions : les Français ont donné aux invasions germaniques un rôle crucial, dans un jeu transparent entre passé et présent ; les Allemands ont plutôt cherché à combler un « déficit de romanité[23] » en marquant la continuité entre Rome et les royaumes barbares ; à l'inverse, les Anglais, traumatisés par la chute

---

17. Pierre Courcelle, « Le titre d'Auguste décerné à Clovis », *Bulletin de la Société nationale des Antiquaires de France*, 1948-1949, 1952, p. 46-57.
18. Giuseppe Zecchini, « L'antiquité tardive : périodisations d'un âge noir et heureux », in S. Ratti (dir.), *Une Antiquité tardive noire ou heureuse ?*, Besançon, Presses universitaires de Franche-Comté, 2015, p. 29-41, ici p. 41.
19. Polymnia Athanassiadi, « Antiquité tardive rouge *et* noire », in S. Ratti (dir.), *Une Antiquité tardive noire ou heureuse ?*, op. cit., p. 63-78, ici p. 66.
20. Bertrand Lançon, *La chute de l'Empire romain. Une histoire sans fin*, Paris, Perrin, 2017, p. 291-297.
21. *Ibid.*, p. 25.
22. Alexander Demandt, *Der Fall Roms. Die Auflösung des römischen Reichs im Urteil der Nachwelt*, Munich, C. H. Beck, 1984.
23. B. Lançon, *La chute de l'Empire romain, op. cit.*, p. 287.

de l'Empire britannique, ont mis en valeur la brutalité de la rupture ; le regard américain, quant à lui, d'abord marqué par la guerre froide et la « peur de l'invasion communiste », apparaît davantage empreint du « fantasme d'un collapsus final de soi à la manière du déluge ou de Sodome et Gomorrhe[24] » depuis l'effondrement des *Twin Towers*. L'ouvrage de K. Harper s'inscrit dans cette conjoncture historiographique états-unienne, en phase avec l'inflexion qu'a connue l'*Environmental History* aux États-Unis à la fin du siècle dernier[25].

Dans la préface qu'il consacre à ce livre, Benoît Rossignol en souligne l'importance pour un historien français appartenant sensiblement à la même génération et attentif à la question environnementale[26]. La prise « en compte [de] la matérialité des faits naturels et [de] leur ballet complexe », remarque-t-il, enrichit le récit habituellement proposé par les historiens de Rome, avant d'exprimer le souhait que ce livre serve de modèle à des historiens français[27]. De son côté, dans une longue note critique, Frédéric Trément n'a pas un jugement différent quand il insiste sur « le tour de force de s'adresser à un double public de spécialistes et d'amateurs éclairés ». « À maints égards, ajoute-t-il, ce livre constitue déjà un précieux outil sur le plan conceptuel, méthodologique, chronologique et bibliographique »[28]. Ce constat est partagé par Greg Woolf et Alain Bresson dans leurs comptes rendus respectifs de l'ouvrage de K. Harper. Le premier salue « l'une des rares synthèses encore tentées à cette échelle[29] » qui donne une visibilité à l'histoire environnementale de l'Antiquité. Le second relève que « désormais, qu'ils travaillent sur l'histoire politique, sociale, économique ou même religieuse, les historiens de l'Antiquité ne pourront plus ignorer ces facteurs dans leurs propres écrits[30] ».

Ce livre a néanmoins fait l'objet de critiques parmi lesquelles se distinguent celles émises par Kristina Sessa dans une longue recension parfaitement argumentée, qui incluent les travaux de Michael McCormick[31]. L'historienne souligne

---

24. *Ibid.*, p. 281-285.
25. Pour une présentation synthétique de ces évolutions, voir Grégory Quenet, *Qu'est-ce que l'histoire environnementale ?*, Seyssel, Champ Vallon, 2014.
26. Benoît Rossignol, « Le climat, les famines et la guerre : éléments du contexte de la peste antonine », *in* E. Lo Cascio (dir.), *L'impatto della « peste antonina »*, Bari, Edipuglia, 2012, p. 87-122 ; Benoît Rossignol et Sébastien Durost, « Volcanisme global et variations climatiques de courte durée dans l'histoire romaine (Ier s. av. J.-C.-IVe s. apr. J.-C.) : leçons d'une archive glaciaire (GISP2) », *Jahrbuch des Römisch-Germanischen Zentralmuseums*, 54-2, 2007, p. 395-438.
27. Benoît Rossignol, « Préface. Une autre histoire », *in* K. Harper, *Comment l'Empire romain s'est effondré*, *op. cit.*, p. 10-32, ici p. 27-28.
28. Frédéric Trément, « Faut-il réhabiliter le climat et les microbes ? », *Histoire & Sociétés rurales*, 53-1, 2020, p. 115-167, ici p. 153.
29. Greg Woolf, « Kyle Harper, *The Fate of Rome: Climate, Disease and the End of an Empire* », *Journal of Cognitive Historiographie*, 5-1/2, 2018, p. 220-224, ici p. 223.
30. Alain Bresson, « Fates of Romes », *The Journal of Roman Studies*, 110, 2020, p. 233-246, ici p. 233 (nous traduisons).
31. Kristina Sessa, « The New Environmental Fall of Rome: A Methodological Consideration », *Journal of Late Antiquity*, 12-1, 2019, p. 211-255 ; Kyle Harper et Michael McCormick, « Reconstructing the Roman Climate », *in* W. Scheidel (dir.),

combien la prise en compte du monde physique et des agents non humains peut renouveler une lecture exclusivement culturelle des textes. Dans le souci d'instaurer un dialogue productif et réflexif, elle demande toutefois à ce que ce tournant historiographique n'oublie pas l'apport de décennies d'érudition et, en particulier, ne réduise pas textes apocalyptiques et croyances eschatologiques à la seule fonction d'exprimer la peur et l'anxiété d'une société face à une crise sociale, militaire ou environnementale. Ces discours, rappelle-t-elle, sont historiquement ancrés. K. Harper les instrumentalise quand il décrit le monde de Grégoire le Grand dans son chapitre intitulé « Le jour du jugement dernier » en ne replaçant pas les textes cités dans l'histoire intellectuelle de l'apocalyptique et de l'eschatologie des débuts du christianisme. On ne peut ainsi soutenir que la pensée apocalyptique se serait intensifiée à partir de la seconde moitié du VIe siècle. Comme l'ont montré les importants travaux de Brian E. Daley, Grégoire s'inscrit plutôt dans une « perspective apocalyptique modérée », fondée sur l'eschatologie anti-apocalyptique d'Augustin ; à l'instar du Père de l'Église, l'évêque de Tours ne propose pas de calendrier pour le jour du jugement dernier : il affirme seulement qu'il finira par arriver[32]. Pour identifier un éventuel changement dans la nature ou le sens de la pensée apocalyptique, écrit K. Sessa, il faud étudier l'histoire de la pensée apocalyptique, ce que ni K. Harper ni M. McCormick ne font dans le corps de leurs études ni même en notes de bas de page. Des preuves triées sur le volet peuvent certes étayer des liens sensationnalistes avec des catastrophes environnementales, mais elles ne rendent pas justice à Grégoire, Jean d'Éphèse et à leurs expériences du monde.

C'est à un spécialiste de la littérature latine de l'époque tardive, Stéphane Ratti, que l'on doit précisément la critique la plus véhémente du livre, dénonçant la « piste farfelue » du climat[33]. Rappelant comme K. Sessa la nécessité de placer les propos eschatologiques de Grégoire dans leur contexte historique, il s'élève contre la supposée nouveauté du thème du « vieillissement du monde », qui donne son titre au chapitre 4, centré sur la crise du IIIe siècle. De fait, on ne peut en attribuer l'origine à Cyprien de Carthage, mort en martyr en 258 lors de la persécution de Valérien[34] : la doctrine du vieillissement de la nature et de la stérilité croissante du sol avait déjà trouvé une expression littéraire dans le poème de Lucrèce, *De rerum natura*, au Ier siècle av. J.-C. Dans son livre sur la fin du monde antique, qui aurait également mérité de figurer dans la bibliographie, Santo Mazzarino a en outre bien montré que, loin d'être propre à Cyprien, la vision pessimiste d'un monde vieillissant est partagée tant par les chrétiens que par les païens[35].

The Science of Roman History: Biology, Climate, and the Future of the Past, Princeton, Princeton University Press, 2018, p. 11-52.
32. Brian E. Daley, « Eschatology in the Early Church Fathers », *in* J. L. Walls (dir.), *The Oxford Handbook of Eschatology*, Oxford, Oxford University Press, 2008, p. 91-112, ici p. 104.
33. Stéphane Ratti, « Fin de l'Empire romain : la piste farfelue de la catastrophe climatique », *Le Figaro*, 8 mars 2019, p. 16.
34. K. Harper, *Comment l'Empire romain s'est effondré, op. cit.*, p. 199.
35. Santo Mazzarino, *La fin du monde antique. Avatar d'un thème historiographique*, trad. par A. Charpentier, Paris, Gallimard, [1959] 1973.

De fait, l'interprétation religieuse des catastrophes naturelles n'avait rien d'une nouveauté au IIIe siècle. Lors du principat de Tibère, des inondations affectèrent Rome à la suite d'une augmentation des précipitations printanières créée par une oscillation du climat analogue à celle qui toucha l'Europe au milieu du XIXe siècle. Déjà la religion s'en mêlait : selon Tacite, l'empereur invoqua la volonté divine pour écarter les conclusions d'une enquête sénatoriale qui recommandait de détruire des aménagements réalisés dans la haute vallée du Tibre pour limiter l'effet des crues. Sous Hadrien, la propagande impériale attribua à une manifestation divine la coïncidence entre la venue de l'empereur et la fin d'une sécheresse avec le retour de la pluie (probablement lié à la remontée conjoncturelle des hautes pressions sahariennes)[36]. Le christianisme n'a donc pas modifié l'interprétation des phénomènes météorologiques anormaux. Par ailleurs, il ne faut pas surestimer l'importance de cette grille interprétative religieuse. S. Ratti a recensé la longue liste des prodiges cités dans les notices de la *Chronique* de Jérôme. Sa lecture montre que le Père de l'Église partage avec les historiographes pro-sénatoriaux du IVe siècle une même vision de l'histoire, où l'amour de la Rome éternelle et de sa grandeur passée tient une place plus grande que les convictions religieuses. La litanie des tremblements de terre, des famines et des épidémies a encore une autre implication toute profane : la condamnation des séditions des peuples soumis par Rome est un avertissement adressé au lecteur sur les dangers courus par l'Empire, exposé à la pression des Barbares[37]. S'il y a bien une nouveauté dans l'interprétation des catastrophes naturelles durant l'Antiquité tardive, elle tient plutôt à la façon dont les auteurs chrétiens ont retourné un thème ancien – la décrépitude du monde – en signe annonciateur du Salut. Comme le souligne Thérèse Fuhrer, une constante anthropologique, « la 'vieillesse du monde' », est « interprétée de manière positive, parce que le 'nouvel homme' ancré dans l'Église chrétienne peut voir le jour. Avec l'anthropologie augustinienne, 'déclin et chute' sont devenus jusqu'au haut Moyen Âge, la signature, entre toutes, de la condition humaine sur cette terre »[38].

Les critiques des thèses de K. Harper ne sont pas seulement venues des spécialistes de la littérature païenne et chrétienne. Un an après la parution originale de l'ouvrage, un collectif de six historiens coordonné par le byzantiniste

---

36. Philippe LEVEAU, « Évolution climatique et construction des ouvrages hydrauliques en Afrique romaine », *in* F. BARATTE, C. J. ROBIN et E. ROCCA (dir.), *Regards croisés d'Orient et d'Occident. Les barrages dans l'antiquité tardive*, Paris, De Boccard, 2014, p. 125-138 ; *id.*, « Les crues catastrophiques, prodiges météorologiques ou phénomènes naturels extrêmes à l'épreuve des conceptions antique et moderne du temps », *in* E. BERTRAND et R. COMPATANGELO-SOUSSIGNAN (dir.), *Cycles de la Nature, cycles de l'Histoire. De la découverte des météores à la fin de l'âge d'or*, Bordeaux, Ausonius, 2015, p. 67-81.
37. Stéphane RATTI, « Signes divins et histoire politique dans la *Chronique* de Jérôme », *in* « *Antiquus Error* ». *Les ultimes feux de la résistance païenne. « Scripta varia » augmentés de cinq études inédites*, Turnhout, Brepols, 2010, p. 131-140, ici p. 137.
38. Thérèse FUHRER, « Déchéance – échecs – regénération : une figure de pensée dans la littérature antique », *in* E. BERTRAND et R. COMPATANGELO-SOUSSIGNAN (dir.), *Cycles de la Nature, cycles de l'Histoire*, *op. cit.*, p. 189-200, ici p. 289.

John Haldon s'est employé à discuter, dans une série de trois articles, son approche des « archives naturelles ». Selon eux, K. Harper accorde aux données environnementales un rôle trop déterminant par rapport aux facteurs d'ordre politique, socio-économique et culturel ; plus gênant encore, il n'aurait pas pris en compte l'avancée des connaissances qui introduit désormais plus de complexité dans la périodisation opposant un optimum climatique romain à un petit âge glaciaire de l'Antiquité tardive[39]. Ces critiques argumentées s'appuient notamment sur les observations faites en 2016 par un groupe d'historiens, d'archéologues et de géographes dirigé par Adam Izdebski et Michael Mulryan[40]. Ceux-ci ne remettent pas en question la réalité d'une augmentation des températures entre 200 av. J.-C. et 200 apr. J.-C. en Europe occidentale et dans les régions *circum* méditerranéennes, de la péninsule Ibérique à la Syrie, ni celle d'un refroidissement postérieur, qualifié de petit âge glaciaire par analogie avec celui de l'époque moderne. En revanche, ils montrent toute l'importance de distinguer la variabilité des températures et celle des précipitations, au lieu de ne prendre en compte que la quantité d'énergie fournie par le rayonnement solaire. La pluviométrie influe en effet sur les rendements agricoles et, de ce point de vue, il n'est plus possible de postuler, pour toute la période du Haut-Empire, la stabilité de conditions climatiques favorables, tranchant avec les périodes précédentes et suivantes.

J. Haldon et ses coauteurs insistent en particulier sur la différence qui existe dans la circulation des masses d'air entre les deux parties du bassin méditerranéen. Ils constatent le glissement des indicateurs paléoenvironnementaux vers un climat plus frais et plus sec entre 200 et 400 selon une évolution non linéaire. De fait, l'instabilité du climat au IIIe siècle est suivie d'un retour aux conditions initiales durant le siècle suivant. La résurgence d'une instabilité hydroclimatique, qui semble avoir affecté surtout le Levant et la partie orientale de l'Empire, succède ainsi au réchauffement alors observé au moins dans les provinces du Nord-Ouest de l'Occident. Les précipitations qui avaient augmenté au IVe siècle restent, au Ve siècle, supérieures à celles des siècles précédents, avant de chuter dans la première moitié du VIe siècle, puis de remonter à partir de la fin de ce siècle. Plus généralement, le refroidissement des régions méditerranéennes et *circum* méditerranéennes à cette époque semble avoir été moins prononcé que ne le suggère la qualification de petit âge glaciaire. Il convient à cet égard de se défier du poids d'une expression dont on oublie trop souvent l'origine : les géologues l'utilisent pour désigner une période de 40 000 ans ! Même nuancée par l'adjectif « petit », son application à la phase de

---

39. John Haldon *et al.*, « Plagues, Climate Change, and the End of an Empire: A Response to Kyle Harper's *The Fate of Rome* (1): Climate », *History Compass*, 16-12, 2018, https://doi.org/10.1111/hic3.12508 ; *id.*, « Plagues, Climate Change, and the End of an Empire: A Response to Kyle Harper's *The Fate of Rome* (2): Plagues and a Crisis of Empire », *History Compass*, 16-12, 2018, https://doi.org/10.1111/hic3.12506 ; *id.*, « Plagues, Climate Change, and the End of an Empire: A Response to Kyle Harper's *The Fate of Rome* (3): Disease, Agency and Collapse », *History Compass*, 16-12, 2018, https://doi.org/10.1111/hic3.12507.
40. Adam Izdebski et Michael Mulryan (dir.), *Environment and Society in the Long Late Antiquity*, Leyde, Brill, 2019.

développement des glaciers que l'Europe a connue entre le XVIe et le XIXe siècle relève de l'amplification rhétorique, largement désapprouvée par les historiens. Aussi Emmanuel Le Roy Ladurie préférait-il la formule plus modeste de « stade de Fernau »[41]. L'exagération est encore plus patente dans le cas du refroidissement propre à l'Antiquité tardive, bien moins net qu'on ne l'a prétendu. Sa phase la plus aiguë n'aurait duré qu'un siècle et demi, des années 530 aux années 680, sans affecter l'ensemble de l'hémisphère Nord au-delà des années 570. Quant à la période chaude médiévale qui lui succède, elle est aujourd'hui présentée comme une « anomalie », atténuant d'autant l'effet de contraste qui en justifiait l'appellation. De ce fait, le syntagme nominal « petit âge glaciaire de l'Antiquité tardive » et l'acronyme anglais LALIA (Late Antique Little Ice Age) créent une regrettable confusion en assimilant une oscillation du climat aux changements majeurs que la Terre a connus dans son histoire. Les historiens ont eu tort de l'adopter et d'accepter d'établir une relation entre le rayonnement du soleil, les variations de son activité et l'histoire d'une société du passé[42].

Ces auteurs jugent plus pertinent de se concentrer sur des études de cas régionales pour voir comment des sociétés et des environnements spécifiques ont interagi avec un climat changeant[43]. Ils peuvent s'appuyer, à cette fin, sur la distinction opérée dans le volume dirigé par A. Izdebski et M. Mulryan en quatre sous-régions paléoclimatiques : A) le Nord de la péninsule Ibérique et le Nord de l'Italie ; B) le Sud de la péninsule Ibérique et de l'Italie, les Balkans et le Nord de la Grèce ; C) l'Anatolie et le Nord du Levant ; D) le Sud du Levant. Dans les sous-régions A et C, la tendance pluricentennale est à l'augmentation de l'humidité, tandis que la sécheresse croît dans les sous-régions B et D, qui avaient été plus humides dans la première partie de ce millénaire. Depuis, une étude du même type portant sur le Nord-Ouest de la Gaule a été publiée par Christophe Petit et son équipe, dans le cadre d'un projet européen dirigé par Michel Reddé[44]. En rupture avec les coupures chronologiques traditionnelles et ouverte aux disciplines paléoenvironnementales et bioarchéologiques, l'enquête a abouti à distinguer six périodes pluridécennales à plurisiéculaires en fonction des conditions plus ou moins favorables à l'agriculture de l'environnement. Si, à partir de 326, les conditions climatiques ont effectivement rendu plus difficiles les cultures céréalières dans le

---

41. Comme le souligne Christian Pfister dans son article « Une rétrospective météorologique de l'Europe. Un système de reconstitution de l'évolution du temps et du climat en Europe depuis le Moyen Âge central », *Histoire & Mesure*, 3-3, 1988, p. 313-358, ici p. 347 ; voir Emmanuel Le Roy Ladurie, *Histoire du climat depuis l'an mil*, Paris, Flammarion, 1967.
42. Philippe Leveau, « Le climat et l'Antiquité tardive : ses restitutions par les Modernes et sa perception par les Anciens », *Antiquité tardive*, 29, 2021, p. 81-94.
43. Outre les trois articles déjà cités coordonnés par John Haldon, voir Mark Carey, « Climate and History: A Critical Review of Historical Climatology and Climate Change Historiography », *Wiley Interdisciplinary Reviews: Climate Change*, 3-3, 2012, p. 233-249 ; A. Izdebski et M. Mulryan (dir.), *Environment and Society…, op. cit.*
44. L'ERC RurLand, commencé en 2014 ; elle lui a permis de préciser les conditions climatiques dans lesquelles s'est déroulée la conquête de la Gaule. Voir Michel Reddé, *Gallia Comata. La Gaule du Nord. De l'indépendance à l'Empire romain*, Rennes, PUR, 2022.

Bassin parisien, elles n'ont pas pour autant été systématiquement défavorables : il ne faut pas chercher dans une péjoration climatique la cause d'un ralentissement ou d'un déclin de ces productions au cours du IIIe siècle[45].

Une seconde série de critiques a porté sur la quantification des pandémies. Selon K. Harper, le taux de mortalité de la peste antonine aurait oscillé entre 10 et 20 % pour l'ensemble de l'Empire : sur 75 millions d'habitants, il y aurait eu de 7 à 8 millions de décès[46]. À partir de 249 jusqu'en 262 apr. J.-C. et « avec des effets se prolongeant même jusque vers 270 », la peste de Cyprien « vida l'Empire »[47]. Alexandrie serait ainsi passée de « quelque chose comme 500 000 habitants à 190 000 » : la population chuta de 62 %, sans que l'on puisse distinguer entre les décès dus à l'épidémie et les départs de ceux qui fuyaient[48]. Trois siècles plus tard, la peste dite de Justinien – parce qu'elle débuta sous son règne en 541 – sévit durant plus de deux cents ans dans l'ensemble des territoires qui avaient relevé de l'Empire. Sa diffusion est intimement liée à l'intensification des circulations, dans un Empire étendu sur trois continents et ouvert sur l'Orient ; quant à la mortalité, elle apparaît étroitement corrélée à la concentration d'une population nombreuse dans les villes. Qu'il s'agisse d'une peste bubonique est désormais assuré, à la fois par la description que les auteurs donnent de ses symptômes – en particulier l'apparition de bubons – et par les traces d'ADN du bacille de *Yersina pestis* retrouvées dans la pulpe dentaire d'individus dans 12 sépultures différentes du cimetière d'Aschheim, en Bavière. Complétant et corrigeant la chronologie proposée en leur temps par Jacques Le Goff et Jean-Noël Biraben, Dionysios Ch. Stathakopoulos a distingué pas moins de 18 vagues épidémiques[49]. K. Harper s'est appuyé sur ce recensement pour dresser, dans une annexe B, la liste de 38 épisodes attestés par les sources écrites entre 558 et 749, certains apparaissant « locaux et transitoires », d'autres prenant « une grande ampleur »[50]. Selon lui, « tout ce que nous savons [à son sujet] est en totale cohérence avec l'hypothèse inimaginable d'une mortalité de 50 %[51] ». Il justifie ce taux effarant dans une longue note articulée en sept points, critiquant les évaluations minimalistes de Jean Durliat pour l'Orient et de Chris Wickham pour l'Occident[52].

---

45. Christophe Petit *et al.*, « Conditions environnementales de l'exploitation des espaces ruraux en Gaule du Nord », *in* M. Reddé (dir.), *Gallia Rustica 2. Les campagnes du Nord-Est de la Gaule de la fin de l'âge du Fer à l'Antiquité tardive*, Bordeaux, Ausonius, 2018, p. 31-82, ici p. 80.
46. K. Harper, *Comment l'Empire romain s'est effondré, op. cit.*, p. 179.
47. *Ibid.*, p. 209.
48. *Ibid.*, p. 216.
49. Voir Dionysios Ch. Stathakopoulos, *Famine and Pestilence in the Late Roman and Early Byzantine Empire: A Systematic Survey of Subsistence Crises and Epidemics*, Londres, Routledge, 2004, qui complète la synthèse de Jacques Le Goff et Jean-Noël Biraben, « La peste dans le Haut Moyen Âge », *Annales ESC*, 24-6, 1969, p. 1484-1510.
50. K. Harper, *Comment l'Empire romain s'est effondré, op. cit.*, p. 333.
51. *Ibid.*, p. 330.
52. *Ibid.*, p. 463-464, n. 75, critiquant Jean Durliat, « La peste du VIe siècle. Pour un nouvel examen des sources byzantines », *in* C. Morrison et J. Lefort (dir.), *Hommes et richesses dans l'Empire byzantin*, t. 1, IVe-VIIe siècle, Paris, Éd. P. Lethielleux, 1989, p. 107-119

J. Haldon et ses coauteurs ne nient évidemment pas que les pandémies aient été la conséquence directe de la construction par Rome d'un Empire qui, établi sur trois continents, créa les connexions favorables à la diffusion des agents pathogènes[53]. En revanche, ils remettent en question leurs supposées répercussions sur la démographie de l'Empire et, notamment, contestent l'idée du rôle joué par la peste justinienne dans le passage de l'Antiquité au Moyen Âge : selon la thèse catastrophiste de K. Harper, cette pandémie aurait provoqué, sur deux siècles, des dizaines de millions de morts dans le monde méditerranéen et en Europe, pesant à la fois sur l'économie, le recrutement de l'armée et la naissance d'une mentalité apocalyptique partagée par le christianisme et l'islam. Pour eux, les conclusions tirées des chiffres de mortalité ne s'accordent pas avec les données quantitatives et qualitatives qui documentent l'évolution économique de l'Empire proto-byzantin durant ces deux siècles. Au paradigme d'une mortalité à grande échelle, ils opposent l'hypothèse de conditions démographiques suffisantes pour assurer le maintien de la production et la défense de l'Empire : la peste justinienne n'aurait pas été le facteur déterminant des changements démographiques, économiques et politiques des VIe-VIIIe siècles. Dans sa réponse aux auteurs, K. Harper a toutefois réaffirmé sa position[54].

Il faut ici repartir de la position énoncée pour l'Orient par J. Durliat qui, en 1989, appelait à un nouvel examen des sources byzantines pour résoudre la contradiction entre « le quasi-silence des épigraphistes, papyrologues, numismates et archéologues » et « la présentation dramatique des faits par les témoins cultivés »[55]. Les éditeurs du volume, Jacques Lefort et Cécile Morrisson, l'ont fait suivre du rapport de lecture demandé à J.-N. Biraben, médecin et historien, auteur d'une thèse monumentale sur la peste[56]. Celui-ci range le texte de J. Durliat « dans la catégorie polémique constructive ». « Polémique, écrit-il, parce qu'il prend parti en contestant un certain nombre d'hypothèses jusqu'à présent non contredites, mais constructive parce qu'il apporte au dossier un certain nombre de documents nouveaux et qu'il oblige à reconsidérer certains aspects de la question »[57]. J.-N. Biraben montre néanmoins que le silence des sources écrites ne permet pas de conclure à l'absence d'épidémie et, partant, à des taux de mortalité relativement bas. Il reproche aussi à J. Durliat d'avoir trop négligé les règles de l'épidémiologie : la famine n'attire pas et n'aggrave pas la peste, mais aide seulement à sa diffusion.

---

et Chris WICKHAM, *Framing the Early Middle Ages: Europe and the Mediterranean, 400-800*, Oxford, Oxford University Press, 2005, p. 548-549 ; *id.*, *Medieval Europe*, New Haven, Yale University Press, 2016, p. 43-44.

53. J. HALDON *et al.*, « Plagues, Climate Change, and the End of an Empire: A Response to Kyle Harper's *The Fate of Rome* (3) », art. cit., p. 5-6.

54. K. HARPER « Integrating the Natural Sciences and Roman History: Challenges and Prospects », *History Compass*, 16-12, 2018, p. 2-8, https://doi.org/10.1111/hic3.12520.

55. J. DURLIAT, « La peste du VIe siècle », art. cit., p. 110.

56. Jean-Noël BIRABEN, *Les hommes et la peste en France et dans les pays européens et méditerranéens*, t. 1, *La peste dans l'histoire*, t. 2, *Les hommes face à la peste*, La Haye/Paris, Mouton/EHESS, 1975-1976.

57. *Id.*, « Rapport. La peste du VIe siècle dans l'Empire byzantin », *in* C. MORRISON et J. LEFORT (dir.), *Hommes et richesses dans l'Empire byzantin*, *op. cit.*, p. 120-125, ici p. 125.

En 2018, Michel Signoli, un archéo-anthropologue spécialisé dans l'étude des charniers, observe la même difficulté « d'établir avec certitude si la peste a épargné les régions pour lesquelles nous n'avons aucune mention d'épidémie[58] ». Reste que ces objections s'appliquent tout autant aux estimations minimalistes de J. Durliat qu'aux calculs maximalistes de K. Harper : le vide documentaire ne permet de conclure ni dans un sens, ni dans l'autre.

Les évaluations démographiques de C. Wickham pour l'Occident semblent en revanche davantage fondées. Dans un article consacré aux paradigmes d'interprétation du développement médiéval, Jean-Pierre Devroey a ainsi montré qu'il ne faudrait pas attribuer « la montée irrésistible de l'inculte et l'abaissement de la population principalement à des facteurs exogènes, agents biologiques ou facteurs naturels, mais à des facteurs endogènes liés au changement économique et social[59] ». Selon lui, malgré « des conséquences dramatiques locales », cette pandémie « semble avoir été un événement marginal en Occident, sans conséquences séculaires », à la différence de la peste noire de 1347-1352 qui fut « globale, affectant indifféremment les villes et les campagnes »[60]. La peste justinienne serait restée limitée aux itinéraires du commerce et des échanges. En effet, le rat noir apparu en Europe au Ier siècle, hôte de la puce et vecteur de la peste, ne peut se déplacer sur de grandes distances ; il ne paraît pas saturer l'Europe occidentale avant les XIe-XIIIe siècles[61]. Il faut donc bien maintenir la distinction que M. Signoli constate dans les sources écrites documentant la première des trois pandémies de peste : « entre 541 et 750, quatre-vingt-neuf années de peste pour les régions correspondant à l'Empire romain d'Orient et seulement trente-cinq années pour celles qui relevaient de l'Empire romain d'Occident[62] ». Finalement, ces considérations et les réflexions de J.-N. Biraben sur la peste dans l'Empire byzantin confirment les réticences suscitées par la dimension catastrophique que K. Harper prête aux épidémies. Aussi ne le suivra-t-on pas quand il écrit de manière provocante que « les germes [furent] bien plus mortels que les Germains[63] ». Les études en cours sur les nécropoles du littoral languedocien montrent qu'au VIe siècle, la peste est devenue endémique.

---

58. Michel SIGNOLI, *La peste noire*, Paris, PUF, 2018, p. 25.

59. Jean-Pierre DEVROEY, « Catastrophe, crise et changement social : à propos des paradigmes d'interprétation du développement médiéval (500-1100) », *in* L. BUCHET *et al.* (dir.), *Vers une anthropologie des catastrophes*, Antibes/Paris, Éd. APDCA/Éd. de l'INED, 2009, p. 139-161, ici p. 146-147.

60. *Ibid.*, p. 149. Voir également, dans le présent numéro, les deux lectures croisées de l'ouvrage de Jean-Pierre DEVROEY, *La Nature et le roi. Environnement, pouvoir et société à l'âge de Charlemagne (740-820)*, Paris, Albin Michel, 2019 : Magali WATTEAUX, « Un discours de la méthode pour une histoire environnementale du haut Moyen Âge », *Annales HSS*, 77-1, 2022, p. 85-95 et Geneviève BÜHRER-THIERRY, « La Nature et le corps du roi. Réflexions sur l'idéologie politique des temps carolingiens », *Annales HSS*, 77-1, 2022, p. 97-102.

61. J.-P. DEVROEY, « Catastrophe, crise et changement social », art. cit.

62. M. SIGNOLI, *La peste noire*, op. cit., p. 25.

63. K. HARPER, *Comment l'Empire romain s'est effondré*, op. cit., p. 55.

Faits et concepts : intégrer les données sociales et environnementales

Je voudrais maintenant apporter quelques éléments historiographiques et conceptuels afin de mettre en perspective l'accusation de déterminisme et de réductionnisme portée contre K. Harper. Comme l'écrivent J. Haldon et ses coauteurs, « Harper, c'est l'histoire sans intervention humaine, sauf au sens le plus large, comme 'société'[64] ». A. Bresson et K. Sessa s'accordent aussi pour juger déterministe la relation que K. Harper attribue à l'environnement – ce que conteste toutefois F. Trément dans son long compte rendu[65].

Sur le plan historiographique, il convient tout d'abord de souligner le catastrophisme qui imprègne les thèses de K. Harper[66]. La conclusion de l'ouvrage est à cet égard révélatrice : l'Empire romain aurait été « un monde précocement global, où la revanche de la nature commence à se faire sentir malgré l'illusion persistante de la maîtrise[67] ». En cela, K. Harper s'inscrit doublement dans le climat intellectuel états-unien. D'une part, il conçoit l'Empire romain au prisme de la puissance américaine, comme un colosse aux pieds d'argile : l'image de peuples ombrageux et affamés qui, « aux marches de l'Empire [...] rêvaient d'accomplir leur propre destin[68] » n'est pas sans évoquer la perception du *limes* romain proposée par le géopoliticien Edward N. Luttwak dans un livre écrit en pleine guerre du Vietnam[69]. D'autre part, sa démonstration fait écho à l'anxiété écologique qui taraude une partie de la société américaine et de la nôtre. Jared Diamond résume parfaitement ces écueils dans le titre d'un de ses best-sellers : *Effondrement. Comment les sociétés décident de leur disparition ou de leur survie*. Selon ce biogéographe, « les réactions d'une société dépendent de ses institutions politiques, économiques et sociales ainsi que de ses valeurs culturelles[70] ». En prenant l'exemple de la chute de Rome, il propose une explication mêlant invasions extérieures et effondrement intérieur : certes, l'Empire romain succomba aux attaques de ses voisins, mais l'on ne saurait dire si ses revers furent dus à « des changements chez les Barbares eux-mêmes, qui devinrent plus nombreux ou mieux organisés, acquirent de meilleures armes ou plus de chevaux, ou profitèrent de changements climatiques survenus dans les

---

64. J. Haldon *et al.*, « Plagues, Climate Change, and the End of an Empire: A Response to Kyle Harper's *The Fate of Rome* (3) », art. cit., p. 6 (nous traduisons).
65. F. Trément, « Faut-il réhabiliter le climat et les microbes ? », art. cit., p. 155.
66. Voir déjà B. Rossignol, « Préface », art. cit., p. 31.
67. K. Harper, *Comment l'Empire romain s'est effondré*, op. cit., p. 402.
68. *Ibid.*, p. 49.
69. Edward N. Luttwak, *The Grand Strategy of the Roman Empire: From the First Century CE to the Third*, Baltimore, The Johns Hopkins University Press, 1976. Sur le contexte d'écriture de l'ouvrage et son influence, voir Benoît Rossignol, « Edward N. Luttwak, *The Grand Strategy of the Roman Empire: From the First Century CE to the Third* (compte rendu) », *Revue des études anciennes*, 119-2, 2017, p. 767-771.
70. Jared Diamond, *Effondrement. Comment les sociétés décident de leur disparition ou de leur survie*, trad. par A. Botz et J.-L. Fidel, Paris, Gallimard, [2005] 2006, p. 34.

steppes d'Asie centrale » ou bien à un affaissement interne résultant d'« une combinaison de problèmes économiques, politiques, environnementaux et autres »[71]. Chez J. Diamond et chez K. Harper se déploie ainsi un imaginaire commun de l'effondrement (*collapse*) qui, toutefois, n'est jamais conçu sur un mode simpliste ou apocalyptique[72]. Ainsi que J. Diamond prend soin de le préciser, l'effondrement doit être compris non comme une extinction brutale, mais plutôt comme « une réduction drastique de la population humaine et/ou de la complexité politico/économique/sociale, sur une zone étendue et une durée importante [...] donc une forme extrême de plusieurs types de déclin moindres[73] ».

L'ouvrage de K. Harper s'inscrit dans une autre conjoncture historiographique bien identifiée par B. Rossignol : la nouvelle approche environnementale de l'histoire précoloniale et coloniale des États-Unis. Comme l'a expliqué Grégory Quenet, les conceptions française et états-unienne s'enracinent dans des passés différents : l'intérêt américain pour la nature est « à la mesure d'un pays neuf découvrant la *wilderness*, tandis que la vieille Europe expérimentait depuis deux millénaires une cohistoire mêlant paysage naturel et paysage construit[74] ». C'est dans ce contexte historiographique que se situe la différence entre l'histoire environnementale telle que l'envisagent les historiens américains dans les *postcolonial studies* et l'histoire de l'environnement européen à laquelle Robert Delort et François Walter ont consacré il y a vingt ans un livre important[75]. C'est aussi pourquoi un chercheur polonais comme A. Izdebski, tout en prônant l'extension de l'histoire environnementale à l'Antiquité tardive, récuse l'idéologie décliniste qui imprègne l'histoire environnementale pratiquée aux États-Unis[76]. Celle-ci et un écologisme militant rapprochent des « peuples victimes, exploités économiquement ou réduits en esclavage par l'impérialisme européen et le capitalisme » et les Celtes, les Africains et les peuples des royaumes hellénistiques opprimés par Rome, puissance esclavagiste et impérialiste[77]. Ces tendances restent sans doute minoritaires dans le champ des études classiques états-uniennes, mais « le contexte politique leur a donné une intensité polémique et une visibilité spécifique dans la presse américaine, en général indifférente aux recherches sur l'Antiquité[78] ».

En soulignant le poids des traditions historiographiques nationales voire continentales, ces constats invitent à esquisser une généalogie des principaux concepts qui ont aujourd'hui cours en histoire environnementale. C'est là sans doute la meilleure façon de mettre en lumière à la fois leurs éventuels biais et leur

---

71. *Ibid.*, p. 33.
72. Voir F. Trément, « Faut-il réhabiliter le climat et les microbes ? », art. cit., p. 51, n. 1.
73. J. Diamond, *Effondrement*, op. cit., p. 16.
74. G. Quenet, *Qu'est-ce que l'histoire environnementale ?*, op. cit., p. 127.
75. Robert Delort et François Walter, *Histoire de l'environnement européen*, Paris, PUF, 2001.
76. Adam Izdebski, « Setting the Scene for an Environmental History of Late Antiquity », in A. Izdebski et M. Mulryan (dir.), *Environment and Society...*, op. cit., p. 3-13, ici p. 11.
77. Pierre Assouline, « Haro sur les 'classics' ! », *L'Histoire*, 484, juin 2021, p. 98.
78. Richard Saller, « American Classical Historiography », in A. Molho et G. S. Wood (dir.), *Imagined Histories: American Historians Interpret the Past*, Princeton, Princeton University Press, 1998, p. 222-237, ici p. 234.

plus-value analytique. Climat, maladie, consilience/résilience : toutes ces notions présentent des avantages et des inconvénients. On peut leur appliquer la remarque faite par les auteurs d'un dictionnaire critique de la géographie à propos du « déterminisme géographique » : ils relevaient que le terme appartenait à cette catégorie de mots « malheureux comme tous les mots en -ismes », qui contiennent néanmoins des « idées utiles et même nécessaires »[79].

Commençons par le climat, un concept apparu à l'époque des Lumières. Le terme recouvre au départ les conditions météorologiques qui se sont succédé pendant une période d'une durée conventionnelle d'une trentaine d'années dans une région donnée. Les biologistes lui ont associé le concept de végétation climacique, qui désigne l'état final d'une succession végétale adaptée à un sol et à un climat. Il ne suffit pas en effet de mesurer des oscillations de températures et de pluviométrie pour comprendre l'évolution des surfaces cultivables : on doit aussi tenir compte de l'adaptation des plantes cultivées à l'ensemble des conditions environnementales et, notamment, de la qualité des sols et de leurs usages. Le cas de la Gaule du Nord-Ouest est révélateur à cet égard. L'étude des carporestes conduite par Véronique Zech-Matterne a montré comment la production de blés nus s'est développée dans la vallée de la Seine et le centre du Bassin parisien avant de s'étendre vers le Nord et le plateau picard[80]. Une céréale à grains nus demande moins de préparation qu'une céréale à grains vêtus et occupe un plus faible volume, ce qui offre un indéniable avantage pour le stockage et le transport. Une telle culture est donc adaptée à l'approvisionnement des villes et des camps militaires de la région du *limes* germanique. Les céréales à grains vêtus sont plus rustiques et mieux adaptées aux climats froids et humides. Parmi ces dernières se distingue l'épeautre (*Triticum spelta*), une céréale vêtue biologiquement voisine du froment et réputée pour sa tolérance aux sols médiocres. Sa culture se développe surtout au nord de la Somme et de l'Oise. Son adaptation à des conditions climatiques rudes est confirmée par le parallèle qu'offre la Grande-Bretagne, où sa production se développe à partir du IIIe siècle dans certaines régions : la multiplication des structures de décorticage rend le grain disponible pour la mouture ou la commercialisation[81]. S'est ainsi établie une répartition géographique des cultures céréalières en Gaule du Nord-Ouest tenant compte au moins autant des variations climatiques que des différences de qualité des sols[82]. Un tel constat est sans doute le meilleur antidote contre l'octroi d'une place excessive au climat.

---

79. Roger BRUNET, Robert FERRAS et Hervé THÉRY, *Les mots de la géographie. Dictionnaire critique*, Montpellier/Paris, Reclus/La Documentation Française, 1992, p. 143.
80. Véronique ZECH-MATTERNE, « L'épeautre en France et dans les pays limitrophes. Témoignages carpologiques d'un blé devenu 'secondaire' », *in* F. LEROUXEL et J. ZURBACH (dir.), *Le changement dans les économies antiques*, Bordeaux, Ausonius, 2020, p. 145-185.
81. Sébastien LEPETZ et Véronique ZECH-MATTERNE, « Systèmes agro-pastoraux à l'âge du Fer et à la période romaine en Gaule du Nord », *in* M. REDDÉ (dir.), *Gallia Rustica 2*, *op. cit.*, p. 327-400, ici p. 358.
82. *Ibid*.

Dotée d'une généalogie longue et prestigieuse – depuis la médecine hippocratique et galénique jusqu'à la médecine arabe –, la maladie est quant à elle une notion tout sauf évidente. Elle résulte de la conceptualisation d'événements pathologiques multiples, comme l'a bien montré Mirko D. Grmek : les maladies « n'existent vraiment que dans le monde des idées [en ce qu']elles interprètent une réalité empirique complexe et supposent donc une certaine philosophie médicale[83] ». Dans une série d'articles publiés dans les *Annales*, celui-ci, médecin, historien et philologue, a défini le concept de « pathocénose », une création lexicale qui désigne la mise en communauté d'un ensemble de maladies à une époque et en un territoire donnés[84]. Conçue sur le modèle de la biocénose, la notion a eu une importante postérité : en mettant l'accent sur l'interdépendance des maladies, elle a permis de dépasser leur approche analytique[85]. Dans la conceptualisation proposée par Abdel R. Omran en 1971 pour saisir l'effet des inégalités sociales et spatiales devant la mort, la période antique est caractérisée par une structure de mortalité à dominante infectieuse. La peste relève de la catégorie des pandémies qui frappent l'imagination par leur brutalité : à la différence des maladies chroniques, elle tue indifféremment les individus en bonne ou en mauvaise santé[86]. Reste que les maladies endémiques à évolution lente « affectent le potentiel biologique d'une société bien plus profondément et de manière plus durable[87] ».

K. Harper s'inscrit dans cette grande tradition interprétative, née dans les années 1970-1980. Dans les deux premières parties du chapitre 3, il dresse ainsi un tableau de la santé et de la mortalité dans l'Empire qui doit beaucoup à l'idée d'une écologie des maladies[88]. Il y présente notamment les deux raisons qui rendent compte de la persistance de la pandémie de Justinien. La première est un taux de létalité d'une bactérie qui, par rapport au virus de la variole, laisse peu de chance de survie à celui qu'elle infecte. À la différence des rongeurs, chez lesquels l'équilibre biologique entre le parasite et son hôte s'est opéré, le bacille de Yersin tue son hôte humain, ne permettant pas d'atteindre des formes d'immunité collective. La seconde raison réside dans les conditions climatiques qui ont favorisé la prolifération des insectes vecteurs du bacille (la puce) et la

---

83. Mirko D. GRMEK, *Les maladies à l'aube de la civilisation occidentale. Recherches sur la réalité pathologique dans le monde grec préhistorique, archaïque et classique*, Paris, Payot, 1983, p. 32.
84. Voir notamment *id.*, « Préliminaire d'une étude historique des maladies », *Annales ESC*, 24-6, 1969, p. 1473-1483. Cette interdépendance des maladies avait déjà été mise en valeur par le biogéographe Max Sorre, dans les années 1930, à travers le concept de « complexes pathogènes » : voir notamment Max SORRE, « Complexes pathogènes et géographie médicale », *Annales de géographie*, 42-235, 1933, p. 1-18. Pour une remise en perspective, voir Dylan SIMON, « Quand un concept écologique fait date. L'invention du 'complexe pathogène' en géographie », *Revue d'histoire des sciences humaines*, 28, 2016, p. 253-272.
85. Joël COSTES, Bernardino FANTINI et Louise L. LAMBRICHS (dir.), *Le concept de pathocénose de M. D. Grmek. Une conceptualisation novatrice de l'histoire des maladies*, Genève, Droz, 2016.
86. Abdel R. OMRAN, « The Epidemiologic Transition: A Theory of the Epidemiology of Population Change », *The Milbank Memorial Fund Quarterly*, 49-1, 1971, p. 509-538.
87. M. D. GRMEK, *Les maladies…, op. cit.*, p. 34.
88. K. HARPER, *Comment l'Empire romain s'est effondré, op. cit.*, p. 115-149.

multiplication des rongeurs sur lesquelles elles vivent ; quant à la météorologie saisonnière, elle a facilité la diffusion de gouttelettes infectieuses liées à la respiration. Toutefois, la peste relève de la catégorie des maladies qui ne peuvent pas exister indéfiniment sous leur forme virulente. Ses ravages sont liés non seulement aux aléas climatiques, mais aussi à une composante sociale : l'intensité de la circulation des hommes et des marchandises. En outre, comme le soulignait M. D. Grmek, elle « n'est une maladie humaine que secondairement et pour des périodes climatiques limitées, car elle détruit de manière trop radicale son propre support biologique[89] ».

En 1969, l'éditorial d'un numéro des *Annales ESC* avait inscrit l'étude des maladies parmi les nouveaux chantiers de l'historien, tout en soulignant la difficulté que représentait le dialogue entre sciences humaines et sciences médicales, sur un terrain alors encore peu exploré. Le ton était résolument volontariste : « Les disciplines traditionnelles n'ont donc pas lieu de craindre [l']intrusion [des sciences médicales], mais, au contraire, mille raisons d'utiliser leur éclairage[90]. » Un demi-siècle plus tard, le livre de K. Harper prouve par l'exemple le caractère fructueux de collaborations croisant sources écrites, archéologie funéraire et recherches avancées de la génomique. B. Rossignol, son préfacier, a d'ailleurs récemment mis en exergue toute la fécondité d'une telle approche pour retracer les routes entre l'Asie et l'Europe qui furent celles du commerce et des épidémies[91]. Il reste à souhaiter que cette voie soit suivie pour la partie occidentale de l'Empire : certes moins documentée dans les chroniques de l'Antiquité et du haut Moyen Âge, elle bénéficie des collaborations étroites entre archéologie funéraire et recherches génomiques qui renouvellent la documentation relative à la diffusion des variants de *Yercina pestis* et de ses foyers épidémiques[92].

Ce croisement des données ne résout cependant pas les problèmes d'interprétation d'ensemble. À cet égard, le travail de K. Harper reproduit les travers du livre déjà ancien de William H. McNeill, *Plagues and Peoples*, dont il se réclame[93]. Dans un court compte rendu paru en 1978 à l'occasion de la traduction française de l'ouvrage, J.-N. Biraben, tout en soulignant l'apport d'une synthèse qui réintroduisait les maladies épidémiques ou endémiques dans l'histoire, invitait le lecteur à la prudence[94]. W. H. McNeill établissait en effet un modèle de relation trop rigide entre épidémie et civilisation, inspiré par deux grandes catastrophes sanitaires : d'une part, la destruction de la population amérindienne du Mexique, tombée à 1,6 millions d'habitants en 1650, alors qu'elle est évaluée à 25 ou 30 millions

---

89. M. D. Grmek, *Les maladies…, op. cit.*, p. 29.
90. Les Annales, « Histoire biologique et Société », *Annales ESC*, 24-6, 1969, p. 1.
91. Benoît Rossignol, « La propagation des maladies entre l'Europe et l'Asie dans l'Antiquité : le cas de l'Empire romain », *Cahiers d'histoire*, 151, 2022, p. 47-60.
92. Lee Mordechai *et al.*, « The Justinianic Plague: An Inconsequential Pandemic? », *Proceedings of the National Academy of Sciences of the United States of America*, 116-51, 2019, p. 25546-25554.
93. William H. McNeill, *Plagues and Peoples*, New York, Anchor Press, 1976.
94. Jean-Noël Biraben, « William H. McNeill, *Le temps de la peste. Essai sur les épidémies dans l'histoire* (compte rendu) », *Population*, 37-3, 1982, p. 683.

à l'arrivée de Cortez, en 1519 ; d'autre part, la peste noire, qui emporta entre le tiers et la moitié de la population européenne. « Tout comme Cortez a amené la variole au Mexique et a ainsi assuré par inadvertance sa victoire militaire, les armées mongoles et les caravanes ont transporté *Pasturella pesti*s d'une région où elle était endémique (le Yunnan-Birmanie) vers la steppe eurasienne[95] ». Guidées par un écologisme sous-jacent, la démarche de W. H. McNeill (hier) et celle de K. Harper (aujourd'hui) tendent à survaloriser le rôle des épidémies dans l'histoire.

Dans son ouvrage, K. Harper fait appel à un autre concept, de nature plus méthodologique : celui de consilience[96]. Celui-ci désigne le processus consistant à concilier des connaissances disparates, issues aussi bien des sciences naturelles que des sciences humaines et sociales. Il a été utilisé en histoire environnementale pour combler le fossé entre les approches humaniste et scientifique de la période géologique Holocène[97]. L'un de ses promoteurs, le paléoanthropologue Pascal Picq, en donne cette définition : « la consilience exprime le fait que […] deux disciplines scientifiques connexes, mais indépendantes dans leurs sujets d'études et leurs méthodes, consolident un même modèle[98] ». Inventé au XIXe siècle, ce concept a été reformulé par l'entomologiste Edward O. Wilson dans un ouvrage controversé. Selon lui, l'univers serait gouverné par des lois naturelles et il n'existerait qu'une seule classe d'explications, celles qu'en donnent les sciences naturelles[99]. Il serait donc possible de réunir l'histoire des sociétés humaines et celle du monde physique, mais sous l'égide des sciences naturelles[100]. Le paléontologue Stephen Jay Gould s'est élevé contre ces prétentions hégémoniques marquées par le déterminisme génétique, le darwinisme social et l'eugénisme[101]. Dans le champ des études antiques, K. Sessa, spécialiste des réponses culturelles et religieuses à la guerre et au déclin matériel dans l'Occident au VIe siècle, a souligné les implications réductionnistes d'un concept formulé par un auteur qui s'opposait aux théories culturalistes alors en vogue dans l'histoire environnementale américaine[102].

K. Harper recourt à un dernier concept, la résilience, qu'il définit comme « la mesure de la capacité d'une société à absorber les chocs et à se remettre des

---

95. William H. McNeill, « Disease in History », *Social Science and Medicine*, 12-2, 1978, p. 79-81, ici p. 81 (nous traduisons).
96. K. Harper, *Comment l'Empire romain s'est effondré, op. cit.*, p. 57.
97. Adam Izdebski *et al.*, « Realising Consilience: How Better Communication between Archaeologists, Historians and Natural Scientists Can Transform the Study of Past Climate change in the Mediterranean », *Quaternary Science Reviews*, 136, 2016, p. 5-22.
98. Pascal Picq, *Un paléoanthropologue dans l'entreprise. S'adapter et innover pour survivre*, Paris, Eyrolles, 2011, p. 116.
99. Edward O. Wilson, *Sociobiology : The New Synthesis*, Cambridge, The Belknap Press of Harvard University Press, 1975.
100. Une vingtaine d'années plus tard, Edward O. Wilson développa son approche et tenta de répondre à ses critiques dans E. O. Wilson, *Consilience: The Unity of Knowledge*, New York, Knopf, 1998.
101. Stephen Jay Gould, *Aux racines du temps*, trad. par B. Ribault, Paris, Grasset, [1987] 1990.
102. K. Sessa, « The New Environmental Fall of Rome », art. cit., p. 227-229.

traumatismes[103] ». Issu au départ des sciences physiques, le terme a été employé dans des champs de recherche extrêmement variés[104]. En France, le concept de résilience a d'abord été transféré de cette disciple vers la psychologie de l'enfant pour qualifier l'aptitude à surmonter des troubles majeurs. Il doit surtout sa fortune à l'utilisation que Boris Cyrulnik en a faite en psychanalyse pour désigner la faculté d'un être humain, après un grave traumatisme, à retrouver un équilibre susceptible d'assurer son développement[105]. Le terme est encore utilisé en informatique pour désigner la capacité d'un système ou d'un réseau à continuer de fonctionner en cas de panne. Les économistes libéraux y recourent pour expliquer que les crises constituent en elles-mêmes des formes de régulation. Enfin, en écologie, le terme renvoie à la capacité d'un système vivant de se reconstituer après une perturbation : J. Diamond le définit comme la potentialité à survivre aux dommages[106]. Dans tous les cas, le concept repose sur la même idée fondamentale : un système tend naturellement à se désorganiser et son maintien après une phase de déréglement est assuré par un ou plusieurs éléments qui l'amènent à se réorganiser tout en opérant des changements lui permettant de garder ses fonctions, ses structures et son identité. Sur le fond, ce concept relève de la théorie du changement adaptatif que John Haldon et Arlene M. Rosen ont proposé d'appliquer à l'Anatolie byzantine pour évaluer les conséquences du changement climatique sur les segments les plus vulnérables du système impérial : les subsistances, l'action des gestionnaires d'élite et l'identité religieuse[107]. Ainsi la résilience est-elle la condition de la durabilité – concept qui lui est intimement lié[108].

Par l'ampleur de la documentation réunie, sa pertinence et l'habileté à la mettre au service d'un propos novateur, le livre de K. Harper justifie le jugement élogieux formulé par des spécialistes américains d'histoire globale et environnementale : l'histoire de Rome résonne désormais avec les préoccupations du monde du XXIe siècle, menacé par les deux conséquences de la globalisation que sont le changement climatique et les pandémies. L'historiographie de l'Empire romain était partagée entre

---

103. K. Harper, *Comment l'Empire romain s'est effondré, op. cit.*, p. 102.
104. Avant d'être appliqué aux sociétés humaines, le vocable désignait le « rapport de l'énergie cinétique absorbée nécessaire pour provoquer la rupture d'un métal à la surface de la section brisée ». Voir à ce propos Pascale Metzger, « Résilience », *in Dictionnaire critique de l'anthropocène*, éd. par Groupe Cynorhodon, Paris, CNRS éditions, 2020, p. 715-717.
105. Voir par exemple Boris Cyrulnik et Philippe Duval (dir.), *Psychanalyse et résilience*, Paris, Odile Jacob, 2006. Utiliser le terme « résistance » aurait été inapproprié en raison du sens que le mot a pris en psychanalyse pour désigner la réaction défensive d'un sujet analysé durant sa cure.
106. J. Diamond, *Effondrement, op. cit.*, p. 28.
107. John Haldon et Arlene M. Rosen, « Society and Environment in the East Mediterranean ca 300-1800 CE: Problems of Resilience, Adaptation and Transformation; Introductory Essay », *Human Ecology*, 46-3, 2018, p. 275-290.
108. M. Powers, « Sustainability and Resilience », *in* D. A. DellaSala et M. I. Goldstein (dir.), *The Encyclopedia of the Anthropocene*, vol. 4, Oxford, Elsevier, 2018, p. 29-37.

deux courants qui avaient en commun de relativiser les bouleversements politiques et militaires : tandis que l'un tirait l'Empire vers le Moyen Âge, l'autre mettait en valeur ses continuités structurelles avec les traditions romaines anciennes[109]. En faisant appel à l'environnement, K. Harper ouvre une nouvelle voie qui remet au goût du jour l'idée de rupture, tout en la déplaçant chronologiquement. Plus profondément, l'ouvrage a le grand intérêt de ramener dans le champ de la recherche les deux thèmes du climat et des maladies : si ceux-ci comptaient parmi les chantiers de l'histoire dans les années 1970, ils subirent ensuite une certaine éclipse. De façon symptomatique, ils ne figuraient plus parmi les concepts et débats qu'inventoriait en 2010 un dictionnaire historiographique pourtant fort nourri[110].

Si l'on ne peut que se réjouir de ce retour fracassant, la forme qu'il revêt suscite cependant les réserves de l'historien des sociétés pour qui, comme l'écrivait Raymond Aron, l'histoire doit « restituer au passé l'incertitude de l'avenir[111] ». Sans doute K. Harper en rappelle-t-il le principe quand, dans l'ultime phrase de sa conclusion, il évoque un nouveau chapitre de l'histoire « qui s'ouvre et prend des chemins que l'on reste incapable d'imaginer ». Mais c'est au prix de l'affirmation d'une « primauté de l'environnement naturel dans le destin des civilisations »[112] et d'un rapprochement analogique entre notre civilisation et celle des Romains. Or l'analogie historique a ses vertus et ses limites[113]. Elle comporte assurément une fonction pédagogique. Quand K. Harper qualifie les Huns de « réfugiés climatiques en armes et à cheval » et fait de leur migration un « événement environnemental imputable à l'Oscillation nord-atlantique positive du IVe siècle »[114], il faut y voir la rançon du choix, certes estimable, de s'adresser à un large public. Mais faut-il pour autant écrire l'histoire de l'Antiquité à partir des craintes qu'inspire le futur de la planète ? Si, comme K. Harper le soutient, « notre histoire et celle de la planète sont inséparables[115] », les échelles de temps sont incommensurables et l'on ne suivra pas le paléoclimatologue Michel Magny qui voit dans l'invention de l'agriculture au Néolithique l'amorce d'une évolution aboutissant nécessairement au « Capitalocène », au néolibéralisme et à une « sixième extinction de

---

109. Hervé INGLEBERT, « Antiquité tardive », *in* C. DELACROIX *et al.* (dir.), *Historiographies. Concepts et débats*, t. 2, Paris, Gallimard, 2010, p. 967-972, ici p. 969-970.
110. Voir Emmanuel LE ROY LADURIE, « Le climat. L'histoire de la pluie et du beau temps », *in* J. LE GOFF et P. NORA (dir.), *Faire de l'histoire*, t. 3, *Nouveaux objets*, Paris, Gallimard, 1974, p. 3-30. À comparer avec C. DELACROIX *et al.* (dir.), *Historiographies. Concepts et débats, op. cit.*, où les questions du climat et des maladies brillent par leur absence.
111. Raymond ARON, *Introduction à la philosophie de l'histoire. Essai sur les limites de l'objectivité historique*, Paris, Gallimard, 1938, p. 224.
112. K. HARPER, *Comment l'Empire romain s'est effondré, op. cit.*, p. 401.
113. Aldo SCHIAVONE, « Les limites de l'analogie historique », *Le Débat*, 179-2, 2014, p. 74-80.
114. K. HARPER, *Comment l'Empire romain s'est effondré, op. cit.*, p. 276. Ce vertige analogique se retrouve aussi chez B. LANÇON, *La chute de l'Empire romain, op. cit.*, p 296, quand l'auteur oppose le rejet actuel des émigrés à la concession par Odoacre d'un tiers des terres italiennes aux soldats germains – un geste dont il relève la dimension intégratrice.
115. K. HARPER, *Comment l'Empire romain s'est effondré, op. cit.*, p. 403.

masse »[116]. L'historien de l'Antiquité préférera l'approche d'Aldo Schiavone, qui relit le destin de Rome à la lumière des travaux de S. J. Gould[117]. Si le paléontologue pense volontiers un temps profond, à l'échelle des milliards d'années de la Terre et corollaire d'un espace astronomique infini, il ne le conçoit pas comme une masse immobile, mais comme une « évolution sous la forme d'équilibres ponctués par des ruptures »[118]. En cela, cette démarche est compatible avec une histoire pleinement humaine, soucieuse d'intégrer à une réflexion commune l'infiniment grand des cycles cosmiques et l'infiniment petit des virus et des bactéries, sans pour autant s'y limiter.

Philippe Leveau
Aix Marseille Univ, CCJ CNRS
leveau.phil@wanadoo.fr

---

116. Michel MAGNY, *Aux racines de l'Anthropocène. Une crise écologique reflet d'une crise de l'homme*, Lormont, Le bord de l'eau, 2019, p. 7-12 et *id.*, *L'Anthropocène*, Paris, PUF, 2021.
117. Aldo SCHIAVONE, *Histoire et destin*, trad. par G. Bouffartigue, Paris, Belin, [2007] 2009.
118. Estelle BERTRAND et Rita COMPATANGELO-SOUSSIGNAN, « Introduction », *in* E. BERTRAND et R. COMPATANGELO-SOUSSIGNAN (dir.), *Cycles de la Nature, cycles de l'Histoire, op. cit.*, p. 9-13, ici p. 9.

Un discours de la méthode pour une histoire environnementale du haut Moyen Âge

Magali Watteaux

À l'issue de la lecture de *La Nature et le roi*, on reste admiratif devant l'ampleur de vue et la rigueur de son auteur – malgré le caractère parfois redondant de la démonstration. Au-delà, on est marqué par l'habileté méthodologique déployée dans l'ouvrage, qui en fait une véritable leçon de méthode historique, frappée du sceau des qualités que l'on connaît à Jean-Pierre Devroey : une immense érudition et une minutie assumée jusque dans ses excès[1] ; un goût pour la sérendipité ; l'originalité d'une pensée par tableaux (nombreux), utiles pour suivre son raisonnement et se figurer différemment les données historiques ; une exigence sans faille dans l'exercice de l'interdisciplinarité ; enfin, une posture audacieuse incarnée dans les « paris » et « défis » qui jalonnent son enquête et posent les bases de futurs questionnaires de recherche.

J.-P. Devroey expose la méthode et ses enjeux épistémologiques puis les résultats de ses enquêtes dans deux parties distinctes, bien que ces deux dimensions soient constamment présentes tout au long du livre. Les analyses se déploient elles-mêmes en deux temps. L'auteur se concentre tout d'abord sur quatre crises

---

* Cette contribution s'inscrit dans le cadre d'une lecture croisée de l'ouvrage de Jean-Pierre Devroey, *La Nature et le roi. Environnement, pouvoir et société à l'âge de Charlemagne (740-820)*, Paris, Albin Michel, 2019, 592 p. Voir, dans le présent numéro, Geneviève Bührer-Thierry, « La Nature et le corps du roi. Réflexions sur l'idéologie politique des temps carolingiens », *Annales HSS*, 77-1, 2022, p. 97-102.

1. J.-P. Devroey, *La Nature et le roi*, *op. cit.*, p. 263 : « La minutie passe souvent pour une qualité et un travers de l'historien médiéviste. Je dois prendre le risque de mériter l'un ou l'autre de ces jugements. »

frumentaires repérées dans la documentation écrite et/ou par la paléoclimatologie[2] (advenues respectivement en 763-764, 779, 791-794 et 800-824), dont il interroge les causes, l'articulation avec les données paléoclimatiques connues, leur perception par les médiévaux[3] ainsi que les réactions et adaptations qu'elles ont engendrées. La lecture de ces pages est d'autant plus stimulante que J.-P. Devroey se glisse, avec une jubilation palpable, dans la peau du parfait enquêteur (en atteste le vocabulaire utilisé : « témoin », « profilage », « indice », « suspect », « portrait-robot », « preuve »), en particulier lorsqu'il part à la recherche de « l'ennemi invisible », source de mystérieuses « moissons sans récoltes » en 791-794[4]. Dans un second temps, il traite de l'économie morale et politique des souverains carolingiens dans deux chapitres largement autonomes[5]. Si le lecteur comprend combien les différentes crises ont joué un rôle moteur dans l'action publique des gouvernants, ces développements s'éloignent malgré tout quelque peu de la problématique visant à articuler événements climatiques ou biologiques et pénuries alimentaires, sur laquelle portera essentiellement notre analyse[6].

Une histoire environnementale non déterministe des crises frumentaires

Bien que J.-P. Devroey assume l'inscription de sa recherche dans le contexte actuel des débats et des inquiétudes autour du changement climatique, il se montre à plusieurs reprises très critique envers les dérives des discours alarmistes sur l'évolution du climat, qu'il qualifie de « néo-déterminisme naturaliste[7] ». Il est utile de le citer longuement tant ses mots sonnent justes et se révèlent précieux pour conduire une activité scientifique raisonnée et raisonnable face au poids des enjeux contemporains :

> *[…] les reconstructions globales du climat ont un effet de réalité redoutable qui favorise raisonnements linéaires et généralisations. Au XXIe siècle, le déterminisme théologique prédicteur d'apocalypses s'est réfugié dans les discours sectaires. Toutefois l'angoisse sociétale et les préoccupations politiques, entretenues par la prise de conscience de l'empreinte des activités humaines sur le climat, ressuscitent la notion déterministe de cause finale, voire celle de fin de la civilisation. La littérature scientifique met en relation causale directe des processus de changement climatique et des ruptures des systèmes politiques et sociaux du passé, sans beaucoup s'embarrasser de la complexité des interactions entre environnement et formations sociales[8].*

2. *Ibid.*, chap. 6 à 11.
3. Sur la base d'un corpus de 51 sources historiographiques franques de 740 à 820, mentionnant près de 400 événements naturels.
4. J.-P. Devroey, *La Nature et le roi, op. cit.*, chap. 9 à 11, ici p. 260 et 263.
5. *Ibid.*, chap. 12 et 13.
6. Pour une approche complémentaire, voir G. Bührer-Thierry, « La Nature et le corps du roi », art. cit.
7. *Ibid.*, p. 449.
8. *Ibid.*, p. 43-44.

C'est donc en historien que J.-P. Devroey plaide pour une histoire environnementale dégagée de tout déterminisme naturel[9], qui se donne l'ambition et les moyens de « mesurer toute la richesse des rétroactions entre les impulsions globales du système climatique et les écosystèmes locaux[10] ». Pour ce faire, il choisit d'axer son enquête sur la question des « calamités » en période de crise alimentaire parce qu'elles représentent un point d'observation privilégié des relations entre l'« environnement » (« la Nature »)[11], le « pouvoir » (« le roi ») et la « société » (c'est-à-dire le système social franc[12]), soit les termes mis en avant dans le sous-titre du livre. Le thème de l'alimentation n'est pas nouveau chez l'auteur, mais il est ici abordé sous l'angle des pénuries (famines ou disettes), une problématique heuristique en histoire environnementale qui constitue également la situation la mieux documentée pour les VIIIe-IXe siècles. J.-P. Devroey confesse avoir hésité, pour cette raison, à intituler son livre « Géopolitique de la faim »[13]. Il explique également que l'évolution de ses recherches du couple néomalthusien « progrès/croissance » vers le couple « adaptation/résilience » l'a amené à s'inscrire dans le champ de l'histoire environnementale, qu'il appelle aussi, dans le sillage des travaux de Robert Delort, « éco-histoire »[14].

Pour penser l'articulation des événements météorologiques extrêmes et des pénuries alimentaires, J.-P. Devroey exploite notamment le concept de vulnérabilité des groupes humains aux aléas naturels, qualifié de « charpente théorique du livre[15] ». Cette fragilité ressortit à la fois à des causes naturelles, socio-économiques et politiques – comme les « droits d'accès aux subsistances », ces mécanismes et conditions d'accès qui assurent aux individus, hors crise, une sécurité alimentaire. La division entre crises alimentaires d'origine naturelle ou humaine est donc fallacieuse : « Même quand le facteur déclenchant est d'origine 'naturelle' (climat, temps, etc.), son impact sur la population dépend de la manière dont est organisée la société[16] ». Ainsi, « si le déterminisme naturel nécessite 'simplement' de mesurer

---

9. *Ibid.*, p. 17 : « Le déterminisme naturel heurte profondément mes convictions d'historien. »
10. *Ibid.*, p. 449.
11. On notera que Jean-Pierre Devroey utilise de manière synonymique, donc interchangeable, les termes d'environnement et de nature, qui ont pourtant une histoire différente. Le premier n'acquiert son sens actuel que vers 1950 (représentation critique de l'évolution des milieux naturels dans les sociétés industrielles), mais finit très vite par désigner la « nature » elle-même. C'est ainsi que les paléo-environnementalistes étudient sous le nom d'« environnement » les éléments que l'on aurait, en d'autres temps, appelés « nature » ou « milieu naturel » (sédiments, plantes et animaux). Fort de son usage galopant, le terme a également fini par remplacer la notion de « milieu » utilisée depuis le XIXe siècle par les géographes. J.-P. Devroey retient cependant le mot « nature » dans le titre général du livre, probablement au regard de sa dette vis-à-vis de Philippe Descola, *Par-delà nature et culture*, Paris, Gallimard, 2005.
12. J.-P. Devroey, *La Nature et le roi*, *op. cit.*, p. 27.
13. *Ibid.*, p. 17.
14. Gérard Chouquer et Magali Watteaux, *L'archéologie des disciplines géohistoriques*, Paris, Éd. Errance, 2013.
15. J.-P. Devroey, *La Nature et le roi*, *op. cit.*, p. 32.
16. *Ibid.*, p. 432.

l'amplitude et l'intensité des stress liés aux facteurs naturels, la prise en compte de la dimension sociale des catastrophes ouvre des perspectives de comparaison stimulantes sur la vulnérabilité et les stratégies d'adaptation des formations sociales dans le temps et dans l'espace[17] ». Cela amène J.-P. Devroey, à la suite des travaux bien connus de l'économiste Amartya Sen, à envisager la crise alimentaire comme un « processus historique dynamique[18] » où le lien entre climat et crise de subsistance n'est pas nécessairement d'ordre causal.

Au carrefour de plusieurs approches méthodologiques

Pour donner corps à cette histoire non déterministe, J.-P. Devroey adopte plusieurs approches que l'on peut résumer en huit catégories – sans hiérarchie entre elles. L'auteur déploie notamment une *approche phénoménologique* (inspirée d'Edmund Husserl et de Maurice Merleau-Ponty) en s'attachant à étudier « l'intention créatrice » derrière les mots[19], c'est-à-dire les représentations, perceptions et omissions des aléas naturels dans les sources écrites. Cet objectif méthodologique « implique évidemment un traitement *qualitatif* sophistiqué des données historiques[20] », qui passe par une lecture critique des conditions d'élaboration des textes exploités et par une réflexion sur le sens des mots choisis pour évoquer les crises (famines, disettes, pénuries, etc.). Dressant un parallèle avec l'enquête archéologique, J.-P. Devroey considère que les silences autour de ces aléas naturels et leur absence des sources écrites sont tout autant des indices que leurs mentions. Cette approche lui permet de produire une magistrale enquête d'anthropologie historique (autrement dit, de révéler les « lunettes cognitives » des médiévaux[21]), fortement inspirée par la puissante synthèse de Philippe Descola et par les travaux de Michel Foucault[22]. Il en ressort une fresque passionnante des « cosmogonies entremêlées[23] », en particulier dans les chapitres 5 (sur l'histoire anthropologique de la faim) et 7 (sur la dimension cosmogonique de la fonction royale). Tout ne se résume donc pas à une question de pénurie : les crises vécues correspondent également à des moments d'incertitude sur la droiture et la fortune du souverain chrétien, confronté à des revers militaires, des querelles théologiques ou des dissensions familiales[24].

Parfois, l'auteur tente une *approche quantitative*, dont il fait cependant un usage très modéré et toujours prudent : en effet, « [e]n raison de l'hétérogénéité

---

17. *Ibid.*, p. 52.
18. *Ibid.*, p. 121.
19. *Ibid.*, p. 82.
20. *Ibid.* (nous soulignons). J.-P. Devroey parle plus loin d'une « approche qualitative fouillée des crises médiévales » (p. 115).
21. *Ibid.*, p. 13.
22. Philippe Descola, *Par-delà nature et culture, op. cit.* ; Michel Foucault, *Sécurité, territoire, population. Cours au Collège de France, 1977-1978*, éd. par M. Senellart, Paris, Gallimard, 2004.
23. J.-P. Devroey, *La Nature et le roi, op. cit.*, p. 236.
24. G. Bührer-Thierry, « La Nature et le corps du roi », art. cit.

des données historiques, il faut renoncer à l'espoir de cartographier et de dénombrer avec précision les crises alimentaires du VIIIe et du IXe siècle[25] ». J.-P. Devroey plaide en outre pour une *approche micro-historique* (« une micro-histoire des dynamiques écologiques[26] ») qui, couplée à un très large panel de sources et de données, permet d'étudier finement et en détail la complexité des causes et dynamiques des crises frumentaires. Celle-ci se double d'une *approche holistique et multifacettes*, exemplaire au regard de la multiplicité des angles de recherche explorés, où s'articulent histoires politique, économique, sociale, religieuse, intellectuelle, rurale, agraire, anthropologique, climatique, etc. Cette pluralité constitue la condition même de réalisation de son enquête, ce qui place légitimement l'auteur dans la lignée de Marc Bloch, qu'il revendique d'ailleurs.

Malgré le choix d'une période restreinte (un peu moins d'un siècle) et d'un territoire homogène (la *Francia*), J.-P. Devroey ne cesse d'interroger son objet selon une *approche multiscalaire*, tantôt par nécessité (en fonction des disciplines mobilisées et des sources disponibles), tantôt par choix (par exemple lorsqu'il convoque les famines des XIXe et XXe siècles dans d'autres régions d'Europe ou du monde, qui permettent de mieux connaître les mécanismes à l'œuvre dans ces phénomènes). En fonction de la question posée, l'auteur fait donc varier les échelles – brutalement ou de manière lissée, comme avec l'approche diachronique de l'économie morale des approvisionnements entre 741 et 877[27] – afin d'éclairer au mieux les réponses possibles. Cette variabilité scalaire lui permet de développer une *approche comparatiste* entre la *Francia* et certains territoires voisins (Irlande, Angleterre, Midi) ou plus lointains (Moyen-Orient byzantin et islamique) pour saisir des différences entre des espaces contemporains. Mais la comparaison vaut également dans le temps – en amont ou, le plus souvent, en aval : il en va ainsi de l'étude détaillée de la police disciplinaire des grains dans le *Traité de la police* de Nicolas de La Mare du début du XVIIIe siècle, qui lui permet d'aborder la « question du pouvoir royal, en ancrant l'exercice de comparaison sur les figures 'impérieuses' de Charlemagne et de Louis XIV[28] ».

La démarche de J.-P. Devroey a toutefois pour noyau central une *approche systémique*, justifiée par l'impératif de « complexité », qu'il met concrètement en œuvre à travers l'analyse des « interactions », « rétroactions », « interrelations », « écosystèmes », « processus », « co-évolutions », « diversités » existant entre toutes les composantes étudiées (climat, environnement, société, pouvoir, terroirs, villages, alimentation, etc., concepts eux-mêmes déclinés en « système climatique », « écosystèmes spatiaux », « écosystèmes villageois », « système alimentaire », etc.). Cela se ressent en particulier dans sa réflexion sur les causes des crises alimentaires, qui rejette la monocausalité au profit d'une « perspective multifactorielle[29] » excédant le seul périmètre des événements climatiques ou biologiques. On comprend mieux

---

25. *Ibid.*, p. 128.
26. *Ibid.*, p. 13.
27. *Ibid.*, p. 401-426.
28. *Ibid.*, p. 137.
29. *Ibid.*, p. 120.

la constance avec laquelle l'auteur insiste sur le caractère local des évolutions climatiques et de leurs conséquences sur les systèmes agraires, dénonçant au passage les surinterprétations des historiens ou des archéologues à partir des modèles puissamment séduisants de la science climatologique qui exacerbent « l'importance donnée au caractère *global* du changement climatique, ce qui gomme les différences liées aux fréquences et à la diversité géoclimatique[30] ».

Pour rendre possible cette approche systémique, recourir uniquement aux sources écrites ne suffit pas. Si ce constat est devenu un truisme, J.-P. Devroey se distingue par une *approche interdisciplinaire* exemplaire (sur la base de lectures et d'échanges interpersonnels), en ce qu'elle ne postule pas une complémentarité naïve des données mais repose sur leur confrontation sans concession et sur une réelle « vigilance méthodologique[31] ». L'auteur fait montre d'une grande rigueur et d'une grande exigence lorsqu'il assimile les procédures et raisonnements des différentes disciplines utilisées ; il manifeste également une solide conscience des échelles en jeu dans chacune d'elles et de ce que cela induit à l'heure des croisements. Le choix des disciplines mises à profit et de leurs méthodes, concepts et résultats s'avère très libre et souple : « En m'inspirant de la notion de 'concepts' ou de 'savoirs nomades', je me propose de poursuivre l'enquête dans le chapitre suivant, en laissant de côté la logique opératoire habituelle de l'historien, pour cheminer en compagnie d'autres disciplines scientifiques, en empruntant librement leurs méthodologies […][32] ». J.-P. Devroey « chemine » ainsi aux côtés de nombreuses disciplines : paléoclimatologie, archéologie, archéosciences (dendrologie, archéozoologie, archéobotanique, palynologie, paléo-entomologie, etc.), paléo-anthropologie physique, littérature, linguistique, iconographie, agronomie, botanique, sociologie économique, philosophie ou encore anthropologie sociale et culturelle. Nous développerons en particulier, pour finir, le dialogue noué par l'auteur avec les deux premières.

L'art exigeant de l'interdisciplinarité

Depuis les travaux d'Emmanuel Le Roy Ladurie, les historiens sont habitués à rechercher dans les sources écrites des inflexions climatiques. J.-P. Devroey s'illustre dans ce domaine par une prudence de sioux, de sorte qu'il ne se laisse pas leurrer par les charmes très scientifiques des données et hypothèses paléoclimatologiques : « Résistons, autant que possible, à l'attrait des chiffres[33] » ! La critique vaut aussi pour l'historien, qui doit prendre garde à ne pas accorder une confiance démesurée à ses sources, toujours insuffisantes et trop hétérogènes. L'auteur réalise même un

---

30. *Ibid.*, p. 431 (l'auteur souligne).
31. *Ibid.*, p. 57. Voir aussi, dans le présent numéro, Adam IZDEBSKI *et al.*, « L'émergence d'une histoire environnementale interdisciplinaire. Une approche conjointe de l'Holocène tardif », *Annales HSS*, 77-1, 2022, p. 11-58.
32. *Ibid.*, p. 261.
33. *Ibid.*, p. 127.

« test d'expérimentation », original et bienvenu, pour « mesurer la 'sensibilité' des sources écrites aux événements et aux processus climatiques décrits dans une reconstitution récente de la variabilité climatique depuis 2 500 ans »[34]. Au terme de ce travail, il apparaît impossible de considérer les mentions historiques d'aléas naturels comme des *proxies* (indicateurs) factuels, neutres – d'autant que tout aléa n'est pas nécessairement mentionné[35] –, ce qui pose des limites utiles à l'emploi des données produites par les historiens dans une perspective paléoclimatologique. En définitive, « l'historicisation des données paléoclimatiques » suppose un travail « d'aller-retour heuristique » entre histoire et climatologie historique[36] qui « relève actuellement de l'art des possibles, plutôt que de la mise en œuvre de relations de causalité directe […][37] ».

J.-P. Devroey se montre également fin connaisseur des publications en archéologie – à l'exception, quelque peu surprenante, d'un développement sur le pain, envisagé comme « un idéal de consommation souvent inaccessible avant le XIIe siècle[38] » pour les populations paysannes, alors que de nombreux fours à pain ont été mis au jour lors de fouilles sur des sites du premier Moyen Âge, témoignant d'une consommation domestique réelle[39]. L'archéologie occupe une place centrale dans sa démarche car elle permet d'étudier les 90 % silencieux de la population médiévale, tus sous le verbe haut des puissants. Loin d'en faire une « science auxiliaire », l'auteur intègre vertueusement ses découvertes qui l'amènent à « chausser d'autres 'lunettes cognitives'[40] », partant à modifier son questionnement historique : « Avec de telles perspectives de recherche, la figure du roi, de 'l'agriculteur prudent', que j'avais placée au centre de mon enquête d'histoire environnementale de la *Francia*, s'estompe au profit de la multitude des hommes[41] ».

Un point a particulièrement retenu notre attention : il s'agit de l'interprétation historique que propose J.-P. Devroey de la multiplication et de l'agrandissement des nombreux sites d'habitat ruraux aux VIIIe-IXe siècles (exhumés par les archéologues depuis une quarantaine d'années), dans lesquels il voit la « matérialisation des dynamiques d'essaimage du peuplement rural dont témoignent les sources écrites […][42] ». Les données archéologiques permettent donc à l'auteur de développer une analyse dynamique qui, loin de s'enfermer dans le binôme aléas climatiques/crises alimentaires, montre, au contraire, la résilience de la société franque et même les « tendances positives de l'économie » carolingienne,

---

34. *Ibid.*, p. 101.
35. *Ibid.*, p. 335 : « S'imaginer que tout événement de grande intensité a fait l'objet d'au moins une trace écrite relève d'une foi inconsidérée dans le positivisme historique ! »
36. *Ibid.*, p. 130.
37. *Ibid.*, p. 344.
38. *Ibid.*, p. 437.
39. Voir, entre autres, Isabelle CATTEDDU, *Archéologie médiévale en France. Le premier Moyen Âge, V[e]-XIe siècle*, Paris, La Découverte, 2009.
40. *Ibid.*, p. 361.
41. *Ibid.*, p. 451.
42. *Ibid.*, p. 357.

balayant ainsi l'idée d'une « période de l'histoire où les individus, les collectivités et les formations sociales étaient totalement désarmés face à la Nature »[43] – idée pseudo-intuitive pour des sociétés à faible productivité agricole. Citons à cet effet ces quelques phrases centrales :

> *Il ne s'agit pas ici de gommer l'incidence des choses externes, ou les faiblesses structurelles des sociétés rurales du haut Moyen Âge, notamment leur faible niveau de productivité, mais de montrer que ces éléments de vulnérabilité étaient balancés aux VIIIe-Xe siècles par l'abondance des terres vacantes et par l'autonomie concédée ou acquise des collectivités paysannes à l'égard des aristocraties foncières*[44]. *Des périodes de récession agricole, comme le furent vraisemblablement les trois premières décennies du IXe siècle, n'ont pas été à l'abri de phénomènes de rupture sociale [...]. En même temps, ces chocs semblent avoir stimulé les initiatives paysannes, et suscité des réactions coordonnées par les élites du pouvoir franc. [...] Pour accepter cette contradiction, il faut surmonter les préjugés qui feraient des sociétés médiévales des écosystèmes sociaux incapables de réagir aux chocs environnementaux, climatiques ou biologiques, qu'ils subiraient passivement. [...] Je propose d'analyser les chocs occasionnés par l'instabilité climatique du début du IXe siècle et les réponses politiques et économiques comme un 'processus de destruction créatrice', pour paraphraser Schumpeter*[45].

Ce développement résume bien la posture de J.-P. Devroey : refus du déterminisme climatique, analyse de la complexité historique, articulation heuristique de sources et de données *a priori* différentes, observation nuancée de la société franque (entre faiblesses et dynamismes), inventivité interprétative par transfert de concepts et de modèles (« essaimage » de Pierre Bonnassie, « destruction créatrice » de Joseph Schumpeter, etc.), souci de l'explication historique et conscience des problèmes et défis qui se posent à l'historien comme à l'archéologue.

Angles morts ou points de convergence ?

En raison de l'échelle séculaire retenue, J.-P. Devroey écarte consciemment « l'habitat [en particulier son processus de stabilisation dans l'espace], l'occupation des sols, les paysages [dont la fixation de nouveaux parcellaires], les pratiques agricoles, etc. », objets de recherche qui impliquent des fenêtres temporelles plus larges [46]. C'est d'autant plus dommage que des convergences auraient pu être discernées. Josiane Barbier a montré le soin apporté à la gestion des forêts, par exemple avec les deux

---

43. *Ibid.*, p. 50.
44. J.-P. Devroey nuance toutefois en reconnaissant que « là où l'emprise seigneuriale était forte, ces essaimages partis des vieux terroirs ont pu être encadrés ou planifiés par les aristocraties foncières religieuses et séculières » (*ibid.*, p. 357).
45. *Ibid.*, p. 357-360.
46. *Ibid.*, p. 427.

arpentages de celle des Yvelines en 768 puis 774[47]. Dans ses travaux, Gérard Chouquer a insisté sur le rôle de la « prise », cette politique de colonisation agraire carolingienne, déclinée en Allemagne comme *proprisio*, en Septimanie comme *aprisio*[48]. En Italie, le réinvestissement des centuriations romaines en Émilie-Romagne entre les VIIIe et XIe siècles vient d'être mis en évidence avec des arguments tant archéologiques que morphologiques[49]. Ces résultats étonnants convergent ainsi avec les « signes manifestes de résilience […] et d'adaptation » des hommes du haut Moyen Âge mentionnés par J.-P. Devroey face aux « nouveaux équilibres écologiques entre l'agriculture et l'exploitation des terres non cultivées, des forêts et des marais » à la suite des exceptionnelles crues du Pô à la fin du VIe siècle[50]. D'autres enquêtes encore ont prouvé des déplacements significatifs d'habitat, des fonds de vallées aux premières terrasses entre l'Antiquité et les VIIIe-IXe siècles, avec des créations parcellaires différentes de ce qui s'observe quelques siècles plus tôt, et le lien a pu être établi avec tel ou tel censier ou polyptyque, notamment dans les vallées de la Tille en Côte-d'Or[51]. En vallée du Rhône, les travaux de Jean-François Berger et Cécile Jung ont permis de comprendre la relation à établir entre analyse géoarchéologique des sédiments et analyse archéogéographique des formes parcellaires en plan[52]. Ils ont mis au jour des niveaux antiques bien sédimentés en même temps qu'une reprise au haut Moyen Âge de la centuriation romaine, certes de façon inégale. Ces dossiers montrent donc tout le potentiel de l'objet « parcellaire » – une fois dégagé des méthodologies anciennes, refondues depuis une vingtaine d'années et dépassant aujourd'hui largement la seule « méthode régressive » évoquée par J.-P. Devroey[53] –, objet qui peut prétendre à être considéré comme un indicateur (*proxy*) contribuant, aux côtés d'autres données, à l'étude de la résilience, des adaptations et des créations des sociétés agraires, y compris à l'époque carolingienne[54].

---

47. Josiane BARBIER, *Palatium, fiscus, saltus. Recherches sur le fisc entre Loire et Meuse du VIe au Xe siècle*, thèse de doctorat, Paris 4, 2 t., 1994.
48. Gérard CHOUQUER, *Dominer et tenir la terre durant le haut Moyen Âge*, Tours, PUFR, 2020.
49. Sur les arguments archéologiques, voir Gianluca BOTTAZZI et Donato LABATE, « La centuriazione nella pianura modense e carpigiana », *in* P. BONACINI et A. M. ORI (dir.), *Storia di Carpi*, vol. 1, *La città e il territorio dalle origini all'affermazione dei Pio*, Modène, Fondazione Cassa di Risparmio di Carpi, 2008, p. 177-206. Sur les arguments morphologiques, voir Gérard CHOUQUER, *Les parcellaires médiévaux en Émilie et en Romagne. Centuriations et trames coaxiales. Morphologie et droit agraire*, Paris, Publi-Topex, [2015] 2020 (livre électronique).
50. J.-P. DEVROEY, *La Nature et le roi, op. cit.*, p. 186.
51. Gérard CHOUQUER, « Les formes de la colonisation agraire médiévale. Apport du droit et de la géographie », *Edad Media. Revista de Historia*, 20, 2019, p. 47-82.
52. Jean-François BERGER et Cécile JUNG, « Fonction, évolution et 'taphonomie' des parcellaires en moyenne vallée du Rhône. Un exemple d'approche intégrée en archéomorphologie et en géoarchéologie », *in* G. CHOUQUER (dir.), *Les formes du paysage*, t. 2, Paris, Éd. Errance, 1996, p. 95-112.
53. J.-P. DEVROEY, *La Nature et le roi, op. cit.*, p. 448.
54. J.-P. Devroey pressent bien l'intérêt de ce type d'études puisqu'il appelle de ses vœux des enquêtes de terrain conjuguant archéologie, histoire et étude des cadastres anciens (*ibid.*, p. 448). Il se prête même, en guise « d'excursion finale », au jeu d'une « micro-histoire environnementale à l'échelle des écosystèmes villageois », en l'espèce à Courtisols, dans la Marne, où il projette sur les plans cadastraux napoléoniens des

Enfin, le travail de J.-P. Devroey n'entre pas, ou très peu, sur le terrain du droit alors que, là encore, les convergences sont frappantes. Les politiques de concessions de terres aux fidèles, aux soldats et aux établissements religieux sont un élément transformateur qui peut, ici ou là, s'avérer très influent. L'étude des plaids judiciaires révèle des conflits d'usage et de droits autour des ressources naturelles en diverses régions (en Italie du Nord, dans la région de Dijon[55]). L'auteur pense que « l'agenda politique des empereurs chrétiens les a conduits à intervenir dans le secteur économique en introduisant des éléments d'économie morale et politique[56] ». On ajoutera que cette créativité vaut également dans les domaines juridique et agraire. Au demeurant, il est tout aussi délicat d'évaluer l'efficacité des décisions juridiques connues que l'effectivité des mesures économiques prises par Charlemagne. Ou pourrait reprendre pour les premières ce que J.-P. Devroey affirme à propos des dernières : « Il est presque impossible de répondre à cette interrogation.[57] »

Au bout du compte, par des voies différentes, ces approches aboutissent chacune à des résultats importants qui démontrent la force et le volontarisme des souverains carolingiens en matière de contrôle de la production agricole *via* un ensemble de leviers. J.-P. Devroey en fait la démonstration sur le plan économique[58], J. Barbier et G. Chouquer le prouvent sur le plan du droit, et l'école d'archéogéographie[59] l'entreprend sur le terrain de la morphologie agraire. Il conviendra donc, demain, d'effectuer la synthèse de ces travaux, en complétant le diptyque « la Nature et le roi » par son symétrique, « le roi et la Nature », qui approfondit la question des transformations de la nature par les colonisations agraires, les exploitations minières, les contrats juridiques et toutes les autres actions témoignant de l'usage des ressources par le pouvoir.

Au terme de son enquête, J.-P. Devroey en déplore les « lacunes » qui « posent de sévères limites aux ambitions d'écrire une histoire environnementale totale »[60]. Que sa modestie souffre qu'on le contredise : *La Nature et le roi* propose bel et bien une histoire environnementale (quasi) totale, explorant de manière originale et forte les rapports sociaux à l'environnement dans leurs dimensions matérielles,

---

informations tirées des textes de la seigneurie de Saint-Remi-de-Reims au milieu du IXe siècle (*ibid.*, p. 443-448). Il ne reconnaît cependant pas sur ces plans les formes très régulières partant des deux villages-rues et qui se rapportent à des opérations de colonisation agraire des XIIe-XIIIe siècles. La place manque pour décrire les multiples différences entre sa démarche et l'analyse morphologique récente de l'archéogéographe Gérard Chouquer : Gérard CHOUQUER, « Les parcellaires de lotissement médiévaux en Champagne », publication électronique sur le carnet MaNoMa (« Manuel numérique ouvert de morphologie agraire »), *Hypothèses*, https://manoma.hypotheses.org/.

55. G. CHOUQUER, *Dominer et tenir la terre…, op. cit.*
56. J.-P. DEVROEY, *La Nature et le roi, op. cit.*, p. 360.
57. *Ibid.*, p. 365.
58. *Ibid.*, chap. 12 et 13.
59. Pour une introduction à l'archéogéographie à destination des médiévistes, voir Hélène NOIZET, « De l'usage de l'archéogéographie », *Médiévales*, 66, 2014, p. 179-197.
60. J.-P. DEVROEY, *La Nature et le roi, op. cit.*, p. 427.

institutionnelles et idéelles, trop souvent séparées dans ce champ de recherche[61]. Ses apports viennent corroborer les résultats obtenus récemment dans le champ de la morphologie agraire et de l'histoire du droit. Si ces différentes facettes ne sont pas encore toutes intégrées dans une narration cohérente, elles contribuent, chacune à leur façon, à démonter définitivement la vision « misérabiliste » du haut Moyen Âge qui a longtemps prévalu dans l'historiographie. Parce que ces dimensions n'ont pas toutes le même poids, qu'elles se conjuguent de façon variable, que les sources sont lacunaires et difficiles d'interprétation, J.-P. Devroey conserve toutefois une posture prudente, qui rappelle la théorie des scénarios de l'archéologue Joëlle Burnouf[62] : « nous devons donc nous habituer à produire, notamment pour les autres disciplines et pour nos contemporains, des histoires plurielles, dans l'ordre du plausible ou du contestable, dans l'intention de contribuer à la recherche[63] ». Reste que ce livre fait la démonstration lumineuse que le concept d'environnement, à condition d'être mobilisé d'une manière réflexive[64] (ni positiviste ni postmoderne), représente également un moyen efficient et heuristique de revisiter l'histoire de la société franque.

Magali Watteaux
Université Rennes 2, UR Tempora et UMR ArScAn
magaliwatteaux@yahoo.fr

---

61. Guillaume BLANC, « L'histoire environnementale : nouveaux problèmes, nouveaux objets et nouvelles façons de faire de l'histoire », *in* G. BLANC, É. DEMEULENAERE et W. FEUERHAHN (dir.), *Humanités environnementales. Enquêtes et contre-enquêtes*, Paris, Publications de la Sorbonne, 2017, p. 76-96.
62. Joëlle BURNOUF et Gérard CHOUQUER, « L'archéologie et l'archéogéographie : pour comprendre l'espace et ses héritages », *in* J.-P. DEMOULE et B. STIEGLER (dir.), *L'avenir du passé. Modernité de l'archéologie*, Paris, La Découverte, 2008, p. 93-104.
63. J.-P. DEVROEY, *La Nature et le roi, op. cit.*, p. 431.
64. Ulrich BECK, *La société du risque. Sur la voie d'une autre modernité*, trad. par L. Bernardi, Paris, Flammarion, [1986] 2001.

La Nature et le corps du roi
Réflexions sur l'idéologie politique des temps carolingiens

Geneviève Bührer-Thierry

Le livre de Jean-Pierre Devroey contribue non seulement à éclairer les caractères particuliers des famines, des aléas climatiques et de leurs liens réciproques dans la société carolingienne, mais aussi à reconsidérer, dans une ample perspective anthropologique, comment cette société a pu répondre idéologiquement aux difficultés rencontrées. De ce point de vue, les développements qui traitent en profondeur de la personne du roi dans la bonne marche du monde représentent une contribution majeure à la compréhension de l'idéologie politique des Carolingiens[1], dans le sillage de nombreux travaux publiés par les spécialistes du haut Moyen Âge de toute l'Europe dans les vingt dernières années[2].

---

* Cette contribution s'inscrit dans le cadre d'une lecture croisée de l'ouvrage de Jean-Pierre DEVROEY, *La Nature et le roi. Environnement, pouvoir et société à l'âge de Charlemagne (740-820)*, Paris, Albin Michel, 2019, 592 p. Voir, dans le présent numéro, Magali WATTEAUX, « Un discours de la méthode pour une histoire environnementale du haut Moyen Âge », *Annales HSS*, 77-1, 2022, p. 85-95.
1. J.-P. DEVROEY, *La Nature et le roi, op. cit.*, chap. 5 à 7.
2. Régine LE JAN (dir.), *La royauté et les élites dans l'Europe carolingienne (début IXe siècle aux environs de 920)*, Villeneuve d'Ascq, Centre d'histoire de l'Europe du Nord-Ouest, 1998 ; Mayke DE JONG, *The Penitential State: Authority and Atonement in the Age of Louis the Pious, 814-840*, Cambridge, Cambridge University Press, 2009 ; Rolf GROSSE et Michel SOT (dir.), *Charlemagne : les temps, les espaces, les hommes. Construction et déconstruction d'un règne*, Turnhout, Brepols, 2018 ; Philippe DEPREUX et Stefan ESDERS (dir.), *La productivité d'une crise. Le règne de Louis le Pieux (814-840) et la transformation de l'Empire carolingien*, Ostfildern, Jan Thorbecke, 2018 ; Janet L. NELSON, *King and Emperor: A New Life of Charlemagne*, Oakland, University of California Press, 2019.

Les réflexions de J.-P. Devroey ont d'abord l'intérêt de mettre en évidence la pluralité des héritages à l'œuvre dans la société carolingienne : bien que son élite fût convaincue de la mission qui lui était confiée par Dieu – faire advenir sur terre une société chrétienne en attendant le jour du Jugement –, elle ne puisait pas uniquement ses références idéologiques dans la Bible et les Pères de l'Église. Elle était traversée par des courants d'origines diverses qui, cependant, n'étaient recevables qu'à condition d'avoir subi un processus d'acculturation permettant de se les approprier en toute légitimité. On reconnaît là le phénomène de « creuset culturel » typique de l'époque carolingienne, fameuse pour son art de la synthèse entre différents héritages.

Quelle était la place du roi dans la Nature au sein d'un système de pensée fondé sur l'analogisme, pour reprendre les catégories de Philippe Descola[3], c'est-à-dire impliquant de bien gérer la superposition du cosmos et de la société politique afin d'éviter les catastrophes de toutes espèces ? Un tel système ne peut reposer que sur la capacité de médiation, notamment entre les sphères terrestre et céleste, médiation assurée, dans le cadre du christianisme, d'abord par les prêtres en tant que personnes consacrées. Or le roi carolingien, même s'il est sacré depuis le milieu du VIIIe siècle, n'appartient pas à l'ordre sacerdotal : il ne peut célébrer le sacrifice, au cœur du fonctionnement de la société chrétienne, l'eucharistie[4].

S'interroger sur la place du roi dans la Nature permet justement de préciser la spécificité de cette entremise, qui repose en grande partie sur le corps du roi et puise à différentes traditions, largement reformulées dans le cadre d'une pensée chrétienne. Le principal héritage est d'origine insulaire, en particulier irlandaise. Ses traces remontent au milieu des années 770, tant dans la célèbre lettre de Cathwulf à Charlemagne[5] que dans les « douze abus du siècle » (*De XII abusivis saeculi*) du Pseudo-Cyprien, connus par une dizaine de manuscrits du IXe siècle et copiés, le plus souvent, en connexion étroite avec la cour[6]. Si ce texte fait de la

---

3. Philippe Descola, *Par-delà nature et culture*, Paris, Gallimard, 2005. Voir aussi Florent Coste, « Philippe Descola en Brocéliande », in E. Brilli, P.-O. Dittmar et B. Dufal (dir.), n° spécial « Faire de l'anthropologie historique du Moyen Âge », *Atelier du Centre de recherches historiques*, 6, 2010, https://doi.org/10.4000/acrh.1969.
4. Sur la distinction entre fonctions royale et sacerdotale, voir Michel Lauwers, « Le glaive et la parole. Charlemagne, Alcuin et le modèle du *rex praedicator* : notes d'ecclésiologie carolingienne », n° spécial « Alcuin de Tours à York », *Annales de Bretagne et des Pays de l'Ouest*, 111-3, 2004, p. 221-244.
5. Mary Garrisson, « Letters to a King and Biblical *exempla*: The Examples of Cathuulf and Clemens Peregrinus », *Early Medieval Europe*, 7-3, 1998, p. 305-328 ; Joanna Story, « Cathwulf, Kingship, and the Royal Abbey of Saint-Denis », *Speculum*, 74-1, 1999, p. 1-21 ; Christiane Veyrard-Cosme, « De Cathwulf à Charlemagne. Traduction d'une lettre d'admonition carolingienne », in J. Elfassi, C. Lanéry et A.-M. Turcan-Verkerk (éd.), *Amicorum societas. Mélanges offerts à François Dolbeau pour son 65e anniversaire*, Florence, Sismel-Edizioni del Galluzzo, 2013, p. 887-894.
6. Pseudo-Cyprien, *De XII abusis saeculi*, éd. par H. Löwe, Lepizig, J. C. Hinrichs, 1909. Voir aussi Rob Meens, « Politics, Mirrors of Princes and the Bible: Sins, Kings and the Well-Being of the Realm », *Early Medieval Europe*, 7-3, 1998, p. 345-357, p. 353-354 sur les manuscrits.

« droiture » du roi la condition de la bonne marche du cosmos et de la prospérité du royaume[7], il faut cependant remarquer que, parmi les « douze abus », seul le mauvais comportement du roi a des conséquences cosmiques : même le dixième abus (*episcopus negligens*), qui suit immédiatement le cas du *rex iniquus*, ne provoque pas d'effets désastreux sur le troupeau délaissé. Sans doute touche-t-on là à une conception du monde très particulière, ancrée dans un terreau préchrétien, qui fait du roi le régulateur privilégié de la Nature au sein d'un « espace moral complexe[8] ». Le Pseudo-Cyprien en donne toutefois une version amplement christianisée, notamment par le recours systématique à des exemples tirés de l'Ancien Testament, tels ceux de David et Salomon, puisqu'il met au centre du propos la question de la justice[9]. C'est en effet la capacité du roi à exercer la bonne justice – à être un *rex justus* – qui fait de lui un roi légitime, cette fonction de juge étant également interprétée comme une fonction de médiation : le roi rétablit l'ordre en maintenant l'équilibre entre ceux qu'il faut punir et ceux dignes de soutien et de récompense, et il ne peut s'y employer que s'il est dans la « voie droite » (*correctio*), c'est-à-dire s'il est capable de se corriger lui-même, de ne pas dévier[10]. Or cette « droiture » engage tout entier le corps du roi, dont la rectitude *physique* doit refléter la rectitude morale : de ce point de vue, il n'est de « droiture » dans l'exercice de la justice comme dans la gestion de ses propres affaires que dans le respect de la pureté rituelle, elle-même en lien avec la discipline corporelle[11]. Le corps du roi est pensé ici comme un pivot autour duquel s'organise l'univers, et la médiation qu'on en attend est d'un autre ordre que la médiation cléricale.

La construction littéraire d'une figure politique

L'idéologie politique carolingienne se donne à lire non seulement dans les traités, annales, correspondances et capitulaires, largement mis à profit par J.-P. Devroey, mais aussi dans la littérature de cour, qu'elle soit en vers ou en prose. Le règne de Charlemagne représente un moment essentiel dans le développement d'une poésie de cour empruntant notamment aux grands poètes latins classiques (Virgile,

---

7. J.-P. Devroey, *La Nature et le roi, op. cit.*, p. 224-233.
8. *Ibid.*, p. 226, citant William Cronon, *Nature et récits. Essais d'histoire environnementale*, trad. par M. Lefèvre, Bellevaux, Éd. Dehors, 2016, p. 106. Voir aussi David Graeber et Marshall Sahlins, *On Kings*, Chicago, Hau Books, 2017, p. 1-22.
9. Sur la place centrale du *rex justus* dans l'idéologie carolingienne, voir Geneviève Bührer-Thierry, « Reines adultères et empoisonneuses, reines injustement accusées : la confrontation de deux modèles aux VIIIe-Xe siècles », *in* C. La Rocca (dir.), *Agire da donna. Modelli e pratiche di rappresentazione (secoli VI-X)*, Turnhout, Brepols, 2007, p. 151-170, notamment p. 168-169.
10. Cette idéologie de la *correctio* a été largement mise en lumière par M. de Jong, *The Penitential State, op. cit.*
11. Stuart Airlie, « Private Bodies and the Body Politic in the Divorce Case Lothar II », *Past & Present*, 161, 1998, p. 3-38 ; Rob Meens, *Penance in Medieval Europe, 600-1200*, Cambridge, Cambridge University Press, 2014, p. 123-130.

Horace, Ovide, Lucain). La glorification du souverain, plus ou moins inspirée de la forme des panégyriques antiques, recourt à des formules emphatiques qui n'étaient sans doute pas dénuées d'humour[12]. Ces jeux poétiques servaient des intérêts politiques, d'une part en confortant l'idéologie propre au pouvoir royal, d'autre part en stimulant la compétition entre les lettrés entourant le souverain[13]. Parmi les plus célèbres de ces poèmes, la représentation de Charlemagne au milieu de sa cour par Théodulf d'Orléans vers 795 contient une formule assez originale en comparaison des autres éloges royaux : outre le caractère rutilant du souverain, dont le corps entier rayonne, Théodulf célèbre ses « mains d'or qui abolissent la pauvreté[14] ». N'est-ce pas là faire du roi carolingien le dispensateur suprême des richesses, non seulement parce qu'il les distribue autour de lui – y compris sous la forme de butin –, mais aussi, et peut-être plus profondément, parce qu'il garantit, par son action bienfaisante, la prospérité de tout le peuple franc ? Dans ce même passage, le poète énumère les différentes parties du corps resplendissant du roi : son visage « plus brillant que l'or fondu trois fois », « sa poitrine, ses jambes, ses pieds, tout est digne de louange »[15]. Le corps du souverain lui-même se transforme en trésor d'où émane la richesse du peuple.

À l'extrême fin de la période carolingienne, cet intérêt pour le corps et le visage du roi réapparaît dans les anecdotes rapportées par Notker le Bègue[16]. Après avoir mentionné à plusieurs reprises que tous les rois carolingiens possèdent un regard de flamme capable de foudroyer sur place ceux qui osent se comporter mal en leur présence[17], Notker évoque une qualité propre à Louis le Germanique.

---

12. Comme Théodulf d'Orléans le reconnaît lui-même dans son poème XXV : Théodulf, « *Ad Carolum regem* », in *Monumenta Germaniæ Historica* (ci-après *MGH*), t. 1, *Poetae latini medii aevi*, éd. par E. Dümmler, Berlin, Weidmann, 1881, p. 483-489, ici p. 483. Voir à ce sujet Peter Godman (éd.), *Poetry of the Carolingian Renaissance*, Londres, Duckworth, 1985, p. 12-13.
13. Claire Tignolet, « Jeux poétiques à la cour de Charlemagne : compétition et intégration », in F. Bougard, R. Le Jan et T. Lienhard (dir.), *Agôn. La compétition, V^e-XIIe siècles*, Turnhout, Brepols, 2012, p. 221-234.
14. Théodulf, « *Ad Carolum regem* », *op. cit.*, vers 18, p. 484 : *Aureolasque manus, pauperiem quae abolent*. Sur ce poème, voir aussi Geneviève Bührer-Thierry, « La beauté, le vêtement, l'apparence : des armes genrées dans la compétition ? », in S. Joye et R. Le Jan (dir.), *Genre et compétition dans les sociétés occidentales du haut Moyen Âge (IVe-XIe siècle)*, Turnhout, Brepols, 2018, p. 117-133.
15. Théodulf, « *Ad Carolum regem* », *op. cit.*, respectivement vers 13, p. 483 (*O facies, facies ter cocto clarior auro*) et vers 20, p. 484 (*Omnia pulchra vigent, cuncta decora nitent*).
16. Voir Constance B. Bouchard, « The Divine King behind the Funny Stories of Notker the Stammerer », in M. C. Miller et E. Wheatley (dir.), *Emotions, Communities, and Difference in Medieval Europe: Essays in Honor of Barbara H. Rosenwein*, Londres, Routledge, 2017, p. 160-171.
17. Notker Balbulus, *Gesta Karoli Magni*, I, 19, in *MGH Scriptores rerum Germanicarum, Nova series*, t. 12, éd. par H. F. Haefele, Berlin, Weidmannsche Buchhandlung, 1959, p. 25 ; *ibid.*, II, 17, p. 81-88, ici p. 87. Voir aussi Theodor Siegrist, *Herrscherbild und Weltsicht bei Notker Balbulus. Untersuchungen zu den Gesta Karoli*, Zurich, Fretz und Wasmuth, 1963, p. 101-102 ; Geneviève Bührer-Thierry, « Unter dem Blick des Herrschers. Blick, Augen und Sicht im Frühmittelalter », in G. Krieger (dir.), *Verwandtschaft, Freundschaft,*

Sa seule présence aurait suffi à rendre la paix, la joie et la sérénité à ceux qui arrivaient peinés à la cour :

> *Il se montrait toujours si empli de douceur et de gaieté que, si l'on arrivait triste auprès de lui, l'on en repartait joyeux après l'avoir seulement vu ou en avoir entendu quelques mots. Si quelque chose de mauvais ou d'inepte échappait en sa présence, ou s'il en était informé, le seul mécontentement de ses regards punissait si bien que, ce qui est écrit du juge éternel du for intérieur de l'homme : « Le roi, assis sur son trône, dissipe tout mal par la seule vue de sa face » [Pr XX, 8], se trouvait vérifié sans aucun doute en lui*[18].

C'est donc le corps du roi, siégeant sur son trône dans la position du juge[19], qui diffuse autour de lui la paix et l'harmonie, selon la citation des *Proverbes* dont on ne possède malheureusement pas de commentaires exégétiques d'époque carolingienne. On peut néanmoins trouver un écho de ces propos dans une lettre d'Alcuin adressée à Charlemagne après mars 799 :

> *Heureux le peuple qui se réjouit grâce à un tel prince ; sur sa prospérité se fonde le salut de tous, sa gaieté réjouira l'âme de tous, ainsi qu'il est dit : « dans la joie du roi, là est la vie ; son trône dissipe l'iniquité, la crainte inspirée par son visage préserve jusqu'à l'équité »*[20].

La joie du roi, forme d'illumination intérieure reflétée par son visage, garantit ainsi la vie du peuple qu'il gouverne. On notera ici la place éminente du regard et de la lumière comme vecteurs privilégiés de la communication entre le roi et ses sujets, d'une part, entre les hommes et Dieu, d'autre part, dans un système de métaphores emboîtées et filées autour du thème de la lumière véritable[21]. Et s'il

---

Bruderschaft. Soziale Lebens- und Kommunikationsformen im Mittelalter, Berlin, Akademie Verlag, 2009, p. 221-228.

18. Notker Balbulus, *Gesta Karoli Magni*, op. cit., II, 11, p. 69-70 : *Ita omni iocunditate ac dulcedine plenus semper exstitit, ut, si quis ad eum trisitis adveniret, ex sola visione vel quantulacumque eius allocutione laetificatus abscederet. Quodsi quid forte sinistrum vel ineptum in eius conspectu subito fieret vel aliunde comperisse contigeret, sola oculorum animadversione sic omnia correxit, ut, quod de aeterno internoque iudice scriptum est : « Rex, qui sedet in solio regni sui, intuitu vultus sui dissipat omne malum », supra fas mortalibus concessum in illo non ambigeretur inceptum*. On peut noter ici que Notker modifie la citation exacte de la Vulgate : *Rex qui sedet in solio iudicii dissipat omne malum intuitu suo*. Sur ce point, voir G. Bührer-Thierry, « Unter dem Blick des Herrschers », art. cit.

19. Notker transforme, ici encore, la citation des Proverbes : *rex qui sedet in solio iudicii* devient sous sa plume *in solio regni sui*.

20. Alcuin, « Epistola 171 », *MGH Epistolae Karolini aevi*, vol. 4, t. 2, éd. par E. Dümmler, Berlin, Weidmann, 1895, p. 281-283, ici p. 281 : *Felix populus, qui tali principe gaudet ; in cuius prosperitate salus cunctorum constitit, in cuius hilaritate omnium animus gaudebit, ut dictum est : « in hilaritate regis, vita »* ; *cuius solium dissipat iniquitatem, cuius vultus reverentia conservat usque ad aequitatem*. Alcuin reprend ici deux passages des Proverbes : *in hilaritate vultus regis vita et clementia eius quasi imber serotinus* (Pr XVI, 15) ; *rex qui sedet in solio iudicii dissipat omne malum intuitu suo* (Pr XX, 8).

21. Geneviève Bührer-Thierry, « Lumière et pouvoir dans le haut Moyen Âge occidental : célébration du pouvoir et métaphores lumineuses », *Mélanges de l'École française*

n'est dit nulle part que le regard du roi carolingien fait fructifier les jardins[22], il possède néanmoins cette vertu exceptionnelle qu'est la capacité à répandre des bienfaits sur la terre.

Cette conception selon laquelle le corps du roi carolingien – mais sans doute aussi celui de la reine[23] – constitue un élément de stabilité au sein du cosmos, dont il garantit l'équilibre à condition de rester dans la voie droite, peut être considérée comme une particularité des temps carolingiens et postcarolingiens : comme l'a montré Marita Blattmann dans une étude approfondie, la corrélation entre les péchés du roi et les malheurs des temps a tendance à s'estomper dès le XIe siècle, avant de disparaître complètement au XIIe siècle[24]. On peut y voir un des effets de la « réforme grégorienne » déniant au pouvoir royal tout rôle de médiateur privilégié entre Nature et surnature, au profit notamment du souverain pontife. En braquant le projecteur sur le règne de Charlemagne et en explorant l'intrication des différentes cultures présentes dans le monde carolingien, J.-P. Devroey apporte une pierre fondamentale à la compréhension d'une société politique fondée sur un complexe système de médiations.

Geneviève Bührer-Thierry
Université Paris 1-Panthéon-Sorbonne/LaMOP UMR 8589
genevieve.thierry@univ-paris1.fr

---

de Rome, Moyen Âge, 116-2, 2004, p. 521-556 ; *ead.*, « L'œil efficace », *in* É. Palazzo (dir.), *Les cinq sens au Moyen Âge*, Paris, Éd. du Cerf, 2016, p. 465-483.

22. Jean-Pierre Devroey mentionne un texte de 1690 où le seul regard du « roi-jardinier » suffit à faire fructifier les jardins : J.-P. Devroey, *La Nature et le roi, op. cit.*, n. 62, p. 479. L'auteur cité semble s'être inspiré de Pline.

23. Geneviève Bührer-Thierry, « La reine adultère », *Cahiers de civilisation médiévale*, 35-140, 1992, p. 299-312.

24. Marita Blattmann, « 'Ein Unglück für sein Volk'. Der Zusammenhang zwischen Fehlverhalten des Königs und Volkswohl in Quellen des 7.-12. Jahrhunderts », *Frühmittelalterliche Studien*, 30, 1996, p. 80-102.

Économie et écologie

Dossier

Le développement économique des campagnes romaines dans le nord de la Gaule et l'île de Bretagne
Des approches renouvelées

Michel Reddé

Depuis la publication, en 2007, de la *Cambridge Economic History of the Greco-Roman World*[1], les réflexions sur la croissance de l'économie antique, longtemps articulées autour de l'œuvre de Moses Finley[2] et du débat entre « primitivistes » et « modernistes », se sont déplacées. De nouvelles recherches ont notamment porté sur les indices permettant de mesurer les performances. Cependant, faute de statistiques, ou du moins de données chiffrées suffisamment nombreuses, précises et bien réparties dans le temps, quantifier la production et son évolution s'avère le plus souvent un exercice impossible quand il s'agit d'histoire de l'Antiquité. C'est donc vers les sources archéologiques que l'on se tourne désormais, en tâchant d'identifier en leur sein des indicateurs fiables d'une croissance jusqu'ici postulée plus que démontrée. Toutefois, la faisabilité et la méthodologie de cette nécessaire quantification est source de controverses, comme le montre le débat – toujours actuel – entre Walter Scheidel et Andrew Wilson dans le *Journal of Roman Archaeology*[3].

---

1. Walter Scheidel, Ian Morris et Richard P. Saller (dir.), *The Cambridge Economic History of the Greco-Roman World*, Cambridge, Cambridge University Press, 2007.
2. Moses Finley, *L'économie antique*, trad. par M. P. Higgs, Paris, Éd. de Minuit, [1973] 1975.
3. Walter Scheidel, « In Search of Roman Economic Growth », *Journal of Roman Archaeology*, 22, 2009, p. 46-70 ; Andrew Wilson, « Indicators for Roman Economic Growth: A Response to Walter Scheidel », *Journal of Roman Archaeology*, 22, 2009, p. 71-82.

Ces questions ont suscité une abondante littérature dont on ne saurait mentionner ici que quelques titres essentiels[4].

À ce jour, la réflexion sur la croissance économique de l'époque romaine s'est développée à l'échelle de l'Empire tout entier, rarement à celle d'une province ou d'un ensemble régional – excepté en Égypte, où les sources sont plus nombreuses qu'ailleurs. De ce fait, les indicateurs utilisés – appelés « proxies » par les archéologues – reposent le plus souvent sur des données issues presque exclusivement du monde méditerranéen : l'huile, le vin, les épaves, le ravitaillement en blé de l'*Urbs*, les taux de pollution au cuivre, la croissance animale, pour ne citer que les plus courants. Mais qu'en est-il réellement des provinces, en particulier celles du nord-ouest de l'Empire, pour lesquelles les sources historiques classiques (textes, inscriptions, papyrus) sont quasiment inexistantes et où les indicateurs usuels s'avèrent inopérants ?

C'est à une telle enquête qu'est consacré le présent article. Il s'appuie sur les résultats de deux vastes programmes de recherches archéologiques sur les campagnes du nord-est de la Gaule et de la Bretagne romaines, publiés depuis peu. Ces données autorisent en effet une réflexion nouvelle sur la croissance de ces provinces dans l'Antiquité[5]. Plutôt que de résumer ce qui a été présenté ailleurs avec un grand luxe de plans et de graphiques, on tentera ici de souligner ce que

---

4. On pense en particulier au projet OXREP mené à Oxford. Voir notamment Alan K. Bowman et Andrew Wilson (dir.), *Quantifying the Roman Economy: Methods and Problems*, Oxford, Oxford University Press, 2009 ; *id.*, *The Roman Agricultural Economy: Organisation, Investment, and Production*, Oxford, Oxford University Press, 2013 ; le dernier ouvrage en date de cette série (Paul Erdkamp, Koenraad Verboven et Arjan Zuiderhoek, *Capital, Investment, and Innovation in the Roman World*, Oxford, Oxford University Press, 2020) élargit encore le questionnement. Voir aussi Paul Erdkamp et Koenraad Verboven, *Structure and Performance in the Roman Economy: Models, Methods and Case Studies*, Bruxelles, Latomus, 2015. On peut trouver une mise au point bibliographique très complète (et souvent caustique) de ces débats, à jour en 2017, sous la plume de Georges Raepsaet, « Dernières tendances en histoire socio-économique de l'Antiquité romaine. Le paysan et la terre : l'artisan, ses statuts, ses techniques et ses marchands, entre mécanismes de production et émancipations sociales », *L'Antiquité classique*, 86, 2017, p. 257-287.

5. Il n'existe aucune synthèse globale à ce jour. Le programme européen Rurland, financé par l'European Research Council, dans le cadre d'un Advanced Grant accordé à l'auteur de ces lignes, s'est déroulé de 2014 à 2018 et ses principaux résultats ont été publiés dans deux monographies successives : Michel Reddé (dir.), *Gallia Rustica. Les campagnes du nord-est de la Gaule, de la fin de l'âge du Fer à l'Antiquité tardive*, Bordeaux, Ausonius, 2 vol., 2017-2018 ; le premier volume est constitué d'études régionales qui forment le socle d'une analyse plus globale développée dans le second volume ; ces deux ouvrages sont cités ci-après sous l'abréviation respective de *GR1* ou *GR2*. L'enquête britannique, pilotée par M. G. Fulford, a été financée par le Leverhulme Trust et publiée dans trois suppléments successifs de la collection « Britannia Monograph Series » : Alexander Smith *et al.* (dir.), *New Visions of the Countryside of Roman Britain*, vol. 1, *The Rural Settlement of Roman Britain*, Londres, Society for the Promotion of Roman Studies, 2016 ; Martyn Allen *et al.* (dir.), *New Visions of the Countryside of Roman Britain*, vol. 2, *The Rural Economy of Roman Britain*, Londres, Society for the Promotion of Roman Studies, 2017 ; Alexander Smith *et al.* (dir.), *New Visions of the Countryside of Roman Britain*, vol. 3, *Life and Death in the Countryside of Roman Britain*, Londres, Society for the Promotion of Roman Studies, 2018.

ces nouvelles recherches, dont la démarche initiale est fondamentalement archéologique, apportent à notre compréhension du développement au sein d'un espace périphérique de l'Empire romain – notamment aux raisons qui l'ont provoqué et à ses rythmes.

Dans ces deux enquêtes, la part prise par les études environnementalistes est désormais essentielle et modifie radicalement la vision des archéologues et des historiens. En croisant les résultats de l'archéobotanique, de l'archéozoologie et de la pédologie, on commence à pouvoir mettre en évidence l'existence de systèmes agro-pastoraux à l'échelle des terroirs, ce qui, jusqu'à présent, s'avérait très difficile, voire impossible à réaliser. L'intérêt pour ces disciplines en plein essor déplace donc les questionnements traditionnels, essentiellement centrés sur la problématique des grandes *villae* et sur la vision classique d'une « romanisation » des campagnes largement inspirée du modèle italien. Cette démarche, qui part des enquêtes de terrain pour tenter une approche d'histoire économique appuyée sur de nouveaux indicateurs, nous amènera à réfléchir à des questions qui sont au cœur de nombreuses recherches actuelles, comme celles touchant aux conditions de la croissance, à la nature du marché[6] ou à la profondeur du changement induit par la conquête romaine[7].

Les nouveaux acquis de l'archéologie

Deux enquêtes, deux approches distinctes

Michael G. Fulford, à la tête de l'enquête britannique, a fort justement souligné les différences d'approche entre les deux programmes de recherche, britannique et européen, et montré ce qui distingue archéologiquement et historiquement les deux ensembles provinciaux[8]. Les analyses ont sans aucun doute été plus longues et plus approfondies en Grande-Bretagne. Elles reposent en effet sur des programmes pilotes antérieurs qui tentaient d'établir la faisabilité de la recherche et de construire une base de données solide, ne prenant en compte que des sites fouillés dans le cadre de l'archéologie préventive, en Angleterre et au pays de Galles. Au total, l'enquête repose sur 2 575 rapports mis en ligne et concerne 2 627 établissements ruraux.

Sur le continent, une approche similaire, initialement envisagée, s'est révélée impossible : d'abord parce qu'elle portait sur plusieurs pays modernes (France, Flandres et Wallonie, Pays-Bas, Länder allemands, Luxembourg, voire cantons suisses) à l'évidente diversité administrative et dont les données patrimoniales ne

---

6. On songe notamment au livre de Peter Temin, *The Roman Market Economy*, Princeton, Princeton University Press, 2013.
7. Voir François Lerouxel et Julien Zurbach, « Introduction. Le changement plutôt que la croissance », *in* F. Lerouxel et J. Zurbach (dir.), *Le changement dans les économies antiques*, Bordeaux, Ausonius, 2020, p. 9-25.
8. Michael G. Fulford, « The Countryside of Roman Britain: A Gallic Perspective », *Britannia*, 51, 2020, p. 1-12.

sont pas homogènes, y compris à l'intérieur d'un seul et même pays. Par exemple, en France, l'accès à la carte archéologique nationale du ministère de la Culture a été *de facto* impossible. Le programme Rurland s'est donc développé autour de plusieurs groupes de chercheurs déjà constitués, choisis en fonction de leur connaissance d'un ensemble régional spécifique. On a ainsi distingué dans un premier temps dix-sept zones d'études, qui ont pris en compte à la fois l'archéologie préventive et l'archéologie programmée, et des données plus larges sur l'occupation du territoire, extraites de prospections au sol récentes ou de photographies aériennes[9]. Ces approches régionales n'offrent donc pas la même homogénéité qu'outre-manche. Toutefois, en s'appuyant exclusivement sur les données des fouilles préventives récentes, et non sur les données globales de la carte archéologique (archéologie aérienne, prospections pédestres, fouilles anciennes, etc.), l'approche britannique présente l'inconvénient de privilégier des sites dont la connaissance est directement liée au développement économique moderne qui finance leur fouille. Leur cartographie s'en trouve en partie biaisée, certaines régions, aujourd'hui peu dynamiques, étant le parent pauvre de ces recherches. De son côté, au contraire, le programme européen a rassemblé les résultats des enquêtes régionales pour tenter de les intégrer et de les compléter dans le cadre d'une synthèse plus générale[10]. Chaque approche présente donc des avantages, des inconvénients et des limites.

En faisant le choix d'une réflexion à si large échelle, les deux enquêtes sont nécessairement tributaires des données déjà acquises, foisonnantes, fruit de méthodologies de fouilles qui ne sauraient être parfaitement homogènes, puisque conditionnées par le temps imparti aux chantiers, les moyens financiers mis en œuvre, les compétences humaines en présence ou encore la nature du terrain fouillé, plus ou moins propices à la conservation des artefacts, notamment en matière de carporestes et d'ossements. Néanmoins, malgré des différences inévitables dues à leur genèse et leur méthodologie, on peut considérer que les deux études offrent une masse de résultats suffisamment convergents pour proposer une ample matière à réflexion.

---

9. On a ainsi pris en compte dans un premier volume (*GR1*, carte p. 16) : 1- La Rhénanie (rive gauche), depuis le secteur de Cologne jusqu'à la frontière hollandaise ; 2- Un cas d'étude particulier d'une des rares *villae* romaines connues et fouillées en Toxandrie (NL) ; 3- Le district des carrières et des mines dans l'Eifel ; 4- Les régions de la Hesbaye et du Condroz, en Belgique ; 5- Les campagnes du territoire nervien (Belgique et France) ; 6- La basse vallée de la Seine ; 7- La région d'Amiens ; 8- La vallée de l'Oise ; 9- La vallée de l'Aisne ; 10- L'Île-de-France ; 11- Différents secteurs du territoire des Rèmes ; 12- La Lorraine ; 13- L'Alsace ; 14- Le centre-est de la France ; 15- Les campagnes des Tricasses ; 16- Les campagnes de la Bourgogne ; 17- Le Finage dolois.
10. Dans la suite de ce texte, le terme « Gaule » désigne le pays conquis par César, la *Gallia Comata* ; il inclut donc tous les territoires à l'ouest du Rhin, Germanies romaines comprises.

Le socle de l'âge du Fer

Le premier acquis de ces recherches réside dans une meilleure prise en compte de l'héritage protohistorique[11]. En Gaule, toutes les fouilles archéologiques menées ces dernières années le confirment : le décollage économique des campagnes remonte à La Tène moyenne, dans le courant du IIIe siècle av. J.-C. La vaste enquête de l'Institut national de recherches archéologiques préventives (INRAP) sur les établissements ruraux du second âge du Fer au nord de la Loire et sur leur rythme de création et d'abandon atteste que le pic d'occupation a été atteint vers 150/100 av. J.-C.[12]. Le paysage de cette époque est alors structuré de manière stable : les principaux défrichements sont achevés et les différents terroirs cultivés par une série de fermes – la plupart du temps délimitées par un enclos qui constitue un marqueur fort de l'appropriation du sol. Progressivement, les plateaux, et non plus seulement les fonds de vallée, se voient mis en culture, aboutissant ainsi à une importante extension de l'*ager*. Le rythme d'occupation des établissements ruraux se traduit par une densification toujours plus importante de l'occupation du sol et une hiérarchisation croissante de l'habitat et de la taille des exploitations. À la veille de la conquête romaine, les plus riches exploitations peuvent même dépasser en taille les grandes *villae* de l'époque romaine ; elles en annoncent aussi le plan caractéristique, comme l'illustre si bien le cas célèbre de Batilly-en-Gâtinais[13].

L'évolution des cultures est nette : le millet et les plantes potagères régressent au profit des céréales, orge vêtue et blés vêtus comme l'amidonnier, auquel commencent à se substituer, vers la fin de la séquence, des espèces mieux panifiables comme l'épeautre[14]. Les blés nus, apparus dès la fin du IIe siècle av. J.-C. dans ces régions, restent toutefois limités à l'Île-de-France et ne représentent que 10 % des espèces cultivées à la veille de la conquête. L'augmentation de la taille des animaux, que l'on croyait propre à l'époque romaine, est aujourd'hui considérée comme le produit d'une évolution lente, commencée bien en amont quoiqu'encore

---

11. On soulignera que l'héritage protohistorique a fait l'objet d'une prise en compte plus systématique dans le programme Rurland que dans l'enquête britannique, de sorte que les réflexions qui suivent s'inspirent plus directement de l'exemple continental.
12. François Malrain, Geertrui Blancquaert et Thierry Lorho (dir.), *L'habitat rural du second âge du Fer. Rythmes de création et d'abandon au nord de la Loire*, Paris, CNRS Éditions/INRAP, 2013.
13. Sur tous ces points, voir Stephan Fichtl, « Les établissements ruraux de La Tène finale », *in GR2*, p. 85-131, notamment p. 125, fig. 25 ; *id.*, *De la ferme à la ville. L'habitat à la fin de l'âge du fer en Europe celtique*, Arles, Errance, 2021 ; François Malrain et Thierry Lorho, « L'organisation économique des campagnes du nord de la Gaule à La Tène finale », *in GR2*, p. 455-484.
14. Sur l'histoire longue de ces cultures céréalières, voir Véronique Zech-Matterne, « L'épeautre en France et dans les pays limitrophes. Témoignages carpologiques d'un blé devenu 'secondaire' », *in* F. Lerouxel et J. Zurbach (dir.), *Le changement dans les économies antiques, op. cit.*, p. 145-185.

modérée (10 % de gain entre le IIIe et le Ier siècle av. J.-C.)[15]. On constate aussi que les silos disparaissent progressivement au profit de greniers aériens sur poteaux, mieux adaptés aux échanges économiques alors en plein essor. Cette évolution générale se traduit par la production de surplus commercialisables à destination des pôles urbanisés, *oppida* et agglomérations ouvertes, dont le développement se fait parallèlement à celui des campagnes.

Les causes de ces changements devront être encore précisées dans l'avenir : on peut déjà invoquer l'optimum climatique du IIIe siècle av. J.-C., qui a sans doute facilité la croissance démographique en permettant non seulement une augmentation de la production agricole, mais aussi le développement de la technologie du fer, remarquable en Gaule, avec la fabrication d'outils de qualité, dont le travail de la terre dépend largement. Ces progrès ont accéléré les défrichements ainsi que le développement des prairies de fauche, beaucoup plus faciles à exploiter grâce à la fabrication de grandes lames de faux, une spécialité gauloise qui a probablement favorisé la croissance d'un cheptel mieux nourri. On doit encore mentionner le remplacement des meules dormantes par les meules rotatives, nettement plus efficaces dans le traitement des céréales, ou le développement du salage et de la production du sel qui y est associée. C'est sur ce socle déjà très solide, sur ces campagnes très structurées que l'agriculture d'époque romaine s'est greffée[16].

Il est vrai que la fin de la séquence semble marquée par une forme de décroissance, antérieure de plusieurs décennies à la conquête césarienne et se poursuivant au début de l'Empire. Cela se voit dans le moindre dynamisme de la création d'établissements nouveaux, un phénomène qui se traduit par une courbe générale en net déclin après 100 av. J.-C[17] – une courbe qui pourrait sans doute être prolongée sans grande difficulté jusqu'à la fin de l'époque augustéenne, au moins. Les raisons de ce phénomène restent pour l'instant mal expliquées : a dû certainement jouer une péjoration des conditions climatiques, bien visible avant le milieu du siècle dans la courbe interannuelle des températures et des précipitations[18]. Assurément, la guerre et ses ravages ont dû accentuer le phénomène, de sorte que l'archéologie ne constate aucun redressement significatif avant le milieu du Ier siècle apr. J.-C., soit près d'un siècle après la geste césarienne. Dans le même temps cependant, on constate l'émergence de très grands établissements, comme celui de Batilly, qui

---

15. Sébastien LEPETZ et Véronique ZECH-MATTERNE, « Systèmes agro-pastoraux à l'âge du Fer et à la période romaine en Gaule du Nord », *in GR2*, p. 327-400, ici p. 359.

16. La démonstration de cet héritage protohistorique ne semble pas avoir été faite de manière aussi appuyée dans l'enquête britannique. Cependant, dans le sud de l'île au moins, la tendance à l'augmentation du nombre des établissements à la fin de l'âge du Fer est sensible et cet héritage a évidemment pesé de manière très directe sur le développement de l'économie agricole à l'époque romaine ; voir Martin ALLEN, « The South », *in* A. SMITH *et al.*, *New Visions of the Countryside of Roman Britain*, vol. 1, *op. cit.*, p. 75-140, ici p. 81, fig. 4.6.

17. F. MALRAIN et T. LORHO, « L'organisation économique des campagnes du nord de la Gaule à La Tène finale », art. cit., p. 482-483.

18. Christophe PETIT *et al.*, « Conditions environnementales de l'exploitation des espaces ruraux en Gaule du Nord », *in GR2*, p. 31-82, notamment p. 76, fig. 27.

préfigurent le plan des premières *villae* gallo-romaines et sont la preuve d'une évidente richesse. On peut donc se demander si on n'a pas aussi affaire, durant cette période, à une diminution du nombre des petites exploitations et à un phénomène de concentration foncière. La question, pour l'heure, n'est pas tranchée.

De la fin de l'âge du Fer au début de l'époque romaine

Le début de l'époque impériale ne débouche pas sur une mutation sensible et rapide de la forme des établissements ruraux ; le même constat vaut pour la Bretagne romaine, après la conquête claudienne, mais selon un rythme d'accélération plus marqué. On perçoit en effet une filiation morphologique certaine entre les enclos de la fin de l'âge du Fer et ceux du début de l'époque romaine[19]. De même, les petits établissements qualifiés de « fermes » et qui relèvent de la tradition protohistorique continuent de constituer la principale forme d'exploitation des campagnes. Le phénomène a été particulièrement bien étudié dans l'enquête britannique. On voit ainsi que, sur un total de 2 627 sites ruraux fouillés, les *villae* ne représentent que 326 cas contre 2 007 « fermes », le reste étant constitué par les habitats groupés[20]. Bien entendu, ces chiffres n'expriment pas la réalité de l'occupation du sol puisqu'il s'agit là uniquement des établissements explorés dans le cadre de l'archéologie préventive. La proportion révélée à partir de cet échantillon aléatoire semble toutefois fiable, voire biaisée au détriment des très petites exploitations, souvent moins visibles du point de vue archéologique[21]. Des chiffres aussi précis ne sont pas disponibles pour la Gaule, mais le rapport global ne semble guère différente.

Cette constatation est renforcée par une autre, tout aussi importante, concernant la date d'apparition des *villae*, traditionnellement considérées comme le moteur du développement des campagnes. Si, dans la Bretagne insulaire, les cartes de distribution chronologique montrent l'émergence progressive de ce type d'établissement rural dans le dernier quart du Ier siècle apr. J.-C., le pic n'apparaît guère avant la fin du IIe siècle, voire le début du IIIe siècle[22]. En outre, cette chronologie varie en fonction des régions : le développement s'effectue du sud-est vers le nord et le nord-ouest, conformément aux différentes phases de la conquête du pays.

---

19. Voir Antonin Nüsslein et Nicolas Bernigaud, « Les établissements ruraux du Haut-Empire », *in GR2*, p. 133-233, notamment p. 135, fig. 2.
20. A. Smith *et al.*, *New Visions of the Countryside of Roman Britain*, vol. 1, *op. cit.*, p. 18, tableau 2.1. On laissera ici de côté les commentaires sur la manière dont ces statistiques ont été établies, en renvoyant aux ouvrages spécialisés.
21. Celles-ci disparaissent en effet plus facilement avec le temps, ou laissent peu de traces. En France, elles sont en outre assez souvent mal détectées, ou négligées pour des raisons de politique archéologique et de coût financier.
22. Martyn Allen et Alexander Smith, « Rural Settlement in Roman Britain: Morphological Classification and Overview », *in* A. Smith *et al.*, *New Visions of the Countryside of Roman Britain*, vol. 1, *op. cit.*, p. 17-43, ici p. 35, fig. 2.20 et 2.21.

Ce phénomène progressif a en effet fortement pesé sur la dynamique d'occupation du sol (fig. 1)[23].

Sur le continent, les premiers grands établissements de type « *villa* » ne sont guère antérieurs au premier quart du Ier siècle de notre ère, sauf exception[24]. Encore s'agit-il presque toujours, à cette époque, de constructions en terre et bois issues de la tradition protohistorique et, pour cette raison, qualifiées quelquefois de « *villae* gallo-romaines précoces[25] ». Le processus de création et d'évolution de ces exploitations apparaît clairement à travers une série de plans comparatifs qui mettent en évidence l'émergence tardive de la *villa* en Gaule[26]. En outre, il semble que l'établissement ne revête ses formes caractéristiques, avec une bipartition entre la partie domestique et la partie économique, qu'au terme d'une longue évolution, vers la fin du IIe siècle apr. J.-C.[27].

Figure 1 – Les étapes de la conquête romaine en Bretagne

Source : Michel Reddé.

---

23. Voir, de ce point de vue, A. SMITH *et al.*, *New Visions of the Countryside of Roman Britain*, vol. 1, *op. cit.*, p. 221, fig. 6.16 qui montre le décalage chronologique de la création des *villae* dans la zone est par rapport au développement plus précoce de la zone sud (*ibid.*, p. 91, fig. 4.18).
24. Par exemple celui de Bazoches-sur-Vesles, « la Foulerie », créé à La Tène moyenne, et dont la transformation est progressive (Laurent DUVETTE, « La vallée de l'Aisne », in *GR1*, p. 353-388, ici p. 360-361).
25. On notera que ce type d'établissement n'est pas connu à l'heure actuelle en Grande-Bretagne.
26. Voir A. NÜSSLEIN et N. BERNIGAUD, « Les établissements ruraux du Haut-Empire », art. cit., p. 168-180.
27. Michel REDDÉ, « Fermes et *villae* romaines en Gaule chevelue. La difficile confrontation des sources classiques et des données archéologiques », *Annales HSS*, 72-1, 2017, p. 54-74, notamment p. 64.

La hiérarchie des établissements

Dans la majorité des cas, l'étendue des exploitations semble relativement modeste, si l'on considère essentiellement l'emprise au sol des bâtiments et de la cour qui les englobe, conformément à une approche classique en archéologie. Ainsi, sur un total de 11 514 *villae* recensées dans la base Rurland, seules 493 d'entre elles occupent plus de 3 hectares. Les plus petites (Cernay ou Hambach 403) oscillent entre 0,36 et 0,76 hectares, quand les très grandes comme celle d'Orbe-Boscéaz atteignent jusqu'à 16,48 hectares. À titre de comparaison, rappelons que la superficie de la grande exploitation protohistorique de Batilly est de 19 hectares[28]. Dans la Bretagne d'époque romaine, les très grands établissements à plan axial n'apparaissent pas avant la fin du IIIe siècle apr. J.-C. ; encore s'agit-il d'exceptions, généralement localisées dans le sud, ce qui marque une différence significative avec la Gaule du Nord[29].

Ces chiffres témoignent assurément d'une forte hiérarchie des établissements ruraux. Celle-ci se traduit, pour les plus luxueux, par la présence des éléments caractéristiques de l'architecture et du décor « à la romaine ». On peut y reconnaître de véritables palais, comme dans le cas de la célèbre « villa Borg », en Sarre, dont le bâti impressionnant a été reconstitué à des fins touristiques. *A contrario*, seul un tiers des petites *villae* très productives du riche territoire de Cologne étaient dotées d'un balnéaire. Soulignons enfin que nous ne savons malheureusement pas dater les très grands établissements, l'écrasante majorité d'entre eux n'ayant pas été fouillés de manière moderne, encore moins fait l'objet de publications. Leur taille exceptionnelle pourrait bien être le fruit d'une évolution chronologique de longue durée, dont les étapes nous échappent encore[30].

Cette hiérarchie reflète-t-elle celle de l'*ager* cultivé et, mieux encore, de la propriété foncière ? Il est très difficile, sinon impossible de le dire, car l'archéologie, à elle seule, peine à appréhender ces notions qui doivent le plus souvent s'appuyer sur des textes. On dispose toutefois de quelques données, assez imprécises il est vrai : ainsi, dans la zone des Braunkohlenrewier – le fertile secteur des mines de lignite, dans l'arrière-pays de Cologne, où les décapages extensifs atteignent

---

28. Les chiffres de la base Rurland prennent en compte l'ensemble des *villae* recensées dans les différentes bases disponibles pour un territoire qui ne représente pas l'ensemble de la Gaule, loin s'en faut.

29. M. G. Fulford, « The Countryside of Roman Britain », art. cit., p. 4. Un diagramme comme celui de A. Smith *et al.*, *New Visions of the Countryside of Roman Britain*, vol. 1, *op. cit.*, p. 73, fig. 3.24 illustre parfaitement le développement tardif du type palatial en Grande-Bretagne.

30. On citera, comme exemples d'exceptions notables, la fouille de la *villa* d'Orbe-Boscéaz (Daniel Paunier, Thierry Luginbühl *et al.*, *Urba I. La villa romaine d'Orbe-Boscéaz. Genèse et devenir d'un grand domaine rural*, Lausanne, Cahiers d'archéologie romande, 2 vol., 2016) ou celle de Biberist (Caty Schucany, *Die römische Villa von Biberist-Spitalhof/SO [Grabungen 1982, 1983, 1986-1989]. Untersuchungen im Wirtschaftsteil und Überlegungen zum Umland*, Remshalden, B. A. Greiner, 2006). On doit rappeler que la plupart des grandes *villae* découvertes grâce aux recherches de photographie aérienne de Roger Agache en Picardie ou de René Goguey en Bourgogne restent inexplorées au sol.

jusqu'à une trentaine de kilomètres carrés d'un seul tenant –, la densité des *villae* laisse supposer qu'existaient des exploitations d'une cinquantaine d'hectares au maximum, soit une taille comparable à celle des modèles italiens de Columelle (200 jugères). Il s'agit là pourtant d'établissements agricoles dont le bâti est relativement modeste et où la taille de l'enclos est réduite[31]. Dans le Santerre, les intenses prospections aériennes de Roger Agache montrent de manière quasi systématique des *villae* d'organisation bipartite, entre *pars urbana* (partie résidentielle) et *pars rustica* (partie agricole). Si l'on en croit la distance qui les sépare, leur superficie totale ne semble guère différente de celle qui prévaut sur le territoire de Cologne – bien que l'assiette du bâti rural paraisse *a priori* plus imposante[32]. À côté de ces exemples gaulois, la célèbre *villa* de Settefinestre, en Italie, considérée comme le modèle de la grande entreprise esclavagiste, ferait pâle figure, avec moins d'un hectare pour la demeure du maître. Un tel exemple montre combien la relation que nous établissons trop facilement entre la taille du domaine et celle des bâtiments s'avère souvent illusoire : elle ne tient compte ni de la structure foncière, ni de l'organisation de la propriété (qui peut comprendre des fermes dépendantes), ni de sa rentabilité, ni des modes d'exploitation[33].

La géographie des établissements

Tant dans la Bretagne romaine que sur le continent, les exploitations rurales se répartissent inégalement sur les territoires. Les zones les plus fortement occupées (plus de dix *villae* dans un rayon de cinq kilomètres) sont toutes situées dans des régions où la recherche a été particulièrement active, comme la Picardie, la Bourgogne ou le territoire de Cologne, ce qui indique un fort biais statistique. On observe à l'inverse des « *non villa landscapes* », caractéristiques de certaines zones marginales de l'Europe du Nord, qui relèvent de systèmes agro-pastoraux particuliers en raison à la fois de leur écologie et de leurs traditions ethniques et sociales[34]. Il existe aussi, en Gaule intérieure, des terroirs qui sont largement exploités par de petits établissements. Sans vouloir en proposer une liste exhaustive, on en citera quelques-uns : la vallée de l'Escaut, autour d'Onnaing (département du Nord), sur le territoire des Nerviens[35], la plaine de France, autour de l'aéroport Charles-de-Gaulle ou encore le secteur de Marne-la-Vallée, en Brie, à l'est de Paris[36]. Dans ces trois exemples, nous avons affaire à des sols exploités dès La Tène finale. Dans le dernier cas, l'effort manifeste de l'homme pour drainer et aménager le sol laisse supposer l'implication

---

31. Voir Marion BRÜGGLER *et al.*, « The Roman Rhineland: Farming and Consumption in Different Landscapes », *in GR1*, p. 19-95.
32. Mais on doit noter qu'elles n'ont guère été fouillées.
33. M. REDDÉ, « Fermes et *villae* romaines en Gaule chevelue », art. cit.
34. Nico ROYMANS et Ton DERKS (dir.), *Villa Landscapes in the Roman North: Economy, Culture, and Lifestyles*, Amsterdam, Amsterdam University Press, 2011.
35. Raphaël CLOTUCHE *et al.*, « Les campagnes du territoire nervien : approches croisées », *in GR1*, p. 179-210.
36. Nicolas BERNIGAUD *et al.*, « L'Île-de-France », *in GR1*, p. 389-494.

de communautés paysannes entières, mues ou non par une autorité supérieure. De façon significative, les terroirs de la plaine de France sont ceux où la présence des blés nus a été la plus précoce ; nous reviendrons plus loin sur cette association entre petits établissements et culture du froment.

Au sein de la Bretagne romaine, les *villae* sont peu présentes dans l'ouest, le pays de Galles, le centre-ouest et le nord, voire quasi-absentes dans la zone arrière du mur d'Hadrien. Certains secteurs comme l'est (East-Anglia, Essex) n'en comptent qu'un petit nombre, essentiellement tardives et le plus souvent issues de fermes[37]. Les deux enquêtes, européenne et britannique, ont donc fortement insisté sur les disparités régionales d'implantation, en termes de densité et de taille, des établissements ruraux et sur la multiplicité des systèmes agro-pastoraux qui président à leur exploitation. En Gaule comme dans la Bretagne insulaire, la géographie des *villae* n'est jamais directement liée à la présence de sols fertiles ; on a ainsi pu montrer que toutes les terres avaient été exploitées, y compris celles qui n'étaient pas nécessairement les plus favorables[38]. Considérée à l'échelle de la zone d'étude tout entière, la localisation des petites et des moyennes *villae* semble donc relativement peu corrélée à la nature pédologique des sols. Seuls les terrains sablonneux ou très rocheux semblent avoir fortement limité leur développement[39]. À une échelle microrégionale cependant, par exemple sur les plateaux de Basse-Bourgogne, on constate que les établissements de fort statut sont installés de manière préférentielle en bordure de vallée, privilégiant ainsi les secteurs qui bénéficiaient des conditions écologiques les plus variées[40].

Plus essentielle paraît avoir été la relation avec le réseau urbain : les grandes et petites *villae* sont en effet statistiquement surreprésentées dans les zones situées à moins de dix kilomètres d'une agglomération. Notons néanmoins de grands contrastes régionaux, comme autour de Reims, où les exploitations de fort statut sont absentes. La ville est alimentée par un semis de petits établissements périphériques qui produisent même des blés nus grâce aux boues de la ville[41]. Enfin, la présence de grands axes routiers a également joué un rôle attractif. Pourtant, à l'échelle de toute la zone d'étude, aucun de ces critères ne semble suffisant, à lui seul, pour expliquer l'implantation des plus grands établissements[42].

---

37. Alexander Smith, « The East », *in* A. Smith *et al.*, *New Visions of the Countryside of Roman Britain*, vol. 1, *op. cit.*, p. 208-241, notamment p. 220-221 ; on notera toutefois un relatif manque de *villae* fouillées par rapport au nombre de celles qui sont enregistrées dans la carte archéologique.
38. Voir par exemple la carte dans Nicolas Bernigaud *et al.*, « La région d'Amiens », *in GR1*, p. 249-301, ici p. 252, fig. 3.
39. Voir les réflexions de A. Nüsslein et N. Bernigaud, « Les établissements ruraux du Haut-Empire », art. cit., p. 195-199.
40. Pierre Nouvel, « Le centre-est de la France », *in GR1*, p. 683-732, notamment p. 707, 710 et 712, fig. 20, 22 et 23.
41. Nathalie Achard-Corompt *et al.*, « Les modes d'occupation du sol chez les Rèmes », *in GR1*, p. 495-553, notamment p. 504-524.
42. A. Nüsslein et N. Bernigaud, « Les établissements ruraux du Haut-Empire », art. cit., p. 203-219.

Les productions

D'une manière générale, il serait erroné de penser que la dichotomie « fermes »/« *villae* » recouvre une différence dans la nature des productions, les secondes étant supposées spécialisées dans la culture céréalière, notamment celle du froment, à destination des villes et du *limes* (la frontière militaire). Ainsi, dans la Bretagne romaine, où les blés nus restent marginaux à cette époque et où les céréales sont principalement représentées par l'épeautre et l'orge (et, dans une moindre mesure, l'amidonnier)[43], les diagrammes comparant les taxons cultivés ne montrent pas d'écart radical entre les deux types d'établissements[44]. En Gaule intérieure, les blés nus, qui étaient déjà produits avant la conquête, se développent à l'époque romaine, principalement dans le Bassin parisien, avec une limite nord formée par la vallée de la Somme. Ils semblent plutôt la spécialité des petits établissements, comme on l'a vu pour la plaine de France, sans que cette constatation puisse être généralisée pour l'instant. De premières analyses indiquent en effet que leur production dépend de la capacité de fumer les sols, ce qui, faute d'un cheptel très nombreux, implique des superficies relativement petites, et donc une agriculture intensive et non extensive comme celle des grands domaines. Reste qu'il est impossible de calculer des rendements qui varient fortement selon le type de semis pratiqués. L'orge, en revanche, ne semble pas liée à la présence d'amendements, en l'état actuel de nos connaissances[45]. Ces observations excluent un système agricole fondé sur la monoculture, en particulier celle du froment, trop gourmand en fumure, plus fragile et particulièrement sensible aux aléas météorologiques, voire à ceux du marché. Il n'est même pas dit que toutes les *villae* soient concernées par la production céréalière, comme le prouve le cas de la « Mare aux canards », près de Noyon, où peu de traces de céréales ont été retrouvées, alors que d'autres taxons sont bien présents[46].

Toutes les études carpologiques insistent au contraire sur la diversité des cultures pratiquées et les différences entre régions[47]. À l'époque romaine, l'épeautre connaît par exemple un certain essor, au point de remplacer l'amidonnier, une plante

---

43. Lisa LODWICK, « Arable Farming, Plant Foods and Resources », *in* M. ALLEN *et al.*, *New Visions of the Countryside of Roman Britain*, vol. 2, *op. cit.*, p. 11-84, ici p. 21.

44. A. SMITH *et al.*, *New Visions of the Countryside of Roman Britain*, vol. 1, *op. cit.*, p. 129, fig. 4.65. Un diagramme suggestif de L. LODWICK, « Arable Farming, Plant Foods and Resources », art. cit., p. 24, fig. 2.12 montre que la culture des blés nus apparaît dans les différents types d'établissements étudiés, mais pas de manière ubiquiste, et toujours de manière marginale.

45. S. LEPETZ et V. ZECH-MATTERNE, « Systèmes agro-pastoraux à l'âge du Fer et à la période romaine en Gaule du Nord », art. cit.

46. François MALRAIN *et al.*, « La vallée de l'Oise », *in GR1*, p. 303-352, ici p. 319-320 et 333. Les blés nus sont en revanche cultivés dans les petits établissements de la vallée de l'Oise (*ibid.*, p. 333).

47. S. LEPETZ et V. ZECH-MATTERNE, « Systèmes agro-pastoraux à l'âge du Fer et à la période romaine en Gaule du Nord », art. cit. ; L. LODWICK, « Arable Farming, Plant Foods and Resources », art. cit., p. 83.

typique de l'âge du Fer, sans doute en raison de ses meilleures qualités panifiables. Cette céréale devient alors dominante dans tous les territoires du nord et de l'est de la Gaule, notamment l'espace rhénan. Quant à l'orge vêtue, elle ne semble pas régresser avant l'Antiquité tardive, constituant toujours une composante importante de l'alimentation aussi bien humaine qu'animale. Le sort des légumineuses, en revanche, est plus fluctuant : d'abord en régression à la fin de la période laténienne, ces cultures reviennent ensuite en force, associées aux blés nus sous l'Empire, mais avec un certain décalage chronologique – nous y reviendrons plus loin.

L'analyse révèle aussi une cartographie différenciée du cheptel, de son évolution zone par zone et de ses liens avec les cultures pratiquées, offrant ainsi l'image d'une multitude de systèmes agro-pastoraux rattachés à des terroirs spécifiques[48]. En Gaule, l'élevage ovin, en perte de vitesse à la fin de l'âge du Fer, s'intensifie sous l'Empire (pour atteindre une part de 30 % de l'élevage) en regard des deux autres espèces de la triade classique (bœuf et porc). La vraie rupture ne se fera que dans l'Antiquité tardive, où la prépondérance du bœuf s'affirme (51 %) par rapport aux ovins (20 %)[49]. On constate aussi que les caprinés, durant le Haut-Empire, sont majoritairement associés aux zones de production des blés nus, dans le Bassin parisien[50] ; d'autres secteurs, comme le Nord de la France actuelle ou le delta du Rhin, se spécialisent dans l'élevage des chevaux[51]. Enfin, observation essentielle, on doit abandonner l'idée, si longtemps avancée, d'une réorganisation générale des campagnes qui résulterait d'une redistribution foncière consécutive à la conquête, à l'exception des zones plus ou moins vides d'habitants comme le territoire des Éburons, anéantis par César, ou celui de la future colonie des Ubiens, où l'on n'a cependant jamais pu mettre en évidence la présence d'une centuriation[52].

Voilà résumées quelques-unes des conclusions marquantes des enquêtes archéologiques récentes qui offrent, comme le dit fort justement le titre général de

---

48. Ces différences sont synthétisées dans le tableau dressé par S. LEPETZ et V. ZECH-MATTERNE, « Systèmes agro-pastoraux à l'âge du Fer et à la période romaine en Gaule du Nord », art. cit., p. 341, fig. 13 ; pour la Bretagne romaine, voir Martyn ALLEN, « Pastoral Farming », in M. ALLEN et al., New Visions of the Countryside of Roman Britain, vol. 2, op. cit., p. 85-141.
49. La même observation vaut pour la Bretagne romaine selon *ibid.*, p. 87.
50. Martyn ALLEN et Lisa LODWICK, « Agricultural Strategies in Roman Britain », in M. ALLEN et al., New Visions of the Countryside of Roman Britain, vol. 2, op. cit., p. 142-177, ici p. 170-172 soulignent l'association dominante entre épeautre et bœufs dans la West Anglian Plain et le Kent, un signe clair, selon eux, d'agriculture extensive, alors que, dans le Wessex, c'est la culture de l'orge qui semble associée à la présence majoritaire des ovins/caprins (p. 171, fig. 4.28). On perçoit là aussi l'existence de systèmes agro-pastoraux à l'échelle régionale.
51. Pour la Bretagne romaine, voir le tableau des variations chronologiques et régionales dans M. ALLEN, « Pastoral Farming », art. cit., p. 124, fig. 3.47.
52. Sur la question des cadastres en Gaule du Nord, voir désormais l'étude approfondie de François FAVORY et Catherine FRUCHART, « L'aménagement du sol. Les systèmes parcellaires tardo-laténiens et gallo-romains », in GR2, p. 401-451 ; pour le territoire des Tongres, Georges RAEPSAET, « La *civitas Tungrorum*, le *pes Drusianus* et le statut foncier des terres conquises », Revue belge de philologie et d'histoire, 97-1, 2019, p. 67-94.

la série britannique, de « nouvelles visions des campagnes » romaines. Il convient maintenant d'essayer de comprendre comment ces données nous permettent de progresser dans l'analyse du développement économique des provinces du nord-ouest de l'Empire.

Les indices de la croissance

Si on laisse désormais de côté les proxies habituels, propres au monde méditerranéen (le vin, l'huile, les sauces de poisson, etc.) et guère utiles pour une enquête consacrée aux provinces du nord-ouest de l'Empire, sur quoi s'appuyer ? Conscients du problème, Alan K. Bowman et Andrew Wilson ont suggéré de prendre en considération le nombre et la distribution des établissements humains classés par taille et par catégorie[53] – une donnée que les enquêtes dont nous venons de rendre compte permettent aujourd'hui de traiter à l'échelle des territoires concernés, mais non sans difficulté, nous allons le voir. Nous ajouterons l'étude des structures de stockage et l'évolution de la taille des animaux.

Fermes et *villae*

Notre conception des campagnes s'est longtemps articulée autour d'une opposition quasi binaire entre « fermes indigènes », réputées pratiquer une polyculture traditionnelle de subsistance, et « *villae* romaines », adonnées à la céréaliculture, capables de dégager des surplus et donc moteurs du progrès économique[54]. Cette dichotomie structurait encore, en France, la pensée de R. Agache dans les années 1970[55] et rien ne dit qu'elle ne subsiste pas dans de nombreux esprits. Elle n'était, au fond, qu'un produit plus ou moins conscient de notre culture classique et de notre représentation mentale de la civilisation romaine. Les deux enquêtes récentes menées de part et d'autre de la Manche nous invitent à déconstruire cette opposition et à réviser l'idée traditionnelle et solidement ancrée d'un *boom* économique des campagnes consécutif à la conquête.

---

53. Alan K. Bowman et Andrew Wilson, « Quantifying the Roman Economy: Integration, Growth, Decline? », *in* A. K. Bowman et A. Wilson (dir.), *Quantifying the Roman Economy*, *op. cit.*, p. 3-84.
54. Nous avons traité cette question dans un précédent article de cette même revue et nous nous contentons ici d'en redonner les grandes lignes (M. Reddé, « Fermes et *villae* romaines en Gaule chevelue », art. cit.).
55. Roger Agache, « La campagne à l'époque romaine dans les grandes plaines du Nord de la France, d'après les photographies aériennes », *Aufstieg und Niedergang der römischen Welt*, 2-4, 1975, p. 658-713 ; *id.*, *La Somme pré-romaine et romaine d'après les prospections aériennes à basse altitude*, Amiens, Société des Antiquaires de Picardie, 1978 ; *id.*, « Les fermes indigènes d'époque pré-romaine et romaine dans le bassin de la Somme », *Cahiers archéologiques de Picardie*, 3, 1976, p. 117-138.

Tout d'abord, quand on prend en compte le temps long et la réalité des progrès accomplis par l'agriculture à la fin de l'âge du Fer, les nouveautés apportées par l'époque romaine paraissent beaucoup moins évidentes, surtout si on tâche de les saisir dans le court terme. Les grands domaines existaient déjà à La Tène finale et on en connaît désormais un nombre significatif qui semble ne le céder en rien à leurs successeurs de la période impériale, du moins en Gaule. Ensuite, si l'on considère le bâti des établissements ruraux et leur évolution architecturale comme des marqueurs du développement agricole, l'apport romain devient soudain bien moindre qu'on ne l'imaginait *a priori*, tant prévaut la continuité des formes traditionnelles et la prépondérance des petits établissements issus de la tradition protohistorique jusqu'à la fin du Ier siècle apr. J.-C. au moins. Enfin, en faisant de la *villa* romaine le principal facteur du développement économique, la croissance apparaît bien moins précoce qu'attendu, puisqu'il a fallu près d'un siècle pour qu'émergent les premières *villae* en Gaule du Nord (un peu moins longtemps en Bretagne), selon un rythme qui fut d'abord assez lent. On a vu, au demeurant, que nombre de ces établissements étaient issus de l'architecture traditionnelle et n'avaient trouvé leur forme « romaine » – elle-même très éloignée des canons italiens – qu'au terme d'une lente transformation[56]. Dans ce contexte, une autre question doit bien sûr se poser : y a-t-il eu, sous l'Empire, densification de l'occupation du sol ?

En Gaule, toutes les courbes d'évolution de l'habitat dont on dispose invitent à répondre positivement à cette question[57]. Elles dessinent en effet des trajectoires « en cloche » qui montrent une nette croissance entre la fin du Ier siècle et le milieu du IIIe siècle apr. J.-C., avant d'amorcer une chute significative pendant l'Antiquité tardive. Toute la question est de savoir quelle confiance accorder à cet indice apparemment très clair et souvent considéré, au premier degré, comme un témoignage d'une occupation du sol bien plus intense et, par conséquent, d'un *boom* démographique. Pour la plupart, ces données reposent sur les prospections pédestres de surface complétées par les reconnaissances aériennes, quand elles existent, ou, aujourd'hui, l'exploitation des données satellitaires. Ces deux dernières méthodes ne permettent guère une datation précise. Si le ramassage direct des artefacts de surface offre un intérêt indéniable, il privilégie cependant les vestiges les plus visibles ; or ceux de l'époque romaine ont, en ce domaine, un avantage considérable : tuiles en terre cuite, débris de construction, céramiques bien cuites et dont la typologie est plus variée, la résolution chronologique plus fine s'observent et se

---

56. Sur ce point, voir Michel REDDÉ, « Genèse et développement des formes de la villa romaine dans le nord-est de la Gaule », *Jahrbuch des römisch-germanischen Zentralmuseums Mainz*, [2014] 2018, p. 103-136.

57. Voir par exemple pour la Lorraine les différentes cartes régionales produites et les courbes dans Antonin NÜSSLEIN *et al.*, « La Lorraine », *in GR1*, p. 555-655, ici p. 626, fig. 43 ; Antonin NÜSSLEIN, *Les campagnes entre Moselle et Rhin dans l'Antiquité. Dynamiques du peuplement du Ier s. av. J.-C. au Ve s. apr. J.-C.*, Strasbourg, Association pour la valorisation de l'archéologie du Grand Est, 2018. Pour différentes microrégions de Bourgogne, voir P. NOUVEL, « Le centre-est de la France », art. cit., notamment p. 713, fig. 24 ; p. 714, fig. 25 ; p. 718, fig. 28.

datent plus aisément que les constructions en bois et les artefacts de l'âge du Fer, surtout quand ceux-ci sont recouverts par des constructions romaines. La période de l'Antiquité tardive pose des problèmes similaires, dès lors qu'il s'agit de repérer des vestiges situés le plus souvent en surface et abrasés par les labours, d'autant qu'on avait de nouveau fréquemment recours à l'architecture de bois à cette époque. Les données de prospection pédestre sont donc marquées par des biais statistiques évidents[58]. Elles se voient en outre grevées par des méthodologies de ramassage et de comptage différentes d'un opérateur à l'autre[59].

Afin de déterminer si elles reflètent fidèlement l'occupation du sol, on peut les confronter aux résultats de l'enquête menée en Grande-Bretagne, dont les statistiques reposent sur une base plus fiable et plus homogène puisqu'il s'agit d'établissements fouillés. Dans le sud (du Kent au Wessex), la courbe des établissements montre aussi un profil en cloche depuis l'âge du Fer, mais infiniment plus plat qu'en Gaule intérieure, tant l'occupation du sol était déjà dense à la fin de la protohistoire[60]. Le pic d'occupation est atteint à la fin du Ier siècle/début du IIe siècle apr. J.-C. – soit une augmentation d'environ 25 % d'établissements par rapport à la veille de la conquête –, après quoi la courbe décline graduellement. On peut se demander, en l'occurrence, si cette croissance – nettement moindre que celle qui est supposée en Gaule à partir des données de prospection – est due à la conquête romaine ou à un mouvement de long terme, hérité de l'âge du Fer, d'autant que cette vaste région est marquée par la création d'un grand nombre de sites, alors que les abandons sont faibles[61]. S'il existe de fortes disparités microrégionales, les créations protohistoriques sont nettement plus nombreuses que celles des siècles suivants, les abandons étant en outre plus fréquents aux IIe/IIIe siècles apr. J.-C.[62]. Dans le Central Belt (du bassin de Londres au pays de Galles), le mouvement de croissance après la conquête paraît plus prononcé, mais il s'étend jusqu'à la fin du IIe siècle apr. J.-C., avec toutefois une différence marquée dans la

---

58. Conscient de ces difficultés, Antonin Nüsslein, « A Different Vision of Ancient Settlement Dynamics: Creation and Application of a Model of Evolution of Roman Settlement of the Plateau Lorrain (France) », in P. Verhagen, J. Joyce et M. R. Groenhuijzen (dir.), *Finding the Limits of the Limes: Modelling Demography, Economy and Transport on the Edge of the Roman Empire*, Cham, Springer, 2019, p. 77-92, https://doi.org/10.1007/978-3-030-04576-0_5, a proposé un modèle correctif à partir d'une matrice établie sur la base de fouilles régionales. L'exercice est séduisant, mais suppose d'être encore testé sur de plus vastes zones d'étude.

59. Le caractère souvent hasardeux des conclusions qui sont parfois tirées de ce type de prospections en matière de démographie a été justement souligné par Robin Osborne, « Demography and Survey », in S. F. Alcock et J. F. Cherry (dir.), *Side-by-side Survey: Comparative Regional Studies in the Mediterranean World*, Oxford, Oxbow, 2004, p. 163-172, mais aussi par David Mattingly, « Peopling Ancient Landscapes: Potential and Problems », in A. K. Bowman et A. Wilson (dir.), *Quantifying the Roman Economy*, op. cit., p. 163-174.

60. M. Allen, « The South », art. cit., p. 81, fig. 4.6.

61. *Ibid.*, p. 83, fig. 4.8.

62. Voir aussi la série de cartes dans *ibid.*, p. 86, fig. 4.12, qui illustre ce phénomène géographique.

West Anglian Plain (au nord de Londres), où l'héritage protohistorique est manifeste et où la croissance du nombre de sites ruraux à l'époque romaine est par contrecoup plus réduite. Dans l'est (Norfolk, Suffolk, une partie de l'Essex), la courbe semble similaire à celle du sud[63], avec un fort héritage protohistorique marqué par un taux considérable de créations. Là encore, les différences régionales sont importantes.

Ces observations, effectuées sur des sites fouillés à la chronologie assez précise, invitent à se poser une question : la situation de la Bretagne romaine diffère-t-elle de celle du continent ou faut-il relativiser notre vision d'un fort taux d'accroissement de l'occupation du sol en Gaule intérieure, donc d'un *boom* économique engendré par une démographie en hausse ? La réponse n'est pas aisée pour une raison évidente : nous ne disposons pas, de part et d'autre de la Manche, de la même qualité de données, ce qui interdit toute quantification sérieuse. Il faut donc se contenter d'une approche qualitative et, en l'occurrence, probabiliste. Au-delà des différences régionales importantes qui caractérisent la Bretagne romaine, la densification de l'occupation du sol entre la fin de l'âge du Fer et le début du IIe siècle apr. J.-C. apparaît incontestable. Pour autant, cette croissance s'est greffée sur un essor protohistorique nettement perceptible dès l'époque césarienne et qui s'est prolongée sans doute après la conquête. Aucune raison particulière ne semble ressortir pour expliquer que la Gaule ait connu une trajectoire sensiblement différente. Pour essayer de mesurer le développement des campagnes, il faut toutefois d'autres indices que le seul nombre des établissements agricoles.

Les structures de stockage

L'un d'entre eux pourrait être fourni par l'évolution des structures de stockage en milieu rural, un thème d'étude qui s'est développé depuis quelques années[64]. Rappelons pour commencer que la conservation des céréales en milieu anaérobie avait presque complètement disparu avant même la conquête des Gaules, laissant place à des greniers aériens sur poteaux de bois qui permettent la conservation en atmosphère contrôlée[65]. La première technique implique que les produits soient consommés rapidement une fois extraits, ce qui convient bien aux semences, moins aux stocks alimentaires. La seconde – qui était utilisée depuis longtemps, parallèlement aux silos – autorise au contraire un accès simple et répétitif, mais nécessite un brassage régulier pour empêcher la germination ou la combustion spontanée

---

63. A. Smith, « The East », art. cit., p. 214, fig. 6.6.
64. Stéphane Martin (dir.), *Rural Granaries in Northern Gaul (Sixth Century BCE-Fourth Century CE): From Archaeology to Economic History*, Leyde, Brill, 2019 ; Stéphane Martin, « Peut-on quantifier le développement économique de la Gaule ? », *in GR2*, p. 585-610.
65. Stanislas Bossard, « Évolution du stockage agricole dans la moitié septentrionale de la France à l'âge du Fer (VIe-Ier s. av. n.è) », *in* S. Martin (dir.), *Rural Granaries in Northern Gaul…, op. cit.*, p. 51-72.

des grains. La multiplication de ces greniers sur les sites ruraux de la fin de l'âge du Fer atteste le développement de la production agricole à cette époque. Certains ensembles concentrent même près de 80 bâtiments à proximité de structures d'habitat, comme à Entrammes, ce qui sous-entend, dès le IIe siècle av. J.-C., une centralisation des récoltes, probablement destinées à des échanges commerciaux, bien que d'autres raisons puissent aussi être invoquées[66].

Pendant l'époque romaine, la pétrification progressive de ces bâtiments a suivi celle de l'habitat, donnant naissance à des édifices de plus en plus vastes. Alain Ferdière a proposé une typologie, une cartographie et une évaluation des capacités de stockage qui appellent quelques commentaires[67]. Tout d'abord, la moitié sud de la Gaule tout comme le nord-ouest n'accueillent qu'un faible nombre de grands greniers à contreforts latéraux ou à piliers internes – les deux types les mieux représentés. Cette cartographie ne reflète toutefois pas nécessairement celle des régions les plus productives, car il existe d'autres types de bâtiments où le stockage était possible. Ce catalogue peut également souffrir de certains biais liés au mode de reconnaissance de ces grands édifices, souvent identifiés grâce à la photographie aérienne, mais peu fouillés.

La question des volumes stockés apparaît complexe et dépend de la manière dont le grain était entassé. Elle a donné lieu à des débats techniques et à des calculs très différents ces dernières années. L'enjeu est de taille, puisque cela revient à évaluer la croissance de la production céréalière sous l'Empire. On rejettera d'abord avec force tout calcul qui prendrait en compte une hauteur de grains supérieure à 0,60/0,80 mètre. Encore s'agit-il d'un maximum, car on retient plus volontiers des épaisseurs de 0,30/0,40 mètre, plus faciles à remuer et mieux adaptées à la conservation des grains, surtout quand ils sont entassés juste après la moisson[68]. La céréale doit en outre être stockée de manière à permettre la séparation des différentes espèces moissonnées (blé, orge, avoine, millet, etc.), de tourner autour des tas, de circuler dans le grenier, de sorte que la surface totale du bâtiment dépasse toujours largement celle du stockage effectif[69]. Reste à savoir si le grenier

---

66. Pour Entrammes, voir Gérard Guillier *et al.*, « Des poteaux, des greniers et des graines. Une zone de stockage de masse à La Tène C2/D1a au 'Clos des Primevères' à Entrammes (Mayenne) », *Revue archéologique de l'Ouest*, 32, p. 177-260 ; on peut aussi imaginer que ces stocks aient été destinés à de grands « seigneurs » de la terre, pour payer des redevances, mais il s'agit là d'une pure hypothèse.

67. Alain Ferdière, « De nouvelles formes de stockage de céréales à l'époque romaine en Gaule. Quels changements, avec quel(s) moteur(s) ? », *in* S. Martin (dir.), *Rural Granaries in Northern Gaul…, op. cit.*, p. 73-105.

68. De ce point de vue, on doit totalement rejeter la hauteur de 5 mètres retenue par Emanuele Papi et Francesco Martorella, « Il grano della Tingitana », *in* E. Papi (dir.), *Supplying Rome and the Empire: The Proceedings of an International Seminar Held at Siena-Certosa di Pontignano on May 2-4, 2004, on Rome, the Provinces, Production and Distribution*, Portsmouth, Journal of Roman Archaeology, 2007, p. 85-96.

69. Sur ces questions techniques, on peut consulter avec profit l'étude de Jean-Daniel Demarez et Blaise Othenin-Girard, *Établissements ruraux de La Tène et de l'époque romaine à Alle et à Porrentruy (Jura, Suisse)*, Porrentruy, Société jurassienne d'émulation, 2010 ; le calcul des différents modes de stockage possibles (en tas, en bacs, en sacs) est présenté

avait un ou deux étages. Dans le cas des édifices à contreforts et à pilastres internes, cette dernière solution semble assurément la plus probable.

L'évaluation des volumes engrangés dépend donc de paramètres complexes. A. Ferdière a néanmoins proposé, au terme d'un calcul homogène, un graphe suggestif des capacités potentielles des greniers pris en compte dans son catalogue (148 sites) qui permet de dégager de grandes tendances et des différences significatives (fig. 2). La gamme est en effet très vaste, allant de 6 m^3 à 1 351,5 m^3. On trouve ainsi 2 sites à moins de 10 m^3, 45 sites de 10 à 50 m^3, 53 sites de 50 à 100 m^3, 32 sites de 100 à 200 m^3, 12 sites de 200 à 400 m^3, 3 sites de 400 à 600 m^3 et un unique site de 1 351,5 m^3. Il est cependant bien plus difficile d'apprécier la dynamique de développement de ces greniers, car peu d'entre eux ont réellement été fouillés et datés. Dans le cas d'Alle (Jura suisse), l'un des mieux étudiés, la capacité de stockage est passée de 42 m^2 de superficie, au début de l'Empire, à 392 m^2 vers 180/200 apr. J.-C., avant d'atteindre 710 m^2 durant la phase 3 (vers 250/275). Quel que soit le mode de calcul retenu, cette surface accrue implique une augmentation considérable du volume stocké. Dans le cas d'Heitersheim (Bade), Lars Blöck a montré que l'*horreum* C, construit vers 100 apr. J.-C., était passé d'une superficie de 18 x 10 mètres à 24 x 15 mètres, soit 360 m^2 vers 180 apr. J.-C.[70]. Cette capacité n'en faisait pourtant pas le plus grand de la région puisque celui de Biberist[71], en Suisse, arrivait à 590 m^2. En Germanie supérieure, encore, près de Heilbronn, deux très grands greniers, ceux des *villae* de Bad-Rappenau Maueräcker et de Bad-Rappenau Babstadt[72], atteignaient respectivement 608 et 621 m^2. Ces quelques exemples trop

par Stéphane Martin, « Calculating the Storage Capacities of Granaries: A Tentative Model », *in* S. Martin (dir.), *Rural Granaries in Northern Gaul…, op. cit.*, p. 33-47.

70. Lars Blöck, « Die Erweiterung der Getreidespeicherkapazitäten der Axialhofvilla Heitersheim in ihrer 4. Bauperiode – Binnenkolonisation oder Konzentrationsprozesse im ländlichen Raum im ausgehenden 2. Jahrhundert n. Chr. ? Ein Modell zur Berechnung von Getreideanbauflächen anhand der Speicherkapazität römischer Horrea », *Alemannisches Jahrbuch*, 59-60, 2011-2012, p. 81-111 ; l'auteur considère qu'il ne s'agit là que de l'un des deux *horrea* de la *villa*.

71. Sur la *villa* de Biberist, voir C. Schucany, *Die römische Villa von Biberist-Spitalhof/SO [Grabungen 1982, 1983, 1986-1989], op. cit.* ; dans ses calculs, L. Blöck, « Die Erweiterung der Getreidespeicherkapazitäten… », art. cit. a considérablement réduit l'estimation de la capacité théorique de cet *horreum*, telle qu'elle avait été proposée par C. Schucany.

72. Hans-Heinz Hartmann et Franz Josef Meyer, « Ein *horreum* in der *Villa Rustica* in Bad Rappenau-Babstadt, Kreis Heilbronn », *Archäologische Ausgrabungen in BadenWürttemberg*, [2001] 2002, p. 127-130 ; Johann-Christoph Wulfmeier et Hans H. Hartmann, « Reichlich Speicherplatz. Ein *horreum* von Bad Rappenau Kreis Heilbronn », *in* J. Biel, J. Heiligmann et D. Krausse (dir.), *Landesarchäologie. Festschrift für Dieter Planck zum 65. Geburtstag*, Stuttgart, K. Theiss, 2009, p. 341-378. On doit encore ajouter à cette liste le site de Walldorf en Baden-Württemberg qui a révélé plusieurs grands *horrea* dans l'enceinte de ce qui semble être une *villa*. Dans ce cas aussi, la capacité de stockage dépasse manifestement la production d'un seul domaine privé, si les bâtiments sont contemporains, mais l'absence de publication détaillée ne permet pas d'en juger. L'idée d'une propriété impériale, dans ce secteur qui en compte d'autres, n'est pas exclue (voir Britta Rabold, « Walldorf (HD). Römisches Landgut oder kaizerliche Domäne », *in* D. Planck [dir.], *Die Römer in Baden-Württemberg. Römerstätten und Museen von Aalen*

Figure 2 – La capacité des *horrea* de Gaule et des Germanies

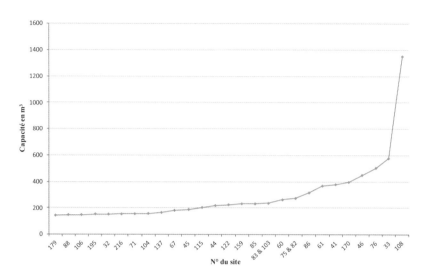

Source : Alain Ferdière, « *De nouvelles formes de stockage de céréales à l'époque romaine en Gaule. Quels changements, avec quel(s) moteur(s) ?* », in S. Martin *(dir.)*, Rural Granaries in Northern Gaul (Sixth Century BCE-Fourth Century CE): From Archaeology to Economic History, Leyde, Brill, 2019, p. 73-105, ici p. 87.

rares d'*horrea* bien fouillés semblent montrer un accroissement des capacités de stockage des grandes *villae* rurales dans la seconde moitié du IIe siècle ou au début du IIIe siècle, à condition cependant d'extrapoler ces observations ponctuelles pour en faire une tendance générale, ce qui ne va pas de soi.

On peut en effet se demander si le phénomène observé dans ces quelques établissements de la Gaule de l'Est constitue un signe de croissance de la production, à surface cultivable inchangée, ou si elle témoigne d'un élargissement de son *ager* cultivé. Ne pourrait-il pas être le signe d'une concentration foncière, à l'échelle régionale, voire le résultat d'une centralisation régionale des récoltes de plusieurs domaines, accompagnée d'une réorganisation des circuits de distribution à destination des villes ou de l'armée ? Trancher la question, dans un sens ou dans un autre, n'est pas chose aisée. L. Blöck s'est ainsi efforcé, à l'aide d'un modèle de production, de calculer la superficie cultivée autour de la *villa* de Heitersheim

bis Zwiefalten, Stuttgart, K. Theiss, 2005, p. 356-358). On laisse ici de côté le très grand bâtiment de Panossas, à l'est de Lyon (52 m x 18 m, soit 936 m²), qui semble public lui aussi. Voir Matthieu Poux *et al.*, « Le granarium des 'Buissières' à Panossas. Contribution à l'étude des réseaux d'entrepôts de grande capacité dans les Gaules et les Germanies (Ier-IIIe s. p. C.) », *in* F. Trément *et al.* (dir.), « Produire, transformer et stocker dans les campagnes des Gaules romaines. Problèmes d'interprétation fonctionnelle et économique des bâtiments d'exploitation et des structures de production agro-pastorale. Actes du XIe colloque de l'association d'études du monde rural gallo-romain », *Aquitania*, supplément 38, 2017, p. 407-434.

et de comparer la récolte potentielle de ce domaine avec sa capacité de stockage. Selon lui, l'établissement pouvait concentrer la production de plusieurs propriétés ; ce serait aussi le cas d'autres très grandes *villae*, comme celles de Walldorf, de Bad-Rappenau Maueräcker et de Bad-Rappenau Babstadt ainsi que de Voerendaal, aux Pays-Bas. Cette hypothèse brillante devra être confortée par d'autres exemples concrets pour sortir du registre spéculatif.

Mais, comme l'a justement fait remarquer A. Ferdière, le site protohistorique d'Entrammes, avec ses quatre-vingts petits greniers de 3 x 3 mètres, offrait une capacité de 252 m^3 de stockage pour une épaisseur de 0,35 mètre, une donnée qui classerait cet ensemble parmi les grands *horrea* de la courbe présentée ci-dessus. Assurément, il s'agit là d'un cas exceptionnel : les vastes sites centralisateurs, caractérisés par le nombre important de leurs greniers, semblent même disparaître à La Tène finale. On connaît toutefois d'autres grands domaines protohistoriques avec de fortes capacités de stockage[73]. Une fois de plus, les chiffres bruts peuvent s'avérer trompeurs, si on néglige les contextes historiques de ces différents établissements, ce qui affecte fortement notre perception de la croissance.

De son côté, l'enquête britannique a pu montrer l'augmentation très significative du nombre des séchoirs à grains jusque vers le milieu ou la fin du IIIe siècle, avant une baisse durant l'Antiquité tardive[74]. Ces installations pouvaient servir aussi bien au maltage, à la fabrication de la bière qu'à la préparation des grains qui doivent être débarrassés de leur balle pour être consommés. Or l'observation archéologique montre que les greniers urbains stockaient toujours des céréales déjà décortiquées. La multiplication des séchoirs invite donc à envisager une augmentation de la production céréalière destinée aux marchés, avec un processus de nettoyage réalisé à même les sites de production.

La taille des animaux

L'augmentation de la taille des animaux est souvent invoquée comme preuve du développement économique sous l'Empire. De fait, la stature des différentes espèces de la triade classique (bœuf, mouton, porc), mais aussi celle des volailles a connu une forte croissance durant cette période. Reste que, une fois de plus, ce phénomène remonte à la fin de l'âge du Fer et que le cheptel de l'époque gallo-romaine est issu très largement des troupeaux gaulois, sans importations italiennes massives, contrairement à ce qui a longtemps été affirmé. L'« amélioration » a été une conséquence de long terme de l'évolution des conditions d'élevage observées sur le continent depuis La Tène moyenne. Les courbes montrent de manière incontestable ces tendances et prouvent que la taille des animaux domestiques atteignait,

---

73. A. Ferdière, « De nouvelles formes de stockage de céréales à l'époque romaine en Gaule », art. cit., p. 104.
74. L. Lodwick, « Arable Farming, Plant Foods and Resources », art. cit., p. 59-61, en particulier p. 59, fig. 2.46. L'enquête n'a pas été menée dans le projet Rurland, faute de données déjà synthétisées.

Figure 3 – Évolution de la taille des trois espèces de la triade domestique, des équidés et des poules entre La Tène et le XVIIIe siècle

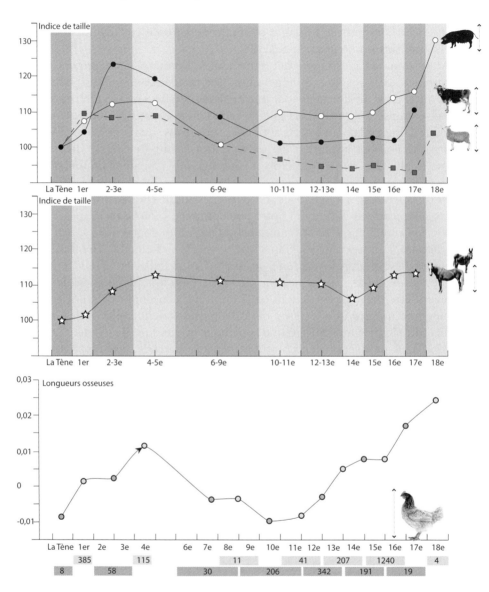

Source : Sébastien LEPETZ et Véronique ZECH-MATTERNE, « Systèmes agro-pastoraux à l'âge du Fer et à la période romaine en Gaule du Nord », in M. REDDÉ (dir.), Gallia Rustica 2. Les campagnes du nord-est de la Gaule, de la fin de l'âge du Fer à l'Antiquité tardive, Bordeaux, Ausonius, 2017, p. 327-400, ici p. 360, fig. 28.

vers la fin de l'Antiquité, un indice qui ne fut pas récupéré, après la chute du haut Moyen Âge, avant l'époque moderne (fig. 3)[75]. Ce phénomène global doit néanmoins tenir compte d'importantes différences régionales : par exemple, les petits bœufs vénètes ne sauraient être comparés aux très grands bovins de la Belgique romaine (fig. 4). On notera enfin l'accroissement progressif de la consommation des volailles, très évidente durant l'Antiquité tardive[76].

Sébastien Lepetz a pourtant relativisé cet indicateur de la croissance économique en montrant qu'il ne s'agissait pas nécessairement d'un phénomène contrôlé, dû à une politique de sélection des animaux dont, selon lui, les éleveurs de l'Antiquité n'étaient pas capables. Il faut plutôt y voir le résultat d'un meilleur nourrissage des

Figure 4 – Représentation schématique de la diversité régionale de la taille des bovins au IVe siècle

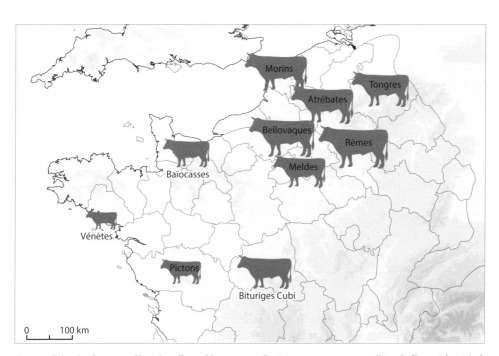

Source : Sébastien Lepetz et Véronique Zech-Matterne, « Systèmes agro-pastoraux à l'âge du Fer et à la période romaine en Gaule du Nord », in M. Reddé (dir.), Gallia Rustica 2. Les campagnes du nord-est de la Gaule, de la fin de l'âge du Fer à l'Antiquité tardive, Bordeaux, Ausonius, 2017, p. 327-400, ici p. 363, fig. 31.

---

75. S. Lepetz et V. Zech-Matterne, « Systèmes agro-pastoraux à l'âge du Fer et à la période romaine en Gaule du Nord », art. cit., p. 360, fig. 28.
76. *Ibid.*, p. 363, fig. 31. Sur l'évolution du cheptel dans la Bretagne romaine, voir M. Allen, « Pastoral Farming », art. cit. ; l'auteur souligne lui aussi la variété des situations locales (p. 89, fig. 3.5 et p. 91, fig. 3.10), la diversité de la taille des bœufs (p. 104) par exemple.

bêtes et d'une augmentation de la ressource céréalière disponible. Cette évolution avait d'ailleurs aussi des conséquences négatives : nourrir ces grands animaux impliquait de disposer de 40 % de fourrage supplémentaire et, partant, un accroissement significatif des surfaces cultivées en prairie et en plantes fourragères. Cela pourrait avoir conduit à une modification des systèmes agraires, voire, dans certains cas, à une forme d'épuisement des sols[77]. Ainsi, nourrir un bovin de 615/650 kilogrammes suppose un hectare de superficie par an. Il pourrait même être tentant de pousser le raisonnement plus loin : le franchissement des limites productives lié à l'élevage n'aurait-il pas été l'une des causes de la décroissance qui caractérise l'Antiquité tardive ? Comme on le voit, si le développement des campagnes, dans ces provinces du nord-ouest de l'Empire, est incontestable, il n'est pas dépourvu d'ambiguïtés. Les différents indices qui permettent de l'évaluer résistent durablement à la quantification ; ils doivent rester, pour l'heure, d'ordre qualitatif.

Les facteurs du développement économique

Essayant d'évaluer l'agriculture romaine dans une perspective comparatiste, Henri W. Pleket définissait cinq facteurs essentiels du développement[78] : l'accroissement de la quantité de terre cultivée, l'amélioration des méthodes de culture – moins de jachère, un système d'assolements plus efficace avec une augmentation des engrais verts –, l'augmentation de la productivité sur une surface cultivée donnée, une meilleure spécialisation des exploitations et une commercialisation adaptée au développement des marchés. Il invoquait pour finir l'émergence de domaines plus vastes et plus efficaces, corollaire du déclin de l'agriculture de subsistance. L'historien négligeait, en revanche, l'accroissement démographique par lequel nous allons commencer.

La démographie

Il n'est pas question de rouvrir ici le débat extrêmement complexe sur l'importance et l'augmentation de la population du monde romain, qui a donné lieu à d'innombrables publications. Qu'il suffise de rappeler que nous ne disposons de chiffres absolus, eux-mêmes sujets de discussions infinies, que pour l'Italie et l'Égypte[79].

---

77. S. LEPETZ et V. ZECH-MATTERNE, « Systèmes agro-pastoraux à l'âge du Fer et à la période romaine en Gaule du Nord », art. cit., p. 369-384.
78. Henri W. PLEKET, « Wirtschaft », in F. VITTINGHOFF (dir.), *Europäische Wirtschafts- und Sozialgeschichte in der römischen Kaiserzeit*, Stuttgart, Klett-Cotta, 1990, p. 70-118 ; id., « Agriculture in the Roman Empire in Comparative Perspective », in H. SANCISI-WEERDENBURG et al. (dir.), *De agricultura. In memoriam Pieter Willem de Neeve (1945-1990)*, Amsterdam, J. C. Gieben, 1993, p. 317-342.
79. Les enjeux du débat ont bien été résumés par Walter SCHEIDEL, « Roman Population Size: The Logic of the Debate », in L. DE LIGT et S. J. NORTHWOOD (dir.), *People, Land, and Politics: Demographic Development and the Transformation of Roman Italy 300 BC-AD 14*,

S'agissant de la Gaule en particulier, nous dépendons encore très largement de l'extraordinaire travail critique réalisé par Karl Julius Beloch à la fin du XIXe siècle : en se fondant essentiellement sur le texte césarien de *La guerre des Gaules*, notamment du livre VII, le savant allemand avait évalué la population totale du pays à environ 6 000 000 d'habitants[80]. C'est à peu près ce chiffre qui a été repris par Bruce W. Frier ; ce dernier propose en outre une estimation de 9 000 000 d'habitants pour l'année 164 apr. J.-C., que W. Scheidel a élargie à une fourchette de 9 à 12 millions[81]. On retiendra cet ordre de grandeur, plus ou moins consensuel aujourd'hui, en soulignant que l'augmentation d'une population de 6 à 9 millions d'habitants en deux siècles constitue, pour l'Antiquité, un taux de croissance très significatif, proche de 0,2 % par an, alors que la tendance de long terme est généralement plus basse[82]. Or ces estimations, en soi assez spéculatives, doivent aussi tenir compte des pertes de la guerre des Gaules, même si les chiffres de Plutarque, évoquant un million de morts, sont probablement très exagérés[83]. On peut donc, compte tenu des conditions démographiques de l'époque, accepter l'hypothèse d'une croissance raisonnable de la population sur deux siècles avec un effet d'entraînement de la consommation alimentaire et donc de la production. Cela conforte les courbes qui semblent attester une densification des établissements agricoles, sans toutefois aller jusqu'à parler d'un doublement démographique en un temps aussi bref, du moins à l'échelle de tout le pays[84].

Leyde, Brill, 2008, p. 17-69. Les chiffres qui sont cités ici sont extraits de Bruce W. FRIER, « Demography », in A. K. BOWMAN, P. GARNSEY et D. RATHBONE (dir.), *The Cambridge Ancient History*, vol. XI, *The High Empire, A.D. 70-192*, Cambridge, Cambridge University Press, 2000, p. 787-816.
80. Karl Julius BELOCH, *Die Bevölkerung der griechisch-römischen Welt*, Leipzig, Dunckler und Humblot, 1886 ; *id.*, « Die Bevölkerung Galliens zur Zeit Caesars », *Rheinisches Museum*, 54, 1899, p. 414-445.
81. Walter SCHEIDEL, « Demography », in W. SCHEIDEL, I. MORRIS et R. P. SALLER (dir.), *The Cambridge Economic History of the Greco-Roman World*, op. cit., p. 38-86.
82. B. W. FRIER, « Demography », art. cit., p. 813 ; l'auteur retient volontairement un taux d'augmentation assez bas de 0,15 %, qui permet un doublement théorique de la population sur une période de 460 ans, hors épisodes exceptionnels. Rappelons à ce propos que la population de la France, vers 1600, ne dépassait probablement pas 20 000 000 d'habitants.
83. Le chiffre de Plutarque (César, XV, 3) est sans doute excessif, car il représenterait, s'il s'avérait exact, 15 à 16 % de la population totale de la Gaule, soit plus du double des pertes militaires françaises de la première guerre mondiale, sans compter les blessés et un million de prisonniers, au total près du tiers de la population ! Sur la paléodémographie de cette époque, on lira avec profit les observations d'Isabelle SÉGUY, « Current Trends in Roman Demography and Empirical Approaches to the Dynamics of the Limes Populations », *in* P. VERHAGEN, J. JOYCE et M. R. GROENHUIJZEN (dir.), *Finding the Limits of the Limes*, op. cit., p. 23-41.
84. Notons que la population de la Bretagne romaine est généralement considérée comme faible. W. Scheidel l'évalue à 1,5/2 millions dans W. SCHEIDEL, I. MORRIS et R. P. SALLER (dir.), *The Cambridge Economic History of the Greco-Roman World*, op. cit., p. 38-86.

Bien entendu, il a pu y avoir des situations très contrastées d'une région à l'autre et des taux de croissance localement plus forts[85]. C'est sans doute le cas de la Rhénanie, où le développement de la frontière, dès l'époque augustéenne, a suscité une forte immigration, militaire et civile, dans une région jusque-là relativement peu peuplée et dont une partie – le territoire des Éburons – avait été dévastée. Des études récentes ont tenté de modéliser cette croissance démographique brutale qui aurait conduit à une surpopulation urbaine (entre 400 000 et 920 000 habitants + 84 000 soldats) par rapport à la population rurale supposée la nourrir (entre 158 000 et 316 000 habitants)[86]. Cela pousse à s'interroger sur la première des conditions de la croissance évoquée par H. W. Pleket : celle de l'intensification agricole par l'accroissement de l'*ager* cultivé.

Une augmentation des surfaces cultivées ?

Pierre Ouzoulias a fait observer que certains terroirs du nord de la Gaule, encore très marginaux pendant la période protohistorique, portaient les traces d'une mise en valeur accrue sous l'Empire[87]. Il cite notamment le plateau calcaire de la forêt de Haye, à l'ouest de Nancy, la Brie, dans le secteur de Marne-la-Vallée à l'est de Paris, le piémont vosgien ou la forêt de Châtillon-sur-Seine[88]. Cette intensification agricole a pu prendre différentes formes : aménagement d'importants réseaux de drainage des sols en Brie ou à Sénart ; mise en place de parcellaires sous forme de murées en forêt de Haye ou de Châtillon ; émergence de hameaux avec parcellaires dans le piémont vosgien. Dans tous les cas, cette valorisation se traduit par l'apparition de petits établissements ruraux exploités à l'échelle familiale, et jamais par l'implantation de *villae*. Selon P. Ouzoulias, qui s'appuie sur un modèle

---

85. C'est ce que plaide Philip Verhagen pour la zone arrière du *limes* aux Pays-Bas (Philip VERHAGEN, « Modelling the Dynamics of Demography in the Dutch Roman Limes Zone: A Revised Model », *in* P. VERHAGEN, J. JOYCE et M. R. GROENHUIJZEN (dir.), *Finding the Limits of the Limes, op. cit.*, p. 43-59. Mais la démonstration paraît plus fondée sur un postulat théorique de croissance que sur des faits.
86. Karl P. WENDT et Andreas ZIMMERMANN, « Bevölkerungsdichte und Landnutzung in den germanischen Provinzen des Römischen Reiches im 2. Jahrhundert n. Christus », *Germania*, 86-1, 2008, p. 191-226 ; Karl P. WENDT *et al.*, « Landschaftsarchäologie III. Untersuchungen zur Bevölkerungsdichte der vorrömischen Eisenzeit, der Merowingerzeit und der späten vorindustriellen Neuzeit an Mittel- und Niederrhein », *Bericht der Römisch-Germanischen Kommission*, 91, 2010, p. 217-338. Les chiffres sont arrondis.
87. Pierre OUZOULIAS, « *Nos natura non sustinet*. À propos de l'intensification agricole dans quatre terroirs du nord des Gaules », *Gallia*, 71-2, 2014, p. 307-328.
88. Ces différents cas d'études ont été respectivement repris dans *GR1*, p. 426-442, 584-589, 606-612 et 757-815 (*passim*), avec la bibliographie afférente. Sur le secteur du Châtillonnais, on ajoutera désormais Dominique GOGUEY et Jacky BÉNARD (dir.), *Structures en pierre du plateau du Châtillonnais (Côte-d'Or), du Hallstatt à l'Antiquité tardive. L'apport de l'archéologie forestière*, Drémil-Lafage, Mergoil, 2018. On pourrait ajouter à cette liste le plateau de Sénart, au sud de Paris (*GR1*, p. 442-456).

de développement inspiré d'Ester Boserup, la pression démographique serait à l'origine de la création de nouvelles terres agricoles sous l'Empire.

Sans vouloir discuter ici de ce modèle, force est de constater que ces exemples, pour intéressants qu'ils soient à l'échelle de petits terroirs marginaux, ne sauraient, à eux seuls, avoir engendré un fort développement économique des campagnes, sauf à prouver que cette forme d'intensification fut générale en Gaule intérieure. Il existe en revanche une très vaste zone agricole, peu densément peuplée à la veille de la conquête, dont la mise en valeur a constitué, sous l'Empire, un élément décisif de la croissance, sous l'impulsion directe de l'État ou de ses représentants : la Germanie. On citera pour commencer le territoire de la *Colonia Claudia Ara Agrippinensium* (actuelle Cologne), fondée en 50 apr. J.-C. et dont une partie non négligeable du territoire, formée de lœss fertiles qui s'étendent à l'ouest de la ville jusqu'à la Meuse et au-delà, sur le piémont nord de l'Eifel, a vu l'émergence d'un semis dense de petites *villae* à partir de cette époque[89]. La capacité productive de ce terroir, quoique souvent surévaluée, dépassait de beaucoup les besoins locaux, offrant ainsi des surplus capables de nourrir une partie de l'armée de Germanie inférieure, au IIe siècle apr. J.-C., bien que les sols, au nord de ce secteur fertile et jusqu'au delta du Rhin, aient été de qualité infiniment plus médiocres[90].

En Germanie supérieure, la conquête des champs Décumates, au-delà du Rhin, à partir de Vespasien, a abouti à la création d'un autre front pionnier, se traduisant par la mise en valeur de nouvelles et riches terres agricoles, notamment dans la vallée du Neckar, mais aussi dans le secteur de la Vétéravie (autour de l'actuelle ville de Francfort)[91]. On sait qu'existait dans le secteur de Rottenburg/Sumelocenna un domaine impérial, antérieur à la phase de municipalisation qui n'eut sans doute pas lieu avant le règne de Marc-Aurèle[92]. Cette politique fut poursuivie durant tout le IIe siècle apr. J.-C. avec l'installation progressive, tout au long du *limes* de Germanie supérieure et de Rhétie, d'une impressionnante série de *villae* dont la fonction était évidemment de ravitailler l'armée (fig. 5). Notons toutefois que ce développement de la superficie cultivée en Gaule s'est effectué de manière tardive, à partir du milieu du Ier siècle apr. J.-C. (soit un siècle après la

---

89. On renonce à citer ici la très importante bibliographie consacrée à cette zone dont on trouvera une bonne synthèse dans M. Brüggler *et al.*, « The Roman Rhineland », art. cit., p. 19-95.
90. Il est sans doute possible de parler, pour ces secteurs, d'intensification agricole sous l'Empire, au sens où l'entend P. Ouzoulias, « *Nos natura non sustinet* », art. cit. M. Brüggler *et al.*, « The Roman Rhineland », art. cit., p. 65-70 a ainsi développé l'idée que la plaine du Rhin inférieur avait pu constituer une zone de développement agricole apte à nourrir cette partie du *limes*, rejoignant ainsi la position de P. Verhagen, J. Joyce et M. R. Groenhuijzen (dir.), *Finding the Limits of the Limes, op. cit.* La place manque ici pour discuter en détail des différents modèles.
91. Michel Reddé, « De La Tène finale à l'Empire. La dynamique d'occupation des sols », *in GR2*, p. 485-500, ici p. 495-498. Est-ce à cet épisode que fait allusion Tacite dans un passage très controversé (*Germania* 29) ? L'historien indique, en termes méprisants, que ces régions ont été « occupées » par des Gaulois poussés par la pauvreté (*Levissimus quisque Gallorum et inopia audax dubiae possessionis solum occupavere*).
92. *CIL* XIII, 6385.

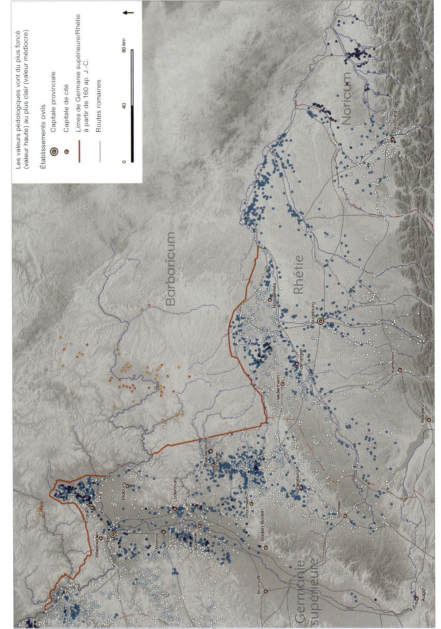

Figure 5 – *Villae rusticae* et valeurs pédologiques des sols en Allemagne

Source : Christof Flügel, Landesstelle für die nichtstaatlichen Museen in Bayern, Archiv Archäologische Informationsverarbeitung Johannes Valentia, Gunzenhausen.

conquête), et aux marges du territoire gaulois, à destination du marché militaire proche. Quant à la Bretagne de l'époque romaine, elle ne connaît nullement la même évolution, l'*hinterland* (arrière-pays) du mur d'Hadrien étant complétement dépourvu de *villae*[93].

S'il est certain que cet élargissement de l'*ager* a conduit à une augmentation de la production agricole globale, il apparaît plus difficile de quantifier sérieusement celle-ci. A-t-il été, dans le même temps, associé à une meilleure productivité[94] ? Pour Dennis P. Kehoe, il ne fait aucun doute que celle-ci a augmenté, sans pour autant que la richesse créée par les campagnes alimente en retour un véritable progrès du système manufacturier et des échanges et, partant, une croissance globale. Celle-ci a été limitée, selon lui, par le « cadre conceptuel » de l'agriculture, une expression chère aux New Institutional Economics (nouvelle économie institutionnelle)[95]. J. Geoffrey Kron croit également à une hausse de la productivité agricole, d'une manière encore plus résolument optimiste, en se plaçant à l'échelle de l'Empire tout entier, même s'il prend la plupart de ses exemples dans le monde méditerranéen[96]. Qu'avons-nous de concret dans notre zone d'étude pour corroborer ces hypothèses ?

Des progrès techniques ?

L'enquête britannique a bien montré que la manière de travailler et de préparer la terre ne semblait pas avoir fondamentalement évolué depuis l'âge du Fer. Si l'Antiquité tardive voit l'apparition des coutres – destinés à fendre notamment la prairie, mais bien éloignés de véritables charrues –, les araires ne connaissent pas d'évolutions significatives. Il est vrai que l'outillage en fer est rare et limité à quelques

---

93. Voir Michel REDDÉ et Allard MEES, « Hadrian's Wall and Its Continental Hinterland », *Britannia*, à paraître en 2022. Jacqui HUNTLEY, « 'The World is a Bundle of Hay': Investigating Land Management for Animal Fodder around Vindolanda, Based on Plant Remains », *in* R. COLLINS et M. SYMONDS (dir.), « Breaking Down Boundaries: Hadrian's Wall in the 21st Century », *Journal of Roman Archaeology*, supplément 93, 2013, p. 33-51 a néanmoins montré que la zone du mur pouvait nourrir son parc de chevaux et de mules.
94. La question n'est évidemment pas neuve. Sans remonter très loin dans le temps, on peut toujours relire avec profit l'ouvrage de Kevin GREENE, *The Archaeology of the Roman Economy*, Londres, B. T. Batsford, 1986.
95. Dennis P. KEHOE, « The Early Roman Empire: Production », *in* W. SCHEIDEL, I. MORRIS et R. P. SALLER (dir.), *The Cambridge Economic History of the Greco-Roman World*, *op. cit.*, p. 541-569.
96. J. Geoffrey KRON, « The Much Maligned Peasant: Comparative Perspectives on the Productivity of the Small Farmer in Classical Antiquity », *in* L. DE LIGT et S. NORTHWOOD (dir.), *People, Land, and Politics: Demographic Developments and the Transformation of Roman Italy, 300 BC-AD 14*, *op. cit.*, p. 71-119 ; *id.*, « Food Production », *in* W. SCHEIDEL (dir.), *The Cambridge Companion to the Roman Economy*, Cambridge, Cambridge University Press, 2012, p. 156-174.

Figure 6 – Répartition des moulins hydrauliques connus

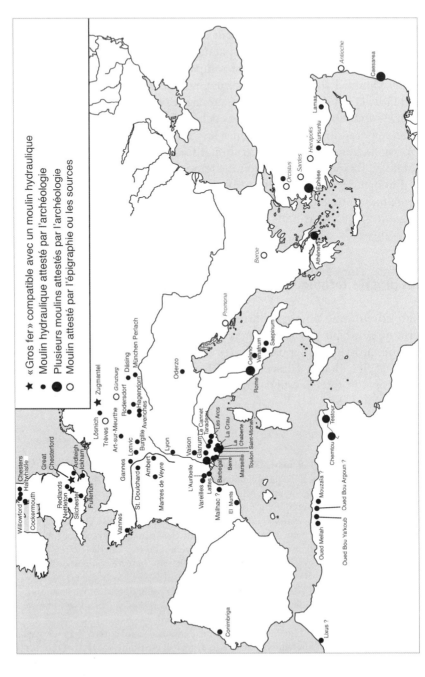

Source : Jean-Pierre Brun, « Les moulins hydrauliques dans l'Antiquité », in L. Jaccottey et G. Rollier (dir.), Archéologie des moulins hydrauliques, à traction animale et à vent des origines à l'époque médiévale et moderne en Europe et dans le monde méditerranéen. Actes du colloque international, Long-le-Saunier, du 2 au 5 novembre 2011, Besançon, Presses universitaires de Franche-Comté, 2016, p. 21-50, ici p. 25, fig. 1.

exploitations de fort statut et, qu'en outre, il se conserve mal[97]. La même conclusion vaut sans doute pour la Gaule, où les études très précises d'André Marbach ont grandement contribué à une meilleure connaissance des araires antiques[98].

En revanche, plusieurs recherches récentes illustrent la diffusion précoce des moulins hydrauliques en Gaule chevelue, une cinquantaine d'années seulement après la conquête, avec une expansion rapide dès le Ier siècle apr. J.-C. Selon la carte de diffusion dressée par Jean-Pierre Brun, cette importante évolution technique apparaît particulièrement bien documentée dans la Gaule et la Bretagne romaine. Qu'il y ait là un effet de source importe peu : même exagérée, leur présence vient remettre en cause une chronologie longtemps considérée comme tardo-antique (fig. 6)[99]. Cette enquête doit être complétée par celle qui concerne les grandes meules à traction animale de type pompéien (« meules à sang »). En Gaule du Nord, elles apparaissent, au stade actuel des recherches, essentiellement dans les agglomérations[100], sans qu'on puisse encore affirmer qu'elles ont été en usage dans les établissements ruraux. On ignore donc la diffusion réelle de ces nouveautés techniques dans les campagnes. À titre de comparaison, en Bretagne, elles sont concentrées dans le sud et l'est du pays, avec une prépondérance marquée pour les agglomérations – 15 % pour les *villae* et seulement 4 % pour les fermes[101].

Faut-il ranger dans la série des innovations techniques d'époque romaine le fameux *vallus*, cette moissonneuse dont Pline l'Ancien[102] affirme qu'elle est spécifique aux *latifundia* (grands domaines ruraux) des Gaules ? Longtemps considérée comme un objet quasi folklorique, cette machine doit probablement être

---

97. Contribution de Tom BRINDLE dans L. LODWICK, « Arable Farming, Plant Foods and Resources », art. cit., p. 42.

98. André MARBACH, *Recherches sur les instruments aratoires et le travail du sol en Gaule Belgique*, Oxford, Archaeopress, 2004 ; *id.*, « Essai de classement typo-technologique des araires à partir des pièces métalliques découvertes en Gaule romaine en vue de leur reconstitution », *Revue archéologique du Centre de la France*, 45-46, 2006-2007, http://journals.openedition.org/racf/734.

99. Jean-Pierre BRUN, « Les moulins hydrauliques dans l'Antiquité », *in* L. JACCOTTEY et G. ROLLIER (dir.), *Archéologie des moulins hydrauliques, à traction animale et à vent des origines à l'époque médiévale et moderne en Europe et dans le monde méditerranéen. Actes du colloque international, Long-le-Saunier, du 2 au 5 novembre 2011*, Besançon, Presses universitaires de Franche-Comté, 2016, p. 21-50 ; Andrew WILSON, « Roman Water-Power: Chronological Trends and Geographical Spread », *in* P. ERDKAMP, K. VERBOVEN et A. ZUIDERHOEEK (dir.), *Capital, Investment, and Innovation in the Roman World*, Oxford, Oxford University Press, 2020, p. 147-194.

100. Luc JACCOTTEY *et al.*, « Les moulins de type Pompei en France », *in* O. BUCHSENSCHUTZ *et al.* (dir.), n° spécial « Évolution typologique et technique des meules du Néolithique à l'an mille. IIIe Rencontres archéologiques de l'archéosite gaulois », *Aquitania*, 23, 2011, p. 95-107.

101. Contribution de Tom BRINDLE dans L. LODWICK, « Arable Farming, Plant Foods and Resources », art. cit., p. 72.

102. *Histoire Naturelle*, XVIII, 296. Le témoignage de Pline est corroboré par celui de Palladius (VII, 2) et par une série de représentations figurées provenant de grands mausolées découverts à Buzenol, Arlon, Reims, Trèves et Coblence, soit dans le sud-est de la Belgique antique.

prise au sérieux, comme l'ont bien montré Georges Raepsaet et Fabre Lambeau. Les reconstitutions expérimentales de l'archéoparc de Rochefort (province de Namur) prouvent que l'engin est non seulement fonctionnel, mais permet une moisson d'une rapidité exceptionnelle – sans commune mesure avec une coupe manuelle à la faucille[103]. Ce n'est pas un hasard si la zone où la présence du *vallus* est attestée correspond à celle où était cultivé de manière préférentielle l'épeautre, cette nouvelle céréale vêtue développée à l'époque romaine sur les terres froides et humides du nord et de l'est de la Belgique : cette céréale convient bien, en effet, à ce qu'on attend d'une agriculture extensive sur de grands domaines où il était impossible de fumer tout le sol et donc d'améliorer les rendements. Grâce à une machine réellement efficace sur une céréale vêtue dont les grains ne s'échappent pas lorsque les épis sont arrachés, l'ampleur de la surface cultivée permettait d'améliorer la productivité en épargnant la main-d'œuvre[104].

À l'inverse, la culture des blés nus, notamment celle des blés tendres, ne pouvait s'effectuer de la même manière[105] : on l'a vu, elle était souvent pratiquée, en Gaule du Nord, par de petits établissements. On doit donc restituer dans les zones de production du Bassin parisien, dont les premières analyses montrent qu'elles étaient fumées, une agriculture de type intensif sur de petites propriétés, peut-être avec des semis en sillons ou en poquets, qui offrent des rendements très supérieurs, et non à la volée. Cette dernière hypothèse ne peut cependant être confirmée, faute de témoignage archéologique concret. Il faut toutefois poser ici la question de la durabilité de cette forme de culture, très exigeante, ce qui nous ramène à l'association, déjà évoquée, des légumineuses avec les blés nus, frappante dans le Bassin parisien, et qui réapparaît massivement au tournant des Ier/IIe siècles apr. J.-C.

On peut imaginer plusieurs raisons à ce nouvel essor[106]. Utilisées comme aliments par l'homme et le bétail, les légumineuses peuvent être semées au printemps, après une préparation légère de la jachère, avant les labours et les semis

---

103. Georges Raepsaet et Fabre Lambeau (dir.), *La moissonneuse gallo-romaine*, Bruxelles/Rochefort, Université libre de Bruxelles/Malagne, 2000 ; sur la reconstitution de l'archéoparc, voir Michel Reddé, « Grands domaines et petites exploitations rurales. Ce que nous apprennent les textes latins », *in GR2*, p 309-326, notamment p. 325 et Georges Raepsaet, *La moissonneuse gallo-romaine au fil de l'histoire. Une icône, révélateur épistémologique au cœur de la technologie romaine*, Bruxelles, CReA-Patrimoine, 2022.

104. Nous avons eu le privilège d'assister à une expérimentation de ce type le 11 septembre 2018. La pesée du grain, au terme d'une saison très sèche, sur un sol non fumé, avait montré un rendement de 8,5 q/ha, ce qui aujourd'hui nous paraît faible, mais correspond bien aux calculs que l'on peut faire et au rendement de 4 pour 1 décrit par Columelle (III, 3, 4). Voir à ce propos M. Reddé, « Grands domaines et petites exploitations rurales », art. cit., p. 319-321).

105. Les grains de froment tombent facilement d'eux-mêmes et ne peuvent être récoltés par une machine de type *vallus*, un érussoir pourvu de dents qui arrachent l'épi et donc égrènent les blés nus.

106. On lira la démonstration de détail, assez complexe, effectuée par Véronique Zech-Matterne dans S. Lepetz et V. Zech-Matterne, « Systèmes agro-pastoraux à l'âge du Fer et à la période romaine en Gaule du Nord », art. cit., p. 387-389.

d'automne. Elles contribuent à freiner l'épuisement des ressources nutritives, nettoient la terre et l'enrichissent, ce qui bénéficie aux céréales qui leur succèdent. Elles peuvent aussi servir d'engrais vert, une pratique connue des Agronomes latins[107]. Columelle mentionne ainsi le bénéfice que l'on peut tirer des lupins, fèves, vesces, lentilles, ers, cicerole, pois, à condition que leurs restes verts soient immédiatement enfouis par un labour après la récolte[108]. D'autres auteurs latins, notamment Virgile ou Pline, font aussi référence à ce cycle de cultures[109]. Fort de ces exemples littéraires, Kenneth D. White soutenait que l'emploi des engrais verts avait bien été pratiqué, notamment sur les bonnes terres d'Italie, sans pour autant faire disparaître partout la jachère biennale[110]. Nous en voyons peut-être aujourd'hui, grâce à l'archéologie, une application en Gaule du Nord. J. G. Kron est même allé sensiblement plus loin en évoquant un système agricole de *ley-farming* tel que pratiqué à l'époque moderne en Hollande ou en Angleterre, avec un assolement associant prairies et champs cultivés[111]. Il invoque à ce propos un autre passage de Columelle[112], dans lequel l'agronome latin mentionne des prairies artificielles, labourées avant d'être mises en culture : celles-ci, dit-il, fournissent de belles moissons, la terre s'étant longtemps reposée. Néanmoins, cette interprétation nous paraît quelque peu exagérée, s'agissant de l'époque antique, car le cycle prairies > champs cultivés > prairies, loin d'être établi comme système agricole généralisé, est seulement cité par Columelle comme cas d'espèce. L'emploi des légumineuses en alternance avec les blés nus (et sans doute l'orge) observé en Gaule du Nord est-il la marque d'une forme d'épuisement des sols dû à une volonté d'accroître la productivité[113] ? Ou s'agit-il d'un témoignage de pratiques culturales nouvelles importées d'Italie ? En l'état actuel de la recherche, la question n'est pas tranchée et la prudence dans l'interprétation de ces différents indices potentiels d'une croissance soutenue reste de rigueur.

Si l'on revient un instant aux facteurs du développement agricole tels que H. W. Pleket les a identifiés et auxquels nous avons ajouté la croissance démographique, le bilan global apparaît ambigu, sans doute faute de moyens d'investigation ou de précision suffisante dans les résultats des enquêtes menées, qui ne sont qu'une étape de la recherche. L'augmentation de la population constitue une probabilité raisonnable, mais elle est souvent postulée de manière excessive, sans tenir compte des conditions de la démographie antique, très différentes des nôtres, sur

---

107. Voir M. REDDÉ, « Grands domaines et petites exploitations rurales », art. cit., p. 316.
108. COLUMELLE, II, 14.
109. VIRGILE, *Géorgiques* I, 71-76 ; PLINE, *Histoire Naturelle*, XVIII, 186-187 ; 191.
110. Kenneth D. WHITE, *Roman Farming*, Londres, Thames and Hudson, 1970.
111. J. Geoffrey KRON, « Roman Ley-Farming », *Journal of Roman Archaeology*, 13, 2000, p. 277-287.
112. COLUMELLE, II, 18.
113. Voir notamment Véronique ZECH-MATTERNE, Julian WIETHOLD et Bénédicte PRADAT, « L'essor des blés nus en France septentrionale. Systèmes de culture et commerce céréalier autour de la conquête césarienne et dans les siècles qui suivent », *in* X. DERU et R. GONZALEZ VILLAESCUSA (dir.), n° spécial « Consommer dans les campagnes de la Gaule romaine. Actes du Xe congrès de l'Association Ager », *Revue du Nord*, 21, 2014, p. 23-49, ici p. 37.

la foi de sources archéologiques qui peuvent être fortement biaisées, on l'a rappelé. Si l'*ager* cultivé connaît un accroissement global, celui-ci n'est probablement pas, dans des campagnes de Gaule déjà très bien mises en valeur à l'âge du Fer, le fruit de nouveaux et grands défrichements, sauf dans des secteurs marginaux du point de vue économique. À notre sens, la mise en valeur des riches terres de Germanie, en rapprochant les producteurs des marchés de consommation situés à la frontière de l'Empire, a constitué un facteur beaucoup plus fondamental dans le développement économique des campagnes de l'époque impériale. Quant aux techniques agricoles, elles ont sans doute évolué, mais dans la continuité des progrès de l'âge du Fer, et non de manière radicale et brutale. L'introduction de pratiques italiennes décrites par les Agronomes latins, notamment l'emploi d'engrais verts, et l'adoption de nouvelles rotations des cultures restent des hypothèses en attente de vérification. En revanche, on commence à mieux percevoir l'instauration de nouveaux systèmes agro-pastoraux à l'échelle régionale *via* des associations spécifiques de plantes et d'animaux. Cette observation vaut aussi bien pour la Bretagne insulaire que pour la Gaule, même si les assemblages et les rythmes d'évolution diffèrent de part et d'autre de la Manche. Enfin, si l'introduction rapide de la vigne ou l'acclimatation de nouvelles plantes méditerranéennes constituent de vraies nouveautés, elles n'étaient pas de nature à bouleverser l'économie des campagnes.

In fine, il est difficile d'assurer que la productivité a cru de manière substantielle, et encore plus de mesurer ce gain. Le développement des *villae*, souvent considéré comme le facteur décisif de cette hausse de la productivité, corollaire du déclin de l'économie de subsistance, doit être mieux compris : il s'agit d'un processus lent, fruit d'un développement endogène, et non de l'arrivée massive de colons italiens pratiquant une agriculture nouvelle. Les formes anciennes de l'économie des campagnes ont en effet longtemps subsisté, et elles s'observent jusque dans l'habitat. Assurément, l'existence de grands domaines capables de dégager des surplus ne saurait être niée, ce que l'émergence de très grands greniers tend à confirmer. En revanche, rien ne prouve qu'ils s'adonnaient tous à la monoculture des céréales, une hypothèse d'autant plus improbable que le blé n'est pas la plante qui offrait le meilleur rapport, ni le plus sûr ou le plus régulier. L'image – sans doute fantasmée – des *Secundini* d'Igel ne doit donc pas être généralisée à l'échelle de toute la Gaule, et encore moins à celle de la Bretagne.

Le marché

Reste le développement du marché. La conquête de la *Comata*, puis l'organisation augustéenne et l'établissement d'une frontière sur le Rhin ont considérablement réorienté les circuits économiques de la nouvelle province. Ces évolutions ont suscité sur les franges orientales de la Gaule une forte demande, due à l'émergence d'une clientèle militaire dont le pouvoir d'achat était important pour l'époque. Rappelons que la garnison a compté jusqu'à 80 000 hommes sous Tibère. Rien ne l'illustre mieux que la carte de diffusion de la nouvelle monnaie romaine en Gaule, directement liée à l'installation de l'armée sur le Rhin, dans la deuxième décennie avant notre

ÉCONOMIE ET ÉCOLOGIE

Figure 7 – Monnaies gauloises et romaines dans les contextes augustéens moyens

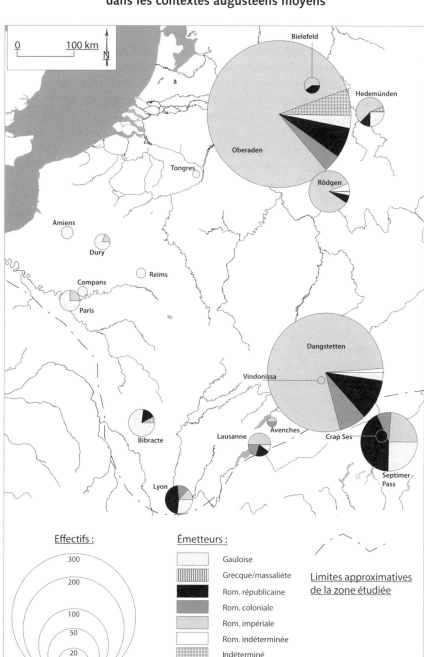

Source : Stéphane Martin, Du statère au sesterce. Monnaie et romanisation dans la Gaule du Nord et de l'Est (IIIe s. a.C.-Ier s. p.C.), Bordeaux, Ausonius, 2015, fig. 56.

139

ère (fig. 7). C'est par la périphérie, en effet, qu'est arrivé le numéraire, ne touchant les villes que dans un second temps, et de manière inégale[114]. Quant à ces dernières, leur développement s'est effectué de manière graduelle, engendrant de nouveaux marchés ou réorientant les anciens[115]. Il est difficile d'en retracer finement les étapes successives, mais ses effets à long terme peuvent être mesurés grâce à la carte de distribution des amphores régionales, c'est-à-dire des productions locales dans le nord de la France. En les croisant avec les données sur les amphores à huile et à vin importées du monde méditerranéen[116], il devient possible d'observer le rôle de redistribution exercé par les agglomérations, qu'elles soient ou non capitales de cités. Après l'essor commercial causé par la présence militaire en Germanie et le développement urbain au début de l'Empire, une troisième étape a sans doute consisté en la conquête de la Bretagne, qui a donné à la Gaule du Nord la possibilité d'exporter à son tour ses produits vers la nouvelle province. On n'a toutefois guère de preuves ou de témoignages directs que le ravitaillement militaire, une fois passée la phase initiale de l'invasion, ait traversé la Manche[117]. Outre le développement très précoce du port de Londres, qui a servi de plateforme pour le trafic avec le continent[118], une petite série d'inscriptions de *negotiatores* (marchands romains) exerçant leurs activités entre la Bretagne et la Germanie ou la Gaule montre le niveau de développement des marchés vers la fin du IIe siècle apr. J.-C. (fig. 8). À l'évidence, l'échelle de ces circuits commerciaux atteignait désormais un stade de connectivité qui favorisait la croissance – sans aller toutefois jusqu'à parler d'« économie de marché », au sens moderne du terme[119]. Bien que la place manque ici pour développer ce point, quelques arguments seront avancés.

On ignore, par exemple, comment était fixé le prix du blé, notamment celui destiné à l'armée, mais il paraît assez improbable qu'il ait été défini par la simple loi de l'offre et de la demande, pour éviter que le soldat ne voie fondre son pouvoir d'achat sous l'effet de l'inflation ou des variations saisonnières des prix[120]. Pour les mêmes raisons, on a suggéré que le ravitaillement en huile de Bétique des garnisons du *limes* de Germanie se faisait dans le cadre d'échanges régulés au niveau

---

114. Stéphane MARTIN, *Du statère au sesterce. Monnaie et romanisation dans la Gaule du Nord et de l'Est (IIIe s. a.C.-Ier s. p.C.)*, Bordeaux, Ausonius, 2015.

115. Sur le développement urbain, voir Michel REDDÉ et William VAN ANDRINGA (dir.), « La naissance des capitales de cités en Gaule chevelue », *Gallia*, 72-1, 2015.

116. Fanette LAUBENHEIMER et Élise MARLIÈRE, *Échanges et vie économique dans le Nord-Ouest des Gaules (Nord/Pas-de-Calais, Picardie, Haute-Normandie). Le témoignage des amphores du IIe s. av. J.-C. au VIe s. ap. J.-C.*, Besançon, Presses universitaires de Franche-Comté, 2 vol., 2010 ; ces cartes sont reproduites dans *GR2*, p. 524-525 et 539.

117. Voir notamment Richard THOMAS, « Supply-Chain Networks and the Roman Invasion of Britain: A Case Study from Alchester, Oxfordshire », *in* S. STALLIBRASS et R. THOMAS (dir.), *Feeding the Roman Army: The Archaeology of Production and Supply in NW Europe*, Oxbow/Oakville, Oxbow books/D. Brown, 2008, p. 31-51.

118. M. REDDÉ et A. MEES, « Hadrian's Wall and Its Continental Hinterland », art. cit.

119. Voir Peter TEMIN, « A Market Economy in the Early Roman Empire », *The Journal of Roman Studies*, 91, 2001, p. 169-181 ; *id.*, *The Roman Market Economy*, op. cit.

120. Lothar WIERSCHOWSKI, *Heer und Wirtschaft. Das römische Heer der Prinzipatszeit als Wirtschaftsfaktor*, Bonn, R. Habelt, 1984.

ÉCONOMIE ET ÉCOLOGIE

Figure 8 – Carte des inscriptions de *nautae* attestés en Gaule par l'épigraphie (points blancs) et de *negotiatores* commerçant avec la Bretagne (points noirs)

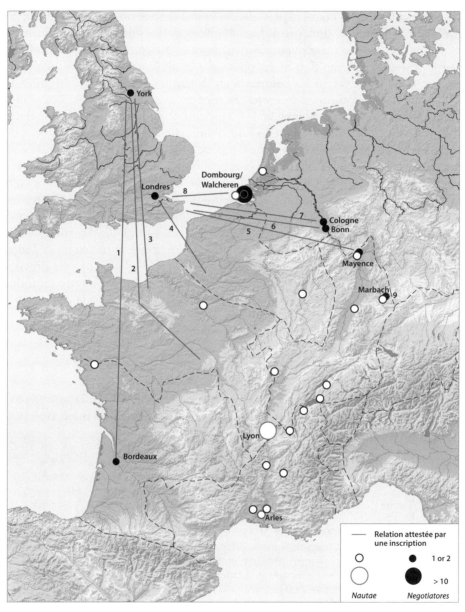

Note : nous n'avons pas retenu sur cette carte tous les négociants mentionnés dans les inscriptions des sanctuaires de Nehalennia, aux bouches de l'Escaut, même s'il est extrêmement probable qu'ils étaient en relations commerciales avec l'Île. 1 = AE 1922, 116 ; 2 = RIB I, 678 ; 3 = AE 1975, 651 ; 4 = AE 2003, 1015 ; 5 = CIL XIII, 7300 ; 6 = BRGK 27, 1937, 99, n° 167 ; 7 = CIL XIII, 8164a ; 8 = AE 1973, 370 ; 1983, 720-722 ; 9 = AE 1969-1970, 436.
Source : Michel REDDÉ *et Allard* MEES*, « Hadrian's Wall and Its Continental Hinterland », Britannia, à paraître en 2022.*

des procurateurs provinciaux, et non par les seules forces du marché[121]. Bien que cette proposition ait rencontré un fort scepticisme de la part des historiens – faute de trace écrite pour la corroborer –, elle laisse ouverte la question de la fixation des prix (libres ou dirigés) pour les produits de base à destination de l'armée. On n'a, en vérité, pas de preuve directe que le ravitaillement des soldats était administré et on n'admet en général cette hypothèse que pour ce produit de base qu'était le blé. Pour le reste, la question doit rester ouverte. L'analyse des circuits économiques tels que nous les révèlent les sources archéologiques actuelles (estampilles sur sigillée, amphores, tonneaux, macrorestes végétaux, notamment ceux des plantes exotiques) met ainsi en évidence le développement d'un commerce à longue distance venu du monde méditerranéen à destination des provinces du nord, et ce dès la seconde moitié du Ier siècle apr. J.-C. Il touche principalement les villes nouvelles et le *limes* dans un mouvement homogène, ce qui suggère que des *negotiatores* privés étaient à la manœuvre[122]. La question du marché est donc moins binaire qu'on ne le dit parfois. En l'occurrence, la demande nouvelle semble avoir tiré l'offre, sans pour autant conduire à la mise en place d'un marché complétement libre dans tous les secteurs. On observe en revanche, aux IIe/IIIe siècles apr. J.-C., d'évidents signes d'intégration à l'échelle interprovinciale, notamment entre le bassin de la Tamise et le couloir rhénan[123]. La même chronologie s'observe d'ailleurs pour la Bretagne romaine, où les marchés ruraux semblent n'avoir véritablement atteint leur plein développement que dans le courant du IIe siècle apr. J.-C.[124]. C'est là poser la difficile question du rythme de la croissance.

Le rythme de la croissance

Nous avons déjà montré dans des travaux précédents combien la tentative de conquête de la Germanie sous Auguste et au début du règne de Tibère avait pesé,

---

121. José Remesal Rodríguez, *La annona militaris y la exportación de aceite bético a Germania*, Madrid, Universidad complutense, 1986 ; *id.*, *Heeresversorgung und die wirtschaftlichen Beziehungen zwischen der Baetica und Germanien*, Stuttgart, K. Theiss, 1997.
122. Hector A. Orengo et Alexandra Livarda, « The Seeds of Commerce: A Network Analysis-Based Approach to the Romano-British Transport System », *Journal of Archaeological Science*, 66, 2016, p. 21-35, http://dx.doi.org/10.1016/j.jas.2015.12.003 ; Patrick Reinard et Christoph Schäfer, « *Ex provincia Britannia*. Untersuchungen zu *negotiatores* und Handelswegen in Atlantik- und Nordsee-Raum sowie im gallisch-germanischen Binnenraum während der römischen Kaiserzeit », *in* K. Ruffing et K. Droß-Krüpe (dir.), « *Emas non quod opus est, sed quod necesse est.* » *Beiträge zur Wirtschafts-, Sozial-, Rezeptions- und Wissenschaftsgeschichte der Antike. Festschrift für Hans-Joachim Drexhage*, Wiesbaden, Harrassowitz Verlag, 2018, p. 45-83.
123. Mark Hassall, « Britain and the Rhine Provinces: Epigraphic Evidence for Roman Trade », *in* J. du Plat Taylor et H. Cleere (dir.), *Roman Shipping and Trade: Britain and the Rhine Provinces*, Londres, Council for British Archaeology, 1978, p. 41-48.
124. Tom Brindle, « Imported Pottery in the Romano-British Countryside: A Consideration of Samian and Amphorae », *in* M. Allen *et al.*, *New Visions of the Countryside of Roman Britain*, vol. 2, *op. cit.*, p. 272-290, notamment p. 290.

de manière négative, sur les campagnes de la Gaule[125]. Celles-ci ont sans doute pâti également des conséquences de la guerre césarienne et d'une oscillation climatique froide et humide qui aurait duré des années 60 av. J.-C. aux années 30 apr. J.-C.[126]. Sans reprendre le détail de la démonstration, il faut rappeler à quel point l'intégration de la nouvelle province dans les cadres de l'Empire a été progressive et parfois difficile[127]. S'agissant des campagnes, les changements ne semblent guère visibles avant le milieu du Ier siècle apr. J.-C. C'est alors qu'apparaissent les premières *villae*, signe clair de la romanisation de l'habitat rural s'il en est, bien qu'encore limité, un siècle après la conquête. Dans la Bretagne insulaire, le phénomène paraît avoir été plus rapide : nonobstant la grande révolte de Boudicca, qui faillit mettre en péril la possession de l'île, le développement économique, quoique très inégalement réparti, était en marche à la fin du siècle. Il avait sans doute été plus précoce dans le sud et dans l'est que dans le Central Belt et le North-East. Il fallut toutefois attendre le IIe siècle apr. J.-C. pour que les campagnes de la Gaule du Nord et de la Bretagne insulaire montrent des signes de croissance économique solide et d'expansion des marchés à une échelle non plus locale ni même régionale, mais interprovinciale.

Combien de temps ce développement s'est-il maintenu ? Contrairement à une idée reçue, dans la Bretagne insulaire, le IVe siècle ne semble pas avoir marqué le pic de cette prospérité[128]. Toutes les courbes d'occupation du sol montrent en effet une baisse lente et progressive du nombre d'établissements ruraux à partir de la fin du IIe siècle, un fait qui ne laisse pas d'interroger. Les auteurs de l'enquête britannique sur les établissements ruraux soulignent notamment que le luxe et les dimensions de quelques grandes *villae* de l'Antiquité tardive ne doivent pas occulter la présence des simples fermes, toujours nettement majoritaires. La situation, sur le continent, pourrait être différente. Il est malaisé de préciser quand la croissance a atteint son pic. On ne saurait dire par conséquent à quel moment et dans quelles proportions le nombre des établissements ruraux a commencé à baisser. Cela s'explique en grande partie par la mauvaise résolution chronologique des artefacts qui couvrent la période entre le dernier quart du IIe siècle et le milieu du IIIe siècle : de nombreux niveaux archéologiques de cette époque sont datés de manière trop imprécise. La césure, marquée par les troubles de la seconde moitié du IIIe siècle, accentue cette difficulté en conduisant à distinguer les sites dont

---

125. Michel REDDÉ, « *Vt eo terrore commeatus Gallia adventantes interciperentur* (Tacite, *Hist.* V, 23). La Gaule intérieure et le ravitaillement de l'armée du Rhin », *Revue des études anciennes*, 113-2, 2011, p. 489-509 ; *id.*, « The Impact of the German Frontier on the Economic Development of the Countryside of Roman Gaul », *Journal of Roman Archaeology*, 31, 2018, p. 131-160.
126. C. PETIT *et al.*, « Conditions environnementales de l'exploitation des espaces ruraux en Gaule du Nord », art. cit., p. 76.
127. Michel REDDÉ, *Gallia Comata. La Gaule du Nord, de l'indépendance à l'Empire romain*, Rennes, PUR, 2022.
128. Voir, dans la conclusion de l'ouvrage, le développement de Alexander SMITH et Michael G. FULFORD, « Chronological Patterns », *in* A. SMITH *et al.*, *New Visions of the Countryside of Roman Britain*, vol. 1, *op. cit.*, p. 404-416.

on ne perçoit plus l'occupation de ceux qui parviennent à traverser la crise. C'est particulièrement vrai des établissements les plus modestes quand leurs niveaux superficiels ont été fortement abrasés et ne laissent plus que des traces archéologiques peu visibles. Dans tous les cas, sur le continent, l'archéologie perçoit de plus en plus mal les petites exploitations à partir de la seconde moitié du IIe siècle, sans qu'on puisse quantifier le phénomène. Cette diminution révèle-t-elle une crise économique précoce ou, au contraire, le développement de *villae* luxueuses de très grandes dimensions traduit-il un phénomène de concentration foncière, avec une restructuration des campagnes au profit des grands domaines ? Cette question importante du point de vue de l'histoire économique et sociale ne pourra être tranchée que par les progrès de l'archéologie et une connaissance plus fine de l'occupation du sol.

En définitive, ces deux enquêtes sur les campagnes de la Gaule du Nord et de la Bretagne romaines offrent de nouvelles perspectives et, au premier chef, montrent à quel point le développement suscité par la conquête a été géographiquement inégal[129]. Pour la Bretagne insulaire, les cartes produites attestent toutes de manière éclatante le poids prépondérant du sud, du Central Belt et de l'est, laissant de côté le Pays-de-Galles, le nord-ouest et le nord de l'île. À cet égard, la frontière septentrionale, sur le mur d'Hadrien, puis, plus tard, sur le mur d'Antonin, n'a pas engendré sur place un pôle majeur de croissance régionale, les zones de production se situant beaucoup plus au sud. En l'occurrence, ce sont les limites écologiques propres à ces régions du nord de l'Angleterre qui ont constitué un frein au développement agricole. En Germanie, le processus a été très différent puisque, avec le temps, le *limes* est passé de secteur de consommation à secteur de production. Certes, la zone militaire importait toujours ce qu'elle ne pouvait produire, notamment l'huile ou le vin du Midi[130], mais le ravitaillement céréalier a commencé à être assuré par le développement d'une agriculture productive locale, comme le reflètent la mise en valeur du territoire de la colonie des Ubiens, à partir de Claude, ou celle des champs Décumates, à partir de la fin du Ier siècle apr. J.-C. Ces régions s'y prêtaient sur le plan pédologique grâce à leurs sols lœssiques fertiles – sauf dans la zone du Rhin inférieur et dans le delta. Il s'agit là d'une

---

129. L'idée a été développée par Philippe Leveau, « Inégalités régionales et développement économique dans l'Occident romain (Gaule, Afrique et Hispanie) », *in* J.-P. Bost, J.-M. Roddaz et F. Tassaux (dir.), *Itinéraire de Saintes à Dougga. Mélanges offerts à Louis Maurin*, Bordeaux, Ausonius, 2003, p. 327-353 ; *id.*, « The Western Provinces », *in* W. Scheidel, I. Morris et R. P. Saller (dir.), *The Cambridge Economic History of the Greco-Roman World*, *op. cit.*, p. 651-670.

130. On notera toutefois l'acclimatation précoce de la vigne dans la vallée du Rhin ; il est évident que le marché militaire en a profité à terme : voir Michel Reddé et Patrick Biellmann, « De la vigne à Oedenburg ? », *in* M. Reddé (dir.), S. Martin et C. Schucany, *Oedenburg. Fouilles françaises, allemandes et suisses à Biesheim et Kunheim, Haut-Rhin, France*, vol. 3, *L'agglomération civile (fouilles 2009-2012)*, Mayence, Verlag des Römisch-Germanischen Zentralmuseums, 2018, p. 421-424.

réorientation majeure qui a fait de l'est de la Gaule et de l'axe rhénan l'un des pôles de développement économique de l'Occident romain. Le développement de l'urbanisation, puis la conquête de la Bretagne ont fait le reste, créant de nouveaux marchés et mettant en relation des provinces qui, jusque-là, n'étaient pas reliées entre elles à une telle échelle.

Dans ce contexte, le débat sur la performance économique de l'Empire romain, en opposition à l'immobilisme postulé par M. Finley, ne paraît pas nécessairement bien posé. En appliquant la notion de croissance de manière univoque et à l'échelle de tout l'Empire, on néglige nombre d'aspects et, en particulier, les inégalités régionales et les temporalités différenciées. En Gaule du Nord, dans les Germanies et en Bretagne, les changements n'ont pas immédiatement suivi la conquête et la croissance n'a pas été suscitée, dans une sorte d'osmose spontanée, par la prospérité du monde méditerranéen. Les évolutions, bien réelles, doivent plutôt être reliées, nous semble-t-il, à l'émergence des besoins considérables liés à l'armée, à un moment où la nouvelle géographie politique et urbaine induisait une réorganisation des réseaux d'échange et engendrait de nouvelles sphères de développement ; ce dynamisme ne toucha toutefois guère les régions périphériques, tels le nord-ouest de la Gaule et, plus tard, le nord de la Bretagne romaine. Le développement économique des campagnes romaines n'est donc pas un phénomène immédiat, spontané, homogène, voire durable, car cette prospérité fut parfois de courte durée ; elle n'a jamais entraîné de changements systémiques, aptes à engendrer une spirale ascendante de long terme, comme à l'époque moderne.

Les récentes enquêtes sur les campagnes de Gaule et de Bretagne soulignent, au fond, que notre compréhension de l'économie impériale repose avant tout sur les avancées d'une archéologie bien maîtrisée, considérée à l'échelle régionale, beaucoup plus que sur la constitution de modèles théoriques globaux appliqués à l'ensemble du monde romain. On peut rejoindre ici la position de François Lerouxel et Julien Zurbach, qui plaident pour une approche diversifiée de l'économie antique, ancrée dans un contexte historique et géographique précis[131]. Dans le cas considéré, les nouvelles approches archéologiques et la prise en compte croissante des données environnementales permettent de mieux situer dans le temps et dans l'espace les changements intervenus dans les provinces du nord-ouest de l'Empire romain, sans que leur caractère limité, partiel et éphémère doive être oublié.

Michel Reddé
École pratique des hautes études
redde.michel@ephe.psl.eu

---

131. F. Lerouxel et J. Zurbach (dir.), *Le changement dans les économies antiques, op. cit.*

Histoire environnementale

Tassanee Alleau
Noémie Bailly
Mathieu Béghin
Marine Bellégo
Kevin Bloomfield
Pascal Brioist
Jawad Daheur
Chloé Deligne
Jean-Pierre Devroey
Laurent Feller
Benjamin Furst
Bérénice Girard
Jean-Yves Grenier
Pauline Guéna
Steve Hagimont
Diana Heredia-López
Olivier Jandot
François Jarrige
Philippe Lefeuvre
Pauline Lemaigre-Gaffier
Charles-François Mathis
Ségolène Maudet
Sean Morey Smith
Fabrice Mouthon
Julia Obertreis
Małgorzata Praczyk
Antonella Romano
Gilles Rotillon
Jan Synowiecki
Frédéric Thomas

Comptes rendus

Sam White, Christian Pfister et Franz Mauelshagen (dir.)
The Palgrave Handbook of Climate History
Londres, Palgrave Macmillan, 2018, 656 p.

Face à l'accumulation de travaux liés à l'histoire du climat, les mises au point régulières sont devenues une nécessité. Le présent ouvrage suit d'ailleurs de près, par son organisation notamment, une synthèse parue dans le champ connexe de l'histoire environnementale[1]. Constitué de 38 chapitres écrits chacun par un(e) ou plusieurs spécialistes, le livre s'ouvre avec une première partie examinant les méthodes employées avant de proposer, dans une deuxième partie, une approche par période et par région du globe. Les trois parties suivantes se concentrent sur les interactions entre climat et société à travers une approche thématique (l'agriculture, les maladies, les conflits, etc.), des cas d'étude (les anomalies des années 536-550, le retournement de conjoncture de 1310, la décennie 1780 et l'année « sans été » de 1816) et enfin, de manière réflexive, par un retour sur l'histoire de la climatologie et l'histoire climatique.

Le tableau qui s'en dégage, bien que morcelé entre différents chapitres, constitue un bilan des connaissances actuelles aux antipodes de la concentration des recherches sur les époques moderne, en particulier le *Little Ice Age* (« petit âge glaciaire », ou PAG), et contemporaine. L'étude commence au début de l'Holocène, période de réchauffement du globe qui suit le dernier âge glaciaire et coïncide avec la naissance de l'agriculture. Cependant, aucun scénario général n'a émergé à ce jour pour expliquer à quel point le réchauffement irrégulier qui court de 10 000 AEC (avant l'ère commune) à 3 000 AEC a constitué un facteur premier. Des fouilles suggèrent que l'agriculture aurait pu faire son apparition dès 8 200 AEC dans le nord de la Chine avant de se développer dans le Croissant fertile, donc également avant le refroidissement, lié à un épisode de fonte massive des glaces dans l'actuel Canada, advenu entre 8 200 AEC et 6 200 AEC.

Notre système climatique actuel émerge au cours du IVe millénaire AEC, à la suite d'un léger changement orbital qui, entre autres, met fin à la chaleur renforcée que connaissait l'hémisphère nord. Les glaciers s'avancent à nouveau (c'est à cette époque qu'Ötzi est pris dans la glace), tandis que la transformation de la mousson nord-africaine assèche la Méditerranée avant d'entraîner la désertification du Sahara. Quels que soient ses liens avec le rythme du réchauffement, on ne doute plus aujourd'hui que l'agriculture va de pair avec une augmentation démographique (sans amélioration de la nutrition) ainsi qu'avec la transmission de nombreuses zoonoses à l'homme (rougeole, variole, varicelle, rubéole, oreillons en Eurasie). L'immunité qui en résulte favorise les populations agricoles et sédentaires vis-à-vis des chasseurs-cueilleurs. Elle joue plus tard un rôle dans la conquête européenne de l'Amérique, où le développement de l'agriculture (Andes, Méso-Amérique) est marqué par un relatif manque de grands animaux disponibles pour l'élevage.

Après un nouveau refroidissement entre 1200 et 700 AEC s'installe la période bien connue du *Roman-Han Imperial Optimum* (200 AEC-500 AEC), caractérisée par plus d'ensoleillement et de régularité des conditions climatiques. Dès les années 1980, on a daté la fin de cette stabilité au VIe siècle, en lien avec une série d'éruptions volcaniques entraînant une baisse de la température moyenne de 1,5 °C à 4 °C selon les régions. La peste dite de Justinien, consécutive à cet épisode, est de même nature que celle qui frappe, à la même époque, le nord de la Chine. Notre haut Moyen Âge prolonge ce refroidissement de 500 à 950 environ, en raison d'un minimum solaire.

Dès 1965, Hubert Horace Lamb avait mis en valeur le retournement de conjoncture qui suit, du IXe-Xe siècle au XIIIe siècle, qu'il avait baptisé *Medieval Warm Period*, et que l'on désigne à présent sous le nom de *Medieval Climate Anomaly*. L'expansion de l'agriculture vers le nord et en altitude, la colonisation du Groenland et une forte croissance démographique sont alors documentées pour l'Europe. Elles s'achèvent dès le XIIIe siècle, entraînant une reprise de l'instabilité et, dans les années 1310, une série de mauvaises récoltes. Éruptions volcaniques, affaiblissement de la *North Atlantic Oscillation* et début d'un nouveau minimum solaire se combinent probablement. La peste du XIVe siècle touche donc des individus ayant grandi dans des conditions de malnutrition.

La période suivante a l'avantage de comporter des sources permettant d'adopter une vision plus globale. Le PAG, dans ses limites extrêmes, s'étend du XIVe au XIXe siècle. Pour l'Europe, l'avancée des glaciers signale trois périodes de froid majeur (1200-1380, 1580-1660 et 1810-1860), mais les moyennes restent peu spectaculaires : en Europe centrale, où le refroidissement est plus marqué, les températures hivernales sont généralement inférieures de 1,1 °C à celles des décennies 1960-1990 (période de référence avant l'emballement du réchauffement). Ces estimations montrent à quel point de petites variations suffisent à produire de grands effets économiques et sociaux, à travers certains hivers très rigoureux.

Pendant le PAG, la population croît d'abord plus vite que la nourriture disponible, d'où une diminution globale de la taille des humains au début du XVIIe siècle. Au XIXe siècle, les progrès agricoles associés à la circulation accrue des marchandises viennent augmenter les stocks disponibles. En 1977, en étudiant les effets de l'éruption de Tambora en 1815, John D. Post qualifiait la famine qui s'ensuivit de « dernière grande crise de subsistance en Europe ». L'apogée de la colonisation renforce néanmoins les pénuries alimentaires sur d'autres points du globe, avec des records de mortalité en Inde, où la domination de l'East India Company et la déstabilisation de la mousson jouent un rôle conjoint.

La fin du XIXe siècle voit encore un refroidissement fort en Amérique du Nord. À cette époque, des travaux ont déjà été publiés quant aux conséquences potentielles des gaz à effets de serre en matière de réchauffement climatique. Pourtant, le recul des glaciers à partir des années 1920 surprend les climatologues. Tandis que cette science progresse, on mesure dès les années 1960 que les taux de CO_2 sont bien en train d'augmenter, ce qui aboutit en 1977 à une première modélisation du réchauffement à prévoir au XXIe siècle, réalisée par William Kellogg, remarquablement proche des calculs actuels.

L'entrée dans l'ère du réchauffement est désormais mesurable. Entre 1917 et 2017, l'augmentation moyenne des températures est de 0,9 °C, avec des rythmes variables : pour l'instant, les océans continuent à jouer un rôle de stabilisation, le réchauffement se concentrant sur terre, en particulier aux pôles, avec toutefois les risques que comportent la disparition de la surface arctique et la réduction entamée de la surface antarctique, lesquelles reflètent aujourd'hui une partie du rayonnement solaire. Les relevés globaux disponibles depuis les années 1970 montrent que l'eau a monté d'en moyenne 10 cm.

Les éditeurs de l'ouvrage n'hésitent pas à faire explicitement de l'histoire climatique un outil pour prévenir les effets comme les causes de ces transformations catastrophiques. La principale leçon, rappellent-ils, est probablement que de petits changements généraux en entraînent d'autres, extrêmes et très sévères, ce qui se mesure déjà dans l'intensité accrue des tempêtes, des canicules et des inondations. Parmi les projections mentionnées, on citera la migration des 7 millions d'habitants des *Sinking Nations* de l'océan Pacifique, mais aussi celle des 500 millions d'habitants de la baie du Bengale.

La précision du tableau brossé est due à un progrès constant des méthodes de l'histoire climatique. Dans l'idéal, le but est de comparer des séries de relevés de la période instrumentale (les premiers ayant été effectués au XVIIe siècle) avec des données de la période pré-instrumentale, pour laquelle on essaie de reconstruire les séries les plus continues et les plus longues possibles. En calibrant ces éléments, on peut rétroprojeter sur le passé des conditions climatiques fiables.

Pour la période pré-instrumentale, les auteurs distinguent « archives de la nature » (carottage de glace, spéléothèmes, etc.) et « archives de la société ». Ces dernières sont particulièrement intéressantes lorsqu'elles permettent d'établir des séries : l'étendue des glaciers, la date des vendanges en Bourgogne, la date de fleurissement des cerisiers à Kyoto, le gel dans les ports de Tallinn et Stockholm, dans les canaux des Pays-Bas ou sur le lac Suwa au Japon, la hauteur de l'eau sous certains ponts, la date des moissons en Suisse et en Angleterre, les rogations décidées par les conseils municipaux en Espagne, etc. Bien sûr, les reconstructions plus complètes pour l'époque contemporaine conduisent à de belles réalisations comme la Climatology Database for the World's Oceans, reconstituée à partir de journaux de bords entre 1750 et 1854. Mais les séries sont également nombreuses pour le PAG, certaines remontant jusqu'au Moyen Âge central. L'un des points forts de ce manuel est d'ailleurs de signaler inlassablement les sources, utilisées ou disponibles. Aux journaux météorologiques connus (comme celui de Roger Bacon) s'ajoutent, par exemple, des centaines d'écrits comparables pour l'Europe centrale dès le XIVe siècle, et même dès le XIe siècle au Japon.

C'est particulièrement le cas dans les chapitres par région. On comprend ainsi qu'en Chine, l'existence d'un index général de toutes les sources publiées constitue l'un des points forts des nombreux travaux quantitatifs menés depuis les années 1970. Dans d'autres zones, le potentiel inexploité de gisements est signalé. Ainsi en Asie (Chine exclue), où il existe des séries dendrochronologiques, des archives précoloniales comme coloniales, mais où peu de travaux ont été menés, à l'exception d'une reconstitution du cycle des moussons depuis le XVIIIe siècle. C'est aussi le cas au Proche-Orient et en Arabie, où les chroniques, pourtant nombreuses avant le XVIe siècle, ont été peu utilisées, à l'instar des sources ottomanes à l'époque suivante.

De manière plus étonnante, l'Amérique du Nord est également signalée comme un espace où d'abondantes archives, notamment coloniales, restent à étudier, qu'il s'agisse des milliers de journaux préservés depuis le XVIIe siècle ou des sources en espagnol et en français qui documentent les débuts difficiles de l'agriculture européenne. De même, en Australie, l'histoire climatique, peu développée, se concentre sur la période qui suit l'arrivée des Européens en 1788. En Amérique latine, en revanche, le champ existe depuis les années 1960 et a donné lieu à des études précises (par exemple, une reconstitution des cyclones dans les Caraïbes depuis 1500).

L'Afrique, enfin, est caractérisée par une exploitation inégale des données. Les crues du Nil documentées dès le VIIe siècle AEC ou les données des grands empires précoloniaux sont déjà identifiées, tandis que les archives coloniales ont permis de reconstruire une chronologie des sécheresses, par exemple en Angola, où celle-ci est complète depuis 1800. On sait ainsi que de très graves sécheresses touchent le continent dans les années 1830. Mais la richesse des archives contemporaines, entre autres coloniales, permettrait de mieux connaître les fortes variations régionales au sein du continent.

Un autre point fort du manuel est de faire une place aux ouvrages reprenant des données environnementales au sein d'histoires dites grand public. Certaines sont écartées par manque de nuances (Ronnie Ellenblum) ou de données (Eric H. Cline)[2]. À l'inverse, les auteurs citent volontiers Jared Diamond. Davantage, sûrement, que n'oseraient le faire des historiens étrangers au champ : ils valident ou corrigent des données, en particulier relatives à son ouvrage *Collapse*[3]. La difficulté, plusieurs fois soulignée, est de démêler ce qui tient du climatique et de l'économique de ce qui tient du social et du politique.

Derrière cette approche, c'est plus largement le spectre du déterminisme qui est abordé. Comme l'écrivent les éditeurs, l'état actuel des connaissances impose d'écarter l'intuition braudélienne selon laquelle le climat et, plus largement, le milieu n'auraient une influence que sur la longue durée (ce qui ressort alors même que les travaux sont centrés sur l'Occident depuis le XIXe siècle, c'est-à-dire sur des sociétés relativement riches, donc résilientes). Comme tout champ historique, l'histoire climatique vise à accumuler des données pour contextualiser finement et sortir des explications « toute culturelle » ou « toute climatique » – bref, sortir du débat entre déterminisme et indéterminisme pour entrer dans le champ de l'histoire (p. 310).

De nombreux conseils sont distillés : penser en termes de région climatique et non de frontières politiques, multiplier les études sur les données quantitatives de l'époque contemporaine et sur les économies locales pré-contemporaines de manière à ne pas forcer les rapports de cause à effet, ou encore éviter de se concentrer sur les périodes de crise pour comprendre également les conditions assurant une certaine stabilité. Parmi ces conseils, l'un d'entre eux touche aux limites de l'histoire climatique : explorer les rapports non seulement avec l'économique, le social, le politique, mais aussi avec le culturel. En effet, à mesure que l'on s'écarte de l'économie, les rapports de causalité deviennent complexes à démontrer.

En revanche, il faut nuancer l'une des remarques finales de John R. McNeill. Après avoir fort bien présenté le potentiel de l'histoire climatique pour délimiter des bornes chronologiques moins européocentrées, il suggère que ce champ pourrait également permettre de limiter le poids des catégories sociales, raciales ou de genre, et donne malencontreusement l'exemple de Katrina, l'ouragan dont on sait justement qu'il a touché de manière très variable les différentes populations de La Nouvelle-Orléans. Un mauvais exemple, donc, mais qui rappelle à quel point les champs de l'histoire se complètent et ne se remplacent pas.

Pauline Guéna
paulineguena@hotmail.fr
AHSS, 77-1, 10.1017/ahss.2022.45

1. John R. McNeill et Erin S. Mauldin (dir.), *A Companion to Global Environmental History*, Chichester, Wiley Blackwell, 2012.
2. Ronnie Ellenblum, *The Collapse of the Eastern Mediterranean: Climate Change and the Decline of the East, 950-1072*, Cambridge, Cambridge University Press, 2012 ; Eric H. Cline, *1177 BC: The Year Civilization Collapsed*, Princeton, Princeton University Press, 2014.
3. Jared Diamond, *Collapse: How Societies Choose to Fail or Succeed*, 2005 (éd. fr. : *id.*, *Effondrement. Comment les sociétés décident de leur disparition ou de leur survie*, trad. par A. Botz et J.-L. Fidel, Paris, Gallimard, 2006).

J. G. Manning
The Open Sea: The Economic Life of the Ancient Mediterranean World from the Iron Age to the Rise of Rome
Princeton, Princeton University Press, 2018, xxvi-414 p.

Spécialiste de l'Égypte hellénistique, J. G. Manning est engagé depuis plusieurs années dans la défense de l'approche néo-institutionnelle en histoire antique. Cet ouvrage dense et très riche offre des pistes pour l'étude de l'économie méditerranéenne du Ier millénaire avant notre ère en proposant d'ajouter à l'outillage de la nouvelle économie institutionnelle (NEI) une prise en compte du climat et des effets des changements climatiques sur les économies anciennes. C'est principalement par rapport au modèle de l'*Économie antique* de Moses I. Finley que se positionne l'auteur dès la préface, notamment en voulant redonner leur place à des époques et des espaces absents de ce modèle : l'Égypte et le Proche-Orient d'une part, le premier âge du Fer et l'époque hellénistique d'autre part. Les bornes inférieures du cadre chronologique ne sont pas vraiment précisées, mais l'étude se termine au IIe siècle avant notre ère, quand la domination romaine sur la Méditerranée devient nette avec la victoire sur Carthage.

À travers l'histoire de ces économies, J. G. Manning cherche à comprendre les importants changements observés pendant la période en construisant un modèle dynamique : les sociétés prémodernes sont ici considérées comme des « systèmes adaptatifs complexes avec des rétroactions positives et négatives » (p. xv). On retrouve tout au long de l'ouvrage les concepts centraux de la NEI : importance de la performance économique, de l'idée de croissance et des institutions qui les favorisent. Plusieurs chapitres sont ainsi consacrés à des synthèses sur la démographie, la croissance, la monnaie frappée, les lois écrites ou encore sur les pratiques agricoles et le travail, très majoritairement autour d'exemples grecs, babyloniens ou égyptiens. Les études de cas détaillées concernent tous l'Égypte hellénistique.

L'analyse du commerce hellénistique et de la possibilité même de l'appréhender dans des cadres pensés surtout par des historiens de Rome est particulièrement intéressante, que l'on partage ou non les conceptions de l'auteur.

La première partie de l'ouvrage n'est pas toujours facile à suivre, notamment parce que la construction générale laisse subsister de fréquentes répétitions, entre autres sur M. I. Finley et son modèle ou sur les objectifs de J. G. Manning. Le chapitre 1 entrelace des considérations « internes » sur l'historiographie des économies antiques et des réflexions « externes » sur l'intérêt de l'étude de l'économie antique aujourd'hui, pour la société en général et pour la science économique en particulier. Le titre même du livre (*The Open Sea*) est justifié par une définition, rapidement laissée de côté d'ailleurs, de la Méditerranée comme mer « ouverte au sens d'un monde 'partagé' historiquement contingent » (p. XVI), mais également en référence à l'ouverture académique nécessaire pour l'étudier. Le chapitre 2 propose un survol thématique des grandes évolutions économiques, en semblant mettre sur le même plan des chronologies et des espaces pourtant très divers. La question des sources et de leur usage délicat pour une histoire comparée à l'échelle méditerranéenne est évoquée de façon plus précise à la fin du chapitre, soit assez loin dans le livre, ce qui n'est pas un hasard compte tenu de la démarche de l'auteur. Le chapitre 3 propose une réflexion sur les différentes échelles de temps et d'espaces utilisées en histoire, en soulignant l'inadéquation des découpages traditionnels pour étudier et comprendre les changements institutionnels ou climatiques. L'étude de Peter Thonemann sur la vallée du Méandre est citée, à l'inverse, comme un exemple de découpage pertinent de l'espace, autour d'une vallée fluviale étudiée sur le temps long[1]. Une étude de ce type est esquissée ensuite pour le Nil puis pour le Tigre et l'Euphrate.

Dans la seconde partie, le chapitre 5 est l'un des plus convaincants et originaux, bien que le sujet dont il traite reste débattu. L'auteur aborde l'un de ses domaines de recherche, notamment un projet en cours sur l'étude de la corrélation entre des éruptions volcaniques (mesurées d'après l'analyse des glaciers), des variations dans les crues du Nil et des changements économiques. On aurait, au passage, aimé davantage d'explications sur la méthodologie employée et sur la provenance de ces données, au-delà de graphiques difficiles à lire, pour un dossier central dans l'argumentation de cet ouvrage. Une discussion utile sur le déterminisme et la causalité permet à J. G. Manning de préciser sa position : les chocs climatiques révèlent des faiblesses structurelles d'une société davantage qu'ils ne sont en eux-mêmes à l'origine des changements. L'idée de « niche écologique » (p. 137), qui fait écho à celle de « cage écologique » pour le Nil (p. 95) ou d'« éco-zone » (p. 293, n. 6) est ici discutée de façon détaillée. Sont ensuite évoquées les analyses traditionnelles de l'économie égyptienne et proche-orientale, qui relient agriculture fondée sur l'irrigation d'un fleuve (et non sur la pluie) et pouvoir central fort, avec l'idée d'une différence de nature avec la Grèce et Rome, du « mode de production asiatique » chez Karl Marx au « despotisme oriental » de Karl Wittfogel en passant par l'exclusion de ces régions de la zone étudiée par M. I. Finley. On en arrive alors à une défense de l'usage de données paléoclimatiques en histoire, avec une présentation détaillée des données égyptiennes d'époque ptolémaïque. Le lien proposé entre certains événements militaires (la troisième guerre de Syrie, débutée vers 246 avant notre ère) et des éruptions n'est cependant pas développé de façon véritablement convaincante.

L'ouvrage de J. G. Manning est déroutant. Le titre et plusieurs développements semblent annoncer une étude à l'échelle méditerranéenne, centrée sur la mer, précisément, mais la grande majorité des exemples détaillés concernent l'Égypte ptolémaïque, domaine de recherche de l'auteur. Si des cas à Babylone ou en Grèce sont également discutés, en synthétisant d'autres travaux, rien ne renvoie toutefois à la Méditerranée occidentale. Certes, il est difficile de traiter de l'ensemble des espaces méditerranéens, mais ici, il n'y a finalement que l'Égypte ptolémaïque qui soit évoquée en détail, ce qui rend caduque une partie des prétentions de l'ouvrage à rénover l'histoire économique de l'ensemble de la Méditerranée depuis le premier âge du Fer. En définitive, ce livre se révèle avant tout une histoire de l'économie de l'Égypte ptolémaïque, avec des incursions vers les sources du Nouvel Empire, vers les sources néo-babyloniennes ou vers l'Athènes classique, cadrée par des considérations générales et programmatiques sur ce que devrait être l'étude des économies anciennes.

L'adhésion à la NEI, présentée comme une évidence pour l'étude des économies anciennes (trait récurrent dans les ouvrages de cette tendance), tend à masquer les limites de cette approche et ses partis pris théoriques et sociologiques[2]. L'historiographie évoquée se cantonne dans ses figures tutélaires exclusivement anglo-saxonnes, de M. I. Finley et Michael Rostovtzeff aux chercheurs actuels, en tête desquels, du point de vue de l'usage de leurs travaux comme du nombre de références en bibliographie, on trouve uniquement des partisans de la NEI : Alain Bresson, John Davies, Ian Morris, Walter Scheidel, etc. Dans le détail du livre, d'autres références sont néanmoins évoquées, et l'on peut souligner que les auteurs français sont presque les seuls représentants d'une littérature non-anglophone.

De façon répétée, cet ouvrage cherche à promouvoir une histoire par modèle, qui s'oppose aux « histoires spécifiques, contingentes et locales » (p. 7) privilégiées par ceux qui s'attachent à suivre les sources. Or les sources semblent justement parfois négligées par J. G. Manning, qui va jusqu'à employer des formules surprenantes comme : « les caractéristiques des économies peuvent être déduites à partir d'un raisonnement logique sans avoir besoin de preuves » (p. 64). Sur le calcul d'une croissance dans le monde antique, sur les données climatiques et celles, nombreuses, utilisées comme substitut (*proxy data*), on aurait aimé davantage de détail et de pédagogie[3]. L'ouvrage navigue ainsi entre, d'un côté, l'utilisation de sources climatiques complexes issues de l'analyse de glaciers pour reconstituer les événements volcaniques et en inférer l'évolution des crues du Nil, et, de l'autre, des études détaillées sur des sources traditionnelles de l'histoire économique comme les *papyri* égyptiens d'époque ptolémaïque. Les spécialistes pourront juger de la pertinence de l'étude proposée sur l'Égypte ; il faut toutefois remarquer, pour finir, la très faible place accordée aux données archéologiques, souvent mentionnées mais jamais analysées en détail. En dépit d'un certain nombre de longueurs, de répétitions et d'une construction qui aurait pu être améliorée, il s'agit d'un ouvrage riche et stimulant concernant l'économie égyptienne, proche-orientale à la rigueur, et l'usage de données climatiques.

Ségolène Maudet
maudet.segolene@gmail.com
AHSS, 77-1, 10.1017/ahss.2022.46

1. Peter Thonemann, *The Maeander Valley: A Historical Geography from Antiquity to Byzantium*, Cambridge, Cambridge University Press, 2011.
2. Sur ce point, voir Roland Étienne, « Introduction (I. Morris, R. P. Saller and W. Scheidel); Part I. Determinants of Economic Performance [compte rendu] », *Topoi*, 17-1, 2011, p. 7-14.
3. François Lerouxel, Francis Joannès et Roland Étienne, « J. G. Manning and I. Morris, The Ancient Economy, Evidence and Model, Stanford (2005) [compte rendu] », *Topoi*, 15-2, 2007, p. 511-525.

**Adam Izdebski
et Michael Mulryan (dir.)**
Environment and Society in the Long Late Antiquity
Leyde, Brill, 2019, 386 p.

En 2016, à l'occasion de la divulgation d'une reconstitution des températures et des précipitations moyennes en Europe et en Méditerranée depuis 2 500 ans s'appuyant sur des cernes de croissance d'arbres fossiles, les lecteurs des grands journaux scientifiques *Nature* et *Science* découvraient un nouveau venu dans les périodisations climatiques : le *Late Antique Little Ice Age* (LALIA). Si on se demande ce que périodiser veut dire, ce choix terminologique a évidemment une forte dimension évocatrice. Il renvoie l'analyse du climat européen de la fin de l'Antiquité à l'époque moderne et à la définition d'un petit âge glaciaire à laquelle les historiens ont très largement et précocement contribué. Dans son introduction, Adam Izdebski fait le pari programmatique qu'il existe « un nombre étonnamment élevé de similitudes entre les évolutions socio-environnementales survenues durant l'Antiquité tardive et celles qui se sont produites au début de la période moderne, l'époque dans l'histoire humaine qui, jusqu'à récemment, fournissait la grande majorité des études de cas » (p. 3).

À un moment où se déroulait dans le champ de l'histoire économique la querelle de la cliométrie, les pionniers de l'histoire du climat ont, à juste titre, insisté sur l'importance de la critique d'établissement des données et de la construction de séries ainsi que sur la dimension spatiale et temporelle des indicateurs produits par ces techniques de modélisation. La simple mention bibliographique de l'étude séminale de Pierre Alexandre[1] dans ce volume montre que ses leçons sur ce que peut l'histoire restent encore relativement peu assimilées par notre propre champ d'études et par les autres disciplines qui se consacrent aux environnements anciens. Or la transdisciplinarité ne peut être pleinement féconde que si les échanges entre savoirs dépassent l'échange d'informations pour inclure des réflexions croisées sur les conditions et les limites de construction des faits et des théories scientifiques. Cette ambition, qui implique réflexion et travail communs, manque singulièrement au volume qui republie, sous la coordination du byzantiniste polonais A. Izdebski et de l'archéologue britannique Michael Mulryan, vingt-quatre articles parus en 2018 dans la revue *Late Antique Archaeology*.

Après une introduction générale, l'ouvrage pèche par l'absence d'un questionnaire commun qui aurait été soumis aux auteurs. Les deux essais bibliographiques qui ouvrent le volume sont centrés quasi exclusivement sur les régions incluses dans l'Empire romain et sur la littérature anglophone, au détriment des confins « barbares », de l'Irlande ou des espaces baltiques. Car c'est bien l'espace géopolitique dominé par Rome qui fixe l'aire géographique investiguée ici, rejoignant les cadres d'une Antiquité *tardive* « inventée » par Peter Brown en 1971[2] sur le refus de la notion de déclin ou même de rupture significative des structures géopolitiques et des formes d'expression religieuses, culturelles et artistiques des régions dominées par l'Empire romain de 200 à 800 après J.-C. L'emprunt s'arrête toutefois à ces choix de temps et d'espace, tant les mots-clefs autour desquels l'Antiquité tardive s'est institutionnalisée en un nouveau champ d'études et cette nouvelle histoire climatique s'opposent frontalement : transition, continuité, succession, post-romanité pour la première, événements disruptifs, crise, effondrement pour la seconde.

Le LALIA distinguerait en effet en Eurasie et dans la Méditerranée une période d'étés exceptionnellement froids, qui commencerait abruptement en 536, à partir d'un enchaînement d'événements volcaniques extrêmes, et se prolongerait jusque vers 630, déclenchant des changements systémiques profonds et durables dans les écosystèmes de l'Europe et de la Méditerranée. Ce minimum climatique s'inscrit dans une périodisation plus large caractérisée régionalement par la fréquence anormalement élevée d'étés froids. La terminologie est encore hésitante et se charge également de sous-textes évocateurs de jugements et de liens causaux entre climat et sociétés : « *Vandal* Minimum », « *Late Roman* Cold Period », « *Migration* Period Pessimum », « *Dark Age* Cold Period » (nous soulignons), tandis que le concept de « Early Medieval Cold Anomaly » insiste plutôt sur l'instabilité des paramètres du climat et sur la complexité des interactions au sein des écosystèmes (voir l'excellente revue critique de Timothy Newfield consacrée au climat et à la santé).

Si l'on accorde crédit aux théories généralisantes de Kyle Harper, qui livre ici une synthèse de son livre de 2017[3], un second événement disruptif, la pandémie « yersinienne » de la peste justinienne (vers 541-750), aurait achevé de désintégrer une « économie-monde » romaine déjà ébranlée par d'autres pathogènes inconnus à l'origine de la peste antonine au IIe siècle, puis de la peste cyprienne au IIIe siècle. En ébranlant les milieux de vie des animaux porteurs de *Yersinia pestis* et en provoquant leur migration, le « choc » climatique des décennies 530-540 lierait, dans une thématique très actuelle, maladies et climat, favorisant « l'effondrement » d'un système politique et économique romain démographiquement et écologiquement déterminé (comme le monde contemporain...) par sa non-soutenabilité. Ni la distance prise par les deux entités orientale et occidentale de l'Empire romain sur le plan politique et social, ni leurs divergences progressives dans l'équilibre entre villes et campagnes ne sont considérées ici pour envisager l'hypothèse de dynamiques épidémiques différentes entre un Occident déjà profondément ruralisé et un Orient toujours déterminé par l'existence de fortes concentrations urbaines et de flux interrégionaux.

Si l'actualité du changement climatique rend ces questionnements légitimes, leur traitement est souvent affecté chez les spécialistes des climats anciens par un déterminisme, des généralisations et une absence d'historisation. Les quatre études de cas proposant des synthèses régionales des *proxies* polliniques montrent au contraire que les liens établis entre climat et milieu ne valent que si elles sont menées en tenant compte de la richesse de la diversité géoclimatique à l'échelle de l'espace européen et méditerranéen, et de la complexité des interactions au sein des écosystèmes. Neil Roberts nous offre une étude exemplaire sur un milieu géographique, le sud-ouest, l'ouest et le centre de l'Anatolie, caractérisé par la stabilité des assemblages polliniques dans la longue durée (Beyşehir Occupation Phase, ou BOP), en particulier des arbres cultivés comme l'olivier. La désintégration abrupte au VIIe siècle de ces agrosystèmes coïncide avec les attaques arabes sur le territoire byzantin, l'événement semblant ainsi fournir une explication plus probable de cet effondrement qu'un facteur climatique. Cette étude de cas illustre la nécessité d'un examen géographique et chronologique minutieux des interactions entre facteurs exogènes et endogènes de l'environnement, et des facteurs d'échelle, de synchronicité, de corrélation ou de causalité de phénomènes écologiques toujours caractérisés par leur complexité et leur variabilité, dès qu'on veut bien laisser de côté réductionnisme et déterminisme.

Le volume tire également parti des avancées de l'histoire environnementale qui ont accompagné la prise de conscience des années 1970 : les études des écosystèmes de l'Amérique du Nord de l'époque moderne et contemporaine conduites par Donald Worster et William Cronon. Il ne tire cependant guère profit des apports méthodologiques de cette nouvelle histoire environnementale, qui met en avant trois perspectives de recherche à conduire simultanément : la dynamique des écosystèmes, qui inclut l'interaction des modes de production (outils, travail, relations sociales) avec l'environnement ; les économies politiques (idéologies, éthique, lois, mythes, etc.) que les hommes constituent au sein de ces systèmes ; les « lunettes cognitives » par lesquelles les hommes perçoivent et représentent le dialogue et les échanges des groupes humains avec les autres protagonistes des écosystèmes dans lesquels ils vivent et se perpétuent. Nuançons ce jugement trop sévère qui rend mal compte de la richesse de nombre de contributions : l'analyse sous tous leurs aspects de protagonistes des écosystèmes – comme ici l'olivier (N. Roberts), mais on peut aussi penser au seigle, au châtaignier ou au porc[4] – dessine clairement où et comment doit se situer la « nouvelle frontière » de l'histoire environnementale de l'Antiquité et du Moyen Âge. On tirera également profit de l'essai de modélisation de l'approvisionnement en bois de chauffage de Rome proposé par Benjamin Graham et Raymond Van Dam, montrant (de manière contre-intuitive) la façon dont les institutions ont favorisé un mode d'approvisionnement durable, qui s'est prolongé jusqu'au haut Moyen Âge, avec des acteurs différents, malgré les changements d'échelle démographique.

Les données qui alimentent les reconstitutions paléoclimatiques n'ont de sens historique que si l'on s'interroge, en termes épistémologique et heuristique, sur leur construction, sur leur fonction dans la modélisation, sur leurs limites intrinsèques en intervalles de valeur ou de datation et sur leur portée spatiale. En empruntant aux sciences physiques le paradigme newtonien du réductionnisme, les sciences humaines et sociales s'exposent à des simplifications caricaturales de la diversité et de la complexité des faits environnementaux (aboutissant ici, par exemple, à une conclusion du type : la peste justinienne serait responsable d'une perte globale de 50 % de la population européenne !).

JEAN-PIERRE DEVROEY
jean-pierre.devroey@ulb.be
AHSS, 77-1, 10.1017/ahss.2022.47

1. Pierre ALEXANDRE, *Le climat en Europe au Moyen Âge. Contribution à l'histoire des variations climatiques de 1000 à 1425, d'après les sources narratives de l'Europe occidentale*, Paris, Éd. de l'EHESS, 1987.

2. Peter BROWN, *The World of Late Antiquity from Marcus Aurelius to Muhammad*, Londres, Thames & Hudson, 1971.

3. Kyle HARPER, *Comment l'Empire romain s'est effondré. Le climat, les maladies et la chute de Rome*, Paris, La Découverte, [2017] 2019.

4. Pour le châtaignier, voir Jean-Robert PITTE, *Terres de Castanide. Hommes et paysages du Châtaignier de l'Antiquité à nos jours*, Paris, Fayard, 1986 et Paolo SQUATRITI, *Landscape and Change in Early Medieval Italy: Chestnuts, Economy, and Culture*, Cambridge, Cambridge University Press, 2013 ; pour le porc, voir Jamie KREINER, *Legions of Pigs in the Early Medieval West*, New Haven, Yale Universiy Press, 2020.

Johannes Preiser-Kapeller
Die erste Ernte und der große Hunger. Klima, Pandemien und der Wandel der Alten Welt bis 500 n. Chr
Mandelbaum, 2021, 380 p.

Johannes Preiser-Kapeller
Der lange Sommer und die Kleine Eiszeit. Klima, Pandemien und der Wandel der Alten Welt von 500 bis 1500 n. Chr
Mandelbaum, 2021, 448 p.

Spécialiste à la fois de l'histoire byzantine et de l'histoire mondiale prémoderne, Johannes Presier-Kapeller propose, avec ces deux volumes, un nouveau panorama exhaustif de l'histoire globale de l'Afro-Eurasie[1]. Cette parution prend pour champ d'étude trois continents, l'Afrique, l'Europe et l'Asie, depuis la préhistoire humaine jusqu'au début du XVIe siècle, et souligne l'importance des forces climatiques et des agents pathogènes à toutes les époques. Les deux monographies ont été conçues comme un seul projet et devaient à l'origine être publiées en un seul ouvrage, avant que le nombre de pages grandissant n'impose une division. Le premier volume, pour l'essentiel, couvre une période qui s'étend de l'apparition de l'agriculture sédentaire jusqu'à la chute de l'Empire romain et s'achève aux environs de l'an 500 de notre ère. Le second volume traite d'un périmètre chronologique plus restreint de seulement mille ans environ : il commence là où s'arrêtait le dernier chapitre du premier volume, soit au début du VIe siècle de notre ère, et prend fin sur les incursions de l'Europe dans le monde atlantique aux environs de 1500. La zone d'analyse géographique est centrée sur l'Europe, la Méditerranée, le Moyen-Orient et la Chine, avec des degrés variés d'attention accordés à chaque région. L'idée initiale d'inclure l'Inde et le Japon a dû être mise de côté afin de conserver un nombre raisonnable de pages. Chaque chapitre des deux volumes examine une étude de cas distincte, propre à un temps et à un espace singuliers.

Les deux ouvrages mobilisent une compilation impressionnante de sources primaires étayées par une vaste connaissance actualisée des travaux scientifiques secondaires pertinents, prouesse d'autant plus remarquable que le champ de la recherche englobe l'empire d'Akkad, l'Autriche médiévale et la Chine des Han. Le recenseur n'a ainsi trouvé aucune omission dans l'historiographie de l'Antiquité romaine et tardive, ses domaines de spécialité. Outre l'utilisation prévisible de preuves archéologiques et textuelles, J. Preiser-Kapeller met en œuvre un large éventail de données issues de la recherche scientifique, selon une pratique de plus en plus fréquente dans l'histoire prémoderne de l'environnement et des maladies. On y trouve non seulement des reconstitutions paléogénétiques de la phylogénie de la *Yersinia pestis* (la bactérie responsable de la peste de Justinien et de la peste noire) et des données polliniques issues de carottes sédimentaires permettant de reconstruire de modèles historiques d'utilisation des sols, mais aussi des séries de cernes employées pour éclairer des valeurs de température et de précipitation dans le passé, et d'autres matériaux encore. Des explications accessibles de ces types de données, qui ne seront pas familières aux historiens, sont fournies dans l'introduction et les annexes de *Die erste Ernte und der große Hunger* (vol. 1).

Comme ne cessent de le souligner les deux livres, ni les forces climatiques ni les agents pathogènes ne déterminent l'issue des événements et les tendances historiques. Les climats dits favorables, dont la signification varie d'ailleurs en fonction de nombreux facteurs tels que le système socio-économique et la géographie de la région, n'engendrent pas automatiquement des périodes de croissance et de stabilité, et les circonstances considérées comme défavorables ne présagent pas toujours l'échec et le déclin. La dynastie Zhou, dans la Chine du premier millénaire avant notre ère, se hissa au pouvoir et s'effondra au cours de périodes plus sèches et plus froides, que beaucoup qualifieraient de défavorables. Le climat et les maladies posent des problèmes auxquels les structures sociales peuvent répondre de différentes manières ; selon les résultats obtenus et la perception des résultats en question, ces structures en ressortent avec un contrôle du pouvoir renforcé ou affaibli.

Au cœur de l'entreprise de J. Preiser-Kapeller se trouve un seul objectif : chercher à redonner au climat et aux maladies leur rôle de moteurs historiques fondamentaux au sein du discours sur les transformations multiples advenant dans le Vieux Monde depuis l'Antiquité jusqu'au début de l'époque moderne. Deux concepts-clefs sous-tendent l'analyse de l'auteur, la résilience et la vulnérabilité, dont l'utilisation dans l'histoire environnementale s'est accrue ces dernières années[2]. En effet, l'apparition d'une pandémie ou la détérioration du climat n'est pas le seul facteur permettant de déterminer leur importance et leurs conséquences historiques. La capacité d'un système socio-économique à absorber l'événement ou le processus et à continuer à fonctionner (autrement dit la résilience de ce système), en dépit de lignes de fracture, préexistantes ou récentes, et de sa vulnérabilité constitue un élément plus crucial. Par exemple, l'Égypte possédait une résilience moins grande et une vulnérabilité plus élevée aux crues insuffisantes du Nil au début du XIe siècle de notre ère, en raison de l'introduction de nouveaux spécimens comme le lin. La production de ces cultures marchandes diminua l'étendue de terres arables qui pouvait être utilisée pour faire pousser des céréales. Par conséquent, lorsque la crue annuelle n'atteignait pas une hauteur optimale pour l'irrigation, ce qui devenait de plus en plus courant à l'époque, ces facteurs rendaient les crises de subsistance plus susceptibles d'advenir. De fait, une crise de subsistance particulièrement grave se produisit durant les années 1023-1025, l'une des nombreuses advenues sous le califat fatimide au cours de ce siècle.

Une grande partie des deux volumes adopte une perspective accordant un rôle de moteur historique aux systèmes et aux institutions sociales, ce qui n'est guère surprenant lorsque l'on prend la résilience et la vulnérabilité comme outils d'analyse. Ainsi, une étude de cas dans *Der lange Sommer und die Kleine Eiszeit* (vol. 2) traite de la Chine depuis l'effondrement de la dynastie Han au IIIe siècle jusqu'à la chute des Song face à la dynastie mongole Yuan à la fin du XIIIe siècle. Parmi les thèmes essentiels, on trouve l'incorporation de la Chine du Sud dans l'écologie impériale du Nord et, par la suite, les trajectoires divergentes entre le Nord et le Sud durant la période des Cinq Dynasties et des Dix Royaumes ; l'auteur aborde également l'essor du commerce, de la manufacture et de l'extraction minière sous la dynastie des Song, renaissante à partir de 960, qui se révéla capable de gérer efficacement les phénomènes météorologiques extrêmes liés au climat plus froid du minimum de Oort. Cette approche structuraliste facilite la tâche de l'enquête historique diachronique à l'échelle multiséculaire. Elle est bien adaptée à l'organisation du projet puisque tous les grands chapitres couvrent, au minimum, plusieurs centaines d'années.

Dans le même temps, J. Preiser-Kapeller attache une attention considérable aux conséquences des fluctuations climatiques et des pandémies qui se prolongent dans les sphères culturelle, symbolique et figurative, mettant en garde contre des interprétations trop matérialistes dans le discours sur le climat et les premiers États. Cette sensibilité à la dimension symbolique est manifeste dans l'analyse des deux flambées épidémiques les plus marquantes dans le monde méditerranéen : la peste de Justinien, qui commence dans les années 540, et la peste noire, qui sévit au cours des années 1340. Outre les évaluations des conséquences pour l'économie et la démographie dans les régions frappées (âprement contestées mais probablement impossibles à connaître pour la peste de Justinien étant donné la rareté des sources), l'enquête se poursuit pour en évaluer les effets secondaires. Les tentatives visant à rendre perceptibles, dans l'Empire byzantin, la peste et ses répercussions voient une importance nouvelle accordée aux processions religieuses et à d'autres formes d'adoration ainsi que la création d'une catégorie d'Autres sur qui rejeter la faute de ces malheurs, sous la forme de païens et de juifs. Pour ne donner qu'un exemple tiré de la bibliographie volumineuse sur la peste noire, les descriptions iconographiques de Jésus souffrant sur la Croix éclipsent alors celles du Christ triomphant dans la Résurrection (vol. 2, p. 314).

Le point de vue de l'auteur comporte cependant quelques déséquilibres, si bien que l'Europe et la Méditerranée se voient octroyer une plus grande place que l'Égypte, la Mésopotamie et la Chine, cette dernière étant la seule des trois régions à être traitée séparément dans chacun des volumes. Ainsi, un chapitre et trente-trois pages à peine couvrent les trente-quatre siècles de l'histoire de la Mésopotamie, qui vont de l'avènement de l'empire d'Akkad aux environs de 2200 avant notre ère jusqu'à la mise à sac de Bagdad par les Mongols en 1258 de notre ère. En revanche, le monde romain depuis la République jusqu'à la chute de l'Empire d'Occident est abordé dans trois chapitres différents dans le premier volume, tandis que l'Empire byzantin bénéficie d'un chapitre entier et de la moitié d'un autre dans le second. Évidemment, la décision d'organiser l'enquête de cette façon est compréhensible compte tenu des antécédents de l'auteur, spécialisé dans l'histoire de l'Empire byzantin. Et puisque ni les forces climatiques ni les agents pathogènes ne respectent les frontières nationales, les analyses géographiques exhaustives de leurs causes et de leurs effets deviennent une quasi nécessité. Écrire une histoire globale s'étendant de la mer d'Irlande à l'océan Pacifique induit inévitablement des choix d'inclusion et d'exclusion de certaines époques et de certains lieux susceptibles de déclencher des désaccords. Néanmoins, il aurait été judicieux pour J. Preiser-Kapeller de davantage considérer l'Égypte et la Mésopotamie dans *Der lange Sommer und die Kleine Eiszeit*. Une autre limite notable de l'entreprise réside peut-être dans l'usage excessif de longues citations issues de sources secondaires, dont la fréquence peut interrompre le flux de la lecture. Cela étant dit, ces remarques mineures n'enlèvent rien à la réussite d'ensemble de l'œuvre.

J. Preiser-Kapeller défend la thèse puissante et convaincante que les fluctuations climatiques et les flambées épidémiques ont lieu dans un état d'interdépendance avec les êtres humains, chacun étant capable d'agir sur l'autre. Les altérations anthropiques dans l'utilisation des terres modifient les environnements locaux et l'écologie des maladies, tandis que le changement climatique et les pandémies peuvent renforcer, affaiblir, voire faire s'écrouler les institutions et les régimes politiques si certaines conditions sont réunies. Ces deux volumes sont donc des lectures essentielles pour tout historien ou historienne travaillant sur les relations entre climat et maladie dans l'Europe prémoderne, en Méditerranée ou en Chine. Beaucoup de celles et de ceux dont la recherche ne s'intéresse pas à ces sujets y trouveront également une grande utilité.

KEVIN BLOOMFIELD
kevinmbloomfield@gmail.com

Traduction de Laurent Vannini
AHSS, 77-1, 10.1017/ahss.2022.48

1. L'une de ses monographies antérieures s'intéressait à l'Antiquité tardive : Johannes PREISER-KAPELLER, *Jenseits von Rom und Karl dem Großen. Aspekte der globalen Verflechtung in der langen Spätantike, 300-800 n. Chr.*, Vienne, Mandelbaum, 2018.

2. John HALDON et Arlene ROSEN, « Society and Environment in the East Mediterranean ca 300-180 CE: Problems of Resilience, Adaptation and Transformation; Introductory Essay », *Human Ecology*, 46-3, 2018, p. 275-290.

John Drendel (dir.)
Crisis in the Later Middle Ages: Beyond the Postan-Duby Paradigm
Turnhout, Brepols, 2015, XII-368 p.

Crisis in the Later Middle Ages propose les actes d'une conférence tenue à Montréal en 2002 et aborde une question d'une importance extrême dans la construction du « grand récit » des médiévistes : celle du malthusianisme et de l'usage qui en a été fait par Michael Postan et Georges Duby. Bien que relativement ancien – il est paru en 2015 et certains des textes qui le composent remontent à 2005 –, cet ouvrage n'est en rien dépassé ou démodé. Le livre s'ouvre, dans une substantielle première partie, sur une présentation critique des travaux de M. Postan et de G. Duby. Quatre articles présentent différents aspects des outils conceptuels et des catégories utilisés par les deux historiens et se focalisent sur le lien organique établi par M. Postan entre croissance démographique, environnement et développement économique. Les mécanismes décrits grâce à ces outils débouchent, au début du xive siècle, sur une série d'impasses dont seul le déclin de la population, constaté dès le début du xive siècle, pouvait permettre de sortir. Longtemps accepté du fait de son élégance et de son efficacité dans la description et l'explication des phénomènes observés à partir de 1250, ce que John Drendel appelle le paradigme Duby-Postan est une construction malthusienne qui permet de décrire la situation économique de la fin du Moyen Âge et d'une bonne partie de l'époque moderne. Elle rend compte, en proposant un schéma explicatif global, des oscillations démographiques et des seuils rencontrés à partir du xive siècle par la société européenne, infranchissables avant le xviiie siècle. L'ouvrage dirigé par J. Drendel a pour but de déconstruire et de dépasser ce paradigme.

Le livre aborde, à travers ses 14 contributions, l'ensemble des thématiques qui ont jalonné l'historiographie européenne des années 1990-2000 : la commercialisation, l'innovation, l'influence du marché, notamment celui de la terre, le rôle de l'artisanat et des entrepreneurs ainsi que les rapports avec l'environnement y sont tous évoqués. La question de l'environnement sous-tend d'ailleurs l'ensemble des articles dans la mesure où elle fait pièce à la loi des rendements décroissants dont la pertinence est ici réfutée. L'ouvrage fait également une place à l'agentivité (*agency*), que ce soit celle des paysans anglais ou celle des sociétés urbaines du Midi de la France. Le recours à cette notion complexifie considérablement le cadre établi par M. Postan et G. Duby en pointant ses apories, voire ses simplifications. Le volume, cependant, n'intègre pas l'analyse des dysfonctionnements des marchés, que seule l'introduction de l'œuvre d'Amartya Sen dans la panoplie des historiens a permise quelques années plus tard, entre 2005 et 2010.

De nouveaux objets d'étude ont toutefois été mis en valeur : ainsi des petites villes, dont Christopher Dyer propose une analyse focalisée sur la pluriactivité paysanne, mais en la plaçant dans un contexte géographique, institutionnel et politique plus large que celui examiné par Philippe Bernardi. La pluriactivité paysanne est un acquis récent de la recherche et cette question a été abordée à partir du début des années 2000 : le colloque de Montréal a certainement joué un rôle de cristallisation d'une catégorie dont les implications sont nombreuses et introduisent à la conception d'une révolution industrieuse.

La formidable densité de la documentation comptable anglaise permet d'approfondir des directions de recherche reposant sur des analyses quantitatives, une large partie des contributions concernant l'Angleterre (6 sur 14). Celle de John Munro, particulièrement frappante, montre les possibilités offertes par la construction patiente de séries et d'indices. La réflexion qu'il construit sur l'évolution du salaire réel en Angleterre et sur les phases alternées d'inflation et de déflation que connaît l'économie anglaise du xive siècle est, à cet égard, exemplaire. Il faut ici savoir gré à l'éditeur d'avoir publié les 15 pages de tableaux statistiques sur lesquels repose la démonstration et qui en permettent la vérification ou la poursuite. Un autre groupe de 5 articles regarde la France méridionale (Provence et Languedoc) et un dernier porte sur la Flandre. Celui-ci, écrit par Erik Thoen et Tim Soens, spécialement intéressant, insiste sur les divergences apparues entre Flandre intérieure et Flandre maritime par rapport à la productivité du travail. Alors que la Flandre intérieure privilégie ce que les deux auteurs appellent une « économie de subsistance commerciale » (p. 203), visant à la sauvegarde de la famille, la Flandre maritime connaît, pour sa part, un régime d'économie purement commerciale dont la fonction et la finalité sont le développement et la prospérité de l'entreprise agricole. Cela renvoie à des différences substantielles entre les deux régions concernant l'organisation de la propriété du sol. La première forme, celle de la Flandre intérieure, résiste bien aux difficultés parce que la production n'y est pas exclusivement orientée vers le marché, tandis que la seconde, celle de la Flandre maritime, est plus sensible aux aléas de la conjoncture. Dans l'un et l'autre cas, cependant, la souplesse des systèmes économiques limite les effets de la crise.

Les essais concernant la France sont, pour leur part, centrés sur la question de la pluriactivité et sur la complexité qui en résulte. En Languedoc, Monique Bourin présente une société qui se pense comme prospère dans les années 1330. Un étonnant document émanant des consuls de Béziers décrit ainsi une région en train de développer un cercle vertueux dans lequel la croissance de la population s'accompagne d'une hausse des surfaces cultivées et d'une augmentation concomitante des prix du drap. Les élites biterroises proposent là une image inversée de la crise malthusienne et des blocages habituellement admis. Des faiblesses ou des failles apparaissent bien avec les disettes de 1329-1333, ainsi qu'avec la concurrence de plus en plus évidente entre agriculture et élevage et la pression croissante exercée sur les zones boisées. Néanmoins, la région, prospère, diversifie son agriculture en développant la vigne et, par conséquent, en orientant sa production vers le marché. Par ailleurs, tous les indicateurs attestent la prospérité de l'artisanat et l'existence d'un marché extrêmement actif des biens alimentaires comme des produits industriels, dans une économie où les disponibilités monétaires sont grandes. La région, enfin, tire sa richesse de la draperie, qui fournit beaucoup d'emplois et fait par conséquent vivre, même mal, une population importante tout en assurant de confortables revenus à une élite artisanale et commerciale spécialisée dans le parage des draps et leur commercialisation. La diversification des activités, d'une part, et l'inclusion de progrès techniques, d'autre part, permettent à la fois l'intensification agraire et le développement de l'artisanat dans une région qui, parallèlement, renforce son urbanisation. Cette description, qui intègre tous les paramètres proposés par M. Postan puis par G. Duby, mais y ajoute la question de la commercialisation et celle de l'innovation, montre une société susceptible de faire face aux conjonctures négatives et de réagir aux situations de disette – cela avec un recours minimal à la sériation et à la quantification, les sources ne permettant pas, du fait de leur nature, de construire des indices satisfaisants. On retient ici cependant la centralité des relations entre l'homme et son espace et la flexibilité de cette relation, dont la simple exhibition des indicateurs économique ne saurait rendre compte.

Tout autre est la situation provençale, évoquée par deux articles centrés respectivement sur les matériaux de construction (P. Bernardi) et sur la condition des travailleurs à Marseille (Francine Michaud). L'étude de l'approvisionnement d'Avignon conduite par le premier permet d'élaborer à nouveaux frais une problématique des relations villes/campagnes tout en posant la question de la rémunération du travail et de sa traduction sociale. Cela oblige à repenser les rapports ville/campagne et la hiérarchisation de l'espace, thématiques développées par P. Bernardi dans son étude. Plusieurs interrogations importantes sont en effet soulevées dans cette contribution. Celle de la nature du travail paysan, d'abord, dont l'auteur montre qu'il intègre aussi, le cas échéant, les activités d'extraction et de première transformation des matériaux de construction. Dès lors, il faut ajouter au travail de production des denrées alimentaires une activité liée au marché et en relation avec le bâtiment. Les communautés paysannes prennent soin de se protéger contre les abus des entrepreneurs urbains ou ruraux en interdisant ou en contingentant strictement les exportations de matériaux de construction vers les villes. À l'appui de la riche documentation marseillaise, F. Michaud aborde quant à elle la question de la rémunération du travail en milieu urbain, mettant en relation l'évolution des salaires nominaux tels qu'ils peuvent être reconstitués et les stratégies professionnelles construites par les différents agents. L'historienne révèle ainsi que la seconde moitié du XIVe siècle fut, à Marseille, un moment de consolidation des vieux groupes sociaux artisanaux et de précarisation, voire de prolétarisation de la main-d'œuvre la moins qualifiée, incapable, dans ce contexte précis, d'accéder aux formes d'apprentissage permettant d'envisager une ascension sociale.

Ce livre, dont on ne peut que déplorer la sortie tardive, fait le point sur l'un des paradigmes les plus savants et les plus complexes de l'historiographie. Il donne les éléments de réflexion nécessaires à sa critique et à son dépassement en présentant les concepts-clefs actuellement utilisés dans l'analyse économique en histoire tels qu'ils ont été redéfinis, principalement par l'historiographie de langue anglaise. L'un de ses effets est de placer le marché au cœur de réflexions qui abandonnent le terrain de l'anthropologie économique pour emprunter un chemin davantage tourné vers une économie smithienne. Cet ensemble a déjà une postérité importante dans les publications issues du programme « La conjoncture de 1300 »[1], qui a pour une bonne part renouvelé, au moins pour la partie occidentale du bassin Méditerranéen, les perspectives de recherche et de réflexion sur l'histoire économique de la fin du Moyen Âge.

Laurent Feller
laurent.feller@univ-paris1.fr
AHSS, 77-1, 10.1017/ahss.2022.49

1. On trouvera toutes les références à ce programme dans Monique Bourin, François Menant et Lluís To Figueras, « Les campagnes européennes avant la Peste : préliminaires historiographiques pour de nouvelles approches méditerranéennes », in M. Bourin, F. Menant et L. To Figueras (dir.), *Dynamiques du monde rural dans la crise de 1300*, Rome, École française de Rome, 2014, p. 9-101.

Guilhem Ferrand et Judicaël Petrowiste (dir.)
Le nécessaire et le superflu. Le paysan consommateur
Toulouse, Presses universitaires du Midi, 2019, 292 p.

Peut-on parler, pour l'Europe médiévale et moderne, d'un « modèle de consommation proprement paysan » ? La question, qui pourrait paraître « saugrenue » (p. 26), affirme Judicaël Petrowiste en introduction, cadre d'emblée le propos. Pour le sociologue Henri Mendras, l'idéal type de la société paysanne supposait en effet l'existence d'un « système économique d'autarcie relative », dans une perspective qui ne permettait guère d'établir de véritable distinction entre « consommation et production »[1]. L'idée que les paysans consomment ce qu'ils produisent et produisent essentiellement pour consommer constitue un obstacle à tout travail portant spécifiquement sur la consommation paysanne, surtout si l'on s'intéresse au superflu. La publication des actes des 36e journées de Flaran, tenues en 2014, montre qu'il n'en est rien.

Depuis les années 1970, l'archéologie a amassé des données témoignant d'une circulation importante d'objets et de biens de consommation en contexte rural. Du côté de l'histoire, des recherches menées plus systématiquement dans les sources notariales et la mise en série des inventaires après décès ont permis une meilleure connaissance de la culture matérielle et révélé l'accès des paysans à « une gamme diversifiée d'objets et de produits alimentaires » (p. 15). Le régime montagnard et rustique des paysans bergamasques de la fin du Moyen Âge, explique ainsi François Menant, en apparence fondé sur l'auto-consommation de produits locaux, supposait en réalité l'importation annuelle de grandes quantités de blé et de sel. Du point de vue de l'archéozoologie, note Vianney Forest, le paysan qui « mange aussi les animaux élevés » tend certes à laisser « le même type de traces archéologiques » de sa production et de sa consommation » (p. 72). Dans le Midi de la France, note-t-il toutefois, les ressources halieutiques venaient fréquemment agrémenter son ordinaire. Dans l'ouest de la France, qu'envisagent Laura Le Goff et Catherine Dupont, les coquillages n'étaient pas « cantonnés à la seule économie de subsistance », mais s'intégraient à une véritable économie d'échanges (p. 100). Pour Philippe Meysie, et semble-t-il pour la majorité des contributeurs, « autoconsommation paysanne et économie fermée » constituent donc deux mythes dont il faut définitivement se défaire (p. 230).

Si l'autoconsommation représentait peut-être l'idéal des paysans médiévaux et modernes, il s'agissait en effet d'un état tout théorique et en pratique inaccessible. La majorité de ceux qui travaillaient la terre ou pratiquaient l'élevage, notamment les paysans sans terre, précise Jean-Pierre Devroey, devaient nécessairement faire usage des « biens gratuits dans la nature » ou recourir à la monnaie (p. 269). Dans la France du XVIIIe siècle, explique P. Meysie, un berger des Landes pouvait se nourrir de sardines venues de Galice ou de Bretagne, de beurre salé importé d'Irlande, selon des circuits installés depuis le XVIe siècle. Pour Antoni Furió, la « demande agrégée émanant des foyers paysans », souvent négligée dans les approches macro-économiques, pourrait constituer un facteur majeur de ces évolutions (p. 168). Les paysans ne se contentaient pas de produits de première nécessité mais alimentaient aussi une demande en produits exotiques ou coloniaux. Dans la France du XVIIIe siècle, le poivre était ainsi devenu « l'épice populaire par excellence » (p. 239). En Bretagne ou dans les pays de Loire, les services à thé ou à café demeuraient encore rares. Les épiceries et les boutiques de détaillants écoulant les produits exotiques formaient néanmoins un maillage assez dense pour laisser supposer une consommation diffuse de ces produits. À cet égard, précise Maud Villeret, « les paroisses de l'intérieur de la Bretagne (Uzel, Moncontour) » apparaissent aussi bien approvisionnées « que les bourgs du littoral » (p. 121).

La demande ne se limitait pas aux produits alimentaires. Du côté des céramiques, remarque Nolwenn Lécuyer, on s'aperçoit que le XIIIe siècle met les populations rurales de Méditerranée occidentale « au contact d'un tout nouveau répertoire morphologique » (p. 62). En s'appuyant sur quelques livres de dettes de la fin du Moyen Âge, Lluís To Figueras montre pour sa part que les drapiers catalans faisaient une grande partie de leurs affaires avec les paysans. Situé près de Gérone, le petit village d'Amer, qui ne comptait que quelques centaines d'habitants au début du XIVe siècle, abrita en quelques décennies une dizaine de drapiers. Les populations rurales, qui profitaient aussi du marché très fourni des biens d'occasion et d'autres réseaux informels de distribution, ne se contentaient pas d'absorber passivement l'offre de biens céramiques, textiles ou alimentaires. En s'intéressant aux contrats réglementant l'approvisionnement en vin de certaines paroisses du Labourd (Pays basque) au XVIIe siècle, Francis Brumont met en lumière l'initiative des paysans, prêts à consentir un effort financier collectif et à s'organiser pour assurer l'approvisionnement de leur village en crus de Tursan, de Bordeaux ou de Navarre.

À quels ressorts obéissait la demande paysanne ? Différait-elle de celle des citadins ou de l'aristocratie ? La plupart des dépenses, précise J.-P. Devroey, visaient l'investissement. Il s'agissait d'abord d'acquérir et d'assurer l'entretien des *principalia* des inventaires après décès : charrettes, charrues, ustensiles agricoles, bétail, coffres, etc. Des dépenses somptuaires et en apparence superflues recouvraient parfois des besoins bien vitaux ou des obligations sociales. Pour les ménages paysans, la constitution d'une dot pouvait se révéler « l'investissement le plus rentable » (p. 225), rappelle Luis M. Rosado Calatayud à travers l'exemple du pays de Valence (Espagne) au XVIIIe siècle. Quel rôle peut-on toutefois attribuer à l'émulation ? Pour A. Furió, dans la péninsule Ibérique du bas Moyen Âge, la « richesse de la culture matérielle paysanne [...] n'obéissait pas tant au désir de ressembler aux couches supérieures, qu'à celui de rivaliser avec elles » (p. 169). En Angleterre, ajoute Christopher Dyer, seigneurs, paysans et citadins partageaient les « éléments d'une culture commune » (p. 142). S'il arrivait qu'une demeure paysanne imitât l'encorbellement des habitations citadines, l'une des « caractéristiques les plus frappantes » de la culture matérielle rurale demeurait néanmoins son « caractère local » (p. 144). La recherche du confort, qui se manifestait dans l'aménagement du foyer, pouvait sans doute motiver certains. Cette recherche de l'agrément était rarement dissociée d'un souci d'ostentation et de distinction adressé aussi bien au voisinage qu'aux membres même du foyer.

Transformations du travail paysan, commercialisation des productions : il était tentant de confronter ces évolutions à la thèse de la « révolution industrieuse » développée par Jan de Vries pour les pays de l'Europe du Nord à l'époque moderne[2]. Selon ce modèle, explique J. Petrowiste, le « désir de consommer » aurait constitué le moteur d'une intensification inédite du travail paysan. En s'intéressant à la Flandre et au Brabant du XVIIIe siècle, Bruno Blondé, Thijs Lambrecht, Wouter Ryckbosch et Reinoud Vermoesen testent la validité de cette thèse. Les indices qu'ils relèvent vont clairement dans le sens de cette révolution industrieuse : diffusion domestique des rouets ; « croissance spectaculaire » des quantités de lin écoulées sur les marchés (p. 197) ; diffusion de cultures à haut rendement témoignant « d'une commercialisation plus poussée de l'agriculture » (p. 205). Ils adoptent en revanche une certaine distance avec la vision optimiste qui accompagne parfois la mise en évidence de ces évolutions. Le travail domestique, en mobilisant les enfants, participe à la faible scolarisation des garçons et plus encore des jeunes filles. Ces évolutions, en outre, loin de conduire à « l'adoption d'une culture de consommation urbaine moderne », se font dans le cadre d'une culture rurale spécifique (p. 211).

A. Furió appelle d'ailleurs à se méfier des modèles explicatifs ne mettant en avant que quelques facteurs isolés. On ne saurait ainsi tenir pour acquise l'augmentation linéaire de la consommation et des niveaux de vie que paraît présupposer la thèse d'une révolution industrieuse. En Catalogne, précise-t-il, « les niveaux de vie, les salaires réels et la consommation des paysans de la fin du Moyen Âge étaient plus élevés que ceux des paysans du XIXe siècle » (p. 160). C'est aussi contre la prégnance de certains modèles que s'élèvent Anne Radeff et Georges Nicolas, qui voient dans le mythe de l'autarcie paysanne un contrepoint au modèle de centralité urbaine développé par Walter Christaller. « Membre du parti nazi à partir de 1940 », ce dernier avait conçu certaines de ses théories « pour servir à la politique de *Lebensraum* » (p. 257). Ce serait peut-être négliger ce que les idéaux-types de société paysanne développés dans la seconde moitié du XXe siècle doivent aux travaux d'Alexandre Chayanov ou de Robert Redfield.

Il est sans doute vrai, comme le précise Guilhem Ferrand en conclusion, que la « séparation, coutumière, entre un monde rural et un monde urbain » (p. 283) s'avère souvent inopérante. La notion même de paysan est loin d'aller de soi. Dans sa contribution, V. Forest adopte ainsi une définition restrictive du paysan qu'il emprunte aux dictionnaires usuels, « l'homme de campagne qui s'occupe des travaux des champs » (p. 69) ; cette approche le conduit à écarter les bergers, les montagnards et les ruraux non cultivateurs. Pour J.-P. Devroey, il faut au contraire entendre par « paysan » un « habitant des campagnes » (p. 268). Dans tous les cas, les paysans dont traite majoritairement l'ouvrage appartiennent à la frange des cultivateurs aisés qui disposent d'un accès au foncier. Il pouvait s'agir, en Angleterre, des « tenanciers moyens et supérieurs » (p. 145) ou encore des « coqs de villages » (p. 237) socialement très éloignés des *cottagers*, des manœuvres ou des paysans sans terre. À l'intérieur d'une même maison, les hiérarchies et les places fondées sur le genre, l'âge ou l'hérédité passaient également par des consommations différenciées.

L'étude de la diversité des pratiques de consommation permet d'envisager une approche différente des phénomènes de stratification sociale. Peut-on pour autant, comme le suggère V. Forest, voir dans la présence de coquillages marins arrivés frais sur des sites du Languedoc la « preuve que les consommateurs producteurs de ces déchets » n'étaient pas « de simples paysans, mais des élites sociales mal distinguées » (p. 77) ? J.-P. Devroey souligne le risque de recherches prédéterminées par une « typologie des élites » tendant à s'imposer comme « une grille d'interprétation archéologique, des marqueurs de qualité de la vie domestique et des marqueurs de rang » (p. 272). L'avertissement pourrait aussi bien s'adresser aux historiens : les sources, rappelle F. Menant, se révèlent souvent « biaisées par la prédominance de l'approvisionnement du marché urbain et des goûts alimentaires de l'élite » (p. 30). Ce sont d'ailleurs des sources produites depuis la ville ou par les pouvoirs princiers, notent A. Radeff et G. Nicolas, qui transmettent « la notion de la domination par la ville d'un espace rural considéré comme homogène et délimité par rayon » et participent au renforcement d'une vision unitaire des sociétés paysannes (p. 252).

Sans toujours l'expliciter, les contributeurs ont généralement privilégié l'évocation du superflu. Les biens de consommation dont il est surtout question sont souvent ceux qui n'entretiennent pas de liens immédiats avec les nécessités de la survie : éléments de décoration, tissus luxueux, coquillages et crustacés, boissons alcoolisées ou exotiques, tabac, etc. Il eût sans doute été utile d'interroger le rôle joué par les restrictions alimentaires et par la contrainte que les jours maigres faisaient peser sur la consommation paysanne. On peut aussi souligner le caractère addictif de certaines des substances évoquées, qu'il s'agisse de l'alcool, du tabac, du thé, du café voire du sucre – une évidence qui n'est guère rappelée. Certes, la distinction entre le nécessaire et le superflu est peu mise en pratique et se profile du reste comme une question de degrés. Un même paysan, note J. Petrowiste, pouvait « à la fois présenter un régime alimentaire réduit aux seules ressources de son exploitation et des pratiques de consommation somptuaires » (p. 25).

« Pour les milieux de l'élite urbaine, aristocratique et cléricale médiévale » souligne-t-il en revanche, « l'enfermement des populations des campagnes dans un mode de consommation subi » était une « affaire entendue » ; le maintien de la paysannerie dans ce mode de consommation participait même « d'un certain ordre du monde » (p. 12). Pour C. Dyer, les lois somptuaires de l'Angleterre du XIVe siècle peuvent à cet égard être lues comme un effort visant à rabaisser les paysans affichant une trop bonne fortune. Si l'on refusait à ceux-ci et aux vilains la prétention à se nourrir et à se vêtir richement, ce n'était sans doute pas sans motif. Il faut donc supposer, comme l'affirme J. Petrowiste, « qu'une partie au moins des gens de campagnes ne se [pliait] pas spontanément au régime de consommation dans lequel leur condition [était] supposée les enfermer » (p. 15). Les contributions de ce volume le montrent amplement, en rappelant au passage que la paysannerie d'Ancien Régime ne peut se laisser enclore dans de grands modèles explicatifs.

Philippe Lefeuvre
philippe.lefeuvre22@gmail.com
AHSS, 77-1, 10.1017/ahss.2022.50

1. Henri Mendras, *Sociétés paysannes. Éléments pour une théorie de la paysannerie*, Paris, Armand Colin, 1976, p. 12.

2. Jan de Vries, *The Industrious Revolution: Consumer Behavior and the Household Economy, 1650 to the Present*, Cambridge, Cambridge University Press, 2008.

Marc Conesa et Nicolas Poirier (dir.)

Fumiers ! Ordures ! Gestion et usage des déchets dans les campagnes de l'Occident médiéval et moderne
Toulouse, Presses universitaires du Midi, 2019, 302 p.

Actes d'un colloque tenu à l'abbaye de Flaran en 2016 et organisé par Marc Conesa et Nicolas Poirier, le présent ouvrage entend combler un vide historiographique en abordant le thème de la gestion des déchets en milieu rural entre les Ve et XXe siècles. Après une introduction solide rappelant le cadre historiographique pluridisciplinaire ayant fait émerger la rudologie comme discipline dans les années 1980, les directeurs de publication évoquent leur désir de soulever le voile couvrant la connaissance de leur sujet par le biais de trois thématiques majeures. L'identification de l'objet d'étude (les déchets) et son rôle dans le cycle de la matière sont tout d'abord au cœur des préoccupations ; l'interrogation porte ensuite sur la compréhension de la gestion des incultes et des rebuts agropastoraux, ainsi que leurs effets sur le milieu ; enfin, l'ordure comme trait d'union entre la campagne et la ville permet de rééquilibrer la vision des relations entretenues par ces deux entités.

Bien que principalement centrées sur la France (10 articles), les 14 contributions font voyager le lecteur de l'Espagne à la Belgique et de la Bourgogne française à l'Angleterre. Conformant au titre de l'ouvrage, les périodes médiévale (6 contributions) et moderne (5 articles) sont ici les plus abordées. Si une contribution couvre une chronologie allant du XVe au XXe siècle et deux autres abordent l'époque contemporaine, le dépassement des bornes chronologiques traditionnelles n'est en rien dommageable. Au contraire, il enrichit ici grandement les approches.

Le titre volontairement provocateur du volume emploie les termes polémiques de « fumier » et « ordure » qui, bien que faisant appel au dégoût du lecteur, identifient clairement des sources de pouvoir et de richesse. Richard Jones, Thomas Labbé et Jean-Pierre Garcia ou encore Gabriel Jover Avellà montrent en effet le souci constant d'assurer une qualité et une disponibilité du fumier dans l'économie rurale seigneuriale des XIIe-XVIIe siècles. Tandis que la fumure la plus pure amende la réserve du seigneur ou les cultures fragiles (vigne, olivier), celle rehaussée d'excréments humains et des rejets domestiques, pour pallier le manque de fumier animal, est réservée au paysan. Pieter De Graef, Jean-Pierre Aguerre et Laurent Herment précisent que cette inégalité marque encore les XVIIIe et XIXe siècles : les gros exploitants accaparent les engrais chimiques et les vidanges urbaines les plus nutritives, notamment en prenant le contrôle du nettoyage des villes, ne laissant ainsi aux petits exploitants que les sources d'engrais les moins fertiles.

Les diverses contributions composant l'ouvrage soulignent des spécificités locales dans la composition de l'engrais qui s'explique non seulement par la disponibilité des éléments pouvant entrer dans sa confection, mais aussi par les croyances entourant ce fertilisant. Ainsi, T. Labbé et J.-P. Garcia pour la culture de la vigne et G. Jover Avellà pour celle de l'olivier expliquent que seuls les engrais végétaux ou des déchets neutres sont utilisés pour ne pas corrompre le goût du fruit. En revanche, la culture céréalière n'hésite pas à recourir aux excréments humains ou aux déchets domestiques et artisanaux pour compenser la faible production de fumure animale. Dans les zones arides, escarpées ou de landes, là où l'élevage est peu pratiqué, les ruraux emploient davantage de végétaux (le buis, comme le montre Sylvain Olivier dans sa contribution, ou l'ajonc et la tourbe pour Isabelle Guégan) dans la composition du fumier. Emmanuelle Charpentier explique quant à elle que les rejets marins (algues et sable coquillé) sont massivement utilisés dans les espaces littoraux. Bien que l'empirisme ait démontré l'efficacité de certains de ces fertilisants locaux, aucun ne s'impose au niveau national du fait de discours agronomiques sous-estimant le produit ou d'un emploi concurrentiel par l'industrie. C'est ainsi que E. Charpentier expose le cas du goémon, que le pouvoir royal de France interdit au commerce extrarégional sous couvert de protection des ressources halieutiques – les poissons se nourrissant de cette algue –, mais qui l'exploite pour la fabrication de soude.

D'un point de vue ethnologique, le contrôle des moyens de production du fumier reflète les inégalités sociales depuis le Moyen Âge. R. Jones évoque le cas de figure anglais où le seigneur ordonne à ses paysans de faire pâturer gracieusement leurs animaux sur ses terres afin de les amender. Pour l'époque moderne, G. Jover Avellà, E. Charpentier et P. De Graef mettent en lumière le système des contrats de fermage par lesquels le propriétaire impose des pratiques à l'exploitant, telles que la possession de bétail, d'outillage et de semences, mais l'interdiction de la vente d'engrais. La terre doit donc rester fertile et productive, indépendamment des conditions de vie de son exploitant. P. De Graef démontre que dès le XVIIIe siècle, la révolution des transports qui accompagne l'ère industrielle permet la diffusion d'engrais chimiques (*off-farm*) dans les zones souffrant d'une carence en fumure, souvent liée à un milieu peu propice à l'élevage. Toutefois, ce phénomène favorise la croissance du nombre des grosses exploitations au détriment des petits exploitants, toujours plus nombreux à se salarier pour survivre, comme cela se faisait déjà lors des crises de la fin du Moyen Âge selon l'étude bourguignonne de T. Labbé et J.-P. Garcia.

Pour R. Jones, apparaît spatialement un marquage social de la terre à l'époque féodale par la présence de tessons de céramique (rejet domestique mêlé à la fumure) sur les tenures paysannes et leur absence dans la réserve seigneuriale. Claire Hanusse, Tristan Moriceau et Line Pastor démontrent en outre que l'habitat rural s'organisait autour d'une cour centrale accueillant le tas de fumier ; des jardins puis des champs entouraient ensuite cet ensemble. Sur le littoral breton, E. Charpentier explique que la transformation du goémon impose l'aménagement d'aires de séchage qui modèlent le paysage et dessinent le finage. Dans l'Ouest comme dans le Sud de la France, l'exploitation des incultes amène à contrôler ces espaces, contribuant ainsi à l'anthropisation des paysages. Pour S. Olivier, E. Charpentier et I. Guégan, une législation encadre les usages de ces aménagements pour éviter les conflits et garantir l'intérêt collectif (qu'une utilisation intensive, motivée par une commercialisation hors du territoire du finage ou de la commune, pourrait perdre de vue).

L'exemple de la viticulture dans la Bourgogne des XIVe et XVe siècles permet à T. Labbé et J.-P. Garcia d'éclairer l'interdépendance entre ville et campagne à travers l'analyse de la gestion des rebuts citadins. Les déchets neutres urbains (gravats) servent en effet à lutter contre l'érosion des coteaux plantés de vignes. Selon Patrick Fournier, ce lien ne cesse de se consolider par la suite lorsque les édiles renforcent l'assainissement de la ville en chargeant des ruraux de l'évacuer plus régulièrement de ses ordures. Se met ainsi en place un cycle fermé des nutriments que N. Poirier et M. Conesa présentent comme un « retour sur investissement des campagnes après avoir nourri la ville » (p. 14). Pour le XIXe siècle, les études de cas de J.-P. Aguerre et L. Herment montrent que le commerce des vidanges urbaines accroît cette interdépendance tandis que tout un réseau d'usines et de canalisations de réception et de distribution des vidanges citadines pénètre les campagnes sur plusieurs dizaines de kilomètres.

L'apport majeur de cet ouvrage tient à son approche pluridisciplinaire. Aux côtés des réflexions historiques, ethnologiques, géographiques ou économiques, l'archéologie se détache nettement en permettant de renouveler le discours de manière significative. La mise au jour de vestiges de fumières ou d'aires d'épandage de la fumure, cas de figure exploités par C. Hanusse, T. Moriceau et L. Pastor, renseignent des pratiques quotidiennes mais absentes des textes. L'approche taphonomique du mobilier permet par ailleurs de réfléchir sur le cycle de la matière entre dépôts primaires et secondaires, de renseigner la constitution des fumières ou encore d'éclairer l'importance du tri et du recyclage. C'est en effet dans cette optique que convergent les discours des contributions de C. Hanusse, T. Moriceau et L. Pastor, de Jérôme Ros, Marie-Pierre Ruas et Charlotte Hallavant, ainsi que de Idoia Grau-Sologoestoa. Les analyses archéo-botaniques permettent quant à elles de proposer une synthèse à l'échelle du Midi de la France. Proposée par J. Ros, M.-P. Ruas et C. Hallavant, celle-ci alimente la connaissance des productions agricoles et de leurs sous-produits, tels que la litière et le fourrage, tous deux à l'origine du fumier. L'ouvrage souffre malheureusement de la qualité de son iconographie qui, en outre, manque cruellement de cartes permettant de localiser les espaces et phénomènes évoqués. Par ailleurs, si les éditeurs ont pris l'initiative de publier des textes de langue étrangère en français, ces contributions perdent en substance et en clarté du fait de traducteurs qui ne sont pas toujours initiés au vocabulaire technique. Ces éléments sont toutefois loin de ternir un volume de grande qualité.

Pour finir, notons les remarquables conclusions, présentées comme provisoires par leurs auteurs, qui ouvrent nombre de perspectives de recherche. Parmi celles-ci, citons l'identification du point de rupture dans les pratiques de gestion des déchets au XIXe siècle du fait d'une action combinée des politiques des magistrats urbains, des hygiénistes et des agronomes, ainsi que d'une révolution des transports viaires et ferroviaires. Tout ceci montre que le déchet, loin d'être figé, est un objet en perpétuel mouvement par la convoitise qu'il suscite. Son histoire sociale doit être approfondie car sa valorisation fait vivre toute une foule d'acteurs appartenant à des milieux sociaux divers, du collecteur sur le terrain à l'investisseur dans une compagnie de ramassage ou de transformation. Les échanges interdisciplinaires révèlent aussi combien le déchet est un objet d'étude hybride qui doit être abordé dans le cadre d'une histoire globale et à quel point les sources de l'histoire économique ont encore beaucoup à nous apprendre sur le sujet.

Mathieu Béghin
mathieu.beghin.ma@gmail.com
AHSS, 77-1, 10.1017/ahss.2022.51

Stéphane Gal
Histoires verticales. Les usages politiques et culturels de la montagne (XIVe-XVIIIe siècle)
Ceyzérieu, Champ Vallon, 2018, 456 p.

Ce beau livre de Stéphane Gal se veut l'histoire d'une « révolution du regard et de l'esprit » (p. 15). Il raconte comment, à partir de la Renaissance, les élites européennes s'emparent de la montagne pour modifier leur perception du monde et accéder, si l'on peut dire, à la troisième dimension.

La première partie (« Vivre et regarder ») est consacrée aux représentations de la montagne. Comme Philippe Joutard avant lui, S. Gal voit dans la Renaissance le temps d'un changement de perception, voire d'une « invention » de la montagne par les élites européennes[1]. De barrière, dont le franchissement est soit craint, soit occulté par les récits de voyages médiévaux, la montagne devient un espace que l'on peut arpenter, découvrir, voire apprécier. Le temps des Lumières puis celui du Romantisme ne verraient que l'achèvement de ce basculement.

La deuxième partie (« Croire et faire croire ») s'intéresse aux usages idéologiques et religieux de la montagne. À partir de la Renaissance, on assiste à un retournement des *topoi* négatifs colportés par les gens des plaines sur la montagne. Des humanistes comme Marc-Claude de Buttet, Jacques Pelletier-du-Mans ou Conrad Gesner prennent la défense de la montagne et de ses habitants, tandis que les élites montagnardes convertissent ces poncifs pour mieux se les réapproprier. Être montagnard constitue désormais un marqueur d'identité positif pour les Suisses et, un peu plus tard, pour les ducs de Savoie « portiers des Alpes ». De barbare arriéré – « des ours et des crétins » (p. 86) –, le montagnard devient un homme libre et vertueux, et la montagne, jusque-là repère du démon et dernier refuge du paganisme, se transforme en lieu d'édification, d'élévation morale, voire de conversion.

La troisième partie (« Monter et descendre ») est celle qui aborde le plus prosaïquement l'idée de verticalité puisqu'elle est consacrée non seulement aux ascensions, mais également à la descente (celle du mont Cenis, par exemple, au moyen de la ramasse décrite par des voyageurs terrifiés) ainsi qu'à la chute. S'il semble que les ascensions aient été plus fréquentes que ne le disent certains chercheurs[2] dès la fin du Moyen Âge (Pétrarque et Bonifacio Rotario ne furent pas les seuls), la Renaissance apparaît là aussi marquer un tournant. Les récits d'ascension se multiplient à l'instar de celles, célèbres, du mont Aiguille, ou « mont inaccessible », par Antoine de Ville, seigneur de Domjulien, sur l'ordre de Charles VIII, ou bien encore du mont Pilate par Gesner. L'expérience de la montagne, qui était celle de la peur, devient l'occasion du dépassement de soi, de la découverte d'un milieu et de la construction d'un paysage.

La quatrième partie (« Circuler ») nous parle de la montagne parcourue, que ce soit par les pèlerins, les marchands, les fonctionnaires et, puisque l'on est dans le temps des guerres d'Italie, par les armées également. S. Gal explore ici le thème de la circulation en traitant du franchissement des cols et des cours d'eau et de l'aménagement de la montagne à des fins d'exploitation (les mines), mais aussi et surtout des routes. La fin du Moyen Âge avait vu le percement du premier tunnel transalpin (le Pertuis du Viso) et l'aménagement de routes d'altitude destinées au commerce du sel ; l'époque moderne, notamment le XVIIe siècle, marque le lancement d'importants travaux de voirie visant à élargir et à aplanir les routes de montagne voire, dans certains cas, les rendre carrossables. Cette volonté marquée, de la part des États modernes, d'ouvrir davantage la montagne préfigure le grand œuvre de désenclavement qui caractérisera le XIXe siècle.

Viennent ensuite les pages consacrées à l'invention de la guerre de montagne (« Combattre »), un thème cher à l'auteur, où sont évoquées aussi bien la « petite guerre » (que l'on n'appelle pas encore guérilla) que l'édification des forteresses de montagne. Leur lecture fait écho au projet d'histoire expérimentale MarchAlp (Marche armée dans les Alpes) réalisé en 2019 autour du franchissement de la haute montagne par des hommes d'armes du temps de François Ier, et dont S. Gal fut la cheville ouvrière[3].

Enfin, la montagne est aussi « rêvée » (pour reprendre le verbe qui donne son titre à la dernière partie), et l'on retrouve ici le vieux thème médiéval des merveilles. Celles du Dauphiné, popularisées au tout début du XIIIe siècle par Gervais de Tilbury, sont revisitées et réinterprétées aux XVIe et XVIIe siècles. Cependant, la montagne moderne voit naître de nouvelles mythologies : celle des Allobroges, dans le contexte de l'invention des Gaulois, celle de héros montagnards, comme bien sûr Guillaume Tell, mais aussi Bayard et même une femme, cette Phyllis de la Tout du Pin la Charce qui, en 1692, mobilisa les milices dauphinoises contre l'invasion des troupes savoyardes.

On l'a compris, l'ouvrage propose une vision exhaustive de la montagne, principalement des Alpes en fait, même si les Pyrénées ou encore les Andes sont présentes. Si le propos peut parfois tomber dans la surinterprétation, lorsqu'il est question par exemple du symbolisme de la montagne (la montagne est symbole de tout et tout est symbole de montagne), l'auteur fait toujours montre d'une érudition rarement prise en défaut et d'un éclectisme qui, seul, permet d'oser une histoire totale. Bien sûr, cette montagne est essentiellement vue et vécue par les élites, élites des plaines le plus souvent, mais aussi élites issues des montagnes. C'est l'écueil de ce type d'étude. La vision que pouvait porter sur son milieu de vie le petit peuple des montagnards reste largement dans l'ombre, faute de sources. Il n'est peut-être que les révisions de feux delphinales du XVe siècle qui, à travers les rapports transmis par les commissaires de la Chambre des comptes de Grenoble, parviennent, dans une certaine mesure, à se faire l'écho d'une certaine vision des montagnards sur leurs montagnes.

Fabrice Mouthon
fmout@univ-smb.fr
AHSS, 77-1, 10.1017/ahss.2022.52

1. Philippe Joutard, *L'invention du mont Blanc*, Paris, Gallimard, 1986.

2. Voir par exemple Étienne Bourdon, *Le voyage et la découverte des Alpes. Histoire de la construction d'un savoir (1492-1713)*, Paris, PUPS, 2011, p. 238-239 ; Georges Bischoff, « La montagne et les voyageurs à la fin du Moyen Âge : de l'indifférence au regard », in Société des historiens médiévistes de l'enseignement supérieur public (éd.), *Montagnes médiévales*, Paris, Publications de la Sorbonne, 2004, p. 395-413.

3. Sur le projet MarchAlp : http://larhra.ish-lyon.cnrs.fr/marchalp. Voir aussi l'ouvrage consacré à cette expérience : Stéphane Gal (dir.), *Des chevaliers dans la montagne. Corps en armes et corps en marche, 1515-2019*, Grenoble, UGA Éditions, 2021.

Olivier Jandot
Les délices du feu. L'homme, le chaud et le froid à l'époque moderne
Ceyzérieu, Champ Vallon, 2017, 336 p.

Loin de proposer une histoire du climat, cet ouvrage s'interroge plutôt sur la façon dont les Françaises et les Français du XVIe au XVIIIe siècle ont pu ressentir le chaud et le froid, une approche qui s'inscrit pleinement dans celle, « au ras du sol », de Robert Mandrou et de Lucien Febvre. Depuis les travaux pionniers d'Emmanuel Le Roy Ladurie à la fin des années 1960, l'histoire du climat et de son interaction avec différentes cultures humaines a fait couler beaucoup d'encre, en particulier depuis la publication par Hubert H. Lang de son *Climate, History and the Modern World*, un livre très global, puis par Wolfgang Behringer de sa *Cultural History of Climate*[1]. On a notamment pu reprocher à ce dernier, qui s'est beaucoup intéressé aux effets du « petit âge glaciaire », d'avoir épousé une approche néo-conservatiste tendant à minimiser l'aspect catastrophique du réchauffement climatique actuel. Ont également été critiqués sa méthode historique, son approche téléologique et son psychologisme rétrospectif.

L'ouvrage d'Olivier Jandot, d'un empan plus modeste, évite ces écueils en commençant par définir la multiplicité de sources sur lesquelles il se fonde pour décrire la façon dont on affrontait autrefois les hivers rigoureux ou les étés caniculaires. Par le biais d'anecdotes soigneusement mises en séries sur l'expérience sensible des températures (les voituriers frigorifiés sur leur carrosse ou les enfants dans leurs berceaux qui meurent gelés, les branches des arbres qui éclatent dans les bois ou, à l'inverse, les moissonneurs morts déshydratés dans les champs lors de l'été 1558), l'auteur parvient à faire le départ entre la norme et les moments climatiques exceptionnels ainsi qu'à montrer le décalage entre l'Ancien Régime et le monde actuel, où le confort des immeubles nous rend indifférent au temps.

La description des hivers mémorables en France (1565, 1664, 1709, 1776, 1784 et 1789) prend une large part dans le livre qui met l'accent sur le petit âge glaciaire. L'hiver 1565, que Pieter Brueghel a si bien dépeint dans les Flandres, au travers par exemple de ses *Chasseurs dans la neige*, a laissé des traces précieuses dans les chroniques, notamment dans le journal de Claude Hatton, qui évoque un hiver d'une exceptionnelle intensité avec diverses vagues de froid s'étendant de décembre à fin février et les membres meurtris (engelures profondes et gangrènes) de ceux qui s'aventurent dehors. L'autre hiver mémorable est celui de 1709, dit « le grand hyver », qui connut 18 jours à moins de 10 °C et a occasionné, selon l'historien Marcel Lachiver, par la famine qu'il déclencha, une surmortalité de plus de 100 000 individus. Il devint dans la mémoire collective le mètre étalon des grands hivers. Toutefois, comme le souligne O. Jandot, le grand hiver est une réalité récurrente depuis le XVIe siècle : le phénomène doit donc être envisagé sur le long terme.

La description de ce phénomène souligne surtout l'incapacité de nos aïeux à se protéger du froid, comme en atteste l'utilisation des cheminées, moins efficaces que les poêles des espaces germaniques, ou des sources de chaleur portatives (chaufferettes, briques). Les stratégies de lutte contre le froid passent dès lors, explique l'auteur en se servant de la littérature comme de l'iconographie, par l'invention d'enveloppes concentriques : vêtements, habitations, alcôves et espaces gigognes en tous genres. Les manuscrits enluminés médiévaux, les tableaux des frères Le Nain et les gravures d'Abraham Bosse illustrent les limitations du chauffage devant l'âtre. Toutefois, aucune généralisation n'est possible et O. Jandot distingue bien les espaces géographiques, certaines régions étant dépourvues de bois (comme le haut Lautaret, en Dauphiné), d'autres au contraire en possédant en abondance, et les catégories sociales – la douce chaleur des bêtes à l'étable constitue une solution alternative au combustible pour ceux qui sont contraints à une gestion parcimonieuse dans un monde de l'économie permanente.

Un chapitre est ensuite consacré à déterminer l'évolution du seuil de l'agréable en termes de températures. Sous l'Ancien Régime, il apparaît que la froideur des intérieurs était la règle l'hiver : des températures de 12 à 15°C étaient considérées comme confortables quand les normes légales actuelles imposent que les habitations bien isolées puissent assurer une température de 19 à 20°C. À l'inverse, pour un Érasme, au XVIe siècle, la chaleur des poêles des auberges allemandes est proprement insupportable. O. Jandot montre l'endurcissement des corps du XVIe au XVIIIe siècle, qui peuvent envisager de longs voyages sur des chemins enneigés ou même braver le franchissement hivernal de cols montagneux. Cela n'est pas sans danger, comme quand le courrier de la malle-poste allant de Paris en Picardie arrive proprement gelé au relais de Clermont-en-Beauvaisis, son cheval ayant, par automatisme, convoyé pendant deux heures son corps inerte.

L'insensibilité au froid résulte d'une attitude culturelle qui fait de l'endurance une vertu et parfois même, dans les monastères par exemple, impose la mortification comme un moyen de se rapprocher du Christ. Cela n'empêche pas pour autant les corps de souffrir : les paysans toussent beaucoup l'hiver dans les églises et les voyageurs souffrent d'engelures pour lesquelles l'amputation est l'ultime recours. Les deux derniers chapitres du livre envisagent le problème du froid sous l'angle de l'histoire des techniques. Face au petit âge glaciaire, en effet, une réflexion naquit pour améliorer les méthodes de chauffage. Ce furent d'abord les performances calorifiques des cheminées qui attirèrent l'attention des architectes, grâce notamment aux travaux de Louis Savot (1624), puis de Nicolas Gauger (1713), courant qui donna naissance à la caminologie des Lumières (Marc-René de Montalembert, 1763, et Benjamin Franklin, 1773)[2]. Les Français, pour des raisons culturelles, furent réticents à remplacer leurs âtres inefficaces par des poêles aux foyers fermés dont la supériorité calorifique était pourtant évidente. Néanmoins, en 1773, le poêle Franklin et la cheminée à la Désarnaud, qui conciliait les attraits visuels de la cheminée et les vertus du poêle, virent le jour.

Le XVIIIe siècle connut ainsi une mutation profonde en raison de la demande sociale de chaleur. Une sorte de droit au chauffage s'imposa peu à peu, même pour les humbles. Louis XVI, lors de l'hiver 1784, s'émut du sort des Parisiens et débloqua des fonds pour chauffer le peuple. Le poêle modeste, fait de fer et de fonte, qui chauffait l'air ambiant plutôt que les corps assemblés autour du foyer, se diffusa peu à peu, en particulier dans les logements urbains modestes. On vit chez les médecins apparaître un discours normatif sur les bienfaits d'une chaleur non excessive. Dans les discours moralistes et hygiénistes, par exemple dans l'*Émile* de Jean-Jacques Rousseau (1762), les vertus du froid restaient malgré tout présentées comme un moyen de résister à la décadence de la civilisation par la mollesse des corps.

L'ouvrage se conclut sur les contrastes de températures qui font du passé un pays étranger pour nos contemporains. Il invite à prendre en compte les mutations lentes et invisibles qui ont abouti à un nouveau régime du confort dont les années 1946-1975, les fameuses « Trente Glorieuses » de Jean Fourastié, concrétisèrent les caractéristiques.

Pascal Brioist
brioistp@gmail.com
AHSS, 77-1, 10.1017/ahss.2022.53

1. Emmanuel Le Roy Ladurie, *Histoire humaine et comparée du climat*, vol. 1, *Canicules et glaciers, XIIIe-XVIIIe siècles*, vol. 2, *Disettes et révolutions, 1740-1860*, Paris, Fayard, 2004 et 2006 et id., *Histoire du climat depuis l'an mil*, Paris, Flammarion, 1967 ; Hubert H. Lang, *Climate, History and the Modern World*, Londres, Routledge, 1995 ; Wolfgang Behringer, *A Cultural History of Climate*, trad. par P. Camiller, Cambridge, Polity Press, [2007] 2010.

2. Louis Savot, *L'architecture françoise des bastimens particuliers*, Paris, S. Cramoisy, 1624 ; Nicolas Gauger, *La mécanique du feu, ou l'art d'en augmenter les effets et d'en diminuer la dépense*, Paris, J. Estienne, 1713 ; Marc-René de Montalembert, *Cheminée poêle ou poêle françois. Mémoire lû à la rentrée publique de l'Académie royale des Sciences, le 12 novembre 1763*, Paris, Imprimerie royale ; Benjamin Franklin, « Description des nouveaux chauffoirs de Pennsylvanie où l'on explique les principes de leur construction, leur usage et leurs avantages sur tous les autres moyens de chauffer une chambre », *in Œuvres*, trad. par Barbeu-Dubourg, Paris, s. n., 1773.

Philipp Blom
Quand la nature se rebelle. Le changement climatique du XVIIe siècle et son influence sur les sociétés modernes
trad. par O. Mannoni, Paris, Éd. de la MSH, [2017] 2020, 250 p.

La traduction en français de l'ouvrage de Philipp Blom, publié initialement en allemand en 2017 et peu après en anglais, permet de découvrir le travail de cet intellectuel touche-à-tout, polyglotte et médiatique, auteur de plusieurs best-sellers traduits en 18 langues traitant de sujets aussi divers que les Lumières françaises, le début du XXe siècle, l'*Encyclopédie* ou les collectionneurs. Publié avec le soutien du Goethe Institut dans une collection destinée à élargir et à approfondir, au sein des SHS, les échanges entre les communautés de recherche francophone et germanophone et appuyé sur une bibliographie de plus de 400 titres mêlant sources primaires (essentiellement philosophiques), classiques des sciences humaines (Fernand Braudel, Karl Polanyi, Immanuel Wallerstein) et ouvrages plus spécifiques (sur l'histoire de l'économie, de la société ou du climat à l'époque moderne), ce volume présente donc *a priori* toutes les garanties de scientificité attendues d'un livre d'histoire.

Écrit d'une plume alerte, avec un sens certain de la formule, agrémenté de magnifiques illustrations en noir et blanc, l'ouvrage est d'une lecture agréable. On comprend qu'il ait pu toucher un vaste public et bénéficier d'une large couverture médiatique en Europe et en Amérique du Nord. Malheureusement, très vite, un certain nombre d'éléments viennent perturber ce plaisir de lecture.

Le premier de ces éléments est la relative rareté des notes de bas de page. On en compte environ une quarantaine pour chacune des trois parties qui constituent le livre, essentiellement consacrées à indiquer la source des citations des contemporains des événements évoqués, dont les propos sont utilisés pour appuyer la démonstration de l'auteur. On pourra certes objecter que ce choix délibéré vise à faciliter la lecture de l'ouvrage par un public de non-spécialistes et que la bibliographie tient lieu de garantie scientifique. Cependant, l'accumulation permanente de formulations vagues et généralisatrices amène souvent le lecteur attentif à s'interroger sur les travaux qui permettent d'étayer des affirmations pour le moins étonnantes. Par exemple, quelles sont les sources de l'auteur lorsqu'il écrit que « l'agriculture [française] souffrit particulièrement, dans la seconde moitié du XVIIIe siècle, des conséquences des mauvaises récoltes », alors que la période est généralement considérée comme un moment de croissance agricole ? De même, à quels travaux se réfère-t-il pour affirmer qu'en France, « l'État dirigiste [...] ne fit pas grand-chose sous Louis XIV et son successeur Louis XV pour garantir le ravitaillement de sa propre population » (p. 195), quand toute l'historiographie récente tend à prouver le contraire ?

Le deuxième élément qui amène très vite le lecteur à être circonspect vis-à-vis du propos tenu tient à la fois aux prémisses et au caractère manifestement téléologique de la thèse développée, tout entière résumée par le titre.

Le premier postulat, qui laisse perplexe, est qu'il existe un « changement climatique » propre au XVIIe siècle, changement dont les contemporains auraient eu conscience. Si, effectivement, le XVIIe siècle s'inscrit bien dans le fameux « petit âge glaciaire » (PAG) popularisé par les travaux d'Emmanuel Le Roy Ladurie, celui-ci déborde en réalité très largement des limites chronologiques choisies par l'auteur pour son étude puisqu'il court du début du XVIIe siècle au milieu du XIXe siècle. Certes, le XVIIe siècle constitue bien le cœur de cette grande scansion de l'histoire climatique, un second « hyper-PAG » (après celui des années 1303-1380) qui s'étend des années 1560, marquant la fin d'un « beau XVIe siècle », au début du XVIIIe siècle, après le moment pivot que représente le tout aussi fameux « minimum de Maunder » (1645-1715).

Même si P. Blom justifie rapidement, au détour d'un paragraphe, ce choix d'une définition restrictive de la notion de PAG, arguant que « certains chercheurs » optent pour une définition large, « d'autres » pour une définition plus serrée de cette période, et annonce qu'il suivra les seconds (p. 18), on aurait aimé que les auteurs évoqués soient nommément cités, tous comme leurs travaux, tant la vulgate de l'histoire climatique semble aujourd'hui s'accorder sur le choix d'une définition large de la période. De même, lorsqu'il avance qu'à partir des environs de 1400, « les températures chutèrent à deux degrés en dessous de la moyenne du XXe siècle, soit une différence de quatre à cinq degrés par comparaison avec la période chaude médiévale » (*ibid.*), on ne peut que sursauter : les travaux des spécialistes de l'histoire du climat sont infiniment plus nuancés et les estimations rétrospectives des variations des températures moyennes annuelles ne se chiffrent généralement qu'en dixièmes de degrés.

Tout aussi gênante est la tendance à considérer que ce refroidissement climatique a été pleinement perçu par les contemporains eux-mêmes, ce que tend à démontrer P. Blom dans la première partie du livre en citant des journaux, des mémoires ou des écrits philosophiques décrivant les malheurs du temps dans un contexte d'angoisse eschatologique propre à la seconde moitié du XVIe siècle. Les déplorations convenues à propos d'un hiver rude, mêlées à l'analyse angoissée des météores interprétés comme signes divins ou à la description des anomalies de saisons, sont le propre de nombre de chroniques, journaux ou livres de raison de toute la période moderne (et même au-delà), et pas seulement du long XVIIe siècle au cœur du propos de l'auteur. L'accumulation de citations, coupées de leur contexte, ne parvient pas à convaincre, contrairement à ce que souhaite P. Blom, que les contemporains aient eu la conscience de vivre une période de « changement climatique », même si l'on sait maintenant, grâce au livre convaincant de Jean-Baptiste Fressoz et Fabien Locher, que la réflexion sur le changement climatique remonte à l'aube de l'époque moderne[1]. À vouloir à tout prix faire dire aux documents ce qu'ils ne disent pas forcément et à imputer au facteur climatique la défaite de l'Invincible Armada, la qualité exceptionnelle des instruments de musique réalisés à partir des arbres ayant poussé pendant la période ou, indirectement, les procès de sorcellerie qui se sont déroulés dans nombre de pays d'Europe à la fin du XVIe siècle et dans la première moitié du XVIIe siècle, le propos perd très vite en pertinence.

La suite de l'ouvrage confirme, hélas, cette impression. À force de prétendre démontrer « l'influence sur les sociétés modernes » du « changement climatique », l'auteur dresse à grand trait un panorama des mutations en œuvre lors de la période en tentant de les relier à cette cause initiale. Dans une série de tableaux plaisants, dont on peine toutefois souvent à comprendre les liens qui les unissent ainsi que leur rapport avec le fameux « changement climatique » et la rébellion de la nature évoqués dans le titre et le sous-titre de l'ouvrage, on croise tour à tour les figures du botaniste Clusius, de Gassendi, de Mersenne et de Descartes, de Bayle ou de Spinoza. Cette galerie est entrecoupée de considérations sur les grandes transformations socio-économiques qui caractérisent la période : affirmation de l'économie de marché, essor de l'imprimé, révolution militaire, monétarisation de l'économie, développement des théories mercantilistes, etc. On peine alors à suivre le fil de la démonstration dans une succession de paragraphes qui s'apparentent davantage à une juxtaposition de fiches de lectures qu'à l'élaboration d'une pensée claire et cohérente, à défaut d'être pleinement convaincante. Le flou conceptuel constant (par exemple l'usage répété de « classe moyenne » pour désigner la bourgeoisie marchande ou intellectuelle), l'accumulation de poncifs éculés et en partie faux (comme dans les pages consacrées à Voltaire) ou encore le parallèle entre la période étudiée et l'époque contemporaine dans l'épilogue final, qui adapte au goût du jour la fable des abeilles de Mandeville, achève d'ôter à l'ouvrage les derniers éléments de crédibilité scientifique.

Entamée avec une sincère et enthousiaste curiosité, la lecture s'achève ainsi sur une grande déception qui tient sans doute au caractère hybride du volume, relevant davantage de l'essai que d'un ouvrage d'histoire. Et pour louable que soit l'effort de synthèse et de valorisation des thèses développées par de réels historiens (on pense notamment aux travaux de Geoffrey Parker qui inspirent de manière évidente la réflexion de l'auteur[2]), les analyses développées par ces derniers étaient infiniment plus nuancées que le digest auquel le livre de P. Blom les réduit. Si les interrogations contemporaines sur les conséquences sociales du changement climatique amènent, légitimement, à réévaluer la place du climat dans l'histoire, elles ne doivent pas conduire à faire du « changement climatique » l'alpha et l'oméga de toutes les grandes évolutions historiques du passé. Et si, à juste titre, il peut être intéressant et intellectuellement stimulant de réévaluer la part du facteur climatique dans de grandes évolutions historiques, cela ne peut se faire qu'avec nuance et méthode (en particulier dans l'administration de la preuve). Si Gillen D'Arcy Wood a réussi naguère à nous persuader que l'éruption du Tambora a bien (dans une certaine mesure) changé le monde[3], P. Blom ne parvient pas à nous convaincre des liens entre le contexte climatique d'un long XVIIe siècle et « l'immense révolution sociale, économique et intellectuelle » (p. 16) qu'a connue l'Europe lors de cette période.

Olivier Jandot
olivier.jandot@univ-artois.fr
AHSS, 77-1, 10.1017/ahss.2022.54

1. Jean-Baptiste Fressoz et Fabien Locher, *Les révoltes du ciel. Une histoire du changement climatique, XVe-XXe siècle*, Paris, Éd. du Seuil, 2020.
2. Geoffrey Parker, *Global Crisis: War, Climate Change and Catastrophe in the Seventeenth Century*, New Haven, Yale University Press, 2013.
3. Gillen D'Arcy Wood, *L'année sans été. Tambora, 1816 : le volcan qui a changé le cours de l'histoire*, trad. par P. Pignarre, Paris, La Découverte, [2014] 2016.

Sam White
A Cold Welcome: The Little Ice Age and Europe's Encounter with North America
Cambridge, Harvard University Press, 2017, 384 p.

Dans cet ouvrage, Sam White réexamine les nombreux phénomènes météorologiques auxquels firent face les explorateurs espagnols, français et anglais en Amérique du Nord en tant que produits d'un épisode du changement climatique appelé le « petit âge glaciaire » (PAG). Il retrace les différentes réactions des pouvoirs européens devant le climat de l'Amérique du Nord et donne à voir les entreprises de colonisation aux XVIe et XVIIe siècles comme un processus d'apprentissage au cours duquel certains s'adaptèrent plus vite que d'autres. Ce récit culmine avec la fondation des colonies permanentes à Jamestown, Québec et Santa Fe en 1607 et 1608. Pour finir, l'auteur met l'accent sur la difficulté d'étudier les climats changeants et conseille à son lectorat d'éviter les conclusions hâtives à propos du climat, en prenant garde notamment à ne pas identifier de nouveaux modèles trop rapidement.

En prenant comme point de départ les difficultés des Européens à comprendre le climat nord-américain, S. White expose leurs hypothèses à ce sujet et la variabilité extrême qu'ils rencontrèrent. Il explique clairement que le PAG représentait plus qu'un phénomène climatique persistant : il s'agit plutôt d'une longue période de refroidissement à l'échelle mondiale, jalonnée d'autres épisodes de refroidissement tels que des éruptions volcaniques, des minima solaires, des variations des courants atmosphériques et océaniques. Ces différents effets se combinèrent pour en faire une période caractérisée par des températures très variées, ce qui redoubla la difficulté qu'avaient les Européens à appréhender le climat du continent récemment découvert. Si des historiens et des historiennes, à l'instar de Karen Ordahl Kupperman, ont analysé les incompréhensions des Européens au regard du climat américain[1], S. White montre ici, à l'appui de leurs travaux, combien les changements climatiques à l'œuvre étaient effectivement complexes.

L'ouvrage s'intéresse tout autant à la matérialité du climat qu'à son interprétation culturelle. Là où *Dispute of the New World* d'Antonello Gerbi inaugurait un débat, toujours en cours, concernant les *perceptions* du climat américain[2], S. White reconstruit la *matérialité* du climat en reliant également des observations enregistrées à des données climatiques numériques. À cette fin, il croise des sources archéologiques, climatologiques et historiques et révèle que certains endroits, comme la Floride, où il gèle rarement aujourd'hui, connurent des hivers longs et terriblement froids au moment où les Européens s'y rendirent pour la première fois. Néanmoins, l'auteur admet prudemment les limites des données numériques ainsi que des témoignages de première main et présente ces éléments comme l'état actuel d'une récupération de données toujours en cours.

Depuis la première expédition de Ponce de León en Floride en 1513 jusqu'à l'échec de la tentative d'implantation sur la baie de Pensacola entre 1559 et 1560, en passant par le séjour prolongé de Hernando de Soto à travers le sud-est de l'Amérique du Nord de 1538 à 1543, les Espagnols ont été confrontés à des intempéries allant de périodes de gel aux ouragans. Comme l'affirme S. White, ces contretemps retardèrent de fait l'expansion espagnole en Floride et dans le sud-est de l'Amérique du Nord pendant un demi-siècle tout en ancrant dans l'esprit des Espagnols l'idée que la région était étonnamment froide, là où ils s'attendaient à un climat méditerranéen du fait de sa latitude. Les Espagnols parvinrent finalement à s'implanter à Saint Augustine en 1565, au beau milieu d'une décennie de sécheresse, mais échouèrent à faire de même à Santa Elena. L'auteur affirme que la survie de Saint Augustine donne à voir les conditions nécessaires à la colonisation en Amérique du Nord, à savoir l'envoi de cargaisons de nourriture et de provisions pendant des décennies, le temps que les colons adaptent les cultures européennes au climat floridien. Même en dépit de cette aide et de l'adaptation des cultures, S. White explique que la couronne d'Espagne donna l'ordre d'abandonner Saint Augustine en 1606, après un nouvel épisode de sécheresse de plusieurs années dans la région ; ce n'est que grâce à la lenteur de la bureaucratie impériale et à la ténacité des missionnaires franciscains qu'elle fut sauvée.

Tandis que les Espagnols prenaient pied en Floride, les Anglais et les Français se confrontaient à leurs propres revers d'origine climatique. Les colons français furent contraints d'abandonner la Floride au début des années 1660 en raison de la sécheresse et d'un ouragan ayant provoqué le naufrage d'une de leurs flottes. De façon similaire, la célèbre colonie anglaise de Roanoke échoua dans les années 1580 à cause d'un manque de provisions et d'une sécheresse qui contribua au refus des populations autochtones d'échanger leur nourriture. S. White explique avec minutie que le climat n'a pas entièrement déterminé la trajectoire de la colonisation de l'Amérique du Nord. Ses développements sur les différentes réactions face au froid extrême en Europe et leurs conséquences sur les ambitions coloniales éclairent particulièrement cette idée. L'auteur compare les réactions de l'Espagne et de l'Angleterre à ce qui fut peut-être la pire période de froid prolongée, du milieu des années 1580 jusqu'à la première décennie du XVIIe siècle. Il révèle *in fine* qu'en Espagne, cette adversité nourrissait un récit décliniste qui éclipsait l'enthousiasme à l'égard de l'empire, tandis que des problèmes similaires liés à de mauvaises récoltes stimulaient la colonisation anglaise, l'Angleterre se voyant déjà comme une puissance montante qui avait besoin d'un exutoire pour sa population pauvre et affamée. S. White affirme plus loin que les premiers revers durant les excursions en Amérique du Nord poussèrent la couronne d'Espagne à croire que la colonie anglaise de Jamestown échouerait sans qu'il fût nécessaire d'intervenir, cédant ainsi une grande partie des territoires qu'elle revendiquait.

Malgré les nombreux contretemps auxquels firent face les empires européens au cours de leur exploration et de la colonisation de l'Amérique du Nord, certaines colonies finirent par survivre, comme le montre également l'ouvrage. De manière paradoxale, la colonie anglaise de Jamestown perdura alors qu'elle avait été fondée juste avant l'hiver de 1607-1608, l'un des plus froids depuis bien des générations. S. White attribue en partie cette survie à l'échec total, à la même époque, d'une colonie située plus au nord (la colonie Popham en Nouvelle-Angleterre), ainsi qu'aux récits de Henry Hudson au sujet des froids arctiques extrêmes. Les températures plus hostiles en d'autres lieux contribuèrent de fait à un soutien plus important de la part des Anglais à Jamestown. En dépit de cela, Jamestown aurait été abandonnée en 1610 s'il n'y avait pas eu un ravitaillement de dernière minute en provenance d'Angleterre. La colonie anglaise survécut par chance, malgré une date de fondation peu propice. Dans le même temps, les Espagnols enduraient également un froid extrême au Nouveau-Mexique et en Californie, mais ils furent capables d'établir une colonie permanente à Santa Fe en 1607.

La ténacité espagnole et la chance anglaise conduisirent à la constitution de colonies permanentes en Amérique du Nord pour les deux empires, mais S. White soutient que ce sont les Français qui fournissent le meilleur exemple d'apprentissage par l'expérience face au climat. Samuel de Champlain, en particulier, développa de nouvelles stratégies pour survivre aux hivers glaciaux au cours de multiples voyages effectués durant la première décennie du XVIIe siècle, alors que ce fut la décennie la plus froide que connut le Canada jusqu'au début du XIXe siècle. Champlain prit note de ses échanges avec les peuples autochtones pour obtenir des informations au sujet du climat durant son deuxième voyage en 1604, un événement qui, comme le souligne S. White, aurait dû être banal. Si ce n'est qu'« il n'y a pas d'indication nous permettant de penser que Champlain avait déjà fait une chose similaire auparavant » et que « cette rencontre n'a quasiment aucun équivalent nulle part dans les sources des récits coloniaux jusqu'aux fondations de Jamestown, de Santa Fe et de Québec » (p. 217). Champlain apprit également à renoncer à des implantations s'appuyant sur le modèle des villes françaises bâties autour d'une place centrale et préféra trouver refuge dans des lieux protégés des vents du nord-ouest et où l'eau et le bois étaient accessibles facilement. De la même manière, le Français découvrit qu'il était nécessaire de construire des caves pour empêcher la nourriture et l'eau de geler. Toutes ces adaptations, explique S. White, permirent en définitive aux Français de s'établir de façon permanente à Québec en 1608. C'est l'exemple que l'auteur nous encourage à suivre alors que nous faisons face à un climat changeant à une vitesse sans précédent : nous devons être prêts à apprendre du climat et non pas nous cramponner naïvement à nos vieilles habitudes.

De la même manière que *The Little Ice Age* de Brian Fagan posait en réalité la question de savoir comment le monde en dehors de l'Europe du Nord avait été touché par une période de refroidissement prolongé, celle posée par le livre de S. White ouvre la voie à de futures recherches consacrées aux conséquences du PAG sur l'exploration et la colonisation européenne d'autres territoires des Amériques (et au-delà). Bien que couvrant l'histoire de plusieurs empires, le travail de l'auteur reste focalisé sur « ce qui allait devenir les États-Unis et le Canada » (p. 4). Les universitaires pourraient s'appuyer sur sa recherche et explorer la manière dont le PAG affecta la conquête espagnole du Mexique au début du XVIe siècle ainsi que l'expansion de cet empire au Pérou. De façon similaire, ils pourraient s'interroger sur l'influence qu'eut le climat sur les implantations anglaises de Plymouth et de l'île de la Barbade ou sur les Français en Louisiane. *The Frigid Golden Age* de Dagomar Degroot examine certes l'incidence du PAG sur les Provinces-Unies, mais les activités des Russes en Alaska et dans le Nord-Ouest Pacifique en Amérique du Nord ou encore celles des Portugais au Brésil profiteraient également des lumières d'une étude envisagée sous le prisme du PAG. Après tout, les changements climatiques de l'époque provoquaient des effets bien différents dans l'hémisphère sud[3].

En somme, l'ouvrage constitue une analyse accessible de la manière dont le changement climatique a affecté la colonisation européenne en Amérique du Nord aux XVIe et XVIIe siècles. Les Français s'adaptèrent relativement rapidement là où les Espagnols et les Anglais s'avérèrent plus lents à modifier leurs plans. Les cours d'histoire environnementale comme ceux traitant de l'Amérique du Nord gagneraient à s'appuyer sur la recherche de S. White afin d'aborder les prémisses de l'époque coloniale sous un nouvel éclairage stimulant.

Sean Morey Smith
smith318@gmail.com

Traduction de Laurent Vannini
AHSS, 77-1, 10.1017/ahss.2022.55

1. Karen Ordahl Kupperman, « The Puzzle of the American Climate in the Early Colonial Period », *The American Historical Review*, 87-5, 1982, p. 1262-1289.
2. Antonello Gerbi, *The Dispute of the New World: The History of a Polemic, 1750-1900*, trad. par J. Moyle, Pittsburgh, University of Pittsburgh Press, [1955] 1973.
3. Brian Fagan, *The Little Ice Age: How Climate Made History, 1300-1850*, New York, Basic Books, [2000] 2019 ; Dagomar Degroot, *The Frigid Golden Age: Climate Change, the Little Ice Age, and the Dutch Republic, 1560-1720*, Cambridge, Cambridge University Press, 2018.

Bradley Skopyk
Colonial Cataclysms: Climate, Landscape, and Memory in Mexico's Little Ice Age
Tucson, The University of Arizona Press, 2021, 336 p.

Les travaux majeurs sur l'hydrologie coloniale et le climat de la vallée de Mexico ont eu tendance à se concentrer sur les projets de gestion de l'eau de la ville de Mexico. S'éloignant des centres urbains et proposant une nouvelle périodisation climatique, la première monographie de Bradley Skopyk analyse l'incidence du petit âge glaciaire (PAG) sur les systèmes agroécologiques de San Juan Teotihuacán et du Tlaxcala. Conscient des approches déclinistes et des conséquences exagérément déterministes des événements cataclysmiques, l'auteur fonde son étude sur la manière dont les habitants firent face, avec créativité, aux effets tangibles du changement climatique : inondations, sols sursaturés, érosion et amoncellement de limon. Ce faisant, l'ouvrage s'inscrit dans la vague révisionniste des récentes « histoires du petit âge glaciaire », qui entrelace des résultats d'analyses multidisciplinaires et s'appuie largement sur des données climatiques et des visualisations géospatiales[1].

En dépit de son effet de refroidissement reconnu à l'échelle planétaire, les répercussions du PAG sont très spécifiques selon les régions et les époques. Évaluer ses principaux effets se révèle donc particulièrement difficile pour des régions montagneuses comme le centre du Mexique. Des études antérieures sur l'agriculture rurale coloniale et l'environnement dans la région laissaient entendre qu'à la fin du XVIIIe siècle, le paysage mexicain était aride en raison de la mauvaise gestion coloniale de l'eau et des forêts et, rétrospectivement, des effets à long terme du PAG. Faisant appel à des analyses de séries de cernes et de stalagmites mises à jour, B. Skopyk remet en question ce point de vue très ancien, qui remonte aux études météorologiques de José Antonio de Alzate y Ramírez (1737-1799). Il évoque deux « cataclysmes » (p. 3), distincts mais liés, qui eurent lieu bien avant la sécheresse perçue à la fin du XVIIIe siècle. Le premier, le « Pluvial mexicain colonial » (p. 11), consistait en une période de pluies anormalement abondantes et des températures basses entre 1540 et 1620. Le second fut plus dramatique encore, puisque les inondations et le dépôt alluvionnaire transformèrent le paysage et provoquèrent un conflit entre les autorités espagnoles et celles des régions alentour. Ce « cataclysme géomorphique » (p. 4), engendré par des phénomènes climatiques extrêmes – un froid sévère et des périodes de fortes précipitations vers la fin du XVIIe siècle, suivis par la pire sécheresse multidécennale au début du XVIIIe siècle –, réduisit à son tour à néant les systèmes agroécologiques mis en place pour faire face au Pluvial mexicain colonial.

L'étude de ces deux épisodes se déroule sur cinq chapitres alternant entre San Juan Teotihuacán et le Tlaxcala. Chacune de ces régions se situe dans un bassin-versant différent, mais, comme le montre B. Skopyk, elles sont caractéristiques des modèles climatiques historiques du centre du Mexique. Bien que les périodes temporelles et la géographie soient cruciales pour comprendre la structure de ce livre, ce sont la circulation et l'écoulement de l'eau qui façonnèrent, en définitive, le cours des événements. Avec à-propos, le premier chapitre se concentre sur l'abondance en eau que le Pluvial mexicain colonial a apportée à la région et sur son rôle fondateur dans le peuplement, la santé, les revendications de terres et les relevés topographiques. La reconstruction géographique que fait l'auteur des cours d'eau et des sources qui existaient autrefois, en 1585, dans un San Juan Teotihuacán marécageux révèle que la population locale s'était habituée aux fluctuations du niveau d'eau et avait développé des infrastructures et des stratégies pour gérer cette abondance et même en tirer profit. C'est une chose remarquable si l'on considère que les périodes de précipitations extrêmes avaient sursaturé les sols et contribué à l'abandon des terres durant les flambées épidémiques sévères de 1545 et 1576 (celles-ci ayant probablement été provoquées par des conditions froides et humides). À force de demandes officielles pour revendiquer les terres nouvellement abandonnées, note B. Skopyk, les paysans locaux et étrangers créèrent une riche archive cartographique décrivant le Mexique colonial comme pluvieux, gorgé d'eau et enclin aux inondations. Celle qui toucha la ville de Mexico en 1629 et la construction ultérieure du barrage d'Acolman à San Juan Teotihuacán ne firent que renforcer ce point de vue. Des contemporains, à l'instar du cosmographe Enrico Martínez, interprétèrent la période pluviaire comme la conséquence directe des pratiques agricoles de l'Ancien Monde. Cependant, l'auteur donne une autre explication moins populaire, et par conséquent oubliée, à ce phénomène : Friar Andrés de San Miguel, un farouche opposant à l'analyse de Martínez, considérait la période pluviaire comme s'inscrivant dans une évolution à plus long terme du climat, ce qui n'était pour lui ni une bonne ni une mauvaise chose, mais plutôt l'occasion de s'adapter et de construire des infrastructures adaptées. Cette vision concurrente ne fut jamais adoptée dans la gestion impériale de l'eau ; toutefois, comme le démontre plus loin B. Skopyk, elle reflétait certainement des stratégies autochtones visant à faire face aux cataclysmes coloniaux.

L'auteur se tourne ensuite vers le Tlaxcala pour expliquer sa stabilité géomorphique durant le Pluvial mexicain colonial. Dans les chapitres deux et trois, il construit son argumentation autour de la manière dont les paysans autochtones ont modifié intentionnellement leurs systèmes agroécologiques pour résister aux phénomènes climatiques extrêmes. À l'appui des chroniques de Diego Múñoz Camargo et de plans édaphiques, il explique en premier lieu l'hydrologie du Tlaxcala au xvie siècle, composée de larges zones humides, par la lenteur de l'écoulement des eaux qui empêchait l'alluvionnement. Les Tlaxcaltèques exploitèrent ce nouvel environnement pour introduire avec prudence le bétail de l'Ancien Monde, notamment les porcs et les moutons. B. Skopyk précise que les Espagnols jouèrent un rôle limité dans cette initiative : ce sont vraisemblablement les Tlaxcaltèques qui ont fait pénétrer les porcs asiatiques, plus acclimatés aux milieux humides, et le plus grand propriétaire de troupeaux de moutons dans cette région était le conseil municipal autochtone (*cabildo*). En outre, l'auteur se demande si la dépopulation et l'abandon des terres menaient nécessairement à la dégradation des sols. En associant des archives de réunions du conseil municipal à des données archéologiques, il conclut que la plupart des champs du Tlaxcala connurent des périodes de jachère durant lesquelles l'herbe poussait de manière importante et régénérait les sols. Les champs en friche étaient alors désignés comme des sites propices à l'élevage de produits très demandés tels la cochenille ou les porcs, que l'on vendait ensuite dans les villes minières voisines. Néanmoins, certaines de ces formes d'adaptation agroécologique à visée marchande ne durèrent pas longtemps puisque des vagues de froid extrême à la fin du xvie siècle compromirent la culture de la cochenille.

Malgré les forces implacables à l'œuvre durant le Pluvial mexicain colonial, les paysans autochtones rebondirent grâce à un système agricole différent qui mêlait les espèces de l'Ancien Monde à celles du Nouveau Monde. Comme le détaille le chapitre trois, au cours du xviie siècle, les habitants de la vallée de Mexico orientèrent leur production agricole vers le pulque, boisson fermentée fabriquée à partir de la sève d'agave. B. Skopyk réunit savamment données archéologiques, ethnobiologie et témoignages pour expliquer comment les agaves sont passés d'une culture de parcelle familiale (*callali*) à une production de grandes plantations de monoculture (*metepantli*) où les moutons et les chèvres broutaient les talus des lopins de terre. Pour cultiver l'agave à grande échelle afin de produire du pulque, les paysans aménageaient des terrasses en pente dans leurs terres les moins fertiles, une technique que les propriétaires fonciers espagnols et les ordres religieux reproduisirent plus tard. Cette agroécologie nécessitant beaucoup de main-d'œuvre était associée à un vaste réseau de muletiers et fournit un grand marché domestique en Nouvelle-Espagne jusqu'à la fin du XVIIe siècle. Par conséquent, l'auteur affirme que l'agroécologie du pulque dans le Tlaxcala, le Teotihuacán et dans bien d'autres régions voisines « éclipsa la révolution biologique provoquée par l'arrivée des Espagnols dans le Nouveau Monde » (p. 92).

Le chapitre suivant s'attache au déclin de ce système rentable, lorsque les périodes de violentes intempéries de la fin du minimum de Maunder affectèrent la stabilité des sols des systèmes de *metepantli*, déclenchant un cataclysme géomorphique durant la première moitié du XVIIIe siècle. B. Skopyk expose une chronologie d'épisodes d'inondations au cours de cette période ; il montre non seulement que ces phénomènes se désynchronisèrent dans les deux bassins-versants, mais aussi qu'ils devinrent extrêmement fréquents et touchèrent des sites non inondés auparavant. Les inondations détruisirent les terrasses étagées et charrièrent de grandes quantités de sédiments qui modifièrent bientôt les paysages familiers tels que les terres communales et les zones humides fertiles. L'auteur souligne de nouveau comment les communautés mirent en œuvre de nouvelles stratégies pour faire face aux changements induits par le climat (San Juan Teothihuacán, par exemple, implanta un projet de *chinampa* en 1818). Toutefois, dans l'ensemble, la principale répercussion fut le conflit, soit sous la forme de litiges portant sur les délimitations des terres, soit sous celle de perceptions antagonistes de la gravité du cataclysme et des moyens de le maîtriser.

Cette question est explorée plus en détail dans le dernier chapitre, consacré à la mémoire des paysages du passé dans les documents juridiques. B. Skopyk s'appuie sur un relevé de terrain du XVIIIe siècle utilisé pour délimiter un grand domaine du Tlaxcala afin d'illustrer la manière dont les habitants ont créé et attribué des significations à de nouveaux points de repère après la disparition des précédents marqueurs. En lieu et place d'une amnésie traumatique, il fut submergé par la « remémoration hyperactive » (p. 169) des plaideurs et de leurs voisins qui cherchaient des moyens d'empiéter sur d'autres terres. Les conclusions de cette section semblent en réalité en dire davantage sur le caractère fragile et contingent des écrits juridiques à l'époque de l'empire espagnol que sur les souvenirs des pertes environnementales. Cependant, les réflexions de l'auteur sur la nature des archives environnementales, qu'il s'agisse de l'eau, du sol ou des désastres naturels, ne sont pas présentes uniquement dans ces dernières pages : elles parcourent tout le livre et encourageront certainement une nouvelle génération à poursuivre la construction de ces archives.

Diana Heredia-López
diana.heredia@utexas.edu

Traduction de Laurent Vannini
AHSS, 77-1, 10.1017/ahss.2022.56

1. Voir notamment Dagomar Degroot, *The Frigid Golden Age: Climate Change, the Little Ice Age, and the Dutch Republic, 1560-1720*, New York, Cambridge University Press, 2018 ; Sam White, *The Climate of Rebellion in the Early Modern Ottoman Empire*, New York, Cambridge University Press, 2011.

Jan Synowiecki
Paris en ses jardins. Nature et culture urbaines au XVIIIe siècle
Ceyzérieu, Champ Vallon, 2021, 456 p.

Dans ce dense et bel ouvrage issu d'une thèse sous la direction d'Antoine Lilti, Jan Synowiecki invite ses lecteurs à arpenter avec lui les allées comme les recoins des Tuileries, du Jardin du Roi, du jardin du Palais-Royal et du Luxembourg. Placés sous l'emprise de l'administration monarchique ou confiés à des membres de la famille royale, ces jardins sont « publics », c'est-à-dire ouverts aux sujets tant que ceux-ci se conforment aux exigences de la représentation monarchique de l'ordre social. Ils constituent une part importante de l'emprise au sol de la nature en ville, même si Paris compte aussi de nombreux jardins particuliers – que l'auteur évoque en contrepoint, en s'appuyant sur les travaux de Youri Carbonnier.

Opposant l'évocation canonique du narrateur du *Neveu de Rameau* goûtant les plaisirs du Palais-Royal à la description par Diderot de sa préférence pour une bien plus charmante promenade des bords de Marne, car « le sauvage […] de tous les lieux que la nature a plantés est d'un sublime que la main des hommes rend joli lorsqu'elle y touche »[1]. J. Synowiecki prend comme point de départ la complexité du rapport des Lumières à la nature. Les jardins sont en effet considérés comme des espaces à maîtriser et à mettre au service de la régénération de la ville, qu'ils peuvent contribuer à rendre plus salubre. Au-delà, l'auteur rappelle que certains théoriciens comme Marc-Antoine Laugier ou Pierre Patte proposent un modèle biomimétique de la ville régénérée, le jardin n'étant dès lors ni pensé ni vécu comme extérieur à l'espace urbain : il y est physiquement et socialement encastré.

À rebours d'un partage figé entre nature et culture que l'histoire environnementale a contribué à remettre en cause, J. Synowiecki utilise le jardin pour proposer une histoire urbaine où il fait la part belle à la matérialité et au vivant. Il brosse dès lors un tableau décalé par rapport à celui des « splendides écrins de verdure » (p. 35) des guides de voyage. S'y substituent des espaces partagés, voire disputés, dont la beauté et la fonctionnalité sont soumises à des aléas sociaux, institutionnels et techniques – à l'image de ces bassins des Champs-Élysées, si beaux en images mais souvent vides dans la réalité.

Derrière l'évocation poétique des bords de Marne par Diderot se loge une dénonciation d'ordre général, mais sans doute aussi celle des excès de l'administration monarchique qui, dans les jardins comme dans les beaux-arts, condamne les hommes à son service à faire du « joli » plutôt que du sublime propre à élever l'âme des citoyens. Or J. Synowiecki, en traitant des jardins royaux et princiers, s'appuie largement (mais non exclusivement) sur les archives de la direction des Bâtiments du Roi. La mobilisation intensive de ces sources permet de montrer l'institution au travail : sont mis en scène les acteurs à tous échelons, l'action de personnages fameux comme le marquis de Marigny, l'architecte Jacques-Germain Soufflot (contrôleur de Paris) ou le naturaliste Georges Louis Leclerc de Buffon étant ici dépaysée hors de leur seul cadre artistique ou savant. Impliquée dans la gestion de l'espace et de la population parisienne, l'administration des Bâtiments éprouve les mêmes difficultés que dans celle du domaine versaillais étudié par Grégory Quenet. J. Synowiecki peut ainsi conclure, à la suite de ce dernier, que ces agents de la monarchie participent du « caractère processuel et négocié des espaces du jardin » (p. 287).

Il n'y a dès lors pas d'« absolutisme environnemental, entendu comme maîtrise planifiée, rationalisée et orchestrée de la nature » (p. 64). Non seulement la monarchie administrative des Lumières, n'est pas (ou pas seulement) verticale, centralisatrice et rationalisatrice, mais la mise en œuvre d'une action publique au XVIIIe siècle s'avère, au travers du cas des jardins comme dans d'autres domaines, avant tout horizontale et transactionnelle. L'inflation même de la production documentaire et la systématisation de sa conservation rendent manifeste la multiplication, la réitération, voire la non-consistance des normes produites. Si la multiplication des papiers est le signe de la bureaucratisation des Bâtiments du Roi, la « faiblesse de [leur] emprise archivistique » les contraint fréquemment à des « arbitrage[s] pragmatique[s] » (p. 299), faute de traces écrites – perdues, contradictoires ou concurrencées par des échanges verbaux.

Les chevauchements de compétences et les « discontinuités juridictionnelles » (p. 47) compliquent encore la conduite de leur action. De violents conflits opposent à toutes échelles les différentes entités impliquées dans la gestion de Paris et des jardins royaux, dépendant de près ou de loin du secrétariat d'État de la Maison du Roi – les Bâtiments du Roi s'opposant aux responsables des pépinières, au lieutenant général de police ou encore au Bureau de la Ville. La coordination de certains acteurs se révèle très difficile ; la politique des jardins est avant tout une somme de « micropolitiques » et synonyme de micropartages localisés sans cesse renégociés – ainsi des Champs-Élysées, où les pépinières se chargent des arbres tandis que le contrôleur de Paris s'occupe du gazon.

Ces discontinuités produisent des discours multiples et concurrents émanant d'un large éventail d'acteurs sociaux, y compris les habitants de la ville, dont l'agentivité est mise en évidence. L'analyse des requêtes adressées à l'administration permet de mettre au jour des démarches individuelles et des « collectifs d'acteurs engagés dans la définition de la nature en ville et de la nature de la ville » (p. 171). Dans le temps long du siècle des Lumières, et non seulement dans le temps court de la « crise » de la fin de l'Ancien Régime, ces requêtes, qui n'ont rien d'univoques, façonnent elles aussi l'action publique.

Se dégage tout de même une ligne de force dans l'action des Bâtiments du Roi : celle de *conserver* le végétal, dans un triple objectif scientifique (notamment dans le cadre du Jardin du Roi), hygiéniste et esthétique. Cette logique amène ses agents à lutter contre tous les fronts où les résistances « humaines » et « naturelles » s'imbriquent pour limiter considérablement l'emprise du « biopouvoir » de l'administration sur ces espaces. Il s'agit en effet autant de lutter contre les nuisibles, en particulier les chenilles, en privilégiant des espèces d'arbres plus résistantes (mais moins à la mode que les marronniers d'Inde), que contre une fraude endémique parmi des agents de l'administration usant de leurs prérogatives pour faire le commerce d'une « nature » qu'ils étaient censés préserver, contre la dégradation des végétaux par les usagers ou encore contre les projets de construction de bâtiments trop élevés et dont l'ombrage nuirait aux arbres des jardins.

C'est donc cette visée de conservation du végétal qui amène l'administration à mettre en œuvre une politique de zonage et de ségrégation. Celle-ci a partie liée avec les objectifs de maintien de l'ordre, de discipline et d'harmonie de la « police » des Lumières, qui s'appliquent au sens large dans les jardins. Si une partie de la population parisienne en est exclue – notamment les domestiques et les prostituées –, c'est parce qu'elle est considérée comme plus susceptible de commettre des vols – délits végétaux ou hydrauliques étant liés aux inégalités environnementales. Plus largement, il s'agit surtout de séparer les plantes des hommes et de leurs animaux de compagnie comme les chiens (exclus ou à tenir en laisse). Configuration des allées, consignes et dispositifs de protection (grillages, haies, garde-parterre, etc.) cherchent à éloigner les mains malhabiles ou mal intentionnées (à commencer par celles du peuple et des enfants). Le partage des jardins royaux et princiers avec les habitants – et la propriété publique – s'affirme ainsi contre les appropriations particulières d'un espace dont on doit essentiellement jouir par le seul sens de la vue. C'est dans le même esprit que l'administration des Bâtiments du Roi entend limiter la distribution de clefs permettant aux riverains d'accéder aux jardins en dehors des heures d'ouverture.

Les conflits d'usage et, plus largement, les multiples formes d'opposition entre le public et le particulier jalonnent l'ouvrage, la défense du bien commun revenant tantôt à l'administration tantôt aux acteurs sociaux, qui en font jouer différentes définitions. Quant aux particuliers qui s'opposent à la discipline que cherchent à imposer les Bâtiments sans y parvenir complètement – tant est important le poids de la coutume, du rang et de la faveur dans une logique encore largement interpersonnelle –, ils défendent non seulement leurs droits singuliers – une vue sur le jardin du Luxembourg cachée par des arbres qu'il faudrait élaguer, la négociation du prix de terrains à proximité du Luxembourg –, mais aussi collectifs. Ainsi des propriétaires riverains du Palais-Royal s'opposant aux projets de réaménagement de la famille d'Orléans, qu'ils imputent à ses velléités d'enrichissement personnel. Ils plaident en faveur d'une propriété partagée sur le fondement des usages communs.

L'histoire des jardins permet donc d'écrire une autre histoire de l'espace public que celle de Jürgen Habermas. Dans l'enquête de J. Synowiecki, cette histoire fait la part belle aux tensions entre usages et intérêts dont résultent des définitions inédites, à la croisée des initiatives des autorités et des acteurs sociaux, ceux-ci pouvant détourner les dispositifs mis en place. Ainsi, la ségrégation de la présence humaine et de la présence animale n'a pas pour unique conséquence de pénaliser les promeneurs ; elle peut aussi accroître leur plaisir quand elle leur permet de revendiquer l'abattage des nids de corbeaux. De même, les bancs, qui s'imposent pour éviter l'écrasement des végétaux, sont aussi des instruments du partage collectif des jardins où s'épanouissent des consommations – vestimentaires, alimentaires – susceptibles d'ébranler les hiérarchies sociales d'Ancien Régime.

On ne peut rendre compte de toute la richesse thématique d'un ouvrage qui, en interrogeant les interactions entre nature et culture à partir des jardins, revisite de nombreux pans de l'histoire urbaine, socioculturelle et politique des Lumières. Si l'on regrette parfois que l'accent soit mis sur les pathologies de l'État royal et les incohérences de son action – dont on peut se demander si elles ne caractérisent pas plus largement les fonctionnements institutionnels –, cette enquête est essentielle pour en comprendre la complexité à l'épreuve du terrain. En rendant justice au rôle des acteurs sociaux dans l'action publique, elle met aussi en œuvre une méthodologie donnant la parole à « des entités qui n'en sont pas pourvues, en l'occurrence la nature » (p. 213). Le citoyen d'aujourd'hui ne peut être indifférent ni à cette démarche ni au fait qu'au XVIIIe siècle déjà, l'« imaginaire d'un jardin voué aux gémonies et menacé d'une disparition imminente » ait pu disposer « d'une performativité propre », au point d'aboutir aux « mesures juridiques nécessaires au maintien de [sa] salubrité [...] et à la préservation de la croissance des végétaux » (p. 214).

Pauline Lemaigre-Gaffier
pauline.lemaigre-gaffier@uvsq.fr
AHSS, 77-1, 10.1017/ahss.2022.57

1. Denis Diderot, « Lettre à Sophie Volland (août 1759) », in *Correspondance*, recueillie, établie et annotée par G. Roth, Paris, Éd. de Minuit, 1956, t. 2, p. 230.

Daniela Bleichmar
Visual Voyages: Images of Latin American Nature from Columbus to Darwin
New Haven, Yale University Press, 2017, 240 p.

Cet ouvrage propose un somptueux voyage, depuis celui inaugural de Christophe Colomb jusqu'à ceux paradigmatiques d'Alexander von Humboldt et de Charles Darwin, à travers plus de 150 images qui font découvrir au lecteur fasciné l'Amérique latine. Bien connue aujourd'hui tant des spécialistes de cette partie du monde que des chercheuses et chercheurs engagés dans la mise en œuvre du tournant matériel et visuel de l'histoire, Daniela Bleichmar travaille depuis plus de quinze ans sur l'histoire de l'art et des sciences dans l'Amérique coloniale et dans l'Europe moderne, en se centrant particulièrement sur les questions de production des savoirs, sur les contacts et les circulations, sur les collections, les livres et imprimés, toutes questions qui se trouvent au cœur de son dernier livre.

La sortie de l'ouvrage coïncidait avec l'organisation, entre septembre 2017 et janvier 2018, d'une exposition éponyme dont l'autrice fut la commissaire à la Huntington Library, Art Collections, and Botanical Gardens et qui s'inscrivait dans le programme de la Getty Foundation, « Pacific Standard Time: Art in L.A. 1945-1980 ». Sans en être le catalogue, le livre de D. Bleichmar offre tout à la fois une synthèse et un approfondissement du domaine de recherche qu'elle a largement contribué à développer aux États-Unis, cette histoire de l'Amérique et de l'Europe connectée par les sciences et les arts, dans la longue époque moderne, de Colomb à Humboldt et Darwin. Si l'œuvre de ce dernier constitue, dans le titre, le *terminus ad quem* de cette réflexion, c'est cependant bien à Humboldt et à ses représentations qu'est associé un nouveau régime visuel de représentation du continent américain.

Comme le montre son livre précédent, *Visible Empire*[1], c'est pendant la période comprise entre 1777 et 1816 que d'importantes expéditions scientifiques s'intéressant largement à la botanique ont sillonné l'empire espagnol dans le cadre d'un projet ambitieux, visant à recenser la flore d'un monde encore plus vaste que celui découvert au XVIe siècle et pour lequel la première grande enquête naturaliste avait déjà été lancée sur le nouveau continent, dans les années 1570, à la demande de Philippe II, par Francisco Hernández, médecin du roi. Fameux auprès des spécialistes, notamment espagnols, de l'histoire naturelle de la Renaissance, le travail qu'il a partiellement mené à son terme conclut le premier chapitre du présent ouvrage, intitulé « Réécrire le livre de la nature ».

Faut-il y voir une allusion à la fameuse formule de Galilée[2] et à une certaine histoire des sciences qui s'est longtemps, voire exclusivement, focalisée sur les sciences physico-mathématiques, centre de gravité de l'analyse de la naissance de la science moderne et espace d'élaboration du paradigme de la « révolution scientifique » ? La question n'est pas de pure rhétorique si l'on inscrit le travail de D. Bleichmar dans une série de ruptures historiographiques qui ont eu pour enjeu, aux États-Unis en particulier, la revendication du rôle des empires ibériques dans l'essor d'une histoire moderne des sciences impériale et atlantique systématiquement écrite à l'aune du monde britannique. L'historienne appartient, en effet, à ce groupe de chercheuses et chercheurs qui ont publié, voici plus de dix ans, *Science in the Spanish and Portuguese Empires, 1500-1800*[3]. Avec les autres directeurs d'ouvrage, Paula De Vos, Kristin Huffine et Kevin Sheehan, tous spécialistes de l'Amérique latine et en poste dans des universités états-uniennes de la côte Ouest, il s'agissait de proposer le premier livre en anglais susceptible de rendre pleinement compte des pratiques de la science dans les empires portugais et espagnol, entre 1500 et 1800, dans le prolongement des propositions historiographiques de Jorge Cañizares-Esguerra[4]. Sans insister sur ce point, et bien au-delà de cette matrice historiographique, le recentrage des enquêtes sur la production ibérique des savoirs à partir de la Renaissance a permis, au cours des vingt dernières années, de montrer le rôle essentiel joué par l'histoire naturelle, au moins dans la refonte européenne de la grammaire des savoirs à l'heure de l'élargissement du monde au globe.

Aujourd'hui, la contribution de D. Bleichmar n'a plus besoin, et depuis longtemps, de se trouver des généalogies fondatrices. Si elle a elle-même intégré la reconnaissance, désormais partagée aux États-Unis comme en Europe, d'une écriture de l'histoire à parts inégales (qui, pour l'époque moderne, continue à orienter la plupart des travaux sur science et empire vers le monde britannique), l'autrice a creusé son propre sillon en se focalisant sur les images et les représentations, allant ainsi non seulement du côté des sciences de la nature, qui portaient tout au long de la période ici étudiée le nom d'« histoire naturelle », mais aussi de celui de la cartographie, savoir des représentations par excellence, et de toutes les formes de langages visuels mobilisés de part et d'autre de l'océan Atlantique. Ici encore, si l'étude de l'essor européen de l'histoire naturelle à partir du XVIe siècle et de la constitution de vastes circuits, incluant les espaces coloniaux, d'échanges d'échantillons ou d'images a déjà mis l'accent sur le rôle de ces dernières dans le développement de protocoles savants s'appuyant sur la description, le corpus visuel du travail de D. Bleichmar permet d'emblée de mettre en perspective tous les acteurs de ces processus. C'est ce qu'elle indique dès avant le premier chapitre en intégrant aussi bien des « savants européens » que des « natifs » dans le large groupe des acteurs au cœur des productions qu'elle étudie. La brève introduction du livre commente et interroge ainsi le peu qui reste de la culture matérielle des Tupinamba, devenus presque familiers à la France grâce au récit de Jean de Léry : ces manteaux de plumes dont l'un des six uniques exemplaires restants se trouve au musée du Quai Branly.

À partir de cette première mise au point, le livre se déploie sur quatre chapitres qui entendent thématiser ce voyage visuel. Après la proposition du premier chapitre déjà évoquée, l'autrice nous invite, dans le second, à une réflexion sur « la valeur de la nature » (« The Value of Nature ») avant de s'engager, dans un troisième chapitre, sur le sentier des dispositifs de collections (« Collecting: From Wonder to Order », que l'on pourrait traduire par « Collecter : de l'émerveillement à l'ordonnancement »), le dernier chapitre conduisant enfin à découvrir de « Nouveaux paysages ». En quatre temps, D. Bleichmar fait donc la démonstration que la représentation du monde naturel a joué un rôle central dans la façon dont, des deux côtés de l'Atlantique, on a compris et imaginé la région que nous connaissons aujourd'hui comme l'Amérique latine. Elle nous dévoile le gigantesque potentiel des ressources économiques, culturelles, scientifiques et symboliques qu'une multitude de représentations, créées tant par les natifs ou les métisses que par les colonisateurs, permet d'envisager, dans le cadre d'une histoire connectée.

L'autrice est consciente de ce que suppose le choix du titre, qui utilise à dessein le terme « Amérique latine » (p. XIII). Au-delà de l'anachronisme qu'elle met en évidence et qu'elle justifie sans difficulté, ne pose-t-elle pas cependant elle-même les limites de sa propre lecture en termes d'histoire connectée ? Le temps n'est-il pas venu que, du point de vue historiographique au moins, les Amériques se recomposent entre elles, au-delà des frontières établies par des histoires coloniales distinctes qui continuent à fracturer de manière problématique l'intelligibilité des populations amérindiennes, par exemple de part et d'autre de frontières politiques héritées des XIXe et XXe siècles ? Il pourrait en aller de même de leurs relations avec une Europe non moins fracturée, mais dont l'histoire des sciences et des savoirs de la première modernité a fini par dépasser l'opposition caricaturale entre Europe du Nord et Europe méditerranéenne. L'impressionnante iconographie qui donne toute sa puissance au titre du livre, appuyée par un texte élégant et une riche bibliographie néanmoins largement anglophone, constitue le meilleur plaidoyer pour une recherche en histoire des sciences et des savoirs qui, au-delà des mots, fasse des images, des artefacts et des objets le fondement du renouvellement de notre intelligence du monde.

ANTONELLA ROMANO
antonella.romano@ehess.fr
AHSS, 77-1, 10.1017/ahss.2022.58

1. Daniela BLEICHMAR, *Visible Empire: Botanical Expeditions and Visual Culture in the Hispanic Enlightenment*, Chicago, The University of Chicago Press, 2012.
2. GALILÉE, *L'essayeur de Galilée*, éd. et trad. par C. Chauviré, Paris, Les Belles Lettres, [1623] 1979, p. 141 : « La philosophie est écrite dans cet immense livre qui se tient toujours ouvert devant nos yeux, je veux dire l'Univers, mais on ne peut le comprendre si l'on ne s'applique d'abord à en comprendre la langue et à connaître les caractères avec lesquels il est écrit. Il est écrit dans la langue mathématique […] ».
3. Daniela BLEICHMAR *et al.*, *Science in the Spanish and Portuguese Empires, 1500-1800*, Stanford, Stanford University Press, 2008.
4. Jorge CAÑIZARES-ESGUERRA, *How to Write the History of the New World: Histories, Epistemologies, and Identities in the Eighteenth-Century Atlantic World*, Stanford, Stanford University Press, 2002 ; id., *Puritan Conquistadors: Iberianizing the Atlantic, 1550-1700*, Stanford, Stanford University Press, 2006 ; id., *Nature, Empire, and Nation: Explorations of the History of Science in the Iberian World*, Stanford, Stanford University Press, 2006. C'est toutefois son article « Iberian Science in the Renaissance: Ignored How Much Longer? », *Perspectives on Science*, 12-1, p. 86-124, qui a engagé ce combat.

Violette Pouillard
Histoire des zoos par les animaux. Contrôle, conservation, impérialisme
Ceyzérieu, Champ Vallon, 2019, 458 p.

Dans cet ouvrage, l'historienne Violette Pouillard se donne l'ambition de faire une histoire des animaux par les animaux, issue de ses recherches de thèse menées sur la captivité des animaux du XIXe siècle à nos jours sous la direction d'Éric Baratay et de Chloé Deligne. Après une introduction d'une vingtaine de pages qui circonscrit son sujet et retient les traits les plus saillants ainsi que les limites et regrets de sa thèse, l'autrice construit son essai chronologiquement autour de trois parties, sept chapitres, une conclusion et une riche bibliographie.

Le problème rencontré par V. Pouillard est que les différents types de littératures contemporaines produites sur les zoos sont bien fréquemment des sources officielles provenant des sociétés zoologiques elles-mêmes, qui développent donc une argumentation orientée, en faveur des zoos. Ces dernières justifient leur légitimité par leur fonctionnement en « sociétés de conservation », invisibilisant au passage les animaux en ne parlant que de leurs représentations et de leurs usages par les humains.

En s'inspirant du tournant animal, qui a changé les perspectives et les approches des *zoos studies*, V. Pouillard reprend ce travail colossal de la critique des dynamiques de pouvoirs. Les *animal studies* ont ainsi réhabilité les animaux en tant que figures et acteurs historiques : d'être passif, d'objet de démonstration, l'animal est devenu, comme défini par Bruno Latour, « actant » et « social ». L'historienne ajoute cependant, et c'est là l'originalité de son approche, que l'animal n'est pas toujours considéré par la recherche comme un être ayant sa propre individualité ou « sentient », c'est-à-dire éprouvant douleur et plaisir.

L'enjeu du livre est de revisiter les sources pour comprendre les fonctions domesticatoires de l'animal et leur adaptation à un environnement qui n'est pas le leur. V. Pouillard s'essaye ici à une analyse tripartite, abordant le contrôle, la conservation et l'impérialisme. Cette vision critique du milieu zoologique décrypte les contradictions dans les sources – celles qui, comme les sources médicales et les données quantitatives, ne mentionnent pas directement la violence dans les zoos, la domination des animaux –, sans disjoindre humains et non humains dont les existences sont liées, en tenant compte des recherches éthologiques et biologiques.

En se confrontant à la difficulté de faire une histoire *par* ou *avec* les animaux, ce qui n'est bien évidemment pas la même chose, et malgré la volonté de sortir des carcans d'une histoire institutionnelle des zoos, V. Pouillard a été contrainte de revenir sur toutes les phases de la construction institutionnelle du zoo pour en débusquer les caractéristiques dominatrices. De plus, si son analyse repose pour beaucoup sur des sources produites par des élites, elle tente de les déconstruire, en intégrant la souffrance animale dans son approche.

L'autrice s'attaque à des concepts qui, par ailleurs, sont encore imparfaitement pensés, tant en philosophie que dans l'entièreté des sciences humaines et sociales, et se heurtent aux limites de notre langage et de notre mode de pensée, comme pour le terme « sentience » ou l'application des études postcoloniales aux animaux. Ce qui semble le plus innovant dans cette recherche réside dans la parole donnée aux « captifs », aux résistances, aux silences et aux violences. Pour cela, V. Pouillard interroge les zoos par période et par « tournant », ou changement paradigmatique, de la collection des animaux née des curiosités du XVIIIe siècle à leur appropriation *via* des politiques coloniales comme faire-valoir et, enfin, dans un but de protection au XXe siècle.

L'histoire des zoos par les animaux est, pour V. Pouillard, le reflet des sensibilités et des mentalités humaines. Elle montre que le premier zoo, ou ménagerie, était alors, en 1793, l'incarnation d'une utopie utilitariste, en rupture avec le politique. Déjà, au début du XIXe siècle, des sources décrivent le souci des naturalistes pour la captivité des animaux et la maltraitance infligée, qui s'assuraient tout de même que l'animal restât un spectacle favorable pour les visiteurs de la ménagerie, lieu public par excellence. Vient ensuite une internationalisation du mouvement, avec l'ouverture au XIXe siècle des jardins zoologiques de Londres et d'Anvers.

Les politiques internes aux zoos font donc écho aux politiques humaines nationales, coloniales et internationales. D'une part, V. Pouillard démontre que les visées scientifiques répondent à la satisfaction de l'éducation des élites et à des enjeux économiques. D'autre part, elle révèle que l'histoire de la captivité des animaux est fortement liée à l'histoire de la vente des animaux et de leur circulation comme des biens s'intégrant dans un arsenal juridique fortement lié au droit du commerce. Cette étude rappelle aussi que les projets de zoos sont ancrés dans des projets de développement urbain et qu'ils répondent en cela aux aspirations récréatives des bourgeois, comme le projet du premier zoo d'Anvers.

L'autrice a également dû recourir aux études sérielles, qu'elle qualifie elle-même d'ingrates mais éclairantes. Certaines données chiffrées confèrent à l'analyse une dimension ultra-violente, en énonçant entre autres le nombre de cadavres d'animaux. Parmi ces données sérielles, les inventaires et les listes de dons animaliers ou d'approvisionnement invitent à reconsidérer les ambitions de conservation des zoos. L'entrée des animaux dans le commerce international modifie le rapport aux animaux sauvages, rares et toujours qualifiés par leur préciosité et leur valeur monétaire ou symbolique. L'histoire des zoos de V. Pouillard met en avant les animaux les plus représentés dans ces lieux comme dans les imaginaires collectifs, du lion aux perroquets en passant par d'autres espèces exotiques. Il n'y a pas, ou très peu, de place pour le « commun » des animaux, dévalorisés dans et en dehors des zoos.

L'étude met sur le même plan histoire naturelle et impérialisme, mais n'investigue pas plus avant l'histoire sociale des spectateurs, voire consommateurs du zoo, en tant qu'acteurs consentants de cette appropriation coloniale des animaux. Le chapitre 3 (« Avec les animaux ») tente malgré tout de comprendre l'attachement des gestionnaires et soignants des zoos aux animaux captifs par leurs témoignages écrits. La troisième partie explique le changement structurel des zoos au tournant des années 1900, qui recréent des grands paysages naturels afin d'accroître l'immersion des visiteurs. L'autrice tend à prouver que cette « refonte scénique » est avant tout le produit des attentes des visiteurs. La chercheuse envisage tous les aspects de la captivité, précisant dans les chapitres suivants que celle-ci est un déracinement et une dépossession. Elle nous invite à penser le zoo physiquement et matériellement comme le reflet des défaillances structurelles et politiques, comme un rapport de consommation et comme une manière de « modeler le monde » à l'image de l'humain, surtout lors du tournant conservationniste du XXIe siècle qui cherche à légitimer les zoos.

Le chapitre 2 (« Être au zoo ») permet d'approcher la captivité par des éclairages architecturaux, l'étude de la conformation des bâtiments du zoo et des conséquences de ces environnements carcéraux sur le corps des animaux. Ces différents points de vue amènent V. Pouillard, comme le fit Michel Foucault sur l'enfermement, à s'interroger sur une histoire des corps des animaux dans l'espace carcéral, les superstructures, les lieux d'entraves et les terrains colonisés. La sous-partie « Faire vivre les corps » se propose d'explorer le tournant hygiéniste et rationaliste du XXe siècle. Le livre, et c'est l'une de ses grandes forces, souligne indifféremment l'existence d'événements ou de non-événements, que l'on pourrait qualifier de « non historiques », lors des épisodes singuliers de la souffrance animale. En conférant une perspective historique à ces moments, les sous-parties qui décrivent l'histoire animalière dans les cages appréhendent le monde par le « dedans » ; l'historienne parvient avec intelligence à reconstituer la vie des animaux dans leur cage en invoquant la culture de la violence créée par les zoos.

L'histoire des zoos sert ici de prétexte à l'écriture de l'histoire des oppressions et des dominations. Cette étude ne tend cependant que vers la critique de l'idéologie hégémonique occidentale car elle précise, dans le dernier chapitre, que le zoo est une invention européenne. Cette recherche sur la captivité pourrait pourtant s'étendre à d'autres types de colonialismes envers les animaux produits par d'autres puissances étatiques extra-européennes. D'ailleurs, la chercheuse démontre que les autorités et les populations locales coopèrent et souligne leur position de sujétion sociale et économique face aux pouvoirs coloniaux – mais sans amener la réflexion sur le mode de pensée qui est le leur au sujet des animaux, propre à ces populations locales en dehors de tout impérialisme. Si cet essai dresse un bilan noir pour les animaux dans les zoos, quelques marges d'espoir sont aussi dégagées. On trouve des résistances dans les cadres associatifs contre les cruautés ou en dehors d'eux, par le biais d'intellectuels qui publient au sujet de la captivité des animaux – grâce à des groupes d'opposition aux zoos ou à ceux et celles qui déconstruisent-reconstruisent l'espace zoologique durant le tournant critique des XXe et XXIe siècles par les études coloniales, contribuant à modifier la pensée dans une « veine abolitionniste ».

De plus, l'autrice tisse des liens étroits entre société virile, paternaliste, patrimoniale, patriarcale, dominatrice et société de conservation, ce que Guillaume Blanc a également souligné dans son essai *L'invention du colonialisme vert* concernant les réserves et les parcs nationaux d'Afrique[1]. L'évocation des « invisibles », très brève, comme dans la sous-partie du premier chapitre, introduit des acteurs absents des sources, tels ceux qui aident à la capture des animaux. Ces relations avec les populations locales reposent, comme le dit l'historienne, sur des soubassements racistes. Pour autant, il est peu question de racisme, alors même qu'un parallèle entre le racisme des sociétés impérialistes et coloniales envers les animaux et envers les humains était possible. Tout comme l'on pourrait faire une comparaison avec les théories eugénistes et la sélectivité génétique des espèces les plus résistantes par les zoos. Toutefois, en voulant porter un regard critique sur les *zoo studies* et les *animal studies*, par un positionnement du côté des animaux, l'on peut se demander s'il est pertinent de calquer la même grille de lecture postcoloniale et le même vocabulaire anthropocentré sur l'histoire des animaux. Tout cela questionne notre propre sens des libertés et notre relation aux autres. Ce type d'études est fondamental et devrait s'élargir à d'autres non-humains, aux autres animaux, en dehors des zoos, comme aux végétaux.

Tassanee Alleau
tassanee.alleau@ymail.com
AHSS, 77-1, 10.1017/ahss.2022.59

1. Guillaume Blanc, *L'invention du colonialisme vert. Pour en finir avec le mythe de l'Éden africain*, Paris, Flammarion, 2020.

Guillaume Blanc
L'invention du colonialisme vert. Pour en finir avec le mythe de l'Éden africain
Paris, Flammarion, 2020, 352 p.

L'ouvrage de Guillaume Blanc constitue une enquête, à la fois historique et contemporaine, sur les raisons qui conduisent à expulser les populations des parcs nationaux en Afrique. Il existe aujourd'hui 350 de ces parcs sur le continent et, dans 30 à 50 % des cas (en fonction des pays), les populations en sont chassées. Un million de personnes auraient ainsi été déplacées des aires protégées en Afrique tout au long du XXe siècle selon Daniel Brockington et James Igoe, cités par l'auteur. Que deviennent ces personnes ? Pourquoi ces politiques ? Qui décide ? Quelle est la vie des populations qui continuent à vivre dans les parcs ? Telles sont les questions abordées dans l'ouvrage.

Dans le cas du parc national du Simien (Éthiopie), principale étude de cas de l'ouvrage, les grandes lignes de l'histoire sont connues. Après sa création en 1969, puis son inscription sur la liste du patrimoine mondial de l'Unesco en 1978, le comité du patrimoine de l'Unesco décide de le déclasser en 1996 en le répertoriant parmi les patrimoines mondiaux « en péril » à cause de dégradations de l'environnement imputées aux habitants, regardés comme une menace pour l'espèce emblématique du parc, les *Walia ibex* (une espèce endémique de bouquetin). En 2017, le comité du patrimoine décide finalement de le réinscrire sur la liste des patrimoines mondiaux. La raison de cette réinscription ? L'expulsion des habitants de Gich, un village du parc, quelques mois auparavant, en juin 2016.

Ce qu'écrit ensuite Guillaume Blanc est loin du politiquement correct. Il accuse le système onusien et les grandes ONG conversationnistes internationales d'être responsables de ces expulsions du fait de leur volonté de sanctuariser une nature africaine sauvage totalement fantasmée, construite par et pour les imaginaires des Occidentaux. Il montre que, depuis le temps des colons et des premières réserves de chasse jusqu'aux touristes d'aujourd'hui, cet imaginaire est resté le même et a conduit à la paupérisation des populations locales, contraintes d'abandonner leurs terres, leurs modes de vie, leurs racines et leurs identités culturelles pour laisser place à des parcs naturels vides d'hommes. L'auteur souligne encore l'aberration écologique et morale de tels dispositifs qui consistent à expulser de leurs terres ancestrales des populations pauvres, à faible impact environnemental, pour y faire venir de riches touristes dont l'empreinte écologique, déjà considérable, est décuplée au nom de la conservation de la nature (ne pas rater, comme illustration de cette tragicomédie, les leçons d'écologie données par des touristes américains aux habitants du parc, p. 286).

Le « colonialisme vert », véritable idéologie qui voit dans l'Afrique une nature sauvage en danger, et dans les Africains le danger, est pour G. Blanc la cause profonde de toutes les injustices que subissent les populations des parcs au nom de la conservation de la nature. Il est présent partout et irrigue la manière dont l'Unesco définit ce qui fait « la valeur universelle exceptionnelle » d'un parc pour être classé au patrimoine mondial. En Afrique, le rôle des sociétés dans la construction des paysages est systématiquement effacé et la figure de l'indigène n'apparaît qu'en tant que destructeur ; inversement, en Europe et en Asie, le génie local des populations, l'harmonie humain/environnement sont toujours soulignés.

D'aucuns pourront soutenir que le propos manque de nuance ; que la continuité avec l'histoire coloniale est exagérée ; que les politiques de conservation d'aujourd'hui prennent mieux en compte l'intérêt des populations locales ; que les nouvelles formes de gouvernance de ces espaces sont désormais attentives à la participation des populations ; que les autochtones ont leur mot à dire dans la gestion de ces espaces, etc. L'auteur répond par la négative à toutes ces objections. L'Unesco et les grandes ONG conversationnistes « ont servi de machines à reconversion pour les administrateurs coloniaux » (p. 78) : « de toutes les politiques qui signalent la continuité avec le temps des colonies, celles de la nature sont au premier rang » (p. 123). Selon G. Blanc, « les institutions internationales ne protègent pas la nature africaine, elles protègent une idée coloniale de l'Afrique » (p. 217). Quant au merveilleux vocabulaire de la gouvernance intégrée, inclusive, participative, favorisant l'*empowerment* et l'agentivité des autochtones, il véhicule une violence tout aussi grande que le colonialisme, et l'auteur montre à maintes reprises que la mise en œuvre de cette *soft-governance* de la nature par les gouvernements africains se traduit par des politiques d'expulsion des populations locales plus violentes encore que ce que les pouvoirs coloniaux ne s'autorisaient.

Concernant la responsabilité politique de ces choix, l'auteur reconnaît que les dirigeants africains sont souverains dans leur décision, mais, selon lui, « ils répondent systématiquement aux injonctions des institutions internationales de la conservation […]. Derrière chaque injustice sociale que subissent les habitants de la nature en Afrique, on trouve toujours l'Unesco, le WWF, l'UICN ou encore la Fauna & Flora International » (p. 27). Il admet, certes, que les parcs nationaux sont pour les gouvernements des dispositifs territoriaux d'intégration dans l'espace national de marges séparatistes. Néanmoins, c'est toujours « le colonialisme vert » de l'Unesco qui est rendu responsable, sur le fond, de cette utilisation des parcs à des fins de contrôle des populations, et ce même lorsqu'il s'agit des graves exactions commises sous le règne de Mengistu. L'auteur rapporte ainsi : « Automne 1979, Gondar, […] les soldats du *derg* […], une petite centaine, [prennent] la route du Simien. […] Une kalachnikov *made in* URSS dans une main, un bidon d'essence dans l'autre, les militaires rayent sept villages de la carte. […] [L]es habitants sont expulsés et leurs maisons brûlées. L'Unesco salue la réussite de l'opération » (p. 179). L'auteur réitère les mêmes accusations sur des faits encore plus graves : « À la sortie du village de Chenek, à 3 500 mètres d'altitude, pour économiser leurs balles, [les soldats du *derg*] jettent dans le vide tous ceux qu'ils suspectent de collusion avec les rebelles. […] Ainsi va la vie dans un parc classé par l'Unesco » (p. 185). Le lecteur a du mal à croire que l'Unesco couvre ces exactions et ne peut suivre G. Blanc dans ce type de jugement excessif.

Le lecteur regrettera aussi un manque de goût pour l'archive et l'absence de présentation critique des fonds consultés. L'auteur reconnaît d'ailleurs que l'histoire n'est pas son objectif mais un passage obligé pour saisir ce qu'est le colonialisme vert. Tout le matériau mobilisé est, de fait, tiré vers la même conclusion monolithique : l'Éden africain est un fantasme de blancs destiné à exclure les populations africaines de leurs terres. G. Blanc refuse d'accorder crédit aux témoignages qui pourraient contredire sa thèse ou, de manière plus intéressante, la complexifier. Un exemple de ce traitement des sources concerne la dénonciation de l'attitude des mouvements conversationnistes face aux mouvements de décolonisation. Tous sont invariablement accusés d'avoir œuvré pour garder le contrôle de la gestion des espaces naturels. C'est le cas de la Fauna Preservation Society, qui craint qu'« une fois le pouvoir passé aux mains des Africains, bien des mesures existantes pour la conservation soient annulées » (p. 103). L'auteur considère que cette citation, tirée d'un article de Jeff Schauer, est la preuve de ce néocolonialisme. Or l'article en question montre que si la Fauna Preservation Society a effectivement exprimé cette inquiétude en 1962, celle-ci n'était pas synonyme d'une volonté de maintenir un joug néocolonial sous des atours environnementalistes. J. Schauer invalide cette thèse trop simpliste. Il souligne plutôt que l'enjeu de la période était de réussir à « africaniser » les institutions de conservation de la nature et qu'une multitude d'acteurs nationaux et internationaux ont participé à ce processus délicat de transition et de transfert des compétences et des pouvoirs. J. Schauer pointe particulièrement « les efforts des nouvelles nations africaines pour revendiquer la propriété des leviers du pouvoir pour négocier des relations plus acceptables avec les anciens colonisateurs, les superpuissances mondiales et les institutions transnationales de leur monde[1] ».

L'histoire semble donc plus complexe que la lorgnette visant à réduire les acteurs de la conservation de la nature à d'abominables néocolonialistes. Elle est notamment marquée par des dispositifs de protection qui ont fortement varié au cours du temps depuis les premières préoccupations environnementales décrites par Richard Grove : on pense à l'exploitation durable des forestiers coloniaux, à l'explosion des parcs nationaux dans les années 1950 et jusqu'au paradigme contemporain de la connectivité[2]. Les idées sous-jacentes à ces dispositifs, particulièrement les usages politiques de la science, et notamment l'écologie[3], ont aussi été très différentes selon les types de colonisation. Il est par conséquent impossible d'inférer du cas de l'Éthiopie, jamais colonisée, des généralités valant pour l'ensemble de l'Afrique. Enfin, si les rapports de domination sont une constante de la conservation de la nature, prétendre que ces rapports sont invariablement les mêmes revient à présenter l'Afrique et les africains comme un collectif indifférencié, éternellement dominé et sans agentivité. Une telle histoire conduit, finalement, à reproduire les stéréotypes qu'elle croit dénoncer.

On pourrait aussi discuter le procédé consistant à jeter le discrédit sur des institutions en mettant en exergue leur passé colonial. Ces institutions sont-elles, aujourd'hui, héritières de leur passé colonial ? Les personnes qui y travaillent sont-elles habitées par le racisme environnemental hérité de ce passé ? À lire l'auteur, toute origine coloniale frappe d'infamie les institutions et les personnes. Ces anathèmes ne mènent intellectuellement nulle part. Ils empêchent de poser sereinement les vraies questions, notamment celle de savoir comment rendre compatibles justice environnementale et conservation de l'environnement, question essentielle autour de laquelle l'ouvrage ne cesse de tourner mais sans jamais s'y confronter réellement.

Or réussir à poser correctement cette question dans les innombrables contextes où elle s'applique est un travail fondamental. Proposer les réponses les moins mauvaises, les plus pragmatiques (car la faisabilité ne peut être occultée quand on se veut éthiquement responsable) constitue une autre tâche, noble et difficile ; les construire, enfin, dans le cadre de processus de décision les plus inclusifs possibles, en prenant pleinement en compte la diversité des acteurs et de leurs conflits d'intérêts, représente un défi encore plus grand. La majorité des acteurs contemporains de la conservation de la nature s'adonne sans doute avec sincérité à ces trois tâches, chacun allant avec ses convictions, ses marges de pouvoir et son énergie dans les directions qu'il lui semble le plus juste. Le cynisme, le racisme environnemental, le paternalisme habitent bien sûr certains imaginaires, mais constituent-ils vraiment aujourd'hui les éléments centraux du paysage de la conservation ? Cette interrogation n'ôte rien à la nécessité de mener une critique radicale des régimes contemporains néolibéraux de conservation de la nature, assurément hypocrites, inefficaces et injustes, socialement comme environnementalement. De ce point de vue, beaucoup des indignations de l'auteur sont salutaires et respectables, à condition toutefois de bien distinguer les régimes des acteurs qui s'y meuvent, car c'est la condition pour ne pas les y enfermer et ouvrir un espace critique dont chacun peut s'emparer sans se sentir accusé.

Frédéric Thomas
frederic.thomas@ird.fr
AHSS, 77-1, 10.1017/ahss.2022.60

1. Jeff Schauer, « 'We Hold It in Trust': Global Wildlife Conservation, Africanization, and the End of Empire », *Journal of British Sudies*, 57-3, 2018, p. 516-542, ici p. 542.

2. Voir respectivement : Richard Grove, *Green Imperialism: Colonial Expansion, Tropical Island Edens and the Origin of Environmentalism, 1600-1800*, Cambridge, Cambridge University Press, 1996 ; Frédéric Thomas, « Protection des forêts et environnementalisme colonial : Indochine

1860-1945 », *Revue d'histoire moderne et contemporaine*, 56-4, 2009, p. 104-136 ; Roderick P. NEUMANN, « The Postwar Conservation Boom in British Colonial Africa », *Environmental History*, 7-1, 2002, p. 22-47 ; Estienne RODARY, *L'apartheid et l'animal. Vers une politique de la connectivité*, Marseille, Wildproject, 2019.

   3. Alfred W. CROSBY, *Ecological Imperialism: The Biological Expansion of Europe, 900-1900*, Cambridge, Cambridge University Press, [1986] 2004 ; Peder ANKER, *Imperial Ecology: Environmental Order in the British Empire, 1895-1945*, Cambridge, Harvard University Press, 2001.

Marine Bellégo
Enraciner l'empire. Une autre histoire du jardin botanique de Calcutta (1860-1910)
Paris, Muséum national d'histoire naturelle, 2021, 559 p.

La parution de l'ouvrage de Marine Bellégo marque à coup sûr un tournant dans les études sur les sciences, l'environnement et les mondes du travail en situation coloniale. Dans le sillage tracé par les *postcolonial studies* ou les *subaltern studies*, l'autrice met à distance une représentation désormais obsolète voulant que les empires aient été des entités politiques homogènes et cohérentes, alors qu'ils furent en réalité pétris de tensions et de contradictions.

Toute l'originalité du livre doit d'abord à la fréquentation assidue du jardin botanique de Calcutta, dont les nombreux clichés photographiques non seulement accompagnant la lecture, mais donnent aussi toute leur chair aux lieux mentionnés. Elle tient ensuite à des trouvailles archivistiques pour le moins exceptionnelles, car M. Bellégo a découvert une masse de documents dans un bâtiment désaffecté et abandonné du jardin, qu'elle s'est ensuite évertuée à classer, ordonner et répartir par thématiques et par dates. Cette heureuse découverte produit des résultats féconds et inattendus, permettant d'écrire une histoire par le bas, attentive aussi bien à la navigation fluviale (le jardin est bordé par le fleuve Hooghly) qu'aux rivalités entre les différents services administratifs, aux pensions de retraite des employés du jardin, aux pollutions qui menacent le lieu ou encore aux relations entre les botanistes et les capitalistes soucieux de valoriser les plantes industrielles. C'est précisément dans ces affaires, qui paraissaient subsidiaires aux yeux des autorités coloniales – au point de laisser à l'abandon ces piles de cartons et de liasses –, que se dessinent toutes les contradictions à l'œuvre dans le jardin et, plus généralement, dans la société coloniale.

Car l'autre singularité du livre repose sur la démonstration que le jardin constitue un microcosme à la fois de Calcutta, de l'Inde et de l'empire. Cette imbrication des échelles donne lieu à de passionnantes réflexions sur l'articulation entre le local et le global, que les acteurs du jardin contribuent à redéfinir constamment. Global, ce jardin l'était à de nombreux égards, d'une part parce qu'il se voulait être la vitrine de la mission « civilisatrice » de l'empire, domestiquant tant les plantes que les hommes, et, d'autre part, parce que les institutions qui sous-tendaient sa bonne marche fonctionnaient en réseau, « selon des modalités qui transcendaient les frontières des autorités impériales » (p. 220). Cependant, comme le montre parfaitement l'autrice, l'image d'un empire mondial faisant fi des distances et unifiant tous les territoires sous sa domination par une rhétorique de l'amélioration ne doit pas faire illusion. Une lecture attentive des sources révèle en effet les sérieuses difficultés de l'administration à garantir la conservation des plantes lors du transport maritime et à assurer une communication efficiente à tous les échelons. Une réalité semble aussi s'imposer : en dépit de la pertinence de l'échelle globale pour penser la place du jardin dans l'empire, force est de constater que la grande majorité des plantes était destinée à être exportée non pas sur d'autres continents, ni même dans d'autres régions de l'Inde, mais bel et bien à Calcutta ou au Bengale.

C'est donc à une échelle locale que les acteurs humains et non humains évoqués dans le livre tissaient des liens. Néanmoins, le terme de « local » était lui aussi porteur d'une profonde ambivalence. Souvent ramené à la marginalité ou à la trivialité sous la plume des administrateurs coloniaux, il avait une connotation particulièrement dépréciative, et son emploi sous-entendait généralement la relégation des savoirs et des techniques vernaculaires locaux, renvoyés à la sphère de l'empirique et non du scientifique. On estimait alors fréquemment qu'il n'y avait guère de plantes indigènes en Inde, mais seulement des végétaux importés et acclimatés. Cette rhétorique de l'absence d'indigénat végétal se mettait au service d'une représentation de l'Inde comme un espace anhistorique où, au fond, rien ne changeait jamais. Cette vision, contrastant avec celle des orientalistes de la fin du XVIIIe et du début du XIXe siècle, conduisait aussi bien à invisibiliser les strates antérieures de connaissance qu'à affirmer qu'il n'existait pas véritablement de main-d'œuvre locale compétente, alors même que de nombreux propriétaires de jardins particuliers à Calcutta recouraient à des professionnels locaux, les *malis*, pour leur entretien. Il fallait pourtant, tant bien que mal, composer avec « ce territoire, ce sol, ces habitants, ces outils » (p. 232), qui étaient la condition même de l'exercice de la domination coloniale. Le postulat de la supériorité intrinsèque non seulement des savoirs britanniques, mais aussi des essences végétales, des hommes et des techniques, entrait en tension avec la nécessité de s'adapter aux conditions locales et au terrain. C'est ainsi qu'en 1890, David Prain, qui occupait à ce moment-là la charge de *curator of herbarium*, rédigea un manuel d'instructions pour le séchage des plantes collectées à destination des amateurs, dans lequel il recommandait l'utilisation d'outils locaux, à l'instar du *kukri*, ou *gurkha knife*, un couteau courbé népalais pouvant servir d'arme, mais aussi de hachette, de sarcloir et d'émondoir.

La définition du local était également affaire de climat et d'environnement. Dans des pages stimulantes, M. Bellégo rappelle combien la résurgence du déterminisme climatique dans la seconde moitié du XIXe siècle est allée de pair avec une disqualification du climat indien, jugé délétère tant pour plantes que pour les hommes. C'est d'ailleurs en raison de l'insalubrité croissante de la ville que le jardin botanique a été conçu comme un exutoire aux pollutions d'un milieu urbain considéré comme structurellement malsain. Les meilleurs passages du livre sont assurément ceux où l'autrice quitte le cœur du jardin pour s'aventurer à sa lisière, là où proliféraient les usines de jute à Howrah, dont les chaudières étaient alimentées au charbon. Cette conception du jardin comme remède à un environnement pathogène n'était certes pas nouvelle,

puisant ses racines dans l'Europe de l'époque moderne, qui célébraient déjà les vertus prophylactiques des jardins dans la ville. Elle trouva cependant une actualité nouvelle dans l'Inde coloniale, non sans ambiguïtés d'ailleurs. En effet, les rapports entre le jardin et la ville n'étaient pas dénués de contradictions : tout en étant considéré comme un remède à la surpopulation et comme un microcosme territorial de la ville (il était régulièrement cartographié et segmenté par activités), le jardin répliquait une organisation de l'espace urbain fondée selon un principe de ségrégation entre zone blanche et zone indigène. En dépit de la ferme volonté de faire du jardin un espace se démarquant à la fois de l'insalubre Calcutta et de la jungle, synonyme d'anarchie et de perte de contrôle de la nature, ses frontières s'avéraient des plus perméables. Elles constituaient des zones de contact où se manifestaient avec éclat les contradictions de l'empire, et leur délimitation faisait l'objet de vifs conflits entre les riverains et l'administration du jardin, mais aussi entre celle-ci et la municipalité ou la Calcutta Workshop Division, l'institution qui s'occupait des travaux. Le jardin était de surcroît une entité « multi-située », dans la mesure où une succursale de l'institution fut créée en 1878 à Darjeeling, sur les contreforts de l'Himalaya, où régnait un climat que les naturalistes estimaient meilleur, du moins plus favorable à l'acclimatation des pommes de terre britanniques et des légumes « améliorés ».

Le livre tourne aussi résolument le dos à une étude impressionniste des jardins ou de la botanique pour promouvoir une histoire qui, dans le sillage de Sarah Easterby-Smith pour le XVIIIe siècle, s'intéresse aux logiques de marchandisation des plantes[1]. Dans le contexte colonial, cette question est d'autant plus pertinente qu'elle permet « d'envisager les liens complexes entre le jardin, l'État colonial et les conglomérats industriels » (p. 276), à une époque où ce que l'on appelle la « botanique économique » ou « botanique industrielle » est amené à se pencher sur les plantes les plus utiles et les plus rentables, comme la quinine, nécessaire à la lutte contre le paludisme et acclimatée dans le jardin de Darjeeling. Pour ce faire, les graines et les plantes des pépinières – en particulier pour les espèces fibreuses susceptibles de produire des tissus ou du papier – étaient mises à disposition des détenteurs de capitaux qui possédaient de vastes conglomérats industriels, les *managing agencies*. Il est cependant très intrigant – et ce point aurait mérité une discussion plus approfondie – que les formes les plus avancées du capitalisme colonial recourent à des pratiques de don familières au lecteur des sources d'Ancien Régime[2]. Il semble qu'il y ait là une coexistence de formes de détermination de la valeur (valeur marchande *versus* capital symbolique) qui, sinon entrent en tension, témoignent du moins de la persistance d'anciennes pratiques. On peut ainsi, à juste titre, se demander dans quelle mesure les dons de plantes minaient ou non de l'intérieur les logiques marchandes. Si ces pratiques de don/contre-don inséraient le jardin dans un système de clientélisme qui excédait largement la sphère du monde industriel, touchant les administrations, les princes et les dignitaires locaux, elles révélaient également le lien automatiquement établi entre utilité publique et service de l'empire.

Enfin, cet ouvrage majeur réserve une place conséquente aux mondes du travail au sein du jardin, au recrutement de la main-d'œuvre ainsi qu'à la question des salaires et des retraites. La direction du jardin recourait bien souvent à des *coolies*, mais aussi à des femmes et à des enfants ou encore, de manière plus surprenante, à des prisonniers. L'organisation du travail y était fort segmentée et se contentait fréquemment de reproduire les hiérarchies sociales en vigueur dans la société indienne. L'attitude de l'administration du jardin à l'égard de la main-d'œuvre locale s'avérait duale. En effet, s'il était monnaie courante de se plaindre de la piètre qualité des travailleurs indiens, on trouve d'autres témoignages faisant la part belle à certaines capacités inhérentes aux *natives* – dont on reconnaissait volontiers la mémoire, l'endurance ou l'habileté, mais sans pour autant accorder à leurs savoirs la qualité de savoirs rationnels.

Il est difficile d'épuiser toutes les qualités de ce livre, par ailleurs magnifiquement illustré. À travers une étude située dans de véritables *lieux*, il fait discrètement écho au risque d'épuisement de l'histoire globale déjà souligné, et auquel la « microhistoire globale », portée notamment par Guillaume Calafat et Romain Bertrand, avec son projet d'« étudier la fabrique plurielle et conflictuelle des localités à l'intérieur d'entités politiques de surplomb[3] », semble apporter une réponse. En montrant que le local ne se réduit jamais à l'échelle micro, mais prend sens au contraire dans l'épaisseur d'une texture impériale façonnée par les contradictions, M. Bellégo joue sur les échelles en même temps qu'elle réinscrit l'histoire du jardin botanique de Calcutta dans une trame narrative faite d'interactions et de relations en tous genres.

Jan Synowiecki
jan.synowiecki1@gmail.com
AHSS, 77-1, 10.1017/ahss.2022.61

1. Sarah Easterby-Smith, *Cultivating Commerce: Cultures of Botany in Britain and France, 1760-1815*, Cambridge, Cambridge University Press, 2017.
2. Emma C. Spary, *Le jardin d'utopie. L'histoire naturelle en France de l'Ancien Régime à la Révolution*, trad. par C. Dabbak, Paris, Muséum national d'histoire naturelle, 2005.
3. Romain Bertrand et Guillaume Calafat, « La microhistoire globale : affaire(s) à suivre », *Annales HSS*, 73-1, p. 3-18, ici p. 5.

Debjani Bhattacharyya
Empire and Ecology in the Bengal Delta: The Making of Calcutta
Cambridge, Cambridge University Press, 2018, 241 p.

Les travaux de Debjani Bhattacharyya, diplômée de la Jadavpur University à Calcutta et de l'Université Emory aux États-Unis, se situent à l'intersection de l'histoire du droit et de l'histoire environnementale. Dans cette monographie, l'autrice propose d'envisager le développement et l'évolution de la ville de Calcutta de la fin du XVIIIe au début du XXe siècle à partir de son milieu écologique, celui du delta du Gange. Pour cela, elle fait converger deux courants historiographiques dynamiques : l'histoire de la planification des villes coloniales et l'histoire environnementale des espaces urbains. D. Bhattacharyya apporte ainsi une contribution importante et originale à la compréhension des liens entre l'exercice du pouvoir colonial et la transformation irréversible des espaces naturels.

Le livre décrit les instruments techniques et légaux par lesquels le pouvoir colonial a drainé, transformé, segmenté, fiscalisé et monnayé de nouveaux espaces urbains en bouleversant des usages sociaux qui reposaient sur les conditions écologiques spécifiques au delta. L'autrice part du constat que les origines humides et marécageuses de la ville de Calcutta ont été volontairement occultées puis oubliées. Si des réminiscences se manifestent au travers de toponymes ainsi que de nouveaux quartiers résidentiels périphériques comme celui de *Salt Lake City*, bâti sur d'anciens lacs salés drainés, l'hybridité terre/eau propre au delta n'existe plus, en zone urbaine, qu'à l'état de trace le plus souvent indésirable. Le fleuve Hooghly, bras du Gange soumis au balancement des marées qui traverse Calcutta et relie la ville à la mangrove des Sundarbans au sud, est aujourd'hui bordé de rives théoriquement stables et bien délimitées. D. Bhattacharyya rappelle qu'il n'en a pas toujours été ainsi : les berges des fleuves sont longtemps restées, de manière fonctionnelle, entre terre et eau. Leur aspect et leur extension évoluaient en fonction de multiples facteurs et leur espace était soumis à différentes temporalités. Dans la ville de Calcutta telle qu'elle existe aujourd'hui, en dehors des inondations fréquentes pendant la mousson, les zones bâties sont ostensiblement exclusives des zones humides (*wetlands*). Malgré leur immense valeur écologique, les zones humides et les lacs salés sont, depuis le début du XXᵉ siècle, moins considérées comme des espaces à préserver que comme des terrains ouverts à la spéculation immobilière (abordée en détail dans le chapitre 5) et voués à porter de nouvelles constructions.

L'ouvrage entreprend donc de faire réapparaître les lacs et les marécages que le drainage progressif de la ville a fini par éliminer des cadastres, du moins sur le papier, et d'envisager les manières dont l'urbanité a été définie comme une séparation nette entre les domaines aqueux et terrestre. D. Bhattacharyya souligne combien cette délimitation est artificielle dans le delta du Gange, qui se situe au carrefour de trois immenses fleuves, le Gange, le Brahmapoutre et le Meghna. Leur confluence forme un paysage mobile et hybride où de nombreuses dynamiques géologiques, écologiques et sociales reposent précisément sur un système d'échanges constants, certes cycliques mais souvent imprévisibles, entre la terre et l'eau. Cette histoire en quelque sorte sous la surface met au jour, avec succès, les modalités à la fois théoriques et concrètes des tentatives des autorités coloniales de contrôler la circulation et le niveau des eaux afin de bâtir et d'organiser la capitale de l'empire britannique en Inde comme un ensemble d'espaces progressivement fiscalisés susceptibles de générer du profit (chapitre 4). L'autrice montre comment le caractère hybride du paysage du delta a été peu à peu apprivoisé aux moyens d'instruments à la fois concrets et légaux, mis en œuvre d'abord par la East India Company, puis directement par la couronne britannique à partir de 1857, permettant l'émergence d'un marché immobilier au XIXᵉ siècle et ouvrant la voie à une spéculation effrénée sur les parcelles urbaines au cours du XXᵉ siècle.

D. Bhattacharyya fait ainsi remonter au temps de l'East India Company, avant la période impériale proprement dite, les problèmes actuels d'inondation et d'évacuation de l'eau liés à la volonté de tirer un maximum de profit des espaces urbains. L'écologie spécifique du delta représentait à bien des égards une anomalie pour les entrepreneurs coloniaux et les instances de l'East India Company. Au premier chapitre, le cas de la création vite avortée d'un nouveau port construit en dur en aval de Calcutta par un ingénieur britannique, Benjamin Lacam, dans les années 1760, illustre les difficultés rencontrées pour mesurer la profondeur des cours d'eau et prévoir leur évolution. L'analyse, qui pourra intéresser les historiens et les historiennes des sciences, révèle aussi les tensions délétères entre différents types d'expertises, notamment géographique et géologique, et les limites des instruments hydrographiques.

Le chapitre 3, consacré aux nombreux conflits de propriété, est un autre point d'entrée pertinent dans le caractère disruptif de l'hybridité du paysage. Cependant, loin d'être envisagées comme une lutte univoque entre puissances naturelles implacables et projets urbains contrariés, les interactions entre les acteurs de la triade eau/terre/humains apparaissent comme une série d'accommodements complexes fonctionnant par accrétion et sédimentation progressive, tant sur le plan technique que sur le plan légal. L'ouvrage examine comment les spécificités écologiques du delta ont peu à peu été incorporées, parfois laborieusement mais finalement avec profit, par la bureaucratie coloniale. Il s'agit là d'un point fort de ce livre. L'autrice étudie en particulier la spécificité juridique des dépôts d'alluvions, ces terrains limoneux fertiles souvent éphémères et toujours très convoités. Si les questions de propriété de ces terres soumises aux aléas des marées, des saisons et des mouvements fluviaux étaient relativement simples à établir pour les terres arables, il en allait autrement des usages urbains de ces espaces.

L'analyse aux chapitres 2 et 3 de la législation sur les *chars* est particulièrement éclairante. Les *chars* sont des accrétions fluviales formant régulièrement de nouvelles îles le long du fleuve, îles que D. Bhattacharyya propose d'appeler des « moments sédimentaires » (p. 22). À la suite d'un rapport du Territories Department en 1820 et de la création du Strand Bank Fund qui devint opérationnel en 1837, les terres nouvellement apparues furent considérées comme appartenant à l'État. L'autrice souligne combien ces lois sur la propriété ont conduit à rendre légales des appropriations territoriales souvent peu légitimes. En explorant les interactions législatives et financières entre le public et le privé, elle montre que la définition de la notion de « public » par le gouvernement colonial conduisait de fait à des processus d'éviction et d'exclusion, notamment le long des berges du fleuve Hooghly.

Au fil des chapitres, l'examen de l'incorporation législative des spécificités géographiques du delta dans la bureaucratie coloniale est servi par une analyse bienvenue du vocabulaire et des catégories utilisées dans les archives. La comparaison entre les nombreuses expressions bengalies permettant de rendre compte des différents types d'érosion et la pauvreté du vocabulaire administratif à cet égard est très révélatrice. Principalement dans l'introduction, D. Bhattacharyya mène une réflexion sur la manière dont les documents des archives coloniales, en particulier les cartes, ont contribué à figer les représentations du delta, y compris pour les historiens qui ont écrit l'histoire de la ville de Calcutta et de sa planification. Elle propose de substituer à l'archétype traditionnel de la carte celui de l'almanach, qu'elle qualifie de « réticulaire » (p. 17) et qui permet de faire une place aux variations régulières des espaces dans le temps. Cette proposition fort intéressante aurait peut-être gagné à prendre des formes plus concrètes dans les développements de l'ouvrage. Soulignons également que le livre s'attarde davantage sur ce que D. Bhattacharyya appelle les « technologies de la propriété » (p. 23) que sur les technologies d'ingénierie proprement dites, comme celles liées au drainage, dont l'examen plus détaillé aurait pu ouvrir des perspectives fructueuses dans le domaine de l'histoire des techniques. Quoi qu'il en soit, cette étude contribue de manière importante à la compréhension de l'imbrication des registres techniques et juridiques dans la transformation des paysages naturels par les empires coloniaux. Dans ce cadre, l'expertise de l'autrice en histoire du droit apparaît particulièrement précieuse.

Marine Belléго
marine.bellego@gmail.com
AHSS, 77-1, 10.1017/ahss.2022.62

Deborah R. Coen
Climate in Motion: Science, Empire, and the Problem of Scale
Chicago, The University of Chicago Press, 2018, 425 p.

La remarquable vitalité de la climatologie historique en Europe centrale est un fait bien connu des spécialistes. Depuis vingt ou trente ans, les travaux de Christian Pfister, Rudolph Brázdil ou Andrea Kiss – pour ne citer que quelques noms – ont fait de cette zone la partie du continent probablement la mieux documentée, offrant aux chercheurs des séries très complètes sur les indices de température et de précipitations ainsi que sur les événements météorologiques extrêmes – tempêtes, inondations, sécheresses – survenus dans la région durant les 500 à 1 000 dernières années[1]. Ce n'est toutefois pas sur ce plan que se situe l'ouvrage de Deborah R. Coen, *Climate in Motion* ne proposant pas tant une reconstitution des conditions climatiques et de leur évolution dans l'empire

Habsbourg de la seconde moitié du XIXᵉ au début du XXᵉ siècle qu'une contribution à l'histoire de la discipline.

Le livre se concentre, en l'occurrence, sur le « programme de recherche international » (p. 1) lancé dans les années 1860-1880 par des chercheurs comme Julius Hann, Karl Kreil, Alexander Supan ou Emanuel Purkyně, que l'autrice désigne à travers l'expression de « climatologie dynamique ». Ces scientifiques, désormais quelque peu oubliés (bien que J. Hann fût nominé au prix Nobel de physique à plusieurs reprises[2]), prônaient une approche nouvelle du climat, nourrie par la thermodynamique et la physique des fluides. D. R. Coen retrace cette aventure intellectuelle en analysant notamment les activités de l'Institut central de météorologie et de géodynamique (ZAMG) de Vienne, fondé en 1851, qui devint rapidement le « point nodal » (p. 92) d'un réseau de stations d'observation dans tout l'empire et le lieu de coordination d'ambitieux projets éditoriaux comme la série *Climatographie de l'Autriche* publiée à partir de 1904.

Spécialiste de l'histoire des sciences de l'environnement et de l'histoire culturelle de l'Europe centrale, D. R. Coen construit sa démonstration à l'aide d'un large éventail de sources pour l'essentiel en allemand, la « lingua franca » (p. 149) de l'empire d'Autriche d'alors, devenu la « double monarchie » austro-hongroise en 1867. L'étude de l'école « impériale et royale » de climatologie proposée par l'autrice dépasse donc largement le cadre territorial de l'Autriche au sens strict. Les autres parties de la Cisleithanie – nom que l'on donnait alors à la moitié occidentale « autrichienne » de l'empire – sont en effet bien représentées dans le livre, avec (entre autres exemples) le cas de la Bohème, qui accueillait à Prague des représentants majeurs de la climatologie dynamique comme Eduard Suess, Karl Fritsch ou Friedrich Simony. On appréciera également les développements sur la province de Galicie et la position des scientifiques polonais de Cracovie ou de Lviv sur les directions de recherche lancées par le ZAMG de Vienne. Le point de vue hongrois, en revanche, est beaucoup moins présent.

D. R. Coen relate l'émergence de la science du climat moderne en l'inscrivant dans le contexte plus général des évolutions politiques, culturelles et artistiques survenues dans l'empire sur le temps long (le premier chapitre remonte jusqu'au XVIᵉ siècle pour évoquer l'essor des collectes de *naturalia* encouragé par la dynastie) et, plus particulièrement, sur la période allant du milieu du XIXᵉ siècle à la Première Guerre mondiale. La grande force de l'ouvrage réside dans sa capacité à combiner l'analyse sur ces différents plans pour proposer un récit clair et convaincant des conditions d'apparition et d'implantation de la climatologie dynamique dans la société des Habsbourg. Le succès de cette démarche tient avant tout à la délimitation d'un objet transversal qui permet à l'analyse de se déployer sur plusieurs registres. Car derrière l'histoire du développement d'une discipline prônant une façon nouvelle, c'est-à-dire « multiscalaire et multicausale » (p. 3), d'aborder le climat, c'est en fait la question plus générale du « mouvement » (*motion*), de sa mesure, de sa perception et de sa représentation qui se situe au cœur du livre.

Le projet de la climatologie dynamique visait en effet à dépasser la conception du climat qui prévalait depuis le XVIIIᵉ siècle et qui abordait celui-ci comme une réalité statique à l'échelle régionale, négligeant les phénomènes météorologiques ponctuels et/ou localisés – nuages, averses, tempêtes ou simples coups de vent. En s'attelant à l'étude approfondie de ces phénomènes circonscrits dans le temps et dans l'espace – comme le fait par exemple J. Hann en proposant, dès 1866, une explication locale de la formation du foehn dans les Alpes –, l'école autrichienne de climatologie dynamique ouvrait la voie à une meilleure compréhension des interactions entre les échelles micro, méso et macro en matière climatique. Ce projet revêtait avant tout une valeur pratique puisqu'il visait à améliorer la vie de tous ceux qui avaient besoin, au quotidien, d'outils d'interprétation et de prévision de la variabilité du climat : agriculteurs et éleveurs, militaires, marchands et jusqu'aux médecins et premiers entrepreneurs touristiques qui ouvraient des stations thermales dans tout l'empire et prônaient le recours à la « climatothérapie ».

Le livre démontre toutefois que cette réflexion sur les enjeux du mouvement et de la « mise à l'échelle » (*scaling*), loin de se limiter aux seuls cercles des climatologues, fut en réalité une tendance plus générale dans la vie autrichienne de la seconde moitié du XIXe siècle, touchant également la géographie, l'art, l'économie ou la pensée politique. Il fallait toute l'érudition d'une chercheuse expérimentée comme D. R. Coen pour mettre en regard des réalités relevant de domaines *a priori* aussi différents que les travaux des climatologues sur la circulation des masses d'air à la surface du globe et les tentatives littéraires ou picturales d'un Adalbert Stifter pour saisir les enjeux de la perception et de la représentation du mouvement. On le perçoit par exemple à travers l'analyse d'une série de toiles réalisées au tournant des années 1850 et 1860, dans lesquelles Stifter explore les façons de peindre les nuages ou la pluie – une question qui agite au même moment les climatologues, à la recherche de nouveaux moyens didactiques pour donner à voir la nature changeante des conditions atmosphériques.

Dans le même ordre d'idée, D. R. Coen établit un lien entre le succès de la peinture de plein air à l'époque du Biedermeier (de 1815 à 1848) et les explorations de F. Simony pour mettre au point de nouvelles techniques visuelles (cartes, diagrammes, panoramas) permettant de combiner l'attention portée aux détails à une impression esthétique unifiée. On retrouve cet objectif dans les réflexions ayant accompagné la publication du premier atlas thématique d'Autriche-Hongrie par Eduard Hölzel à Vienne en 1882-1887. L'autrice rappelle le défi que représentait alors le projet de faire figurer, sur une même carte, des reliefs aussi variés que les pics de l'Autriche alpine et les subtiles gradations de la *puszta* hongroise. Ce fut un cartographe militaire viennois, Franz von Hauslab, qui élabora un système graphique dans lequel les couleurs s'échelonnaient de la plus claire à la plus foncée en fonction de l'altitude. Parce qu'elle permettait de représenter la diversité territoriale de l'empire sans en perdre la vue d'ensemble, la méthode d'Hauslab fut largement employée, au-delà du seul atlas en question, dans de nombreuses autres publications et sur les cartes murales utilisées dans les écoles.

De façon convaincante, l'ouvrage avance la thèse que cette quête d'unité dans la diversité tenait pour une large part aux spécificités géographiques, politiques et nationales de cette structure à tous égards hétéroclite qu'était l'empire des Habsbourg. Pour D. R. Coen, en effet, le projet de donner « une impression de cohérence globale tout en soulignant la variabilité à petite échelle » (p. 123) allait bien au-delà des exigences de la seule climatologie, puisqu'il constituait le problème central de l'État autrichien. Ensemble disparate de royaumes, duchés et principautés rassemblés au fil des siècles, l'empire multinational des Habsbourg s'étendait sur neuf degrés de longitude et présentait, de la côte adriatique aux plaines de Galicie en passant par les hauts pâturages des Alpes et les steppes de Hongrie, une grande hétérogénéité en termes paysagers. Or selon l'autrice, penser les échelles de temps et d'espace dans un tel État relevait de l'« impératif politique » (p. 2). Le programme de la climatologie dynamique entrait donc en résonance avec le projet impérial lui-même, ce qui en fait finalement un objet d'étude tant pour l'historien des sciences que pour l'historien du politique.

D. R. Coen discute d'ailleurs très pertinemment du cas Habsbourg dans le contexte plus général de l'impérialisme européen et plus particulièrement des grands empires « continentaux » qui, comme la Russie où l'Inde, offraient des terrains de recherches singulièrement féconds pour les premiers climatologues, en raison à la fois de leur étendue et de leur contiguïté territoriale. Pionniers dans de nombreux domaines, les climatologues « impériaux-royaux » firent preuve d'une grande créativité scientifique dans la recherche de nouveaux moyens de détecter et de représenter les variations atmosphériques, en proposant par exemple une utilisation originale des plantes, fleurs et fruits comme sources d'information. Ils furent ainsi parmi les premiers à s'emparer des phénomènes de grande échelle (locaux) et restreints dans le temps, ne reculant pas devant la complexité des modèles d'explication. On pense notamment aux travaux d'E. Purkyně qui s'efforça, dans la Bohême des années 1860, de rassembler des données sur les infimes variations spatiales des conditions atmosphériques, avec une précision de l'ordre de la minute – un niveau de granulosité dont ne s'embarrassaient pas alors les savants britanniques.

Très bien documenté et toujours précis dans l'argumentation, le travail de D. R. Coen démontre brillamment tout l'intérêt que le cas de l'Europe centrale représente à la fois pour l'histoire des sciences de l'environnement et pour l'histoire du fait impérial, confirmant la tendance plus générale à une croissance de la visibilité des recherches consacrées à l'Autriche-Hongrie au sein de ces champs. L'ouvrage trouvera donc sa place aussi bien dans les bibliothèques des spécialistes de la zone que dans celles des personnes désireuses de compléter leurs connaissances sur l'histoire de la climatologie européenne et de la production des savoirs impériaux.

Jawad Daheur
jawad.daheur@ehess.fr
AHSS, 77-1, 10.1017/ahss.2022.63

1. Voir par exemple Andrea Kiss *et al.*, « Recent Developments of Historical Climatology in Central, Eastern, and Southern Europe », *Past Global Changes Magazine*, 28-2, 2020, p. 36-37.
2. Non pas en 1910, comme le rapporte l'autrice (p. 4), mais en 1906, 1911 et 1913, si l'on en croit les archives de nominations conservées sur le site du prix Nobel, https://www.nobelprize.org/nomination/archive/show_people.php?id=9776.

E. A. Wrigley
The Path to Sustained Growth: England's Transition from an Organic Economy to an Industrial Revolution
New York, Cambridge University Press, 2016, xi-219 p.

Ce livre court et dense reprend un thème cher à Edward A. Wrigley depuis de nombreuses années : le passage de l'Angleterre d'une économie organique à une économie minérale et carbonée au cours d'une période de trois siècles entre les règnes d'Élisabeth Ire et de Victoria. Si, comme dans l'un de ses précédents livres, la question énergétique est donc encore essentielle[1], elle est ici présentée avec toutes ses implications sur la démographie, la société et la géographie anglaise. Le reste de l'Europe n'est pas pour autant absent, bien que les comparaisons proposées par l'auteur visent surtout à mettre en évidence les spécificités anglaises.

La croissance des économies organiques est soumise à des limites car elles ne peuvent consommer plus qu'une fraction, très faible, des flux d'énergie arrivant chaque année sur la planète en provenance du soleil. « Tant que la photosynthèse végétale constituait la base énergétique de toutes les économies humaines, il était évidemment physiquement impossible de construire, par exemple, une grande flotte de cargos en acier, et encore moins de fournir une voiture à chaque famille », écrit ainsi E. A. Wrigley (p. 9). Des économistes comme Adam Smith, Thomas Robert Malthus ou David Ricardo ont non seulement su montrer comment les économies de marché, grâce en particulier à l'extension de la division du travail, peuvent produire de la croissance, mais aussi pourquoi la contrainte imposée par des ressources organiques limitées et des rendements décroissants contraignent les économies organiques européennes à devenir des économies stationnaires. La singularité de l'Angleterre est que, de façon très précoce par rapport aux autres pays européens, elle recourt massivement au charbon comme source d'énergie alternative au bois. Selon les chiffres proposés par E. A. Wrigley, dès 1550, à Londres, le prix de l'énergie calorifique provenant du bois et du charbon est identique. Aussi, dès la première décennie du xviiie siècle, la moitié de l'énergie consommée en Angleterre et au Pays de Galles provient du charbon. Ce chiffre dépasse les 90 % en 1850, à la veille de la grande industrialisation, quand les économies des autres pays européens sont encore largement organiques, à l'exception de la Hollande qui exploite la tourbe et bénéficie de sa proximité maritime avec l'Angleterre pour importer du charbon. Fait étonnant, comme le souligne l'auteur, cette remarquable croissance de la production charbonnière s'est faite à productivité du travail constante, ce qui implique une très forte augmentation de la population active travaillant dans les mines.

Le contraste le plus marquant entre l'Angleterre et l'Europe, selon E. A. Wrigley, réside « dans la vitesse, l'échelle et la nature de la croissance urbaine en cours » (p. 45). Entre 1600 et 1800, la population urbaine du continent croît de 81 %, contre une augmentation de 735 % pour l'Angleterre, l'essentiel provenant de Londres, au moins pour le XVIIe siècle. Puisque l'Angleterre reste dans l'ensemble autosuffisante (hormis bien sûr pour certains produits comme le vin, le café ou le thé), estime l'auteur de façon optimiste, c'est donc que l'agriculture a beaucoup progressé en termes de productivité (un peu par unité de surface et beaucoup par tête), la population active travaillant dans l'agriculture n'augmentant qu'à peine entre 1600 et 1800 alors que la population globale fait plus que doubler. Cela expliquerait l'augmentation de la population active dans les secteurs secondaire et tertiaire – changement qui se produit plus tôt et plus largement en Angleterre que ce qu'a longtemps pensé l'historiographie – et donc celle du volume et de la diversité des biens manufacturés produits, condition nécessaire à ce que certains historiens voient comme une révolution de la consommation.

La dimension démographique de ces changements préoccupe à juste titre E. A. Wrigley qui, on le sait, a consacré une bonne partie de son œuvre d'historien à la démographie anglaise. Il mobilise à cet effet l'idée, par ailleurs discutée depuis, de *European marriage pattern* proposée par John Hajnal[2]. Avec le modèle occidental dont relève l'Angleterre, la fécondité peut être maintenue à un faible niveau grâce aux mariages tardifs et au taux élevé de célibat féminin. De plus, les fluctuations de la fécondité sont sensibles à la conjoncture économique, qu'il s'agisse du prix des biens de subsistance ou des possibilités d'installation dans une exploitation agricole.

Ces *preventive checks* (freins préventifs) décrits par Malthus peuvent contribuer à alléger la pression exercée par la population sur des ressources rares, d'autant plus qu'à la régulation de la population en volume s'ajoute une augmentation de la population active grâce à l'accroissement du célibat. Un autre facteur qui contribue « à mettre quelque distance entre la population anglaise et le précipice malthusien » (p. 113), donc à maintenir le niveau de vie et favoriser l'urbanisation, est l'existence des *poor laws*. Les secours distribués permettent en effet de protéger en partie les plus vulnérables en période de disette, les sommes en jeu étant considérables : reprenant les chiffres de Richard Stone, E. A. Wrigley estime que, en 1688, elles représentent 1,4 % du revenu national. Il résulte de ces deux mécanismes que l'espérance de vie au XVIIIe siècle se situerait entre 32 et 40 ans en Angleterre, contre 25 à 31 ans en France.

Dans la partie finale du livre, E. A. Wrigley tente de démonter les mécanismes de la révolution industrielle. Il part d'une observation : la relation entre croissance de la population et évolution du salaire réel se modifie après 1770, la corrélation devenant alors positive, ce qui signifie que la croissance de la population ne se traduit plus par une baisse du niveau de vie. C'est le signe, pour l'auteur, que l'Angleterre commence à s'affranchir de la contrainte propre aux économies organiques. Un élément essentiel est l'amélioration du système de transport, qui profite largement du fait qu'une proportion croissante de la production et de la consommation est de nature punctiforme, typiquement une mine de charbon (plutôt qu'une zone forestière) reliée à une grande ville ou à un centre industriel. Après la construction de routes au début du XVIIIe siècle, ces évolutions justifient la construction massive de canaux, à partir des années 1760, laquelle autorise une forte réduction du coût de transport. En résultent des effets positifs sur lesquels insiste l'auteur : les coûts moindres de transport favorisent la concentration des activités et l'urbanisation et donc, en retour, la concentration des activités de transport, mécanisme qui se renforce encore avec l'essor des chemins de fer après 1830. Une conséquence parmi bien d'autres de ces changements est le déclin précoce de la proto-industrie, perceptible dans le comptage des métiers proposé par le recensement de 1831.

The Path to Sustained Growth est un livre important car il propose une synthèse originale, convaincante sur bien des points, du processus économique et démographique qui a conduit l'Angleterre à devenir le premier pays européen en termes de capacité à produire des richesses. Si d'autres explications sont disponibles – qui placent, par exemple, l'accumulation de capitaux (Walt Whitman Rostow), l'accroissement de la demande (Jan de Vries) ou le taux élevé des salaires (Robert G. Allen) au cœur des transformations des XVIIIe et XIXe siècles –, E. A. Wrigley propose une analyse faisant de l'énergie le *deus ex machina* de la révolution industrielle, jusqu'à reprendre à son compte l'affirmation de Rolf Peter Sieferle[3] : « L'histoire de l'énergie est l'histoire secrète de l'industrialisation ».

Jean-Yves Grenier
jean-yves.grenier@ehess.fr
AHSS, 77-1, 10.1017/ahss.2022.64

1. E. A. Wrigley, *Energy and the Industrial Revolution*, Cambridge, Cambridge University Press, 2010.
2. John Hajnal, « European Marriage Pattern in Historical Perspective », *in* D. V. Glass et D. E. C. Eversley (dir.), *Population in History: Essays in Historical Demography*, Londres, Routledge, 1965, p. 101-143.
3. Rolf Peter Sieferle, *The Subterranean Forest: Energy Systems and the Industrial Revolution*, Cambridge, The White Horse Press, 2001, p. 137.

Charles-François Mathis
La civilisation du charbon en Angleterre, du règne de Victoria à la Seconde Guerre mondiale
Paris, Vendémiaire, 2021, 560 p.

À l'heure où s'impose l'urgente nécessité de sortir de l'âge des énergies fossiles et de nos dépendances aux combustibles carbonés, ce livre tombe à pic pour éclairer les relations intimes qui se sont tissées dans le passé avec cette substance noire qu'on appelle charbon. Tour à tour perçu comme un « diamant noir » miraculeux ou comme une source de crasse et de fumée intolérable, le charbon a été au cœur des imaginaires victoriens et de nombreuses pratiques sociales durant un siècle. Dans la continuité de son enquête sur les paysages anglais à l'ère industrielle[1], Charles-François Mathis propose ici une riche histoire sociale et culturelle du charbon, attentive aux usages quotidiens et aux imaginaires, à l'écart de la focalisation de l'historiographie sur la production, le monde de l'usine ou les mines. L'auteur a fait le choix d'opérer un pas de côté en scrutant le charbon du point de vue des consommateurs ordinaires, ces classes populaires et moyennes britanniques qui l'utilisent pour leurs besoins en matière de chauffage et de cuisson. Plutôt que de revenir sur la figure bien connue du mineur, qui extrait le combustible des entrailles de la terre, ou de l'industriel, qui choisit de l'employer pour actionner ses machines ou alimenter ses fours, C.-F. Mathis se tourne vers la ménagère qui l'utilise pour chauffer le foyer ou cuire le repas. Ce parti pris, qui s'inscrit dans l'essor et le dynamisme des études consacrées à la consommation, permet de révéler des dimensions négligées de la dépendance au charbon. Il a néanmoins le revers de présenter une histoire avec peu de conflits, centrée sur les usages ordinaires et consensuels et la quiétude de l'intérieur victorien.

L'étude repose sur une excellente maîtrise de la bibliographie britannique et sur un vaste dépouillement de sources imprimées et manuscrites. Sept chapitres thématiques explorent tour à tour la définition du charbon, terme flou et générique renvoyant à des réalités complexes, puis les débats et pratiques qui accompagnent son emploi croissant. Premier pays à le brûler en quantité si massive, alors que la déforestation frappe précocement les îles britanniques, l'Angleterre voit les trois quarts de ses besoins énergétiques couverts par le charbon dès 1800 ; on atteint les 95 % en 1900, après un siècle d'envolée des consommations et des productions. À la veille de la Grande Guerre, un Britannique en consomme trois fois plus qu'un Français, la consommation domestique passant quant à elle de 12 millions de tonnes au Royaume-Uni en 1840 à 35 millions à la veille de la Première Guerre mondiale. Mais il faut ajouter d'emblée combien ces volumes dissimulent de fortes inégalités à l'intérieur même de la société anglaise : si une famille ouvrière consomme entre 1 et 2 tonnes de charbon par an pour ses besoins, le duc de Westminster en brûle 2 000 tonnes dans son seul château d'Eaton Hall ! À cet égard, il aurait sans doute été possible d'insister davantage sur les inégalités sociales et spatiales : les mineurs, les habitants des campagnes, les artisans urbains et les maisons aristocratiques entretiennent des relations très différentes avec le charbon. De même, on est étonné que l'auteur ne souligne pas de manière plus marquée la situation exceptionnelle du cas britannique, les représentations qu'il suscite à l'étranger ainsi que les enjeux et circulations impériales et globales, assez peu présents alors même que la civilisation victorienne du charbon correspond significativement à l'âge de l'impérialisme triomphant[2].

C.-F. Mathis s'intéresse d'abord aux consommations énergétiques domestiques dans l'Angleterre du second XIXe siècle et du premier XXe siècle. À partir du milieu du XIXe siècle, en effet, le charbon s'est immiscé dans le quotidien des Britanniques jusqu'à faire de ce combustible le symbole et le marqueur de l'époque et du pays pendant plus d'un siècle. L'étude commence par une réflexion sur les « frontières du charbon », qui rappelle, à la suite des géologues du XIXe siècle, que le charbon « n'existe pas » réellement (p. 26) puisque cette roche organique combustible issue de la dégradation des végétaux peut revêtir des formes très diverses. Le terme charbon est le résultat d'un processus d'uniformisation visant à accompagner sa commercialisation croissante. D'une ressource naturelle, relevant de la géologie, le charbon est peu à peu devenu une marchandise, standardisée et « marketée » par la publicité. L'auteur examine ensuite l'« univers mental du charbon » : dans ce riche essai d'histoire culturelle, il montre comment cette substance est devenue un élément décisif des représentations que les Britanniques se font d'eux-mêmes, de leur époque comme de leur avenir. Suit l'étude du spectre de la grande « famine de charbon » et des innombrables débats qui traversent l'opinion et le Parlement pour l'affronter, à l'image de la « taxe carbone » imaginée au début des années 1870 mais repoussée à cause de ses conséquences pour les catégories populaires.

C.-F. Mathis se concentre alors sur les usages et pratiques domestiques, en explorant notamment les débats autour du prix du charbon et des stratégies d'approvisionnement à bas coût, en particulier *via* la charité et la philanthropie privée. L'étude dévoile entre autres l'expérience originale des *Coal Clubs*, ces associations, innombrables dans le pays, grâce auxquelles les plus modestes peuvent s'approvisionner à bon marché. La conversion au charbon ne s'est en effet pas faite naturellement ; elle a été construite par les élites et à travers la mise en place de réseaux d'approvisionnement denses et diversifiés : la « civilisation du charbon », comme celle du pétrole après elle, est le fruit d'une politique active et déterminée visant à stimuler ses usages. Le paradoxe est que ces encouragements incessants à utiliser le charbon se doublent de tentatives pour lui trouver des substituts ou pour limiter sa consommation lorsque les prix flambent ou que la pénurie menace, comme durant la Grande Guerre. De nombreux manuels et pratiques populaires tentent d'ailleurs d'économiser la ressource, en enseignant l'art de récupérer ses résidus et déchets ou en améliorant la combustion, alors que la dénonciation du gaspillage revient comme un leitmotiv tout au long de la période.

C'est pourquoi l'exploration qui suit, consacrée à « l'art et la manière de se chauffer », occupe une place si centrale dans l'analyse. Le charbon englouti par la cheminée et la cuisine en vient effectivement à représenter une part importante des volumes consommés ; or les foyers ouverts et les cuisinières à charbon fonctionnent mal et sont à l'origine d'un gaspillage déjà dénoncé par le comte Rumford à la fin du XVIIIe siècle. Tout au long du XIXe siècle, d'innombrables innovations et brevets sont ainsi discutés et proposés pour résoudre le problème et économiser la ressource, mais aussi pour limiter les fumées toxiques qui menacent les villes, notamment après les grands *smogs* londoniens des années 1870-1880. En dépit des inquiétudes et des alertes répétées, la situation ne cesse de se dégrader et l'auteur s'efforce de comprendre « l'inertie persistante » (p. 235) des consommateurs qui refusent d'abandonner leur foyer ouvert. Les pouvoirs publics refusent quant à eux de légiférer et s'en remettent en définitive à des appareils censés résoudre le problème, comme ceux exposés en 1881-1882 lors de la grande *Smoke Abatement Exhibition* organisée au Royal Albert Hall. Face aux déceptions et aux limites du progrès technique, on dénonce les mauvaises pratiques des consommateurs, leur « routine » ou leur ignorance, notamment l'incompétence des cuisinières et des domestiques chargées de préparer et d'entretenir le feu domestique.

L'une des principales originalités de l'étude de C.-F. Mathis réside dans son attention poussée aux questions de genre et aux relations singulières qu'entretiennent les femmes et les enfants à l'égard du charbon. Les femmes sont en effet en première ligne de la civilisation du charbon : ce combustible noir et crasseux modèle leur expérience sensible et les relations qui se nouent au sein du foyer. Autour du charbon s'élabore ainsi tout « un ensemble de rapports de pouvoir et de genre qui définissent la place et l'autonomie des femmes [...] écrasées par les tâches quotidiennes dont la lourdeur doit beaucoup à l'encombrement et à la saleté de ce combustible » (p. 309). Les enfants, quant à eux, deviennent rapidement une cible privilégiée pour éduquer la population aux bonnes pratiques, *via* l'école et de nombreux manuels.

L'ouvrage s'achève par un bilan des évolutions durant l'entre-deux-guerres qui voit l'ancien « roi charbon » commencer à vaciller sur ses bases, même s'il demeure consommé en grande quantité en 1939 et que 96 % de l'électricité du pays est alors produite dans des centrales thermiques brûlant cette substance. La civilisation du charbon commence néanmoins à décliner, concurrencée par de nouveaux combustibles, en dépit des actions des industriels pour maintenir sa prééminence et de celles de l'État en vue d'encadrer, stimuler et rationaliser ses usages. Ce bilan très riche montre la coalition d'intérêts qui se forme en faveur du maintien de la prééminence du charbon. Il souligne combien il est difficile d'abandonner un combustible fossile perçu comme « national », qui a modelé en profondeur non seulement l'économie et les paysages, mais aussi les imaginaires et les pratiques quotidiennes. Les industriels œuvrent ainsi à sa défense au moyen de publicités et de promesses annonçant le « charbon propre » de l'avenir. C.-F. Mathis n'hésite pas à faire des liens entre ses analyses historiques et les débats actuels sur les supposées « transitions » énergétiques, en relevant à quel point les expériences passées peuvent éclairer nos impasses et apories. Il a par ailleurs raison de conclure que loin d'avoir disparu, comme certains l'affirment un peu vite, le charbon a plutôt vu sa présence redéfinie : toujours massive à l'échelle mondiale, elle devient cependant moins visible et plus insidieuse, le combustible étant désormais extrait pour l'essentiel hors d'Europe, consommé sous forme d'électricité ou *via* des produits importés fabriqués grâce à lui.

François Jarrige
fjarrige1@gmail.com

1. Charles-François Mathis, *In Nature We Trust. Les paysages anglais à l'ère industrielle*, Paris, PUPS, 2010.
2. On Barak, *Powering Empire: How Coal Made the Middle East and Sparked Global Carbonization*, Berkeley, University of California Press, 2020.

**François Jarrige
et Alexis Vrignon (dir.)**
Face à la puissance. Une histoire des énergies alternatives à l'âge industriel
Paris, La Découverte, 2020, 400 p.

D'un colloque organisé à Dijon en 2016, François Jarrige et Alexis Vrignon ont su tirer un véritable ouvrage à la structure originale et bien pensée : chacune des quatre parties comporte un texte introductif très abouti, rédigé par les deux directeurs du volume, qui présente les différents « enjeux et perspectives », avant de proposer des « études de cas » correspondant aux interventions du colloque, revues à des fins de publication. Cette façon de procéder, particulièrement convaincante, donne une forte cohérence à l'ensemble autour des enjeux liés aux énergies alternatives.

Le titre explicite joliment la démarche et justifie la chronologie choisie (du milieu du XVIIIe siècle à nos jours), en jouant sur les deux acceptions que peut revêtir l'expression « face à la puissance ». C'est d'abord à une *demande* de puissance (suscitée par les croissances démographique et économique à partir de 1750) qu'il convient de réagir : celle-ci est assouvie par l'essor des combustibles fossiles, qui s'additionnent aux énergies précédemment utilisées plutôt qu'ils ne les remplacent. Cette demande reste forte par la suite, puisque, comme le rappellent les directeurs d'ouvrage, la consommation énergétique de la planète a été multipliée par 2,5 depuis les années 1970. Or justement, pour y répondre, il a fallu développer une *offre* de puissance, celle des fossiles : c'est face à eux et au système énergétique dont ils sont porteurs que les énergies alternatives se positionnent. Ces questionnements, d'abord européens, finissent par concerner la planète entière : les introductions de parties tiennent compte de ce phénomène en évoquant abondamment les territoires non européens – ce que font moins les études de cas.

La première force de l'ouvrage est de proposer une réflexion fine différenciant énergies alternatives et renouvelables, qui ne se recouvrent pas totalement. Les énergies renouvelables sont censées se trouver en abondance dans la nature : non finies, elles permettent une reproduction des stocks disponibles et sont souvent associées, mais pas toujours, à un mode de production alternatif, que les directeurs d'ouvrage opposent en général à une production énergétique centralisée et massive. Une énergie renouvelable est donc alternative tant par son mode de production que son usage : les grosses centrales hydroélectriques n'ont en ce sens rien d'alternatif puisqu'elles favorisent, au contraire, le système productiviste.

Cette base théorique est précisée et discutée par certaines études de cas comme celle d'Antoine Missemer, qui s'attache à la distinction renouvelable/épuisable dans la littérature économique, ou celle d'Antoine Fontaine, qui analyse deux épisodes d'expérimentations d'énergies alternatives autour du nucléaire et du solaire en région Auvergne-Rhône Alpes durant les années 1970-1980. À partir de cet ensemble d'interrogations, les directeurs du volume organisent la réflexion autour de quatre grandes périodes chronologiques permettant, chacune à leur manière, de souligner l'absence de linéarité en histoire énergétique. Loin du grand discours d'une victoire inéluctable des fossiles amenant à la situation actuelle, qui fait l'objet de vifs débats parmi les historiens[1], l'ouvrage montre les flux et les reflux des énergies alternatives – on devrait plutôt dire : des usages alternatifs d'énergies renouvelables – face à la puissance changeante du charbon, du gaz ou du pétrole.

Le premier moment de cette histoire, entre les années 1750 et 1860, est celui des incertitudes : le charbon ne s'impose que lentement tandis que les usages de l'animal, de l'eau, du vent s'affinent et gagnent en efficacité, même s'ils finissent par être écartés. Ce sont donc des récits de résistance aux fossiles que nous livrent les premières études de cas, qu'il s'agisse des tordoirs (moulins à vent à huile) de Lille, étudiés par Didier Terrier, ou des animaux des filatures, mis au jour dans la contribution minutieuse de François Jarrige et Mohamed Kasdi, par exemple. Vient ensuite, jusqu'à la Première Guerre mondiale, le temps de l'enthousiasme pour les combustibles fossiles, accompagné toutefois de doutes face à leurs conséquences sanitaires, sociales et environnementales et aux pénuries possibles. L'électricité, momentanément, est perçue comme pouvant donner corps à un modèle alternatif de production décentralisée, locale, à petite échelle, ce que met en avant notamment l'étude de Cédric Humair pour la Suisse. La fusion des réseaux dans l'entre-deux-guerres balaye ces espoirs.

Plus généralement, à partir de 1918 et jusqu'en 1973, les énergies alternatives et renouvelables sont marginalisées par une demande exponentielle de puissance, alors qu'elles continuent à être pensées, améliorées, utilisées : Paul Bouet offre à ce titre une belle étude sur le mur Trombe et les raisons de son échec. Face aux crises globales qui marquent le dernier temps de cette histoire, les énergies renouvelables sont d'abord mises à l'honneur dans les années 1970, puis marginalisées à nouveau au cours de la décennie suivante, du fait de l'effondrement du prix des fossiles et d'un contexte de pensée plus libéral.

Il importait de rappeler brièvement ces scansions historiques qui organisent l'ouvrage, car elles contribuent au projet, tout à fait central et passionnant, visant à « défataliser l'histoire de l'énergie » (p. 18) en dissipant l'illusion d'un déterminisme technologique et en montrant la fertilité des impasses. Il s'agit de réintroduire de l'incertitude dans les trajectoires choisies, qui ont été remises en cause au cours de l'histoire et auxquelles d'autres modèles ont été opposés. Le programme des auteurs se résume ainsi : « au lieu d'une conquête et d'une domestication progressive de la puissance *via* des innovations technologiques merveilleuses, l'histoire de l'énergie fut en permanence une histoire sociale, politique et culturelle faite d'incertitudes, de doutes et de conflits à l'égard d'un processus qui fut tout sauf linéaire et inéluctable » (p. 10).

Cette ambition générale se traduit par trois approches différentes, originales autant que fécondes. Tout d'abord, le livre s'attache aux « possibles non-advenus » (p. 7), dans la lignée du projet Rétrofutur[2] : les études de cas fourmillent de tels exemples, comme celui des voitures à alcool étudié par Camille Molles.

L'échec passé ne s'explique pas seulement par l'ineptie de l'idée ou l'inachèvement technologique : il peut tout autant se produire du fait de résistances sociales, d'impasses économiques ou d'interdits politiques, historiquement situés et donc réversibles.

Une deuxième approche consiste à prêter attention aux énergies peu visibles, écrasées par les statistiques et pourtant essentielles au quotidien. Cette attention au qualitatif, aux « services énergétiques » (p. 30), plutôt qu'au quantitatif est un véritable défi pour l'historien : comment rendre visible l'énergie ? Comment mesurer son rôle précis, au jour le jour, dans la vie des êtres humains ? À ce titre, Jean-Baptiste Fressoz propose une très belle étude sur la modernité des bougies et lampes à huile au XIXe siècle.

Enfin, l'ouvrage met en avant des discontinuités, celles des énergies alternatives proposées, disparues, réactualisées, à l'instar de l'exemple fameux de la voiture électrique, déjà très avancée au début du XXe siècle et réinventée de nos jours. Les contributeurs donnent à voir des phénomènes semblables pour l'énergie solaire, dont l'imaginaire est étudié par Sophie Pehlivanian, ou pour les piles à combustible, dont l'histoire récente est retracée par Nicolas Simoncini. Ces discontinuités sont notamment liées aux résistances au changement, dans le cadre d'une logique que Renaud Bécot, à la suite de son analyse des contraintes administratives et politiques pesant sur l'Agence française de la maîtrise de l'énergie, présente comme « agonistique » (p. 340). C'est là rappeler, à juste titre, que les échecs ne s'expliquent pas uniquement par la technologie, mais qu'ils tiennent aussi à des choix, à des combats politiques, sociaux ou administratifs perdus. En ce sens, il est significatif que ce soit Alain Gras, l'auteur du bien nommé *Choix du feu*[3], qui écrive la postface de l'ouvrage.

Par la richesse des points de vue, des exemples et des analyses, ce livre soulève certains des enjeux fondamentaux de l'histoire de l'énergie. Il postule par exemple l'existence de systèmes énergétiques, puisqu'il oppose un système centralisé, productiviste, encourageant la consommation de masse, à un système décentralisé, fondé sur les énergies alternatives, plus sobre, et qui offrirait donc une autre façon d'utiliser les ressources énergétiques. Une question centrale se joue d'ailleurs ici, ouvrant des pistes nouvelles de recherches : l'opposition est-elle forcément binaire ? Ne peut-on pas penser différemment les énergies alternatives ?

Un dernier enjeu se dessine, celui des imaginaires : les auteurs, de manière pertinente, évoquent à plusieurs reprises le poids des représentations dans ces débats, en particulier celles véhiculées par un imaginaire technophile dont nos sociétés ont du mal à se départir et qui n'envisage l'énergie que comme constante, massive, toujours disponible, bon marché, etc. Ce socle mental de notre rapport à l'énergie est évidemment l'un des obstacles majeurs aux transformations requises par la crise environnementale actuelle, notamment parce qu'il repose sur une corrélation, née avec l'ère fossile, entre processus de civilisation et abondance énergétique. Dès lors, renoncer à cette dernière, choisir la sobriété – qui est probablement l'issue la plus évidente à l'impasse écologique que nous connaissons –, peut faire émerger, pour certains, le spectre largement fantasmé du retour à la barbarie. Ce n'est donc pas le moindre des mérites de cet ouvrage, indispensable à toute réflexion en histoire de l'énergie, que de suggérer, comme le fait A. Gras, qu'il faudrait « laisser la puissance devenir vaine » (p. 390) et accepter de se retrouver face… à l'impuissance.

Charles-François Mathis
charles-francois.mathis@univ-paris1.fr
AHSS, 77-1, 10.1017/ahss.2022.66

1. Voir par exemple les thèses d'Andreas Malm et son opposition aux interprétations de Tony Wrigley : Andreas Malm, *L'anthropocène contre l'histoire. Le réchauffement climatique à l'ère du capital*, trad. par É. Dobenesque, Paris, La Fabrique, 2017.
2. Voir le site internet participatif Paléo-énergétique (https://paleo-energetique.org), qui propose une contre-histoire de l'énergie en recensant les techniques énergétiques disparues et en montrant la capacité d'innovation des sociétés passées dans ce domaine, ainsi que le livre qui en est issu : Cédric Carles, Thomas Ortiz et Éric Dussert (dir.), *Rétrofutur. Une contre-histoire des innovations énergétiques*, Paris, Buchet-Chastel, 2018. Le principe qui guide cette démarche est de considérer que des techniques oubliées ne sont pas forcément obsolètes.
3. Alain Gras, *Le choix du feu. Aux origines de la crise climatique*, Paris, Fayard, 2007.

François Jarrige et Thomas Le Roux
La contamination du monde. Une histoire des pollutions à l'âge industriel
Paris, Éd. du Seuil, 2017, 480 p.

Si les phénomènes polluants constituent depuis plusieurs décennies un objet d'étude pour nombre de disciplines, leur approche historique demeurait fragmentée par espace ou par type de pollution. Il restait à écrire une synthèse globale capable d'expliquer l'omniprésence de ces pollutions au XXIe siècle, des pratiques de la vie quotidienne aux débats politiques. François Jarrige et Thomas Le Roux pallient brillamment ce manque en analysant avec minutie les mécanismes de l'accélération et de la globalisation des pollutions, ainsi que leur impact sanitaire et écologique, dans une histoire environnementale du phénomène. Cette approche, qui remet en question la dichotomie nature/culture, s'intéresse aux interactions protéiformes entre l'homme et son environnement, tant sur le plan physique qu'en termes de pratiques et de représentations. C'est donc une histoire politique et économique, mais également culturelle et matérielle des pollutions, et à travers elles, de l'ère industrielle qui est proposée ici.

Trois parties chronologiques découpent inégalement autant de siècles, des années 1700 à la décennie 1970, un choix des temporalités parfaitement justifié par les auteurs. À chaque partie correspond une multiplication et un changement d'échelle des phénomènes polluants, jusqu'alors restreints dans leurs formes et leur étendue : l'émergence du capitalisme industriel au XVIIIe siècle, les accélérations entraînées par la modernisation des pratiques industrielles dans les années 1830, puis celles permises par la mondialisation et l'apparition de nouvelles formes de production et de consommation après 1914. Au sein de ces grandes parties, des chapitres thématiques montrent aussi bien la diversité des trajectoires polluantes que leurs conséquences matérielles et les représentations comme les comportements qu'elles suscitent.

À l'époque moderne, les pollutions sont d'abord sociales et locales avant de prendre de l'ampleur, de revêtir de nouvelles formes (conséquences de l'essor du charbon et du développement de la chimie) qui se répandent dans l'air et dans les eaux, de toucher de nouveaux espaces, notamment les villes, et de provoquer un changement de paradigme dans les politiques visant à les encadrer. À un « droit des nuisances » (p. 61), qui n'hésite pas à interdire ou à éloigner des industries polluantes pour des raisons de santé et d'ordre public, succède une approche plus tolérante, au nom de la modernité et de la prospérité.

À partir du XIXe siècle, la pollution, qui se rapproche désormais de son acception actuelle, relève de la modernité et concerne donc surtout l'Occident. F. Jarrige et T. Le Roux soulignent un paradoxe de cette époque : les contemporains reconnaissent l'existence de pollutions, mais se fient à la nature pour les absorber et au progrès pour les réduire. Cette vision explique pourquoi, face à l'explosion des formes de pollution hydrique et atmosphérique, les trois figures d'expert présentées dans le chapitre 5, l'hygiéniste, l'économiste politique et l'ingénieur, contribuent efficacement à invisibiliser les conséquences de pollutions présentées comme un « mal nécessaire » (p. 147). Reflet du changement d'échelle des phénomènes polluants, les États s'emparent de la question mais font montre d'une tolérance croissante envers les industriels, qu'ils soutiennent sur la foi des arguments de ces mêmes experts et au nom des impératifs économiques. Plutôt que de s'opposer au développement d'industries polluantes, ils encouragent la réduction ou l'invisibilisation des pollutions elles-mêmes.

Au siècle suivant, c'est un autre paradoxe que les auteurs notent d'emblée : chaque industrie pollue désormais moins, mais la quantité globale de pollution continue de croître et touche toutes les parties du monde. Quatre processus y contribuent. Les guerres du XXe siècle, en plus de contaminer les lieux d'affrontement, ouvrent la voie à de nouvelles industries, partant à de nouvelles pollutions. La diversification des sources d'énergie et l'augmentation de la consommation globale ont les mêmes conséquences, d'autant que les nouvelles énergies ne remplacent pas les anciennes mais s'y superposent : F. Jarrige et T. Le Roux rappellent que si la part du charbon diminue, notamment au profit du pétrole, sa consommation totale continue d'augmenter tout au long du XXe siècle. L'essor de la société de consommation introduit également des pollutions

« subreptices et chroniques » (p. 261) par des mécanismes nouveaux (le *design*, le jetable, etc.) qui favorisent le consumérisme. La gestion du phénomène, enfin, ne s'améliore guère. Malgré les politiques de lutte contre la pollution à l'échelle nationale, puis internationale après les années 1950 et la prise de conscience globale des dégâts environnementaux et sanitaires dans les années 1960-1970 ainsi que les mobilisations qu'elles suscitent, la tolérance observée au XIXe subsiste, à des échelles et sous des formes différentes. Le renforcement des liens entre politiques, entreprises et experts crée de nouveaux obstacles à l'encadrement des industries polluantes. À l'invisibilisation matérielle, sacrifiant « toujours plus les classes et régions vulnérables » à toutes les échelles (p. 313), se conjuguent des stratégies discursives qui reposent sur de nouveaux concepts, comme ceux de dépollution ou d'énergie propre, et sur une « fabrique de l'incertitude » (p. 301) mettant en doute la nocivité des pollutions.

Les cas d'études se recoupent parfois, se répondent souvent entre parties et entre chapitres. Le choix judicieux d'aborder les pollutions par secteur ou par produit permet d'insister sur la diversité et la complexité des trajectoires polluantes, de l'élaboration des matériaux de base aux conséquences de leur consommation ainsi qu'aux représentations et aux politiques qu'elles suscitent. Si les exemples, toujours pertinents, englobent l'essentiel du monde, l'historiographie et l'objet même de l'ouvrage obligent le plus souvent les auteurs à mettre l'accent sur l'Europe et l'Amérique du Nord. D'autres régions, dont les espaces coloniaux, apparaissent surtout lorsqu'il s'agit de mettre en lumière les inégalités spatiales induites par les pollutions à l'échelle globale. La variété des cas permet d'ailleurs d'apporter des nuances : l'industrialisation, et les réponses politiques, économiques et environnementales qu'elle entraîne, ne sont pas les mêmes partout. L'ouvrage montre notamment que l'accélération des pollutions et la faiblesse de leur encadrement ne sont uniformes ni dans le temps ni dans l'espace. En témoigne par exemple la disparité des oppositions aux conséquences de l'industrialisation, des riverains victimes de nuisances olfactives à l'époque moderne à l'opinion publique sensibilisée aux enjeux écologiques des années 1960. Ces résistances et discours critiques mériteraient d'ailleurs d'être développés davantage, de même que l'articulation entre les concepts mobilisés par les acteurs à différentes périodes et leur manifestation dans les pratiques et les politiques, mais ce serait là l'objet d'un autre livre, d'une autre problématique.

La complexité des pollutions transparaît grâce à la diversité des sources mobilisées tout au long de l'ouvrage. Parfaite expression de l'approche environnementale en histoire, celui-ci repose non seulement sur les documents textuels et iconographiques traditionnels de l'historien, mais aussi sur des données issues des sciences exactes et des sciences de l'environnement sur les milieux et sur les polluants eux-mêmes. Cette diversité révèle l'importance des pollutions sur l'environnement à toutes les périodes et montre qu'elle affecte tant les milieux physiques que les politiques, les discours et les comportements. Conjuguée aux données chiffrées, abondantes, claires et toujours à propos, elle illustre parfaitement le changement d'ampleur du phénomène et son lien avec l'accélération technique et les évolutions socio-économiques qui ponctuent les trois derniers siècles.

La plus grande force de cet ouvrage est certainement sa capacité à s'adresser en même temps à deux lectorats. Pour les chercheurs, ce travail renouvelle les études sur l'ère industrielle en soulignant ses conséquences dévastatrices sur les corps et les milieux. Mettant à profit les atouts de l'histoire environnementale qui permet, à travers un même objet, de connecter différentes échelles, différents types de sources, différentes historiographies, il offre un regard total, à défaut d'être exhaustif, sur les pollutions et une approche renouvelée par ce prisme de l'histoire des trois derniers siècles. Au-delà de cet intérêt scientifique, le livre contribue aux débats environnementaux actuels en sensibilisant le lecteur, quel qu'il soit, à la persistance d'un système au sein duquel la conscience des dégâts causés par les pollutions et les mesures prises pour y remédier ne pèsent guère face aux arguments économiques ou techniques brandis avec plus ou moins de cynisme par les défenseurs de l'industrie. En témoigne le long épilogue qui, en guise de conclusion, relève les évolutions notables depuis les années 1970 : de nouvelles formes de pollution et de nouveaux concepts pour les appréhender s'ajoutent aux anciens sans s'y substituer ni infléchir la trajectoire mise en exergue tout au long de l'ouvrage d'une pollution toujours grandissante, accroissant les inégalités sociales et territoriales à toutes les échelles et que les politiques ne peuvent, ou ne veulent, endiguer.

L'objectif des auteurs est aussi de remédier à ce constat décourageant. En révélant les mécanismes d'accélération et de diversification des pollutions, les rapports de force, les environnements dans lesquelles elles s'inscrivent, l'histoire peut et doit inviter à dépasser les inerties et à repenser les jeux d'acteurs pour être en mesure de proposer une meilleure approche des phénomènes parfois destructeurs du monde contemporain. Finalement, n'est-ce pas là ce que la société peut attendre des sciences humaines en général et des humanités environnementales en particulier ?

Benjamin Furst
benjamin.furst@uha.fr
AHSS, 77-1, 10.1017/ahss.2022.67

Nicolas Lyon-Caen et Raphaël Morera

À vos poubelles citoyens ! Environnement urbain, salubrité publique et investissement civique (Paris, XVIe-XVIIIe siècle)
Ceyzérieu, Champ Vallon, 2020, 215 p. et 8 p. de pl.

Dans son célèbre *Tableau de Paris*, Louis-Sébastien Mercier brossait un portrait bien sombre de la salubrité de la ville au crépuscule du XVIIIe siècle : « Les boues de Paris, écrivait-il, chargées de particules de fer que le roulis éternel de tant de voitures détache incessamment, sont nécessairement noires ; mais l'eau qui découle des cuisines, les rend puantes. Elles sont d'une odeur insupportable aux étrangers, par la quantité de soufre et de sel nitreux, dont elles sont imprégnées[1]. » Si l'historiographie a, depuis longtemps, mis à l'honneur la transformation des sensibilités à l'égard des miasmes putrides et des exhalaisons délétères sécrétées par la ville, Nicolas Lyon-Caen et Raphaël Morera entendent, dans cet ouvrage, étudier la gestion de l'évacuation des déchets dans sa matérialité la plus concrète.

Le livre entreprend ainsi d'éclairer la problématique de l'assainissement de la ville par le bas, moins en reconduisant le poncif éculé d'une incapacité des différents pouvoirs à assainir l'environnement urbain qu'en insistant sur la prise en charge précoce de ces questions par les habitants eux-mêmes, avant toute intervention du pouvoir monarchique. Croisant habilement histoire environnementale, histoire du travail et histoire des régulations économiques, mais aussi, par un biais inattendu, histoire politique, les auteurs renouvellent nombre des questionnaires de l'histoire de Paris à l'époque moderne. Ils apportent de surcroît un éclairage pertinent sur l'histoire du métabolisme urbain, dont les études, hormis celle, pionnière, de Sabine Barles[2], sont malheureusement trop rares (et trop impressionnistes) pour le Paris de l'époque moderne.

Il faut dire qu'assainir Paris relève, de plus en plus, de la gageure. Alors que la croissance urbaine ne cesse d'élargir ses tentacules, que l'habitat se densifie, que le réseau viaire étend son emprise de façon significative, que la spéculation immobilière va bon train et que les animaux peuplent les rues de la ville par dizaines de milliers, les déchets et les détritus s'amoncellent inexorablement. À la veille de la Révolution française, Jacques-Hippolyte Ronesse estime la masse des ordures à 30 000 tonnes par mois, soit une moyenne de 43 à 50 kg par habitant. Certes, bien des déchets ne sont pas voués à être systématiquement éliminés : au contraire, les formes de réutilisation et de récupération des matériaux inemployés sont fréquentes, si bien que les principales ordures à évacuer concernent les résidus provenant de la collectivité urbaine (cendres de bois, poussières, saletés et carcasses des têtes de bétail), mais aussi les excréments humains et animaux ainsi que les résidus de boucherie.

Il convient également de veiller à dégager les voies de circulation des précipitations (neige et glaces) qui obstruent des mouvements que les autorités policières souhaitent au contraire fluidifier ; c'est le cas en décembre 1788, lorsque l'hiver rigoureux recouvre les rues de la capitale d'un blanc manteau de neige, dont l'élimination mobilise une main-d'œuvre flottante fort précaire. Le nettoiement des rues devient alors une sorte de chantier public à ciel ouvert pour des manouvriers désœuvrés et, de manière générale, pour des travailleurs issus de professions peu réglementées par le droit, à l'instar des ramoneurs ou des vidangeurs. Activité intensive en termes de main-d'œuvre, le nettoiement suppose toutefois une certaine continuité dans les activités des éboueurs, dont la durée du service tend à s'allonger au cours de la période, au point de voir le respect du repos dominical de plus en plus bafoué puisque, dès 1771, l'éboueur du faubourg Saint-Antoine s'engage à travailler tous les jours de la semaine sans exception. Comme le signalent N. Lyon-Caen et R. Morera, les innovations techniques en matière de transport des déchets demeurent sinon inexistantes, du moins limitées. La plupart des tâches se font alors à la main, et l'équipement de base, rudimentaire, se compose de balais et de pelles auxquels s'ajoutent des brouettes, des paniers et des hottes. Pour transporter les déchets, on emploie des tombereaux à deux roues tirés par un à trois chevaux, des véhicules dont on cherche à accroître la capacité de charge et l'étanchéité. Ces équipements nécessitent, par contrecoup, une attention accrue à l'entretien du pavage, mais aussi la construction de lieux dévolus au stockage des déchets avant leur valorisation : il s'agit des « voiries », sortes de dépotoirs dans lesquels finissaient « les boues urbaines, les matières fécales, les abattis et autres résidus frais déversés dans des fosses spécifiques » (p. 51).

L'un des apports principaux du livre tient à la mise en valeur du rôle civique que revêt l'entretien de l'environnement urbain, dans un contexte d'incroyable sédimentation des pouvoirs et des prérogatives politiques. Si l'assainissement de la ville émanait bel et bien du monarque, par le truchement du Parlement et du Châtelet, il n'en reste pas moins que les seigneurs et le Bureau de la Ville jouaient un rôle prééminent, car le souverain ne possédait pas de moyens humains ou financiers suffisants pour assurer cette tâche à lui tout seul. Les auteurs soulignent à quel point les bourgeois participaient pleinement, aux XVIe et XVIIe siècles, à l'administration de l'environnement urbain.

Il leur revenait en effet, par un processus délibératif hérité des régulations issues de la fin du Moyen Âge, de passer des marchés avec les éboueurs, puis d'en déterminer et d'en répartir le financement entre eux. Les contrats notariés, généralement établis par rue, sont ici d'une aide précieuse pour reconstituer l'univers du nettoiement urbain et celui des prestataires. Il incombait également aux notables des différents quartiers de la ville, désignés par les habitants lors d'assemblées, de veiller non seulement à la bonne application des réglementations promulguées par les pouvoirs royal et municipal, mais aussi de contrôler la qualité du travail effectué par les entrepreneurs chargés d'assainir la ville.

Dans des pages parmi les plus stimulantes de l'ouvrage, N. Lyon-Caen et R. Morera montrent que ce système a été l'objet d'une première offensive de la monarchie au cours de la première moitié du XVIIe siècle. Celle-ci entreprend alors de le mettre à bas au profit des financiers, à la fois en resserrant l'étau sur l'institution municipale et les processus délibératifs, et en octroyant des monopoles – manière subtile de contrôler des flux d'argent qui lui échappaient jusque-là. Cependant, la culture délibérative s'avère résiliente et retrouve de sa superbe dès les années 1640, avant d'être de nouveau remise en question, à la faveur des transformations politiques et administratives du règne de Louis XIV. La création de la lieutenance générale de police affecte en profondeur la technologie du gouvernement urbain, si bien que le contrôle du nettoiement bascule de fait, dès 1666, entre les mains du lieutenant général de police, La Reynie. Préposés depuis longtemps à la surveillance de la bonne exécution du nettoiement et à la levée des taxes, les commissaires jouent un rôle central dans ce nouveau dispositif de régulation. Cette inflexion majeure dans l'histoire de l'administration parisienne que représente la création de la lieutenance générale de police donne naissance à un système dual, conciliant les exigences de la procédure et les contraintes de la collecte des taxes sur les boues. Dans l'ensemble, le lieutenant général de police œuvre à la qualité immédiate de l'environnement urbain et, de sa propre initiative, n'hésite pas à engager des poursuites et à sanctionner les contrevenants.

Les commissaires au Châtelet sont ainsi saisis pour des affaires relatives aux fosses d'aisance ou au non-enlèvement de détritus divers. Si la dynamique expansionniste de la lieutenance a déjà été bien mise en avant par Vincent Milliot, qui a souligné son rôle croissant dans la régulation de la salubrité citadine[3], les auteurs rappellent qu'elle ne consacre pas tout à fait la fin du système participatif : le quartier demeure, du moins encore dans les années 1670, la cellule de base de l'organisation du nettoiement.

Cependant, la grande réforme fiscale de 1704 porte un coup fatal à l'ancien système. En effet, le roi impose aux Parisiens de racheter la taxe sur les boues et lanternes. Au lieu de s'acquitter chaque année d'un montant modeste, ils sont désormais tenus de verser en une seule fois l'équivalent de plusieurs années d'imposition. En contrepartie, le roi assume dorénavant le coût du nettoiement et de l'éclairage. Si cette réforme s'avère plutôt être une aubaine financière pour les Parisiens, déchargés de la taxe, elle les conduit toutefois, inéluctablement, à se sentir moins concernés par le fonctionnement de la ville. Ce désintérêt n'est pas étranger à la dénaturation du travail civique produite par la police elle-même, qui fait disparaître les réunions des directeurs de quartier. Dès 1717, les marchés avec les éboueurs sont attribués par le lieutenant général de police à la suite d'enchères ascendantes et, à partir de 1749, la collecte des boues et lanternes fait l'objet d'un contrat unique, ce qui témoigne d'un « glissement d'une gestion du bien commun par les instruments ordinaires du droit des contrats vers une gestion par les marchés publics, fonctionnant selon des règles dérogeant à ce droit ordinaire » (p. 136-137).

Cette transformation progressive des méthodes de gouvernement, placée sous le signe de la volonté régulatrice de l'État monarchique, se retrouve de plus en plus concurrencée, dans la seconde moitié du XVIIIe siècle, par la montée en puissance des théories économiques libérales. L'apparition de la figure de l'entrepreneur ou de celle de la compagnie commerciale, à qui l'on délègue par concession des missions d'entretien public – l'éclairage jouant en ce sens un rôle précurseur –, n'est pas étrangère au changement du paysage de l'édilité parisienne à la fin de l'Ancien Régime. Tout en participant à l'avènement d'un capitalisme des services qui se voulait synonyme de gain d'efficacité et de rationalisation technique, cette mutation contribua à dénouer progressivement le lien unissant jadis les citoyens à la gestion de leur environnement local. Il faudrait probablement nuancer cette césure radicale, par exemple en montrant comment de nouvelles formes de politisation permirent, dans les années 1780, sinon de renouer avec l'ancien système de régulation, du moins de mobiliser la population autour de la défense de l'espace public : le cas des mobilisations autour du Palais-Royal est en ce sens paradigmatique de la volonté de promouvoir une gestion collective et civique des espaces de la nature.

Ce travail invite donc non seulement à des perspectives comparatistes avec d'autres villes et d'autres terrains, mais aussi avec d'autres activités urbaines et d'autres services subissant des transformations identiques au cours du XVIIIe siècle : ainsi dans le domaine de l'eau, avec l'apparition de compagnies privées dès les années 1760, dans celui des transports, ou encore dans celui des divertissements et des loisirs, des champs d'investigation encore trop segmentés mais dont l'étude conjointe permettrait de repenser les liens entre État monarchique et émergence du capitalisme. Ce court ouvrage apporte en fin de compte une double démonstration magistrale : d'une part, qu'une histoire de l'environnement sérieuse ne peut prendre corps que grâce à une lecture serrée des archives ; d'autre part, qu'il n'est pas besoin de faire long pour établir une démonstration rigoureuse.

JAN SYNOWIECKI
jan.synowiecki1@gmail.com
AHSS, 77-1, 10.1017/ahss.2022.68

1. Louis-Sébastien MERCIER, *Tableau de Paris*, t. 1, Amsterdam, s. n., [1781] 1783, p. 124.
2. Sabine BARLES, *L'invention des déchets urbains, France, 1790-1970*, Seyssel, Champ Vallon, 2005.
3. Vincent MILLIOT, « *L'admirable police* ». *Tenir Paris au siècle des Lumières*, Ceyzérieu, Champ Vallon, 2016.

Fabien Locher (dir.)
La nature en communs. Ressources, environnement et communautés (France et Empire français XVIIe-XXIe siècles)
Ceyzérieu, Champ Vallon, 2020, 325 p.

Si cet ouvrage dirigé par Fabien Locher s'inscrit parfaitement dans le foisonnement contemporain des études sur les communs, son ambition est pourtant de s'en démarquer, en ouvrant « un nouveau cycle de recherche sur les communs en France et dans l'Empire français, en présentant des travaux en cours et en accompagnant des dynamiques scientifiques émergentes » (p. 19). La nouveauté revendiquée ici tient plus particulièrement à la volonté, affichée dans l'introduction comme dans la plupart des treize contributions constitutives du livre, de faire sortir l'histoire des communs de l'ornière dans laquelle elle est tombée : celle d'images toutes faites et de débats simplificateurs (tragédie ou efficacité ? disparition ou renouveau ? enfer ou éden ?).

Participant notamment à tempérer « l'irénisme de communs » fantasmés par certains acteurs, auteurs ou communautés militantes contemporaines, l'ouvrage rappelle que ceux-ci n'ont que rarement été égalitaires, inclusifs ou utopistes. On voit des communs en proie à de grandes exclusivités ou sélectivités sociales, dominés par des logiques de prédation des ressources (bien loin de l'efficience écologique), phagocytés par des élites économiques aux visées monopolistiques, quand ils ne cumulent pas tous ces traits, comme dans le cas des pêcheries de Marseille étudiées par Daniel Faget. Plusieurs auteurs mettent ainsi en garde, à juste titre, contre les images idéalisées des communs, en rappelant que celles-ci sont produites par des groupes ou des communautés aux abois, soucieux de sauver leurs modèles, puis reprises par les générations suivantes souvent sans regard critique.

Dans ce livre, il est donc peu question de savoir si les communs ont été « efficaces » (socialement ou écologiquement) ou pourquoi ils ont disparu ici et pas là, mais de les étudier comme des objets d'histoire, dans toute leur variabilité et leur complexité, en leur posant de meilleures questions que ce que la tradition ou la vulgate historique n'ont fait jusqu'à présent.

On rejoindra Alice Ingold lorsqu'elle écrit, non sans causticité mais avec justesse, qu'il y a de véritables enjeux à sortir les communs « d'une saison historiographique, longtemps dominée par la tournure que lui avait donnée Hardin il y a cinquante ans : la 'tragédie des communs' constitue en effet l'un de ces moulins à vent transformés en géants à combattre, qui continuent d'alimenter des batailles inutiles, encourageant une surproduction historiographique et de mauvaises façons de poser des questions importantes » (p. 97-98).

Des questions importantes, les contributions réunies dans ce livre en abordent beaucoup, qui stimulent les débats historiques et, au-delà, les réflexions critiques. Les treize études présentent des dossiers historiques de grande qualité s'appuyant sur des documents d'archives ou des sources souvent méconnues. On pointera notamment ces enquêtes détaillées sur les *communaglie* réalisées par l'administration de la nouvelle république ligure au tournant des XVIIIe et XIXe siècles, exploitées avec finesse par Vittorio Tigrino, ou ce rapport ethnographique publié en 1843 dans le cadre des travaux de la Commission scientifique d'Algérie qu'étudie Julien Vincent.

Au-delà des qualités scientifiques indéniables de l'ensemble, la capacité de l'ouvrage à stimuler la réflexion sur les communs tient aussi à deux partis pris. Le premier est de ne pas se cantonner aux communs fonciers jusqu'ici au cœur de l'historiographie (terres communales ou d'usages communs – pâturages ou forêts essentiellement), mais de mettre en lumière des types de communs moins évidents : la mer, les rivages et les grèves, les rives de fleuves, les rivières industrialisées ou les marais. Sont ainsi reconsidérés sous l'angle des communs, par exemple, l'exploitation de la Bièvre parisienne ou les communs de la pêche gérée par la prud'homie de Marseille à l'époque moderne, le partage des grèves sur les rivages de la Manche aux XVIIIe et XIXe siècles ou les occupations saisonnières des rivages d'Amérique du Nord par les pêcheurs de morues, les terres humides des vallées de l'Escaut ou les berges du Saint-Laurent. Outre le fait de rappeler qu'une gestion commune n'est conditionnée ni par une propriété collective ni par une présence permanente, ce choix d'ouvrir le champ des ressources qui ressortissent à une gestion ou à des usages communs permet de révéler toute la variété des types de communs et la complexité des relations que ceux-ci, leurs usagers et leurs ayants droit entretiennent avec l'État.

Le second parti pris est d'ouvrir l'exploration de l'histoire des communs à des territoires annexés ou colonisés (par la France) jusqu'ici délaissés par la recherche historique : les « républiques sœurs » ou les territoires annexés sous le régime napoléonien (républiques batave, ligurienne, helvétique, etc.), les territoires d'Amérique du Nord aux XVIIe, XVIIIe et XIXe siècles (vallée du Saint-Laurent et côtes du nord-est du continent), l'Algérie du XIXe siècle ou les Comores dans la longue durée. En dépit de la cécité inhérente à la nature de sources historiques le plus souvent produites par la puissance colonisatrice, ces incursions en territoires annexés ou colonisés lèvent le voile sur des réalités bien plus complexes et changeantes qu'attendu.

Elles ouvrent le regard à la diversité des formes de détention du sol dans les espaces annexés ou colonisés, des formes auxquelles les colons sont le plus souvent restés étrangers. Ainsi, selon Brock Cutler, la catégorie des « communaux » a été utilisée dans l'Algérie du XIXe siècle comme une catégorie performative et repoussoir pour désigner des terres à s'approprier et à intégrer dans l'économie coloniale, non pour révéler ou comprendre les logiques algériennes de la détention foncière. À sa suite, J. Vincent souligne qu'il faut néanmoins tenir compte des différents courants intellectuels et politiques qui nourrissaient les enquêteurs mandatés par la France. En suivant de près les travaux de l'ethnographe saint-simonien Prosper Enfantin, l'historien montre que les « communs » algériens furent conceptualisés comme de bons candidats au principe d'association tel que défendu par le saint-simonisme. Ainsi, quand les colons documentent les communs, c'est rarement pour ce qu'ils sont mais pour les plier aux catégories nécessaires au processus de colonisation, quelle que soit la manière dont celui-ci est envisagé. Prises ensemble, ces deux principales orientations de l'ouvrage, en obligeant à regarder l'histoire des communs « autrement » et « ailleurs », permettent de soutenir que l'État moderne n'a pas été que l'indifférent tolérant ou le pourfendeur acharné des communs fréquemment dépeint.

En dépit de toutes les tares attribuées aux communs par la doxa libérale qui chercha à les faire disparaître au nom de la nécessaire amélioration de terres jugées improductives, l'État est souvent resté attentif à leur rôle de pourvoyeurs de moyens de subsistance aux plus démunis. Cela a pu le faire hésiter, comme le montre Nadine Vivier dans sa contribution sur les « républiques sœurs » à l'époque napoléonienne, quand la volonté de maintenir l'ordre suggérait la prudence. Cette « petite chanson » de subsistance des communs, jamais totalement enfouie, ressurgit encore aujourd'hui dans des expériences concrètes mises en place de par le monde, telle celle relatée par Saïd Mahamoudou dans son article consacré aux multiples formes de la propriété dans les Comores.

L'État a aussi pu accompagner les communs pour mieux s'en servir dans la gestion de ressources jugées utiles. La contribution de Raphaël Morera sur l'institutionnalisation de la gestion commune de la Bièvre conclut ainsi : au XVIIIe siècle, « la gestion des biens communs, et notamment de l'eau, a accompagné les évolutions de l'État » (p. 122-123). Allan Greer montre pour sa part un État français qui ne veut pas renoncer à l'existence de communs saisonniers de pêche sur les rivages d'Amérique du Nord, tant ceux-ci sont indispensables à la pêche morutière, pierre angulaire de la prospérité de nombreux ports de la métropole, tandis que Romain Grancher dépeint avec subtilité les « interactions continuelles et conflictuelles entre les communautés locales et l'administration centrale » (p. 164), au sujet du partage des grèves de la Manche. Sa conclusion selon laquelle « l'État a pu se servir des communs comme l'instrument de gouvernement et [...] les communautés ont pu se servir de l'État pour défendre et négocier leurs droits » (p. 165) pourrait faire office de grille de lecture à l'ensemble de l'ouvrage.

Au-delà de l'attitude changeante, hésitante ou contrastée de l'État, plusieurs autres caractéristiques de l'histoire des communs ressortent de ces travaux. Leur plasticité, d'abord, qui leur permet de traverser le temps... ou l'Océan. Colin Coates met par exemple bien en évidence la transformation des modalités d'existence des communs, qui se « multiplient » en Nouvelle France à une époque où ils sont pourtant pourfendus sur le vieux continent. C'est qu'en Nouvelle France, ce sont les seigneurs qui contrôlent les communaux, dans une logique d'encadrement des paysans et, surtout, de leurs bestiaux. En effet, les terres communes ne sont pas tant ici un outil de gestion commune des ressources qu'une possibilité de mettre les cultures à l'abri de la divagation du bétail. Enfin, de façon plus fugace, une lecture transversale de l'ouvrage permet aussi de repérer la variété des actions de résistance des communautés face aux politiques qui visent leur suppression, leur parcellisation et leur privatisation. On les retrouve dans les plaines de l'Escaut étudiées par Laetitia Deudon, où l'opposition au démembrement des marais communs confère à la « mutinerie », selon les termes de certaines sources, dans certaines des régions sous régime napoléonien décrites par N. Vivier et, plus certainement encore, dans les réponses, évasives ou revendicatives, données aux enquêtes menées sur les *communaglie* de Ligurie en 1798-1799 et 1806, épluchées par V. Tigrino.

À travers l'ouvrage, comme l'une de ses trames, se dessinent aussi les stratégies de reconversion déployées par les ayants droit après la suppression des communs pour prolonger leur objet social dans les nouveaux cadres imposés, qu'il s'agisse des *objets juridiques non identifiés* chargés de poursuivre la gestion des eaux d'irrigation, décrits par A. Ingold, des associations syndicales d'assèchement du Nord de la France, abordées par L. Deudon, ou des coopératives qui succèdent aux communs agricoles montagnards, mis en lumière par Edouard Lynch. Ce dernier, dans sa passionnante analyse du film *Alpages* d'Armand Chartier (1952), alors responsable de la cinémathèque du ministère de l'Agriculture, dépeint bien le point de basculement entre pratiques communautaires et nouvelles stratégies collectives.

Dans cette perspective, on peut se demander si en voulant lire tant de configurations collectives à l'aune des communs, le volume n'en vient pas à contribuer, malgré lui, à une forme d'appauvrissement de l'histoire des modalités d'association ou d'organisations collectives.

Le doute s'empare de R. Grancher lorsqu'il s'interroge sur ce qui finalement fait « un » commun (p. 164) et suggère, pour rompre avec les visions naturalisantes, de mettre l'accent sur l'existence de conflits de *valeur* et d'affectation (de territoires ou de ressources) comme révélateurs de l'existence de communs (p. 165). Si la proposition est stimulante, elle se révèle insuffisante en ce qu'elle ne permet pas de comprendre pourquoi un syndic, un syndicat ou une prud'homie pourraient alors être considérés comme des communs, ainsi que le propose le livre.

En conséquence, à la remarque d'A. Ingold qui invite à mieux historiciser l'État (p. 80), on pourrait ajouter qu'il s'agirait aussi peut-être de mieux historiciser les formes d'organisations collectives, ce que l'ouvrage fait finalement peu. On ne tiendra rigueur de cette asymétrie ni à l'éditeur de l'ouvrage ni aux auteurs, qui livrent des textes remarquables pour la plupart, mais on y verra le signe qu'un nouveau cycle de recherche a effectivement commencé et qu'il reste à le poursuivre. Au demeurant, si, comme le souhaite F. Locher dans sa conclusion, il s'agit ainsi d'« alimenter la réflexion citoyenne sur les formes d'organisations collectives » (p. 313) par un travail rigoureux d'historien, on pourrait suggérer que des synthèses des discussions soient fournies, sans quoi les études académiques, aussi stimulantes soient-elles, risquent de ne pas opérer la jonction avec les mouvements dits citoyens ou militants. Enfin on notera que si l'État, les relations entre l'État et les communs tout autant que les communautés constituent bien le cœur de l'ouvrage, la nature et les dynamiques historiques des ressources et de l'environnement, pourtant invoquées en titre et en sous-titre, restent plus discrètement abordées.

Chloé Deligne
chloe.deligne@ulb.be
AHSS, 77-1, 10.1017/ahss.2022.69

**Adam Izdebski
et Rafał Szmytka (dir.)**
Krakow: An Ecobiography
trad. par T. Brombley, Pittsburgh,
University of Pittsburgh Press,
[2018] 2021, 232 p.

L'écriture d'« écobiographies » de villes relève d'une tradition plus états-unienne qu'européenne, bien qu'une riche littérature scientifique sur les aspects environnementaux de l'histoire urbaine en Europe existe. Le terme ne désigne pas ici un concept historiographique complexe, mais manifeste le souhait des directeurs d'ouvrage et de la maison d'édition de placer Cracovie au centre de leur réflexion et de raconter l'histoire de la ville sous l'angle d'une histoire de l'environnement. Le résultat illustre bien la manière dont les perspectives environnementales peuvent fournir une perception nouvelle de la place occupée par une ville dans l'histoire et comment l'histoire urbaine peut, en retour, contribuer au développement d'une histoire de l'environnement plus générale.

L'introduction d'Adam Izdebski et de Rafał Szmytka présente brièvement les concepts majeurs de l'histoire de l'environnement et l'état de la recherche. Elle rappelle la riche histoire de la ville à travers les époques, prenant comme point de départ son essor au Moyen Âge. Cracovie est connue pour avoir été un centre culturel, politique et pédagogique. Son université fut fondée en 1364, peu de temps après l'université Charles de Prague. La ville devint alors l'un des centres intellectuels de l'Europe et le cœur de la république des Deux Nations. Le transfert du statut de capitale à Varsovie en 1596 eut pour conséquence le déclin à long terme de Cracovie. En dépit de sa grande forteresse, elle devint une ville de province.

Ce n'est qu'après la Seconde Guerre mondiale, avec la création du complexe industriel de Nowa Huta, qui s'apparenta bientôt à une banlieue de Cracovie, que la croissance démographique reprit et que la ville devint la deuxième plus importante de Pologne. L'introduction souligne également les conditions géographiques et naturelles de l'existence de Cracovie. La ville est au carrefour de différentes régions géographiques. Entourée de sols fertiles assurant une horticulture et une agriculture riches, elle profite aussi de pâturages pour le bétail dans les contreforts des Carpates et de forêts qui fournissent des matériaux de construction pour la ville. Cracovie se situe également à l'intersection d'anciennes routes de commerce importantes. Enfin, le bassin hydrologique était déterminé par la Vistule et ses affluents ; les cônes de gravier et de sable qui s'étendent entre ces cours d'eau sauvèrent la ville des inondations, mais limitèrent aussi la croissance urbaine.

Dans les huit chapitres qui suivent, différentes dimensions et époques sont abordées dans un mélange entre organisation chronologique et thématique. Le premier chapitre de Konrad Wnęk, A. Izdebski et Leszek Kowanetz traite du climat et entend poser les bases des chapitres suivants. Les auteurs montrent que Cracovie a une longue histoire d'observations météorologiques et climatiques : celles de l'université remontent au Moyen Âge quand les observations météorologiques modernes sont effectuées depuis 1792. Pour certaines périodes, les conditions climatiques peuvent à l'évidence être reliées au développement de la ville. Le XVIe siècle fut ainsi une période de climat chaud dans Cracovie et alentour qui stimula l'horticulture et l'agriculture. Les auteurs mettent en garde contre une division de l'histoire climatique en grandes « époques » telles que le petit âge glaciaire. En lieu et place de cela, une périodisation plus fine est nécessaire pour les cas individuels, permettant de lier les événements climatiques aux développements historiques globaux.

Le quatrième chapitre est consacré à la relation entre Cracovie et les régions voisines durant l'époque moderne. Rédigé par Piotr Miodunka, « Une ville n'est pas une île » illustre bien les liens multiples entre ville et région, un sujet important et bien établi dans les études sur l'environnement. Il décrit, par exemple, l'énorme demande en énergie de la ville et la manière dont l'exploitation du charbon de bois a conduit à la déforestation, ou encore la riche horticulture de la région qui assurait aux Cracoviens une alimentation variée, notamment en fruits frais et secs.

Dans son chapitre sur l'industrialisation, Ewelina Szpak met en parallèle la vision de

Cracovie comme une possible cité-jardin au début du XXe siècle (Ebenezer Howard s'y rendit en 1914), lorsque les industries étaient principalement situées à l'extérieur des frontières administratives de la ville, et les conséquences dramatiques pour l'environnement de la fondation de Nowa Huta ainsi que la priorité donnée par les communistes à l'industrie lourde dans l'après-guerre. Elle donne aussi à voir l'émergence d'une conscience écologique durant la période d'après-guerre parmi les habitants de la ville, en premier lieu chez les universitaires et les intellectuels et, ultérieurement, dans des portions plus larges de la population. L'historienne critique le fait que jusqu'à aujourd'hui, l'activisme écologique s'est concentré sur la qualité de vie des êtres humains et n'a pas considéré l'état de la nature en soi comme une priorité absolue.

Dans le chapitre suivant, A. Izdebski et K. Wnęk exposent les grandes lignes de l'histoire du *smog* de Cracovie, celui-ci et la pollution de l'air constituant de très sérieux problèmes pour la ville, et le relient étroitement à l'histoire du climat. Le tournant du XIXe siècle fut un moment décisif dans l'apparition du *smog* moderne. En réaction à une succession d'hivers particulièrement rigoureux et à l'augmentation des prix, les Cracoviens commencèrent à utiliser le charbon à la place du bois pour se chauffer. Les poêles de Cracovie et les fumées suffocantes qu'ils dégageaient devinrent alors un phénomène bien connu de la vie urbaine au quotidien. Si la presse du début du XXe siècle semble être restée étonnamment silencieuse à propos du *smog*, les scientifiques et les militants écologistes s'emparent du problème à partir des années 1970, dans le contexte d'une nouvelle conscience écologique naissante.

Le dernier chapitre de Małgorzata Praczyk traite de la « nature imaginée » de la ville, c'est-à-dire de la manière dont Cracovie est imaginée, remémorée et appréciée par ses résidents et les touristes. Certains des mythes et des images romantiques de la ville doivent être déconstruits : le brouillard perçu comme romantique peut en réalité cacher le *smog* urbain. Cette contribution se concentre principalement sur l'image de « ville verte » rattachée à Cracovie, une ville de beautés naturelles, qui se déploie principalement au début du XXe siècle et a survécu dans les esprits de nombreux contemporains, en dépit le rétrécissement progressif des zones vertes au cours du XXe siècle.

D'un point de vue plus critique, certains des chapitres, essentiellement descriptifs, auraient gagné à être plus analytiques et à présenter plus clairement leurs principales conclusions. Les XVIIIe et XIXe siècles sont en outre quelque peu sous-représentés dans le livre. La « division du travail » entre les chapitres, enfin, n'est pas toujours idéale. Néanmoins, l'ouvrage offre de nombreuses pistes de réflexion et stimulera sans nul doute d'autres travaux de recherche. Facile à lire, il permettra également au lecteur, malgré la grande variété des domaines abordés, de se familiariser avec les perspectives historiques environnementales. Il contient en outre un grand nombre de cartes et de tableaux utiles, des illustrations intéressantes ainsi qu'un index pratique. Au fil des textes, les auteurs expliquent les notions fondamentales comme la manière dont fonctionnent les « archives de la nature » (les cernes des arbres, les stalagmites, etc.) ou encore ce qu'est l'archéobotanique.

Par son caractère accessible, ce livre aura, nous l'espérons, deux conséquences principales sur l'historiographie. En premier lieu, il ajoute une dimension à l'histoire de Cracovie qui souligne les perspectives économiques et matérielles et les liens de la ville avec la région environnante. De cette façon, il peut non seulement *compléter* les points de vue existants sur l'histoire de la ville, mais également *remettre en question* des analyses étroites de l'histoire locale et nationale. « Réduite » à ses dimensions matérielle et écologique, l'histoire de Cracovie se trouve enracinée et contextualisée de manière nouvelle. En second lieu, à travers l'histoire bien établie de Cracovie, ce travail pose une multitude de questions relatives à l'histoire de l'environnement, à celle de la Pologne et, plus largement, à l'histoire urbaine. Pour n'en citer que quelques-unes : le point de rencontre entre une histoire des connaissances, les lieux de production des connaissances et les observations climatiques, le rôle que l'archéobotanique peut jouer dans l'histoire urbaine ou encore la formation d'une conscience et d'un militantisme écologique dans l'après-guerre. En démontrant la fécondité de ces approches et en étendant ces problématiques aux contextes urbains, l'ouvrage peut ouvrir la voie à des recherches consacrées à d'autres villes. Cela serait particulièrement important pour les pays d'Europe centrale et orientale, où l'histoire de l'environnement se développe fortement, la Pologne prenant sans doute les devants. Pour conclure, le livre est très recommandé aux experts de l'histoire urbaine et de l'environnement, mais également à un public plus large.

Julia Obertreis
julia.obertreis@fau.de

Traduction de Laurent Vannini
AHSS, 77-1, 10.1017/ahss.2022.70

Amita Baviskar
Uncivil City: Ecology, Equity and the Commons in Delhi
New Delhi, Sage Publications/Yoda Press, 2020, 243 p.

Dans cet ouvrage qui reprend plusieurs de ses publications passées, Amita Baviskar s'attelle à démontrer les liens étroits entre enjeux environnementaux et processus socio-économiques à New Delhi et, plus largement, dans l'Inde urbaine. Ce travail peut se lire comme le récit de deux trajectoires parallèles. Celle, d'une part, d'une sociologue, spécialisée dans les questions environnementales, qui contribue au tournant urbain que prennent les sciences sociales en Inde au début du XXIe siècle. A. Baviskar joue un rôle capital dans cette évolution, en alliant l'étude des dynamiques urbaines à celle des enjeux environnementaux. Celle, d'autre part, de la ville de Delhi. Les inégalités sociales et la ségrégation spatiale ont toujours été une réalité dans la capitale indienne. Le livre décrit la violence structurelle de la planification urbaine depuis plusieurs décennies. Le schéma directeur d'urbanisme ignore en effet les populations les plus vulnérables. Les pauvres sont obligés de s'installer dans ses interstices et sont donc *de facto* criminalisés. Pour l'autrice, cependant, si les inégalités sociales étaient aussi importantes alors qu'aujourd'hui, le Delhi de sa jeunesse possédait un environnement bien mois dégradé qu'à présent. La libéralisation de l'économie dans les années 1990 a accéléré cette détérioration : pollution de l'air, épuisement des nappes phréatiques, marchandisation des communs, etc.

Tous les habitants de Delhi sont victimes de cette dégradation environnementale, mais à différentes échelles. Les plus riches ont un accès privilégié aux espaces verts. Ils peuvent investir dans des solutions individuelles, comme les purificateurs d'air. Ils sont, en outre, et c'est le cœur de l'ouvrage, en mesure de s'approprier le discours écologiste pour défendre leurs propres intérêts et leurs conceptions du bien public. Pour A. Baviskar, « l'action environnementale à Delhi – et dans la plupart des villes du Sud – n'est guidée ni par un principe de soutenabilité écologique ni par celui de justice sociale », mais à l'inverse « par l'idéologie de l'écologisme bourgeois » (p. 208). Cette idéologie contribue à façonner la capitale indienne, en imposant une certaine conception du rôle et de la place de la nature en ville, en pénalisant et en déplaçant les populations les plus précaires et en ignorant la responsabilité des classes aisées et de leur consumérisme dans l'épuisement des ressources. L'autrice appuie sa démonstration sur une diversité impressionnante de cas, faisant chacun l'objet d'un chapitre : fermeture d'usines et d'industries jugées polluantes, lutte pour interdire la présence de vaches et de vélos pousse-pousse dans l'espace urbain, aménagement des plaines de la rivière Yamuna, etc. Très agréable à lire, avec un appareil de notes succinct et relativement peu de références académiques, le livre convainc dans son argument.

Au fil des pages, A. Baviskar donne en effet à voir de manière détaillée les spécificités de cet écologisme bourgeois et de ses modes d'action. Il se caractérise en premier lieu par une appréhension partielle des enjeux environnementaux. Les problèmes sont généralement définis au niveau local, sans prise en compte de la plus longue chaîne de dégradation environnementale. La définition des causes est elle aussi fragmentaire : la pollution de l'air est d'abord le fait des industries plutôt que de la voiture individuelle. Les questions environnementales sont également détachées des enjeux politiques et sociaux. Peu d'intérêt est ainsi porté aux conséquences de la fermeture des usines sur l'emploi ouvrier ou aux enjeux structurels qui forcent les pauvres à s'installer dans des quartiers informels. Le propre rôle des classes aisées dans la dégradation générale est minimisé. Cette conception limitée des enjeux environnementaux s'accompagne d'une recherche d'ordre social et spatial dans laquelle la nature urbaine se doit d'être domestiquée et disciplinée. Selon cette approche, l'environnement est aussi une esthétique : celle de la modernité.

L'écologisme bourgeois se distingue ensuite par le fait qu'il brandit systématiquement l'argument de l'intérêt public, dont les classes moyennes et classes moyennes supérieures indiennes seraient les défenseurs. Les classes populaires sont exclues de ce processus, et leurs intérêts ignorés. Dans ses combats, l'écologisme bourgeois passe outre l'administration. La bureaucratie étant jugée inefficace et corrompue, c'est directement auprès de l'institution judiciaire que les demandes sont portées. Les juges constituent dès lors des alliés privilégiés dont le rôle joué dans la fermeture d'usines ou l'expulsion de quartiers informels est fréquemment mis en lumière au fil de l'ouvrage.

Enfin, la force de l'écologisme bourgeois tient dans sa convergence avec les intérêts de l'État et des grands groupes privés. Dans la lignée de la libéralisation de l'économie menée depuis les années 1990, les autorités indiennes ont eu pour objectif de transformer Delhi en une « ville de classe mondiale », mêlant centres commerciaux dernier cri, tours, gratte-ciels et infrastructures de pointe (p. 6). Dans ce cadre, la présence de vélos pousse-pousse et celle de vaches dans la ville sont autant d'embarras. A. Baviskar montre comment la lutte contre la pollution de l'air, qui entraîne la fermeture de nombreuses usines, s'inscrit dans un processus plus large de transfert de l'économie de la ville vers les services. La fermeture de ces industries et l'expulsion des quartiers informels situés au bord de la Yamuna laissent la place à des projets immobiliers de luxe. Ainsi, « les désirs bourgeois d'un Delhi propre et vert se sont combinés au capital commercial et à l'État pour priver les pauvres de leurs droits sur l'environnement. » (p. 47).

A. Baviskar s'interroge également sur le fait que les classes populaires urbaines ne convoquent pas d'arguments écologiques pour défendre leurs intérêts. Pour l'autrice, la capacité à définir un problème comme environnemental requiert des capitaux culturels et sociaux qui ne sont pas distribués de manière équitable dans la société urbaine. Les populations les plus précaires doivent déjà lutter contre une multiplicité de violences économiques, politiques et sociales. Aussi la définition très partielle et superficielle des enjeux environnementaux auxquels la ville de Delhi fait face est-elle une conséquence directe des inégalités sociales et économiques.

Pour autant, l'histoire et la sociologie des mobilisations environnementales en Inde ont montré comment d'autres groupes sociaux très discriminés ont pu s'emparer de ces questions – ce que l'on connaît sous le nom d'écologisme des pauvres. Pour A. Baviskar, la spécificité du contexte urbain tient dans la distance qui y sépare la nature des activités productives. En effet, la nature n'est pas, en ville, « le fondement sous-jacent du bien-être économique et social », comme cela peut être le cas dans les campagnes ou les milieux forestiers (p. 202). « L'écologie urbaine évaluée principalement en termes de consommation » devient dès lors « une préoccupation principalement pour les élites qui peuvent se permettre de poursuivre des causes aussi 'mineures' et 'non essentielles' » (p. 202). La fin de l'ouvrage ouvre une piste : celle de la notion de métabolisme urbain, portée, à Delhi, par les travailleurs des déchets. L'autrice voit dans cette démarche, qui permet d'analyser ensemble les flux de matières et d'énergie et les inégalités qui les sous-tendent, une métaphore utile pour repenser l'environnement en ville et la répartition des ressources, et allier *in fine* politique environnementale et justice sociale.

A. Baviskar insiste en outre, à différents moments du livre, sur la complexité des évolutions de la ville. Toutes ne vont pas dans le sens de l'écologisme bourgeois. La « république des rues » et son désordre survivent grâce aux multiples interdépendances qui lient les différents acteurs dans l'espace urbain et à l'apparition occasionnelle d'alliances inattendues entre différents groupes sociaux (p. 138). Ainsi, la tentative de régulation de la présence de vaches dans les rues de la ville échoue : les fonctionnaires de terrain ne veulent pas entrer en conflit avec les propriétaires des laiteries, la municipalité se plaint d'un manque de personnel et même les résidents de la ville semblent peu attirés par la prime de 2 000 roupies offerte pour chaque vache attrapée. Ailleurs, ce sont des militants issus des classes aisées qui s'opposent, à contre-courant de ce que l'on pouvait attendre d'eux, à la domestication complète d'un massif montagneux ; ailleurs encore, c'est la rivière elle-même qui réagit aux tentatives d'aménager ses rives en sortant de son lit.

Uncivil City est un ouvrage bienvenu au sein duquel A. Baviskar articule de manière très pertinente plusieurs de ses travaux passés. Ensemble, ils démontrent l'importance de penser l'urgence écologique, la manière dont nous la définissons et les réponses que nous lui apportons, avec les sciences sociales. Cependant, si l'intérêt du concept d'écologisme bourgeois pour comprendre les dynamiques contemporaines des villes du Sud ne fait aucun doute, on regrettera l'absence d'une analyse sociologique précise de ceux qui constituent et défendent cette idéologie au quotidien. L'autrice ne définit jamais vraiment cet ensemble hétérogène, en signalant seulement quelques caractéristiques : ils ont un certain capital culturel (maîtrise de l'anglais, études supérieures, etc.), un certain capital économique (une maison, une voiture), sont souvent de haute caste. Mais qui sont ceux qui prennent la tête de ces actions ? Qui s'engage contre quoi ? Comment la sociologie de cet écologisme bourgeois évolue-t-elle dans le temps et, en particulier, dans le contexte des mutations récentes du régime politique indien ? *Quid* de l'évolution du rôle des juges, des bureaucrates et des hommes et femmes politiques ? Voilà quelques-unes des questions que l'on aimerait voir abordées.

BÉRÉNICE GIRARD
girard.berenice@gmail.com
AHSS, 77-1, 10.1017/ahss.2022.71

Elsa Devienne
La ruée vers le sable. Une histoire environnementale des plages de Los Angeles au XXe siècle
Paris, Éd. de la Sorbonne, 2020, 288 p.

L'ouvrage d'Elsa Devienne est une importante contribution à l'histoire environnementale, sociale et politique des loisirs. En partant de l'objet plage, l'autrice entend proposer « une histoire environnementale totale » (p. 15), c'est-à-dire qui ne se focalise pas seulement sur l'évolution de la plage et de ses pratiques, mais qui appréhende aussi la manière dont ce milieu affecte et est affecté par les changements sociaux, culturels et politiques de l'agglomération de Los Angeles. Le récit s'organise en sept chapitres parcourant les années 1920 à 1970. Les sources mobilisées sont variées, allant des archives municipales aux documents programmatiques d'aménagement, en passant par la presse locale.

L'étude éclaire la « modernisation des plages » (p. 14), considérée depuis ses origines, ainsi que les manifestations et contestations que celle-ci a suscitées. S'inscrivant parfaitement dans le renouvellement des sciences sociales au prisme des questions écologiques, elle montre comment les plages angelines sont peu à peu érigées en objet de politique publique durant la première moitié du XXe siècle. Dans les années 1920, s'impose l'idée que les 106 km de plages de la baie de Santa Monica seraient en crise, en raison de l'augmentation de la fréquentation, de l'érosion et des pollutions. Cette préoccupation prend une importance particulière car les plages sont devenues des vecteurs d'attractivité de l'agglomération. Pour régler ces problèmes, un « lobby des plages » constitué des élites savantes, politiques et économiques locales émerge dans les années 1930. Il prépare les grands travaux lancés après la Seconde Guerre mondiale. Cette modernisation des plages est restituée par l'autrice dans le processus plus large « par lequel des grandes villes industrielles du pays sont 'modernisées' dans l'après-guerre afin d'attirer investisseurs et résidents aisés » (p. 126). Routes, quartiers d'affaires et stades se substituent aux « taudis ». Comme dans les centres-villes, ces travaux ont pour objectif d'empêcher la « fuite des Blancs », en profitant, ici, de l'attractivité des plages.

Cette étude est originale à plus d'un titre. Elle s'inscrit tout d'abord dans un champ relativement neuf, celui de l'histoire environnementale des loisirs et, plus particulièrement, des urbanisations et des aménagements que ceux-ci ont suscités. Elle se centre par ailleurs sur le XXᵉ siècle, quand l'historiographie française des rivages s'est souvent arrêtée à la fin du XIXᵉ siècle, et se situe entre deux périodes bien documentées aux États-Unis : le tournant du siècle, avec l'arrivée des foules dans les parcs d'attraction littoraux et les stations balnéaires, et la seconde moitié du XXᵉ siècle, avec le déclin des grandes plages.

E. Devienne contribue en outre à l'histoire de la dynamique urbaine de Los Angeles en intégrant en son cœur la plage, qui joue un rôle non négligeable dans la croissance démographique et industrielle exceptionnelle de cette métropole au XXᵉ siècle. La ville se rapproche progressivement du littoral du fait d'une expansion horizontale délibérée censée faciliter l'accès des *Angelinos* à la nature. Auprès de la plage, lieux de loisirs et lieux de résidence se fondent en un même ensemble. Au tourisme, qui investit le bord de mer à la fin du XIXᵉ siècle, s'ajoute, dans les années 1920, une attractivité résidentielle. Les échanges de modèles entre ces plages de Los Angeles, celles de Coney Island et de Jones Beach (New York), de la Floride, mais aussi de la Riviera méditerranéenne et d'Hawaï sont bien étudiés, ainsi que l'émergence d'une identité propre et bientôt hégémonique dans l'imaginaire occidental de la plage.

Les plages de Los Angeles s'imposent également comme un espace économique important pour l'agglomération, comme en attestent les développements de l'autrice sur la promotion immobilière et les clubs de plages privés. Dans les années 1920, cette promotion transforme le littoral en bien rare, limité, promis à une saturation prochaine, favorisant la montée des prix. Les clubs privatisent et segmentent les plages elles-mêmes. E. Devienne évoque par exemple l'aménagement de *Palisades del Rey* grâce au fonds du promoteur Fritz Burns, qui garantit aux acheteurs l'éloignement des implantations industrielles et « les restrictions raciales perpétuelles » (cité p. 40).

La plage est par ailleurs rattrapée par divers problèmes occasionnés par le monde urbain. Dans les années 1920 toujours, la découverte de pétrole sur ces rivages vient perturber l'idylle ludique. Si cette activité pétrolière déclasse dans l'immédiat des plages comme Venice, elle permet toutefois ensuite de mener à bien des politiques de sauvegarde et de rachat public des plages grâce aux indemnités versées par les pétroliers. La pollution par les eaux usées de Los Angeles constitue un autre problème aigu, souligné dès les années 1930 et résolu, après de longs combats, par l'ouverture de l'usine d'épuration d'Hyperion en 1950.

Ce livre permet de dépasser une opposition binaire, que l'on savait déjà peu opérante en dehors des États-Unis, entre « d'un côté, les protecteurs de la beauté de la nature sauvage (les préservationnistes) et, de l'autre, les défenseurs de la nature comme ressource (les conservationnistes) » (p. 101). En effet, les associations de défense de la plage qui naissent dans les années 1930 mêlent tous les types d'arguments, y compris la défense de la *wilderness*, pour promouvoir des plans d'aménagement de grande ampleur visant à améliorer l'accès et l'exploitation de plages préservées.

L'analyse de l'ingénierie côtière proposée par l'ouvrage se révèle également précieuse, E. Devienne parvenant à montrer l'avènement progressif d'un corps d'ingénieurs spécialisés dans ces questions. Les rétroactions imprévues de la nature face aux plans d'aménagement entraînent un surcroît d'interventions humaines, qui confine au gigantisme dans le cas du réensablement artificiel de cette immense baie. Après avoir mené des actions locales, les ingénieurs envisagent peu à peu un système côtier plus vaste nécessitant des interventions au-delà du périmètre des municipalités : le comté de Los Angeles impulse donc un plan d'aménagement général de la côte dès 1938. La connaissance scientifique contribue ici à remodeler les politiques publiques.

L'ouvrage met ainsi en avant le changement d'échelle dans les politiques publiques avec l'immixtion de l'État de Californie après-guerre dans les politiques de modernisation. En acquérant les plages, celui-ci offre un exemple de déprivatisation de l'espace afin de garantir l'accès à ce qui est vu comme un bien public et de faciliter les grandes opérations d'aménagement. Cela signale, pour l'autrice, « un changement paradigmatique dans la conception de l'environnement comme un système dans lequel des phénomènes globaux ont des répercussions locales, et vice-versa » (p. 121). L'hybridité de la plage, entre nature et artifice, ressort clairement.

La création en 1972 de la California Coastal Commission, agence de l'État californien, hérite et rompt à la fois avec ces combats passés, puisqu'elle ajoute à l'objectif de maintenir l'accès public des plages un principe de limitation de la promotion immobilière. Les plans consensuels envisagés depuis les années 1960 conjuguaient protection et mise en valeur. Ils sont remis en cause dès les années 1960 au prétexte d'une moindre intervention sur la nature et de la conservation d'aménagements passés, témoignages de l'identité historique des lieux. L'ouvrage exhume ainsi, dès ces années, des cas de luttes victorieuses explicitement menées au nom de la mixité sociale et raciale et de l'environnement, c'est-à-dire, dans des termes actuels, pour la justice environnementale. Ces mouvements ont pu ponctuellement rencontrer des collectifs de résidents plutôt aisés qui protestaient contre « l'invasion » de leurs plages.

La « culture de plage » occupe une large partie de l'ouvrage. Elle est marquée par l'hédonisme et le sport, dans un culte du corps jeune exacerbé qui se répercute sur la vie et l'image de toute l'agglomération. Ces plages sont en effet le lieu d'essor de cultures corporelles spécifiques (*bodybuilding*, *surf*, bronzage, érigés en styles de vie dès les années 1930) et de sociabilités propres (réunions festives, notamment de jeunes gens, clubs de plage, parcs forains, rendez-vous homosexuels) qui nourrissent l'identité de Los Angeles et participent de son rayonnement international, aidées par Hollywood. On soulignera particulièrement l'étude de Muscle Beach, qui apparaît à la fois comme un lieu emblématique et un objet de craintes pour ses extravagances et le mélange des genres, des classes et des races qui s'y opère.

Le livre revient aussi sur la spécificité de l'ordre qui caractérise l'espace plage, en marge de l'agglomération. Une constante se dégage :
« conjuguer l'impératif hédoniste suscité par le cadre balnéaire et la nécessité d'assurer l'ordre urbain » (p. 57). Le concept d'hétérotopie aurait ici pu être mobilisé pour décrire la réalité spécifique de cet espace bien circonscrit de transgression aux règles dominantes partout ailleurs, espace qui n'en est pas moins normé. L'autrice montre que les restrictions réglementaires s'accroissent à partir des années 1940 et, surtout, que la surveillance devient plus efficace même si les sanctions restent rares, l'essentiel étant de contrôler finement un régime de tolérance. L'étude de la prostitution, à peine mentionnée par E. Devienne, offrirait à cet égard des pistes complémentaires intéressantes.

Cet ouvrage apporte enfin un éclairage précis sur les ségrégations sociale, raciale et de genre à travers l'analyse des espaces de mixité qu'ont constitué les plages, non sans tensions. La baie de Santa Monica, par exemple, se fragmente en de multiples sites aux identités distinctes, en fonction de l'image et des loisirs qui s'y développent. Après les tensions raciales des années 1920 à 1940, l'autrice met en évidence la manière dont les élites, soucieuses de défendre leurs lieux de vie et la valeur immobilière de leurs biens, cherchent à débarrasser les plages et leurs environs de tout ce que prescrit la morale puritaine, qui s'impose avec force dans les années 1950-1960. Le lecteur appréciera notamment l'étude de l'opération de renouvellement urbain d'Ocean Park au moment où la municipalité s'en prend aux lieux de rencontres homosexuelles et tente d'éliminer le caractère afro-américain de la plage d'Inkwell.

Tous ces développements sont précieux pour une historiographie francophone du tourisme et des loisirs, qui s'est encore peu penchée sur ces problématiques. L'ouvrage d'E. Devienne propose une stimulante histoire culturelle et politique des plages, invitant à reproduire la méthode comme les angles d'attaque dans d'autres espaces contemporains.

STEVE HAGIMONT
steve.hagimont@uvsq.fr
AHSS, 77-1, 10.1017/ahss.2022.72

Charles Stépanoff
L'animal et la mort. Chasse, modernité et crise du sauvage
Paris, La Découverte, 2021, 384 p.

Un titre rouge sur fond de forêt sombre habille la couverture de cet ouvrage, tel une évocation du sang animal versé. Pourtant, en nous parlant de la mort, Charles Stépanoff retrace les parcours de vies d'animaux humains et non humains. De l'hirondelle anthropophile aux « relations interespèces[1] » nouées avec le chien en passant par les symboliques historiques associées au cerf, c'est toute la diversité des trames de relation entre existants et existantes qui apparaissent. Anthropologue, directeur d'études à l'École des hautes études en sciences sociales et membre du Laboratoire d'anthropologie sociale du Collège de France, C. Stépanoff nous propose un voyage au cœur de la France. Connu pour ses travaux sur le chamanisme en Sibérie, il livre ici le fruit d'une ethnographie du proche menée entre 2018 et 2020. Dans un jeu d'allers-retours avec les pratiques de populations autochtones (Evenki, Mongols, Aborigènes, Inughuit, etc.), l'auteur nous emmène découvrir les chasses dans le Perche, la Beauce et les Yvelines. Ce regard venu questionner la cynégétique française au prisme de ces autres manières d'interagir et de chasser (avec) les animaux invite le lecteur à adopter la posture de l'anthropologue : le voilà qui s'interroge sur sa propre société en se confrontant à une culture dont les normes ne sont pas les siennes.

Dans un monde marqué par une crise de la biodiversité, qui s'exprime à plusieurs niveaux et est vécue différemment, l'auteur propose d'interroger les oppositions à l'institution de l'ontologie naturaliste dans l'histoire et la « modernité » en France. En résulte une « cartographie des positions » (p. 17) des modes de vie et des relations à la nature et aux animaux. C. Stépanoff montre que, dans les pratiques de chasse locale du centre de la France, s'expriment des enjeux de dépendance, des manières de faire-avec, des pratiques de circulation du sang, de don révélant des histoires de vies humaines et non humaines extérieures au mode de relation dualiste exploitation/protection. Il met ainsi au jour les transgressions au sein d'une société qualifiée par les élites culturelles de naturaliste.

Pour ce faire, il retrace le parcours d'espèces emblématiques et s'intéresse aux chasses paysannes, aux chasses privées et à la chasse à courre. La perdrix a la part belle dans un chapitre qui décrit son déclin sévère depuis la fin du XXe siècle, puis les multiples tentatives d'élevage et de réintroduction de l'espèce. Face à la modernisation de l'agriculture, en particulier l'usage des néonicotinoïdes, la perdrix connaît le même sort que de nombreux oiseaux. Suit l'hirondelle, amenant dans son envol quelques cosmologies paysannes sur son origine et ses liens avec l'humanité. Civilisatrice et porteuse du feu dans les récits à travers l'Europe, elle préfère installer son nid dans les espaces domestiques. Les humains habitués à accueillir une nichée chez eux constatent le non-retour des hirondelles : en quinze ans, les oiseaux ont perdu un tiers de leur effectif en France métropolitaine. La disparition progressive de cette petite faune marque le rapport des chasseurs-paysans à la nature, cet habitat qu'ils voient se dépeupler.

D'autres espèces, en revanche, profitent des modifications environnementales survenues. L'auteur nous parle de celles dont la présence implique des changements dans la chasse : le sanglier et les cervidés, dont les populations connaissent une telle croissance qu'elles en viennent à constituer une menace pour certaines cultures (sylviculture, maïs, etc.). La chasse au sanglier notamment et les pratiques de nourrissage effectuées par les chasseurs sont délicates à aborder étant donné qu'elles sont régulièrement utilisées comme exemple de l'ingérence des chasseurs par des associations anti-chasse. Des chasseurs sont également en désaccord avec la Fédération de chasse concernant les modes de gestion qu'elle propose (incitation à la chasse et à l'apport de soin). Pris dans une perspective ontologique gestionnaire portée par cette dernière, ils ne retrouvent pas leur mode de relation à la faune. Cette question délicate, traitée avec nuance dans l'ouvrage, montre au passage la volonté de l'auteur de sortir d'un discours sur les bonnes ou les mauvaises pratiques à adopter dans les rapports aux animaux. Il privilégie à cela une explication, au sens fort du mot, de l'ambiguïté des fonctions dont se sentent investis les chasseurs envers les non-humains qui peuplent les terres où ils vivent et chassent.

Comme d'autres auteurs avant lui, C. Stépanoff fait l'expérience qu'il est difficile de parler de la chasse sans évoquer les mouvements anti-chasse de plus en plus présents et populaires dans le pays – ainsi de Michel Pinçon et Monique Pinçon-Charlot, qui notaient déjà en 1993 que « [l]a chasse […] est prise […] dans un tel réseau de passions contradictoires que les veneurs ne peuvent éviter de parler de leur pratique, de construire l'image qu'ils souhaitent en donner, sans avoir à l'esprit les arguments de leurs adversaires[2] ». En conséquence, loin de négliger le groupe des animalistes, le livre intègre les deux fronts dans son étude ethnographique de la chasse à courre. L'auteur accompagne en forêt tantôt les veneurs et les suiveurs, tantôt les anti-chasse dans leur tentative de mettre en échec la chasse. Il s'intéresse aux discours et aux arguments des deux parties et fait ce constat, surprenant de prime abord : « Militants et veneurs partagent bien plus qu'ils ne le croient : l'amour de la forêt et l'admiration pour la grande faune sauvage » (p. 198). Chacun revendique également de parler au nom du cerf. Ces deux univers moraux semblent pourtant hermétiques pour plusieurs raisons. Contrairement à ce qui s'exprime dans la cosmologie Inughuit, selon laquelle il convient de se pencher sur le sentiment anti-chasse avant d'aller à la chasse, les deux parties en France se construisent en opposition dans les relations qu'elles nouent avec la nature et les animaux : quand la protection de la nature, l'amour des animaux et la chasse sont inconciliables pour les animalistes, les chasseurs revendiquent et vivent des liens affectifs et de familiarité avec l'espace de nature et les animaux chassés.

Si l'auteur précise que, en fonction du type de chasse pratiquée, se jouent des investissements territoriaux et des liens aux animaux différents, il remarque tout de même que l'intention des chasseurs ne peut s'expliquer aussi simplement que ce qu'y voient les animalistes : une intention de destruction de la faune. Il existe une relation d'interdépendance dans la chasse paysanne entre les animaux et les humains qui rend impensable la destruction totale d'une espèce. La contradiction apparente entre conservation des espèces et chasse puis consommation de la viande n'en est pas une dans la cosmologie des chasseurs-paysans. « La chasse apparaît comme un moment hors des liens ordinaires, qui introduit de la socialité et de la mémoire partagée dans des espaces peu ou pas domestiqués, contribuant à ouvrir des circulations entre les frontières poreuses du familier et du sauvage. » (p. 104). Les pratiques de chasses et les activités qui lui sont liées (apprentissage des savoirs non humains, adoption d'animaux sauvages, consommation de viande sauvage et débordement de culture dans la forêt) dérogent à une composition des mondes strictement naturaliste.

Penchons-nous sur deux études de cas emblématiques de cette lutte contre ces vivants aux frontières des deux mondes. Réinstituées à la sortie des systèmes féodaux pour marquer les limites entre les terres agricoles, les haies se sont faites milieux pour nombre de non-humains. Résultat de la mécanisation de l'agriculture, on peut lire dans la démarche de supprimer les haies des intentions diverses et sans doute le reflet de cette entrée de la société dans un rapport productiviste à la nature menant à supprimer ces espaces non exploitables. La disparition progressive des haies dans les campagnes a un effet néfaste sur les espèces qui profitaient de ces espaces liminaires pour s'abriter, se nourrir et faire leurs nids. La perte de ce milieu participe de l'éloignement du monde sauvage en construisant un espace domestique aseptisé qui s'étend aux cultures et affecte les relations interspécifiques.

L'hirondelle se trouve, ou se trouvait, dans une situation liminaire par excellence, dans son rapport aux constructions humaines. Prise dans une cohabitation hybride avec les humains, elle a longtemps été l'un des rares oiseaux à pouvoir pénétrer les espaces domestiques tout en conservant son appartenance au monde sauvage. Dans les cosmologies paysannes, sa présence était un signe de bon augure. Pourtant, les effets conjugués de la baisse de sa population, amenant à des abandons de nids, et l'idéal d'intérieurs aseptisés et domestiqués font progressivement disparaître cet animal liminaire de nos vies humaines.

Les différents exemples développés avec force détails par C. Stépanoff – que l'on ne saurait tous évoquer ici – soulignent les processus de mise en naturalisme des pratiques et des savoirs traditionnels. Avec la perte de ces espaces et espèces frontières, c'est la richesse des relations au vivant qui s'étiole alors que certains humains n'entrent plus en contact avec une diversité de non-humains. Au-delà d'un amenuisement de la biodiversité, l'auteur finit par nous parler d'une autre perte : celle des multiples « façons d'habiter la terre » (p. 377).

La longue histoire de la chasse à courre et de ses acteurs, veneurs, chiens et cerfs, permet à C. Stépanoff d'aborder au moins deux schèmes de relation aux animaux qui s'expriment respectivement chez les chasseurs et chez les animalistes. Le décorum et la ritualisation publique qui accompagnent la chasse à courre contredisent « l'exigence de dissimulation de la violence et de la mort qui caractérise la sensibilité moderne » (p. 191) et apparaissent, aux yeux des militants anti-chasse, comme un rite barbare attestant l'insensibilité des veneurs. Pourtant, l'ensemble des rituels qui se retrouvent dans la chasse à courre visent à reconnaître la mort du cerf sans déposséder l'animal ni les chasseurs de leurs émotions et de leur agentivité.

À ce stade, deux paradigmes relationnels aux animaux s'expriment. Les animalistes, d'un côté, privilégient une attitude de « domination protectrice » (p. 195) envers les animaux sauvages et domestiques qui prend forme dans le statut de l'animal de compagnie-enfant. Le schème de relation des chasseurs, de l'autre côté, se distingue en proposant une mosaïque de relations aux non-humains. Reprenant les travaux du neurophysiologiste Alain Berthoz, l'auteur explique qu'il est nécessaire pour les chasseurs, quelle que soit la société à laquelle ils appartiennent, d'entrer en empathie avec l'animal, et non pas en sympathie : « [p]ar la sympathie, j'entre en résonance avec la personne que je vois rire ou souffrir, ses émotions me gagnent comme par contagion [...]. Dans l'empathie, en revanche, je ne souffre pas de la souffrance d'autrui, mais je regarde mentalement les choses de son point de vue. » (p. 367). C'est en cela que se scindent deux façons, semble-t-il, d'aborder les animaux : les chasseurs adoptent le point de vue de l'animal sans se laisser gagner par les émotions de celui-ci, au contraire des animalistes, qui privilégient une entrée en sympathie et ne peuvent donc partager le point de vue des chasseurs. Il apparaît finalement que « l'enjeu véritable du conflit entre les veneurs et leurs détracteurs n'est pas tant la défense des cerfs ou de la forêt que l'affrontement de mises en scène différentes du rôle de l'homme dans la nature » (p. 197).

En nous invitant dans les milieux cynégétiques français, C. Stépanoff rappelle que nous ne vivons pas nos milieux selon une ontologie stricte. Il ne se limite cependant pas à montrer que plusieurs ontologies s'expriment dans une même société. Ce qui caractérise finalement la société dite « moderne » n'est pas tant l'existence d'un partage entre sauvage et domestique, nature et culture, qui se retrouve dans tous les collectifs humains, que l'essence même des limites entre ces catégories. Voulues hermétiques dans l'ontologie portée par les élites politiques et culturelles en France, elles rendent impossible les interpénétrations ou les pathologisent.

Les attitudes de sanction envers les humains et les non-humains transgressant ces limites sont assez révélatrices de l'inconfort face à ces processus qui viennent troubler le naturalisme. Comme l'explique l'auteur, il est plus facile de faire disparaître la situation (euthanasie des animaux sauvages imprégnés) et de pathologiser le comportement des individus dérogeants (commentaires sur les néo-rituels pratiqués par des groupes de chasseurs) que de tenter de les inclure. Le parti pris de la Fédération nationale des chasseurs encourageant une relation des chasseurs aux animaux centrée sur la gestion de cheptels de faune sauvage presque désensauvagés s'inscrit dans la continuité de ces attitudes et tend à lisser la diversité des rapports entretenus avec les non-humains.

On notera que dans cette étude, C. Stépanoff interroge les rapports aux mondes développés en Occident au prisme des cosmologies d'autres collectifs humains. Si certaines de ces comparaisons peuvent sembler rapides, il faut reconnaître à l'ouvrage la qualité de revaloriser une forme d'anthropologie du proche. Les traditions dans la discipline ont amené des générations d'ethnographes à se désintéresser de l'étude de leur propre société ; avec cet écrit, l'auteur nous transporte dans un ailleurs quotidien. Le résultat est une critique du mythe du bon sauvage dans lequel des sociétés dites « non modernes » auraient des rapports préférables à la nature (apaisés, sans exploitation et non guerriers), face à des sociétés modernes coupables de privilégier une relation d'exploitation avec le vivant.

Noémie Bailly
noemie-bailly@outlook.fr
AHSS, 77-1, 10.1017/ahss.2022.73

1. Anna Tsing, « Unruly Edges: Mushrooms as Companion Species », *Environmental Humanities*, 1-1, 2012, p. 141-154.

2. Michel Pinçon et Monique Pinçon-Charlot, *La chasse à courre. Ses rites et ses enjeux*, Paris, Payot, 1993, p. 127.

Emmanuel Kreike

Scorched Earth: Environmental Warfare as a Crime against Humanity and Nature
Princeton, Princeton University Press, 2021, 538 p.

Le livre d'Emmanuel Kreike est un compte rendu complexe et détaillé de la dimension écologique des conflits armés depuis le XVIᵉ siècle jusqu'au début du XXᵉ siècle. L'auteur décrit le phénomène de guerre totale, en se concentrant essentiellement sur l'époque prémoderne, habituellement négligée par les chercheurs qui se consacrent principalement aux guerres mondiales du XXᵉ siècle. La période d'analyse regorge pourtant de conflits caractérisés par des dévastations fondamentales dans les sphères inséparables de l'environnement et de la société. Démontrant cette thèse, E. Kreike retrace non seulement l'histoire des guerres des XVIᵉ et XVIIᵉ siècles qui eurent lieu aux Pays-Bas sur des périodes courtes et précises, mais également l'histoire de celles livrées à l'époque de la conquête de l'Amérique du Sud et du Nord sur une période plus longue et plus régulière de cent ans.

Pour appréhender la diversité des guerres du XVIIIᵉ siècle, l'auteur utilise une même méthode, mettant en lumière les répercussions de la guerre totale sur trois échelles distinctes, régionale, locale et mondiale, tant dans les territoires européens des Pays-Bas, de l'Espagne, de la France et de l'Italie qu'en Amérique, en Afrique et en Asie. La guerre totale au XIXᵉ siècle est examinée à partir des exemples de l'Amérique du Nord, de l'Asie et de l'Afrique du Sud. Enfin, E. Kreike aborde malgré tout le XXᵉ siècle, en décrivant la conquête coloniale et les expériences de la Première Guerre mondiale à partir des exemples de l'Angola et de la Namibie. L'élément qui relie la grande variété de ces territoires et perspectives temporelles tient dans la force politique motrice opérant dans ces régions et à ces époques : les Espagnols, les Portugais et les Néerlandais. L'adoption d'une telle variété de perspectives sur la guerre totale peut surprendre et troubler le lecteur, le forçant à naviguer entre des espaces temporels et spatiaux complètement différents. Toutefois, le concept de ce livre permet de mettre en évidence les conséquences passagères et de long terme des guerres menées à l'intérieur des systèmes socio-naturels, comme les désigne Adam Izdebski. La démonstration des répercussions sociales et écologiques indissociables de la guerre dans des contextes si différents est dès lors une preuve convaincante de l'existence de la guerre totale dans l'ère prémoderne.

L'argument principal de l'ouvrage est qu'il n'existe pas de conflit militaire de ce type dépourvu d'une dimension socio-politique. E. Kreike montre que de tels conflits contiennent toujours une dimension socio-environnementale, qui ne peut être traitée comme un facteur séparé ou une conséquence isolée de la guerre. Apportant la preuve du lien inextricable entre les répercussions environnementales et sociales de la guerre, E. Kreike propose l'utilisation du terme écocide (*environcide*). Il fait en cela une proposition très intéressante, qui permet de décrire les pratiques de guerre destructrices de l'environnement, intentionnelles ou non, comme un désastre tant pour les populations que pour le milieu composant un écosystème donné. L'auteur souligne également que la dégradation de l'environnement en temps de guerre n'advient pas forcément en raison d'un acte de violence isolé et spectaculaire ou de courte durée, ou encore de la politique de terre brûlée. Elle peut aussi résulter de la violence de la guerre au quotidien. L'écocide se produit à la fois lors de la destruction volontaire de villages, de villes, de champs, engendrée par les incendies ou les inondations et lors des violences de guerre dévastatrices, entraînant dépopulation, émigration, famine et inaccessibilité des ressources naturelles qui étaient auparavant utilisées régulièrement par les habitants. Cette dégradation progressive de l'infrastructure environnementale, façonnée par une société donnée, provoque alors, entre autres, le développement de maladies. E. Kreike insiste sur le fait que l'« écocide prend typiquement la forme de la guerre totale parce que les sociétés humaines et leur infrastructure environnementale sont à la fois l'objet, le sujet et l'instrument de la guerre » (p. 3).

Parmi les questions intéressantes abordées dans l'ouvrage, penchons-nous sur la sphère négligée de la recherche, évoquée dans la définition ci-dessus, qu'est la dimension quotidienne de l'écocide. Cela est particulièrement manifeste dans les chapitres s'attachant en détail aux opérations militaires de courte durée. À titre d'exemple, citons l'analyse de la guerre de Trente Ans dans le Brabant, qui était la zone frontière du conflit entre Néerlandais et Espagnols. E. Kreike décrit de manière très convaincante les pratiques quotidiennes de guerre consistant à vivre aux crochets de la terre. Il montre comment, en l'espace de quelques années seulement, la présence de soldats obligeant la population à procurer de la nourriture et toutes sortes de services à l'armée conduit à une gigantesque crise environnementale. L'auteur souligne que même s'il n'y avait pas de massacre de civils et de destruction spectaculaire de villages et de villes à cette époque, la contrainte liée à l'entretien de l'armée était un acte de violence grave. Ces expériences au quotidien durant la guerre – à l'instar des actes ponctuels de violence – avaient souvent les mêmes répercussions : la nécessité d'émigrer, la faim et l'extrême pauvreté. La vie quotidienne de la population rurale en temps de guerre était par conséquent traumatisante et pleinement démoralisante. La description des opérations militaires durant la guerre de Trente Ans fournit non seulement des éléments qui viennent étayer la thèse essentielle développée par E. Kreike, mais procure indubitablement un nouvel éclairage sur ce conflit, qui est généralement abordé du point de vue des territoires allemands et à travers le prisme d'atrocités, d'actes de violence soudains et souvent spontanés.

Il est intéressant de noter que les tentatives de « civiliser » la guerre à l'époque des Lumières, et le concept de « guerre limitée », qui prennent entre autres leur source dans les expériences de la guerre de Trente Ans, n'ont pas éliminé la guerre totale. Comme le montre E. Kreike dans le chapitre consacré à la guerre de la Succession d'Espagne au début du XVIIIe siècle, les mêmes problèmes socio-environnementaux, tout aussi indissociables, étaient en jeu. La pratique consistant à utiliser la population rurale en soutien de l'armée, bien que sujette à de nombreuses nouvelles règles juridiques, n'empêcha pas le phénomène de destruction en chaîne des communautés locales et de leur environnement pendant la guerre, et ce fut le cas par exemple dans les campagnes de la Flandre française. Comme l'écrit E. Kreike, « l'utilisation de règles et de manuels de guerre afin d'institutionnaliser et de rationaliser la politique de la terre brûlée et l'exploitation de la terre semblait domestiquer l'entreprise sale et sanglante de guerre pour en faire un art et une science » (p. 175). De la même manière, la conquête coloniale au XVIIIe siècle s'est largement appuyée sur cette stratégie de destruction environnementale à laquelle firent face les Européens au cœur du vieux continent.

L'autre problème intéressant mis en avant par l'ouvrage, et qui reste plutôt à la marge des discussions sur la dimension écologique des conflits, concerne l'émigration. E. Kreike souligne que des mouvements massifs de réfugiés n'apparaissent pas seulement à la suite de la fuite spontanée des populations face aux agresseurs ou en raison de déplacements forcés : les exodes résultant de la guerre sont souvent le fait de la destruction massive de l'infrastructure environnementale préalablement façonnée pendant des années pour fonctionner de manière efficace – une manière qui, en temps normal, assurait la survie des communautés. L'auteur analyse ce problème dans le contexte de la conquête de l'Amérique du Sud et du

Nord durant plusieurs décennies et la description de la série de conflits advenant lors de la conquête coloniale en Asie et en Afrique. L'écocide ne prend pas fin lorsque les populations désertent les zones dévastées. Ce n'est qu'à cet instant que commence la nouvelle étape de l'écocide engendré par la guerre. Les déplacements de populations à grande échelle que décrit E. Kreike, concernant notamment Java et le Sri Lanka au XVIIIe siècle, constituent un autre épisode du même drame. Les réfugiés abandonnant leur infrastructure environnementale devinrent de plus en plus dépendants de l'environnement, désormais leur ennemi là où, auparavant, il avait été leur allié. Leur régime alimentaire changeait : mal nourris, affamés, ils étaient bien plus vulnérables aux maladies, sans parler des violences et de la traite d'esclaves qu'ils subissaient. De plus, de nouveaux conflits entre les communautés autochtones résultaient de ces mouvements de population, lorsque des groupes de réfugiés étaient obligés de se battre pour les ressources ou de s'adapter difficilement à un environnement inconnu. L'auteur évoque cela avec justesse lorsqu'il analyse les déplacements de populations autochtones, par exemple des régions forestières d'Amérique du Nord vers les Grandes Plaines. Dans le contexte colonial, la violence à grande échelle sur plusieurs décennies aussi bien que la violence épisodique ont pu se transformer en écocide et même aboutir à un génocide, comme l'a prouvé le cas des Chinois de Java ou la conquête portugaise des plaines inondables où vivait le peuple Ovambo. Il est intéressant de noter que dans sa description des pratiques de destruction environnementale et des peuples des régions faisant l'objet de conquêtes coloniales, E. Kreike fait preuve d'une grande sensibilité, caractéristique des études postcoloniales. Il interroge avec pertinence le mythe de la « nature vierge » et des « communautés primitives » des territoires conquis, ajoutant des éléments de réflexion importants aux travaux d'autres chercheurs à l'instar de Mary Louise Pratt.

Cette analyse en profondeur et multidimensionnelle de la guerre totale à l'époque prémoderne conduit E. Kreike vers son dernier important chapitre, dans lequel il plaide en faveur de la reconnaissance de l'écocide comme une violation des droits de l'homme. Ce faisant, il confère une valeur contemporaine supplémentaire à sa recherche. Si nature et culture ne peuvent désormais plus être consciemment traitées comme des phénomènes séparés, l'auteur démontre qu'il doit en être de même pour les conflits armés. Il souligne que les répercussions de la guerre sur la société et sur l'environnement sont en réalité un seul et même phénomène, et qu'elles ne peuvent être séparées. L'incidence dramatique de la guerre sur les systèmes socio-naturels qu'il désigne par le terme d'écocide ne laisse aucun doute une fois le livre refermé. Les guerres sont livrées dans un temps et dans un espace précis, et cet espace, habité par des populations, présente des caractéristiques à la fois culturelles et environnementales. De la même manière que le concept d'urbicide est entré dans le langage courant, celui d'écocide, qui décrit les pratiques de guerre totale telles que la terre brûlée et l'exploitation militaire de la terre, devrait être adopté aujourd'hui. Car l'écocide constitue sans aucun doute un crime contre l'humanité et contre la nature.

Małgorzata Praczyk
praczyk@amu.edu.pl

Traduction de Laurent Vannini
AHSS, 77-1, 10.1017/ahss.2022.74

André Gorz
Leur écologie et la nôtre. Anthologie d'écologie politique
éd. par F. Gollain et W. Gianinazzi, Paris, Éd. du Seuil, 2020, 384 p.

Gérard Horst, né Gerhart Hirsch, est mieux connu sous ses pseudonymes d'André Gorz ou de Michel Bosquet (qu'il utilisait en particulier dans *Le Nouvel Observateur*, journal qu'il avait fondé avec Jean Daniel). C'est sous ces deux noms de plume qu'il est devenu l'un des défenseurs de la cause écologique dès le début des années 1970, à une époque où les préoccupations environnementales n'avaient pas l'importance qu'elles ont acquise aujourd'hui.

L'œuvre d'A. Gorz, constituée de nombreux livres, articles, interviews, le place parmi les premiers écologistes, aussi bien comme théoricien par ses analyses que comme militant par ses engagements. Pourtant, elle semble aujourd'hui paradoxalement peu utilisée, alors même que les dérèglements environnementaux ont atteint une telle ampleur qu'ils sont au cœur des débats publics et que pas un seul responsable politique ne peut se permettre de les tenir pour négligeables.

C'est pourquoi il faut remercier Françoise Gollain et Willy Gianinazzi, fins connaisseurs des écrits d'A. Gorz, de donner au lecteur contemporain un accès à sa pensée au moyen d'extraits de ses textes, regroupés en cinq thématiques et s'étalant de 1964 à 2007. Il est ainsi possible d'évaluer son actualité dans le contexte présent. Tel est d'ailleurs le parti pris de cette recension : mettre l'accent sur ce qui n'a pas pris une ride et relever, en contrepoint, ce qui reste en débat ou doit être reconsidéré.

S'il ne fallait garder qu'un fil rouge de cet ensemble d'écrits, l'aspect le plus frappant, quelles que soient les thématiques choisies par les éditeurs, serait probablement la nécessité d'une sortie du capitalisme pour que l'engagement écologique ait un sens. Lors d'une interview au *Nouvel Observateur* en 2006, par exemple, A. Gorz confirmait que « l'écologie politique ne peut être rien d'autre » que ce qu'il écrivait en 1972, à savoir « une discipline foncièrement anticapitaliste et subversive » (p. 46).

Dans le texte qui donne son titre au livre, il souligne à nouveau que « la lutte écologique n'est pas une fin en soi » (p. 175) et qu'il « faut d'emblée poser la question franchement : que voulons-nous ? Un capitalisme qui s'accommode des contraintes écologiques ou une révolution économique, sociale et culturelle qui abolit les contraintes du capitalisme […] ? » (p. 176). On peut également lire, quelques pages plus loin : « l'écologie, par les paramètres nouveaux qu'elle introduit dans le calcul économique, est, virtuellement, une discipline foncièrement anticapitaliste et subversive » (p. 214).

Ce constat est d'autant plus remarquable lorsqu'on le confronte à la plupart des analyses actuelles sur les causes du dérèglement climatique. Le plus souvent, ce sont nos modes de production et de consommation qu'on incrimine, mais sans davantage les caractériser, et quand on évoque, plus rarement, le capitalisme, c'est en le qualifiant de diverses manières (capitalisme de surveillance, de plateforme, viral, fossile, etc.) qui réduisent sa définition à seulement l'une de ses formes de manifestation. Tout au contraire, pour A. Gorz, fidèle en cela à Karl Marx, le capitalisme doit être pensé et critiqué systémiquement, en tant que rapport social impliquant d'« enlever [aux travailleurs] la *propriété* des moyens de production » et « la *maîtrise* » de ceux-ci (p. 129, souligné par l'auteur).

La suppression de ce rapport social qu'est le capitalisme, séparant les propriétaires des moyens de production des producteurs et permettant ainsi aux premiers de contrôler la production, indique logiquement, pour lui, l'alternative qu'il passera sa vie à défendre : « une société où les individus, librement associés en vue de buts communs, auraient le maximum d'autonomie individuelle et collective. Mais cela suppose évidemment la subversion non seulement de la propriété, mais aussi de la nature des techniques de production, des moyens de production, des formes de collaboration productive » (p. 233). Un engagement clair, dont la netteté explique peut-être le peu d'audience qu'il a aujourd'hui.

Une deuxième ligne de force des textes d'A. Gorz est celle des nombreuses références à la question des besoins, qui constituent un autre angle pour traiter de la nécessaire sortie du capitalisme[1]. Ce dernier, en effet, transforme de simples désirs subjectifs en besoins : « La production est ainsi devenue, avant tout, un *moyen* pour le capital de s'accroître ; elle est avant tout au service des 'besoins' du capital […]. Ces besoins, toutefois ne sont plus des besoins ou des désirs 'naturels', spontanément éprouvés, ce sont des besoins et des désirs *produits* en fonction des besoins de rentabilité du capital » (p. 132, souligné par l'auteur). Cette transformation de la nature des besoins n'est pas neutre. A. Gorz l'explique en notant que « la nature et l'objet mêmes de vos besoins changent lorsque vous les satisfaites sur le marché plutôt que par vous-même ». À l'opposé, « quand pratiquement tous vos besoins et vos désirs sont satisfaits par l'achat, il n'y a plus aucune limite à ce qui peut être désiré et acheté » (p. 263).

Ce thème entre en résonance avec ceux de la décroissance et de la simplicité volontaire. Mais contrairement aux interprétations trop répandues qui voient dans la décroissance un retour à la lampe à huile et dans la simplicité volontaire une lubie de « bobos », pour A. Gorz, c'est bien un changement de société qui est en jeu en redonnant aux producteurs la maîtrise de leurs productions : « L'autoproduction hors marché, c'est-à-dire l'unification du sujet de la production et du sujet de la consommation, offre seule une issue pour échapper à cette détermination par le capital du contenu des besoins et du mode de leur satisfaction » (p. 370).

Une telle reprise du contrôle de la production par les « producteurs associés » (p. 127), qui équivaut à abolir le rapport social mis en place dans le capitalisme, conduira à « *limiter les besoins et les désirs pour pouvoir limiter l'effort à fournir* » (p. 127, souligné par l'auteur). Elle pose dès lors la question de la réduction du temps de travail, celle-ci permettant « une vie plus libre, plus détendue et plus riche. L'autolimitation se déplace ainsi du niveau individuel au niveau du projet social » (p. 136). « L'écologie politique, écrit encore A. Gorz, fait ainsi des changements écologiquement *nécessaires* dans la manière de produire et de consommer le levier de changements normativement *souhaitables* dans le mode de vie et les relations sociales » (p. 137, souligné par l'auteur).

Pour que la vie échappe à la domination de l'économie telle qu'elle s'exerce dans le capitalisme, il faut que « croissent les sphères d'activité dans lesquelles la rationalité économique ne s'applique pas » (p. 137). Le niveau du débat entre croissance et décroissance se situe donc bien non pas sur le plan quantitatif des productions mesurées par le PIB, mais sur le contenu même de ces productions : il faut qu'on « produise autre chose et qu'on le produise autrement » (p. 194). En résumé, « il s'agit de restreindre [...] les droits de la raison économique en la subordonnant à des buts écologiques et sociaux, sans pour autant renoncer aux libertés, aux droits des personnes à l'autodétermination et à l'épanouissement » (p. 89).

Il y aurait bien d'autres apports aux enjeux actuels qui mériteraient d'être soulignés dans cette anthologie. Que ce soit sur le refus de l'utopisme, quand A. Gorz évoque les nouvelles pratiques sociales, « prémices de sociétés qui ne se baseraient plus sur la vente de la force de travail ni sur celle du temps, et dans lesquelles les gens deviendraient de plus en plus des sujets, des acteurs de leur existence, de leurs activités et du sens de leurs projets » (p. 65) ou lorsqu'il note, en 1974, le discrédit des partis, prédisant que « l'État n'assoira plus son pouvoir que sur la puissance de ses appareils : bureaucratie, police, armée, milices » (p. 181), anticipant ainsi la montée, près de cinquante ans plus tard, du néolibéralisme autoritaire sur fond d'obsolescence de la forme parti héritée du xxe siècle. On peut aussi citer son texte, d'une clairvoyance admirable, sur « Le travail de production de soi », où il analyse l'apparition de ce qu'on nomme aujourd'hui des autoentrepreneurs, sous la pression de « la perte des indemnités de recherche d'emploi » (p. 337), bien avant le démantèlement actuel des codes du travail dans les pays développés.

Bien sûr, il ne s'agit pas de faire d'A. Gorz un précurseur (ce qu'il fut sans conteste) infaillible. Les textes rassemblés dans ce livre ont tous été écrits dans une conjoncture historique particulière, qui commence avec l'émergence du néolibéralisme, à une époque où Marx était encore incontournable, et va jusqu'au début de la crise de 2008[2], où il bénéficia d'un certain regain intérêt après avoir été oublié pendant plus de trente ans. Ce long silence autour de Marx, déclaré mort jusqu'à sa « résurrection » dans l'après-crise de 2008, explique la position d'A. Gorz qui, quoique s'étant toujours référé au penseur allemand, prend à son compte les critiques « incontournables » adressées à celui-ci. Il déclare ainsi que « le marxisme, bien qu'il demeure irremplaçable comme instrument d'analyse, a perdu sa valeur prophétique » (p. 187) et partage avec la doxa dominante l'idée du « projet 'prométhéen', commun à la bourgeoisie des xviiie et xixe siècles et à Marx, de 'maîtriser' ou de 'domestiquer' la Nature » (p. 168).

Que le marxisme soit devenu une pensée prophétique est moins dû à Marx qu'à ses interprètes (Lafargue et son déterminisme historique, Kautsky et sa science de l'histoire, Staline et les lois du *diamat*). Il n'y a nul prophétisme chez Marx, que ce soit sous la forme d'un déterminisme économique ou d'une téléologie ; on y trouve à l'inverse la conception d'une histoire ouverte à plusieurs possibles, sous les conditions héritées du passé.

Comme il l'écrit dans *L'idéologie allemande*, il faut « des artifices spéculatifs [pour] nous faire croire que l'histoire à venir est le but de l'histoire passée ». Quant à la soi-disant posture prométhéenne de Marx ou à son « productivisme », il suffit de lire l'ouvrage de Kohei Saïto[3], appuyé sur de nombreuses sources inédites, pour se rendre compte que ces accusations sont sans fondements. Pour n'en donner qu'un exemple, qui montre que Marx est parfaitement conscient des limites que la nature impose à la production, on peut citer ce texte de la Marx-Engels-Gesamtausgabe : « Tout progrès de l'agriculture capitaliste est non seulement un progrès dans l'art de piller le *travailleur*, mais aussi dans l'art de piller le *sol*, tout progrès dans l'accroissement de sa fertilité pour un laps de temps donné est en même temps un progrès de la ruine des sources durables de cette fertilité ». Nous sommes loin de la maîtrise sans freins de la nature.

Après avoir souvent relevé le caractère anticipatoire des analyses d'A. Gorz, qui les rend si utiles par les temps actuels, il faut signaler pour finir qu'elles n'ont pas toujours cette qualité. C'est en particulier le cas concernant l'information et la communication. On peut lire, en effet, dans son texte sur « Les besoins collectifs » que celles-ci, à l'instar des « loisirs actifs de groupe », sont des « besoins […] ne présent[a]nt aucun intérêt pour le capitalisme [qui] tend même à les réprimer » (p. 156). Or aujourd'hui, le développement de ces nouveaux secteurs marchands, qui permettent justement de continuer à rentabiliser les énormes masses de capitaux incapables de fructifier dans les secteurs traditionnels, montre que le capitalisme a su y voir l'« intérêt » qu'A. Gorz ne percevait pas… Ce qui est compréhensible, dans un texte écrit en 1964 ! Cette réserve n'empêche évidemment pas de retrouver ou de découvrir une œuvre qui mérite d'être remise au cœur des débats publics sur l'écologie politique.

Gilles Rotillon
grotillon@gmail.com
AHSS, 77-1, 10.1017/ahss.2022.76

1. Cette question des besoins revient aujourd'hui dans le débat public. Pour deux exemples récents, on peut citer Les économistes atterrés, *De quoi avons-nous vraiment besoin ?*, Paris, Les liens qui libèrent, 2021 et Razmig Keucheyan, *Les besoins artificiels. Comment sortir du consumérisme*, Paris, La Découverte, 2019.

2. Crise qu'il avait vu venir, comme le prouve sa lettre de 2005 à Françoise Gollain, dans laquelle il écrivait : « la croissance est obtenue par la création monétaire, gagée sur des actifs fictifs, affectée à la consommation américaine et non à l'accumulation. Nous allons vers un *slump* [« marasme »] et une crise de tout le système de crédit » (p. 75).

3. Kohei Saïto, *La nature contre le capital. L'écologie de Marx dans sa critique inachevée du capital*, trad. par G. Billy, Paris/Lausanne/Montréal, Éd. Syllepse/Éd. Page 2/Éd. M, 2021.

Sam White, Christian Pfister et Franz Mauelshagen (dir.),
The Palgrave Handbook of Climate History (Pauline Guéna) p. 149-152

J. G. Manning, *The Open Sea: The Economic Life of the Ancient Mediterranean World from the Iron Age to the Rise of Rome* (Ségolène Maudet) p. 152-154

Adam Izdebski et Michael Mulryan (dir.), *Environment and Society in the Long Late Antiquity* (Jean-Pierre Devroey) p. 154-157

Johannes Preiser-Kapeller, *Die erste Ernte und der große Hunger. Klima, Pandemien und der Wandel der Alten Welt bis 500 n. Chr.* (Kevin Bloomfield) p. 157-159

Johannes Preiser-Kapeller, *Der lange Sommer und die Kleine Eiszeit. Klima, Pandemien und der Wandel der Alten Welt von 500 bis 1500 n. Chr.* (Kevin Bloomfield) p. 157-159

John Drendel (dir.), *Crisis in the Later Middle Ages: Beyond the Postan-Duby Paradigm* (Laurent Feller) p. 159-162

Guilhem Ferrand et Judicaël Petrowiste (dir.), *Le nécessaire et le superflu. Le paysan consommateur* (Philippe Lefeuvre) p. 162-165

Marc Conesa et Nicolas Poirier (dir.), *Fumiers ! Ordures ! Gestion et usage des déchets dans les campagnes de l'Occident médiéval et moderne* (Mathieu Béghin) p. 165-167

Stéphane Gal, *Histoires verticales. Les usages politiques et culturels de la montagne (XIVe-XVIIIe siècle)* (Fabrice Mouthon) p. 167-169

Olivier Jandot, *Les délices du feu. L'homme, le chaud et le froid à l'époque moderne* (Pascal Brioist) p. 169-171

Philipp Blom, *Quand la nature se rebelle. Le changement climatique du XVIIe siècle et son influence sur les sociétés modernes* (Olivier Jandot) p. 171-173

Sam White, *A Cold Welcome: The Little Ice Age and Europe's Encounter with North America* (Sean Morey Smith) p. 173-176

COMPTES RENDUS

Bradley Skopyk, *Colonial Cataclysms: Climate, Landscape, and Memory in Mexico's Little Ice Age* (Diana Heredia-López) — p. 176-178

Jan Synowiecki, *Paris en ses jardins. Nature et culture urbaines au XVIIIe siècle*, Ceyzérieu, Champ Vallon, 2021, 456 p (Pauline Lemaigre-Gaffier) — p. 178-181

Daniela Bleichmar, *Visual Voyages: Images of Latin American Nature from Columbus to Darwin* (Antonella Romano) — p. 181-183

Violette Pouillard, *Histoire des zoos par les animaux. Contrôle, conservation, impérialisme* (Tassanee Alleau) — p. 183-186

Guillaume Blanc, *L'invention du colonialisme vert. Pour en finir avec le mythe de l'Éden africain* (Frédéric Thomas) — p. 186-189

Marine Bellégo, *Enraciner l'empire. Une autre histoire du jardin botanique de Calcutta (1860-1910)* (Jan Synowiecki) — p. 189-191

Debjani Bhattacharyya, *Empire and Ecology in the Bengal Delta: The Making of Calcutta* (Marine Bellégo) — p. 191-193

Deborah R. Coen, *Climate in Motion: Science, Empire, and the Problem of Scale* (Jawad Daheur) — p. 193-196

E. A. Wrigley, *The Path to Sustained Growth: England's Transition from an Organic Economy to an Industrial Revolution* (Jean-Yves Grenier) — p. 196-198

Charles-François Mathis, *La civilisation du charbon en Angleterre, du règne de Victoria à la Seconde Guerre mondiale* (François Jarrige) — p. 198-200

François Jarrige et Alexis Vrignon (dir.), *Face à la puissance. Une histoire des énergies alternatives à l'âge industriel* (Charles-François Mathis) — p. 200-202

François Jarrige et Thomas Le Roux, *La contamination du monde. Une histoire des pollutions à l'âge industriel* (Benjamin Furst) — p. 203-205

Nicolas Lyon-Caen et Raphaël Morera, *À vos poubelles citoyens ! Environnement urbain, salubrité publique et investissement civique (Paris, XVIe-XVIIIe siècle)* (Jan Synowiecki) — p. 205-207

Fabien Locher (dir.), *La nature en communs. Ressources, environnement et communautés (France et Empire français XVIIe-XXIe siècles)* (Chloé Deligne) — p. 208-210

Adam Izdebski et Rafał Szmytka (dir.), *Krakow: An Ecobiography* (Julia Obertreis) — p. 211-213

COMPTES RENDUS

Amita Baviskar, *Uncivil City: Ecology, Equity and the Commons in Delhi* (Bérénice Girard)   p. 213-215

Elsa Devienne, *La ruée vers le sable. Une histoire environnementale des plages de Los Angeles au XXe siècle* (Steve Hagimont)   p. 215-217

Charles Stépanoff, *L'animal et la mort. Chasse, modernité et crise du sauvage* (Noémie Bailly)   p. 218-221

Emmanuel Kreike, *Scorched Earth: Environmental Warfare as a Crime against Humanity and Nature* (Małgorzata Praczyk)   p. 221-223

André Gorz, *Leur écologie et la nôtre. Anthologie d'écologie politique* (Gilles Rotillon)   p. 223-226

Adam Izdebski *et alii*
L'émergence d'une histoire environnementale interdisciplinaire
Une approche conjointe de l'Holocène tardif

Avec l'efflorescence des approches paléoscientifiques du passé, les historiens ont été confrontés à une multitude de nouveaux indices sur des phénomènes tant humains que naturels, des maladies aux migrations en passant par les transformations du paysage et le climat. Ces données inédites exigent une réécriture des récits portant sur les périodes lointaines, remettant en cause à la fois les fondements de l'autorité des sources historiques traditionnelles et la légitimité des personnes habilitées à narrer le passé aux sociétés contemporaines. Les travaux d'histoire appuyés sur les sciences humaines doivent embrasser ces nouveaux types d'indices ; cependant, pour y parvenir, il est nécessaire pour les chercheurs de s'engager dans cette voie de manière critique, comme ils le font pour les sources textuelles et matérielles. Cet article souhaite mettre en lumière les questions méthodologiques les plus essentielles, qui vont des échelles spatio-temporelles et de l'hétérogénéité des nouvelles preuves au rôle à attribuer aux méthodes quantitatives et à la place des données scientifiques dans la construction narrative. Il examine les domaines d'étude où les paléosciences se sont « immiscées » dans des champs et des sujets auparavant réservés aux historiens, notamment l'histoire socio-économique, climatique et environnementale. Les auteurs soutiennent qu'il est urgent pour ces spécialistes d'explorer activement ces pistes novatrices, s'ils entendent contribuer à l'évolution de notre compréhension des défis de l'Anthropocène.

The Emergence of Interdisciplinary Environmental History: Collaborative Approaches to the Late Holocene

With the efflorescence of palaeoscientific approaches to the past, historians have been confronted with a wealth of new evidence on both human and natural phenomena, from human disease and migration through to landscape change and climate. These new data require a rewriting of our narratives of the past, questioning what constitutes an authoritative historical source and who is entitled to recount history to contemporary societies. Humanities-based historical inquiry must embrace this new evidence, but to do so historians need to engage with it in a critical manner, just as they engage critically with textual and material sources. This article highlights the most vital methodological issues, ranging from the spatiotemporal scales and heterogeneity of the new evidence to the new roles attributed to quantitative methods and the place of scientific data in narrative construction. It considers areas of study where the palaeosciences have "intruded" into fields and subjects previously reserved for historians, especially socioeconomic, climate, and environmental history. The authors argue that active engagement with new approaches is urgently needed if historians want to contribute to our evolving understanding of the challenges of the Anthropocene.

Philippe Leveau
Le destin de l'Empire romain dans le temps long de l'environnement
(note critique)

Cette contribution a pour point de départ la présentation du livre de K. Harper, qui traite de la place de l'évolution du climat et des maladies dans l'histoire de l'Empire romain. Après avoir présenté les grandes thèses défendues par l'auteur, elle s'attache aux critiques qui ont pu être adressées à ces restitutions par certains historiens : sous-estimation de la complexité de l'évolution climatique, surestimation de la mortalité épidémique, utilisation abusive des apologistes chrétiens, mobilisation des concepts de consilience et de résilience. Ces choix rendent compte des accusations de déterminisme et de réductionnisme dont le livre a fait l'objet. Le récit que K. Harper fait de l'histoire de Rome doit être replacé dans le contexte d'une histoire globale et environnementale promue par des historiens américains qui y saluent une entrée magistrale de l'histoire de Rome dans les préoccupations d'un monde du xxie siècle menacé par les deux conséquences de la globalisation : le changement climatique et les pandémies. Ils s'opposent en cela aux historiens européens qui insistent sur la diversité des conditions environnementales du temps de l'Empire et sur l'héritage historique légué aux nations européennes. Si l'écart entre ces deux approches fait l'intérêt du débat, le « présentisme » dont elles témoignent l'une et l'autre les expose au risque d'interpréter la chute de Rome en fonction des inquiétudes environnementales et géopolitiques actuelles.

The Fate of the Roman Empire in the Long Temporality of the Environment
(Review Article)

The starting point of this article is a review of Kyle Harper's book *The Fate of Rome: Climate, Disease, and the End of an Empire*. It presents the criticisms that some historians in Europe have leveled at its conclusions, notably that it underestimates the complexity of climate change, overestimates epidemic mortality, and makes misuse of Christian apologists. At the epistemological level, the reference to the sociobiological concept of consilience and the transfer of the physical concept of resilience to human societies are used to justify the hypothesis of common laws governing both human societies and the natural world, and thereby the integration of historical time into the temporality of the environment. These choices account for the accusations of determinism and reductionism that have been made against the book. Yet Harper's account of the history of Rome must be placed in the context of a global and environmental history promoted by American scholars, who have welcomed it as a masterful entrance of Roman history into a twenty-first-century world threatened by two consequences of globalization: climate change and pandemics. This contrasts with the approach of European historians, who insist on the diversity of environmental conditions across the Roman Empire and on the historical legacy it has bequeathed to European nations. While these two approaches make for an interesting debate, they both attest to a certain "presentism" that risks interpreting the fall of Rome according to current environmental and geopolitical concerns.

RÉSUMÉS / ABSTRACTS

Magali Watteaux
Un discours de la méthode pour une histoire environnementale du haut Moyen Âge

Le dernier livre de Jean-Pierre Devroey, *La Nature et le roi. Environnement, pouvoir et société à l'âge de Charlemagne (740-820)*, paru en 2019, offre une véritable leçon de méthode historique en même temps qu'il incarne les premiers développements de l'histoire environnementale dans le champ de la médiévistique. Bien que l'auteur assume l'inscription de sa recherche dans le contexte actuel des débats et des inquiétudes sur le réchauffement climatique, sa force est de plaider pour une histoire environnementale dégagée de tout déterminisme naturel. La présente contribution propose de revenir sur ce qui caractérise la méthode de J.-P. Devroey, en particulier s'agissant de l'articulation entre événements climatiques ou biologiques et crises frumentaires. Enfin, des convergences peuvent être discernées avec de récents travaux en histoire du droit, en archéogéographie et en géoarchéologie, qui dessinent les contours des synthèses plus vastes restant à écrire.

Toward an Environmental History of the Early Middle Ages

Jean-Pierre Devroey's 2019 volume *La Nature et le roi. Environnement, pouvoir et société à l'âge de Charlemagne (740-820)*, offers a real lesson in historical method while also embodying the first developments of environmental history in the field of medieval studies. Although the author acknowledges that his research is rooted in current debates and concerns about global warming, the real strength of his work is its plea for an environmental history free from all natural determinism. This article takes a closer look at what characterizes Devroey's methodology, in particular with regard to connections between climatic or biological events and crop crises. It also points to convergences with recent works in the history of law, archaeogeography, and geoarchaeology, which are beginning to sketch the outlines of broader syntheses yet to be written.

Geneviève Bührer-Thierry
La Nature et le corps du roi
Réflexions sur l'idéologie politique des temps carolingiens

Dans son livre *La Nature et le roi. Environnement, pouvoir et société à l'âge de Charlemagne (740-820)*, Jean-Pierre Devroey traite en profondeur, à travers plusieurs chapitres, de la personne du roi dans la bonne marche du monde, mettant ainsi en évidence la pluralité des héritages dans la construction idéologique du monde carolingien. Se poser la question de la place du roi au sein de la Nature permet d'appréhender cette médiation si particulière, qui repose en grande partie sur le corps du roi et puise à différentes traditions, largement reformulées dans le cadre d'une pensée chrétienne. Depuis les influences insulaires, notamment irlandaises, jusqu'à la culture de cour de la fin du ixe siècle, on possède des indices montrant que le corps du roi carolingien – mais sans doute aussi celui de la reine – constitue un élément de stabilité au sein du cosmos dont il garantit l'équilibre à condition de rester dans la « voie droite ». Ces conceptions s'estompent largement après le xie siècle dans la mesure où le roi n'est plus reconnu comme médiateur privilégié entre le Nature et la surnature.

RÉSUMÉS / ABSTRACTS

Nature and the Body of the King:
Reflections on the Political Ideology of the Carolingian Period

Several chapters of Jean-Pierre Devroey's book *La Nature et le roi. Environnement, pouvoir et société à l'âge de Charlemagne (740-820)* explore the role of person of the king in the proper functioning of the world, thus highlighting the plural heritages present in the ideological construction of the Carolingian world. Reflecting on the king's place in nature reveals a particular form of mediation, based largely on the royal body and drawing on different traditions reformulated within the framework of Christian thought. Insular influences (notably Irish), together with the court culture of the late ninth century, suggest that the body of the Carolingian king—and probably also that of the queen—formed an element of stability within the cosmos, guaranteeing its equilibrium as long as they remained on the "right path." However, these concepts largely faded away after the eleventh century, with the king no longer recognized as a privileged mediator between nature and the supernatural.

Michel Reddé
Le développement économique des campagnes romaines dans le nord de la Gaule et l'île de Bretagne
Des approches renouvelées

Deux vastes enquêtes archéologiques récentes sur le monde rural de la Bretagne insulaire et de la Gaule du Nord à l'époque romaine offrent l'occasion de proposer une vision renouvelée des campagnes et de réfléchir sur les modalités de la croissance de l'économie antique dans les provinces du nord-ouest de l'Empire. Il apparaît aujourd'hui que celle-ci s'est appuyée sur un socle protohistorique déjà très solide et que la conquête n'a pas, en elle-même, provoqué des mutations immédiates ou de véritable boom économique. Le développement de l'agriculture s'apparente à un mouvement de long terme qui a atteint son pic au IIe siècle, avant de régresser doucement, ses limites ayant alors probablement été atteintes. L'émergence de la *villa* romaine, traditionnellement considérée comme le moteur du progrès, s'est faite plus lentement qu'on ne le pensait, et il s'agit maintenant de revenir sur l'opposition classique entre grands domaines réputés productifs et petites fermes vouées à l'autosuffisance. Les deux enquêtes menées de part et d'autre de la Manche ont en outre beaucoup insisté sur la diversité des systèmes agro-pastoraux observés. L'article se propose donc de réexaminer les indices de la croissance à l'aide de divers proxies (densité de l'occupation du sol, volume des greniers, taille des animaux), les possibles facteurs de l'essor économique (démographie en hausse, accroissement de la surface cultivée, méthodes de culture, meilleure productivité, nouveaux marchés) et le rythme du développement, tout en soulignant les limites de celui-ci et la différenciation régionale qui en a résulté.

The Economic Development of the Countryside in Northern Gaul and Britain during the Roman Era: Some New Approaches

Two recent, large-scale archaeological surveys on the rural world of Britain and northern Gaul in the Roman period provide an opportunity to propose a new vision of the countryside and to reflect on the modalities of economic growth in the north-western provinces of the Empire. It now appears that this growth was based on an already very solid development during the Late Iron Age and that the conquest did not, in itself, provoke immediate change or a real economic boom. Agricultural development was a long-term movement that reached its peak in the second century before slowly regressing, perhaps because its limits had been reached.

RÉSUMÉS / ABSTRACTS

The emergence of the Roman *villa*, traditionally considered the driving force of progress, was slower than previously thought, and it is probably necessary to reconsider the classic opposition between "productive" large estates and small farms dedicated to self-sufficiency. The two surveys carried out on either side of the Channel have also emphasized the diversity of the agro-pastoral systems observed. This article therefore proposes to reexamine the indices of growth using various proxies (density of land use, volume of granaries, size of animals), the possible factors of economic development (demographic growth, increase in cultivated area, cultivation methods, improved productivity, new markets), and the pace of development, while highlighting the limits of this development and the regional differentiation that resulted from it.

Vincent Goossaert (éd.)
Vies des saints exorcistes. Hagiographies taoïstes. XIe-XVIe siècles
Paris, Les Belles Lettres, 2021, 253 p.

Jean Hiernard et François Kihm (éd.)
Voyages en France et dans ses contrées voisines à l'époque d'Henri IV. Extraits du Livre de voyage *du tyrolien Johann Georg Ernstinger*
Paris, CTHS, 2019, 350 p.

Jacques Lecompte-Boinet
Mémoires d'un chef de la Résistance. Zone Nord, Alger, Londres, Paris
éd. par B. Leroux, Paris, Éd. du Félin, 2021, 1245 p.

Charles Marck
Sur les routes que j'ai parcourues
éd. par M. Pigenet, Classiques Garnier, 2021, 264 p.

Livres reçus

Amory Gethin, Clara Martínez-Toledano et Thomas Piketty (dir.)
Clivages politiques et inégalités sociales. Une étude de 50 démocraties, 1948-2020
Paris, Éd. du Seuil/Gallimard, 2021, 590 p.

Thierry Giappiconi
Témoignages sur la seconde conquête française de la Corse, 1739-1740
Ajaccio, Albiana, 2021, 284 p.

Nicolas Ginsburger, Marie-Claire Robic et Jen-Louis Tissier (dir.)
Géographes français en Seconde Guerre mondiale
Paris, Éd. de la Sorbonne, 2021, 442 p.

Carlo Ginzburg
La lettera uccide
Milan, Adelphi Edizioni, 2021, 252 p.

Annamaria Giunta (dir.)
L'eredità di Lamberto Loria, 1855-1913. Per un museo nazionale di etnografia
Florence, Leo S. Olschki, 2019, 379 p.

Renard Gluzman
Venetian Shipping from the Days of Glory to Decline, 1453–1571
Leyde, Brill, 2021, 547 p.

Maurice Godelier
L'interdit de l'inceste à travers les sociétés
Paris, CNRS Éditions, 2021, 121 p.

André Gorz
Leur écologie et la nôtre. Anthologie d'écologie politique
éd. par F. Gollain et W. Gianninazzi, Paris, Éd. du Seuil, 2020, 376 p.

Anne-Madeleine Goulet, José María Domínguez et Élodie Oriol (dir.)
Spectacles et performances artistiques à Rome (1644-1740). Une analyse historique à partir des archives familiales de l'aristocratie/Spettacoli e 'performance' artistiche a Roma (1644-1740). Analisi storica attraverso gli archivi delle famiglie aristocratiche
Rome, Publications de l'École française de Rome, 2021, 569 p.

LIVRES REÇUS

Mathieu Grenet (dir.)
La maison consulaire. Espaces, fonctions et usagers, XVIe-XXIe siècle
Aix-en-Provence, Presses Universitaires de Provence, 2021, 265 p.

Fabienne P. Guillén et Roser Salicrú i Illuch (dir.)
Ser y vivir esclavo. Identidad, aculturación y agency, mundos mediterráneos y atlánticos, siglos XIII-XVIII
Madrid, Casa de Velázquez, 2021, 290 p.

Danièle Hervieu-Léger
Religion, utopie et mémoire
éd. par P. A. Fabre, Paris, Éd. de l'EHESS, 2021, 168 p.

Adam Izdebski et Rafał Szmytka (dir.)
Krakow: An Ecobiography
trad. par T. Brombley, Pittsburgh, University of Pittsburgh Press, 2021, 224 p.

Danielle Jacquart et Agostino Paravicini Bagliani (dir.)
Le Moyen Âge et les sciences
Florence, Sismel-Edizioni del Galluzzo, 2021, 689 p.

Fabrice Jesné
La face cachée de l'empire. L'Italie et les Balkans, 1861-1915
Rome, Publications de l'École française de Rome, 2021, 603 p.

Stéphane Jettot et Jean-Paul Zúñiga (dir.)
Genealogy and Social Status in the Enlightenment
Liverpool, Liverpool University Press, 2021, 238 p.

Pierre Josserand
L'histoire, l'ordre et le chaos. Une anthropologie de soi
La Roche-sur-Yon, Éd. Dépaysage, 2021, 181 p.

Valer Kakinoŭski
Enfants de France. Histoires de famille qui ont fait confiance à Staline
Minsk, Knihazbor, 2019, 318 p.

Dominique Kalifa (dir.)
Les noms d'époque. De « Restauration » à « années de plomb »
Paris, Gallimard, 2020, 349 p.

Ernst Kantorowicz
Les deux corps du roi. Essai sur la théologie politique au Moyen Âge
trad. par J.-P. et N. Genet, Paris, Gallimard, 2020, 896 p.

Michel Kaplan
L'or et la pourpre à la cour de Byzance, Xe siècle
Paris, Les Belles Lettres, 2022, 256 p.

Benjamin Z. Kedar
From Genoa to Jerusalem and Beyond: Studies in Medieval and World History
Padoue, Libreria Universitaria.it Edizioni, 2019, 573 p.

Ian Kershaw
L'âge global. L'Europe, de 1950 à nos jours
trad. par A. de Saint-Loup et P.-E. Dauzat, Paris, Éd. du Seuil, 2020, 740 p.

Dzovinar Kévonian
La danse du pendule. Les juristes et l'internationalisation des droits de l'homme, 1920-1939
Paris, Éd. de la Sorbonne, 2021, 446 p.

Martti Koskenniemi
To the Uttermost Parts of the Earth: Legal Imagination and International Power, 1300-1870
Cambridge, Cambridge University Press, 2021, XVIII-1107 p.

François Lachaud et Martin Nogueira Ramos (dir.)
D'un empire, l'autre. Premières rencontres entre la France et le Japon au XIXe siècle
Paris, Éd. de l'École française d'Extrême-Orient, 2021, 396 p.

Christian Lamouroux
La dynastie des Song. Histoire générale de la Chine, 920-1279
Paris, Les Belles Lettres, 2022, 816 p.

─── LIVRES REÇUS ───

Sandro Landi
Le regard de Machiavel. Penser les sciences sociales au XVIe siècle
Rennes, PUR, [2017] 2021, 236 p.

Bernard Lavallé
Amazones, saintes et rebelles. L'histoire éclipsée des femmes de l'Amérique espagnole
Paris, Vendémiaire, 2021, 411 p.

Stavros Lazaris
Le Physiologus *grec*, vol. 2, *Donner à voir la nature*
Florence, Sismel-Edizioni del Galluzzo, 2021, 432 p.

**Christian Le Bart
et Florian Mazel (dir.)**
Écrire les sciences sociales. Écrire en sciences sociales
Rennes, Éd. de la MSH en Bretagne/PUR, 2021, 321 p.

**Jean-Pierre Le Crom
et Marc Boninchi (dir.)**
La chicotte et le pécule. Les travailleurs à l'épreuve du droit colonial français, XIXe-XXe siècles
Rennes, PUR, 2021, 332 p.

Marie-Adeline Le Guennec
Aubergistes et clients. L'accueil mercantile dans l'Occident romain : IIIe siècle av. J.-C.-IVe siècle apr. J.-C.
Rome, Publications de l'École française de Rome, 2019, 593 p.

Thibault le Texier
La main visible des marchés. Une histoire critique du marketing
Paris, La Découverte, 2022, 648 p.

Camille Lefebvre
À l'ombre de l'histoire des autres
Paris, Éd. de l'EHESS, 2022, 198 p.

Vincent Lemire
Au pied du mur. Vie et mort du quartier maghrébin de Jérusalem, 1187-1967
Paris, Éd. du Seuil, 2022, 397 p.

Fabien Locher (dir.)
La nature en communs. Ressources, environnement et communautés. France et Empire français XVIIe- XXIe siècle
Ceyzérieu, Champ Vallon, 2020, 326 p.

**Yvan Loskoutoff
et Patrick Michel (dir.)**
Mazarin. Rome et l'Italie. Histoire des arts
Mont-Saint-Aignan, Presses Universitaires du Rouen et du Havre, 2021, 391 p.

Isabelle Lucas
Un impérialisme électrique. Un siècle de relations économiques helvético-argentines (1890-1979)
Lausanne, Éd. Antipodes, 2021, 503 p.

Nicolas Lyon-Caen et Raphaël Morera
À vos poubelles citoyens ! Environnement urbain, salubrité publique et investissement civique (Paris, XVIe-XVIIIe siècle)
Ceyzérieu, Champ Vallon, 2020, 215 p. et 8 p. de pl.

Elissa Mailänder
Amour, mariage, sexualité. Une histoire intime du nazisme (1930-1950)
Paris, Éd. du Seuil, 2021, 498 p.

**Nicolas Maisetti
et Cesare Mattina (dir.)**
Maudire la ville. Socio-histoire comparée des dénonciations de la corruption urbaine
Villeneuve d'Ascq, Presses Universitaire du Septentrion, 2021, 282 p.

Lucie Malbos
Harald à la dent bleue. Viking, roi, chrétien
Paris, Passés composés, 2022, 288 p.

Aanchal Malhotra
Vestiges d'une séparation. Un inventaire pour mémorial
trad. par C. Cloarec, Paris, Éd. Héloïse d'Ormesson, 2021, 399 p.

LIVRES REÇUS

Aurelia Martín Casares, Rafael Benítez Sánchez-Blanco et Andrea Schiavon (dir.)
Reflejos de la esclavitud en el arte. Imagines de Europa y America
Valence, Tirant lo Blanch, 2021, 212 p.

Ernesto de Martino
Mort et pleurs rituels. De la lamentation funèbre antique à la plainte de Marie
éd. et trad. par M. Massenzio, Paris, Éd. de l'EHESS, 2022, 351 p.

Ernesto de Martino
Le monde magique. Prolégomènes à l'étude d'une formation historique
éd. et trad. par G. Charuty, Paris, Éd. Bartillat, [1948] 2022, 320 p.

Fabrice Mauclair
La justice des Lumières. Les tribunaux ordinaires en Touraine au XVIIIe siècle
Tours, Presses universitaires François-Rabelais, 2019, 448 p.

Abdelwahab Meddeb, Benjamin Stora et Sylvie Anne Goldberg
Juifs et musulmans. Échanges et différences entre deux cultures
Paris, Albin Michel, 2021, 701 p.

Franck Mercier
Piero della Francesca. Une conversion du regard
Paris, Éd. de l'EHESS, 2021, 358 p.

Philippe Meyzie
L'unique et le véritable. Réputation, origine et marchés alimentaires (vers 1680-vers 1830)
Ceyzérieu, Champ Vallon, 2021, 377 p.

Henriette Michaud
Freud à Bloomsbury. Alix et James Strachey passeurs de Freud en langue anglaise
Paris, Fayard, 2022, 285 p.

Georg B. Michels
The Habsburg Empire under Siege: Ottoman Expansion and Hungarian Revolt in the Age of Grand Vizier Ahmed Köprülü, 1661-1676
Montréal, Mcgill-Queen's University Press, 2021, 603 p.

Diana Mishkova et Balázs Trencsényi (dir.)
European Regions and Boundaries: A Conceptual History
New York, Berghahn Books, 2017, 401 p.

Pascal Montlahuc
Le pouvoir des bons mots. « Faire rire » et politique à Rome du milieu du IIIe siècle a.C. à l'avènement des Antonins
Rome, Publications de l'École française de Rome, 2019, 500 p.

Frédéric Morvan
Du Guesclin
Paris, Fayard, 2021, 272 p.

Annliese Nef
Révolutions islamiques. Émergences de l'Islam en Méditerranée, VIIe-Xe siècle
Rome, Publications de l'École française de Rome, 2021, 225 p.

Silvia Negri (dir.)
Representations of Humility and the Humble
Florence, Sismel-Edizioni del Galluzzo, 2021, 347 p.

Victor Neumann
Kin, People or Nation? On European Political Identities
trad. par G. Reigh, Londres, Scala, [2003] 2021, 176 p.

Stephan Nicolussi-Kölher
Marseille, Montpellier und das Mittelmeer. Die Entstehung des südfranzösischen Fernhandels im 12. und 13. Jahrhundert
Heidelberg, Heidelberg University Publishing, 2021, 492 p.

Étienne Nodet
Les Romains, les Juifs et Flavius Josèphe
Paris, Éd. du Cerf, 2019, 361 p.

Claire Oger
Faire référence. La construction de l'autorité dans le discours des institutions
Paris, Éd. de l'EHESS, 2021, 399 p.

LIVRES REÇUS

Élodie Oriol
Vivre de la musique à Rome au XVIIIe siècle
Rome, Publications de l'École française de Rome, 2021, 578 p.

Olivette Ottele
African Europeans: An Untold History
Londres, Hurst & Company, 2020, x-291 p.

Christelle Patin
Ataï, un chef kanak au musée. Histoires d'un héritage colonial
Paris, Publications scientifiques du Muséum national d'histoire naturelle, 2019, 543 p.

Marc-Antoine Pérouse de Montclos
L'Islam d'Afrique. Au-delà du djihad
Paris, Vendémiaire, 2021, 514 p.

Vincent Petit (dir.)
Le temple national. Prêtres et pasteurs au Parlement français depuis 1789
Lyon, Presses universitaires de Lyon, 2021, 340 p.

Johny Pitts
Afropean: Notes from Black Europe
Londres, Penguin Books, 2020, ix-391 p.

Jennifer Pitts
Boundaries of the International: Law and Empire
Cambridge, Harvard University Press, 2018, 293 p.

Roberto Poma et Nicolas Weill-Parot (dir.)
Les utopies scientifiques au Moyen Âge et à la Renaissance
Florence, Sismel-Edizioni del Galluzzo, 2021, 384 p.

Sandra Ponzanesi et Adriano José Habed (dir.)
Postcolonial Intellectuals in Europe: Critics, Artists, Movements, and their Publics
Londres, Rowman & Littlefield International, 2018, 310 p.

Piotr Pranke et Miloš Zečević
Medieval Trade in Central Europe, Scandinavia, and the Balkans (10th-12th centuries): A Comparative Study
Leyde, Brill, 2020, 264 p.

Chloé Ragazzoli
Scribes. Les artisans du texte en Égypte ancienne (1550-1000)
Paris, Les Belles Lettres, 2019, 709 p.

Malika Rahal
Algérie 1962. Une histoire populaire
Paris, La Découverte, 2022, 493 p.

Andreas Reckwitz
La société des singularités. Une transformation structurelle de la modernité
trad. par L. Windels, Paris, Éd. de la MSH, 2021, 444 p.

Amélie Rigollet
Mobilités du lignage anglo-normand de Briouze, mi-XIe siècle-1326
Turnhout, Brepols, 2021, 519 p.

Laurent Ripart
Les déserts de l'Occident. Genèse des lieux monastiques dans le sud-est de la Gaule, fin IVe-milieu VIe siècle
Turnhout, Brepols, 2021, 541 p.

Daniel Rivet
Islam et politique au XXe siècle
Paris, La Découverte, 2022, 125 p.

Tiphaine Robert
Des migrants et des revenants. Une histoire des réfugiés hongrois en Suisse (1956-1963)
Neuchâtel, Éd. Alphil-Presses universitaires suisses, 2021, 527 p.

Yann Rodier
Les raisons de la haine. Histoire d'une passion dans la France du premier XVIIe siècle
Ceyzérieu, Champ Vallon, 2019, 472 p.

Rachel Rogers
Friends of the Revolution: The British Radical Community in Early Republican Paris 1792-1794
Londres, Breviary Stuff, 2021, 314 p.

LIVRES REÇUS

Filippo Ronconi
Aux racines du livre. Métamorphoses d'un objet de l'Antiquité au Moyen Âge
Paris, Éd. de l'EHESS, 2021, 352 p.

Ange Rovere
L'Église de Corse en révolutions (XVIIe-XVIIIe siècles)
Ajaccio, Albiana, 2021, 331 p.

José Javier Ruiz Ibáñez et Bernard Vincent (dir.)
Las formas de la hispanofilia
Salamanque, Ediciones Universidad Salamanca, 2021, 228 p.

José Javier Ruiz Ibáñez et Gaetano Sabatini (dir.)
La Immaculada Concepción y la monarcquía hispánica
Madrid, Fondo de cultura económica de España, 2019, 334 p.

Paul Salmona
Archéologie du judaïsme en France
Paris, La Découverte, 2021, 173 p.

Wilhelm Schlink
Jacob Burckhardt. Historien de l'art, conférences du collège de France
Strasbourg, Presses universitaires de Strasbourg, 2020, 97 p.

Alain Schnapp
Une histoire universelle des ruines. Des origines aux Lumières
Paris, Éd. du Seuil, 2020, 744 p.

Christian-Georges Schwentzel
Manuel du parfait dictateur. Jules César et les « hommes forts » du XXIe siècle
Paris, Vendémiaire, 2021, 254 p.

Todd Shepard
Sex, France, and Arab Men, 1962-1979
Chicago, The University of Chicago Press, 2017, 317 p.

Gustavo Sorá
A History of Book Publishing in Contemporary Latin America
New York, Routledge, 2021, 246 p.

Tsvetelin Stepanov
Waiting for the End of the World: European Dimensions, 950-1200
Leyde, Brill, 2020, XVII-364 p.

Mischa Suter
Bankruptcy and Debt Collection in Liberal Capitalism: Switzerland, 1800-1900
trad. par A. Bresnahan, Ann Arbor, University of Michigan Press, 2021, 326 p.

Yves Ternon
L'empire ottoman. Le déclin, la chute, l'effacement
Paris, Éd. du Felin, 2020, 513 p.

Sylvie Thénault
Les ratonnades d'Alger, 1956. Une histoire de racisme colonial
Paris, Éd. du Seuil, 2022, 327 p.

Rolf Torstendahl
Engineers in Western Europe: Ascent—and Decline? A Profession Torn between Technology and Economy, 1850-1990, with Outlooks to the Present
Cham, Springer Nature, 2021, 334 p.

Aldo Trucchio
Les deux langages de la modernité. Jean Starobinski entre littérature et science
Lausanne, Éd. BHMS, 2021, 242 p.

Pauline Valade
Le goût de la joie. Réjouissances monarchiques et joie publique à Paris au XVIIIe siècle
Ceyzérieu, Champ Vallon, 2021, 427 p.

Dominique Valérian (dir.)
Les Berbères entre Maghreb et Mashreq, VIIe-XVe siècle
Madrid, Casa de Velázquez, 2021, 183 p.

Cécile Vidal (dir.)
Une histoire sociale du Nouveau Monde
Paris, Éd. de l'EHESS, 2021, 339 p.

Julien Villain
Le commode et l'accessoire. Le commerce des biens de consommation au XVIIIe siècle : Lorraine, v. 1690-1790
Rennes, PUR, 2021, 336 p.

LIVRES REÇUS

Amedeo de Vincentiis
L'Ytalia di Dante e dei fiorentini scellerati. Un caso di communicazione politica nel Trecento
Rome, Viella, 2021, 315 p.

**Claudie Voisenat
et Sylvie Sagnes (dir.)**
Daniel Fabre. Le dernier des romantiques
Paris, Éd. de la MSH, 2021, 229 p.

Sam White
A Cold Welcome: The Little Ice Age and Europe's Encounter with North America
Cambridge, Harvard University Press, 2017, 361 p.

Clair Wills
Lovers and Strangers: An Immigrant History of Post-War Britain
Londres, Penguin Books, 2017, xxii-441 p.

Claire Zalc
Z ou souvenirs d'historienne
Paris, Éd. de la Sorbonne, 2021, 234 p.

Reza Zia-Ebrahimi
Antisémitisme et islamophobie. Une histoire croisée
Paris, Éd. Amsterdam, 2021, 224 p.

Instructions aux auteurs

Les *Annales* n'acceptent que les travaux originaux et inédits, rédigés en français, en anglais, en italien, en allemand ou en espagnol. Tout manuscrit proposé est soumis au comité de rédaction dans un délai de six mois et fait l'objet d'une évaluation par deux experts extérieurs. Le comité peut ensuite décider d'accepter le manuscrit en l'état ou de l'accepter sous réserve de modifications, ou encore demander une deuxième version qui sera de nouveau évaluée ou, enfin, refuser directement l'article.

Les manuscrits doivent être envoyés à l'adresse annales@ehess.fr dans un format de type Word ou Open Office (et non en format PDF). Ils sont accompagnés d'un résumé en français et en anglais (précédé de son titre traduit) d'environ 1 500 signes. Les documents iconographiques sont remis dans des fichiers séparés, en haute définition et dans une dimension suffisante par rapport au format de la revue (170 mm x 240 mm). Ils sont accompagnés de titres, de légendes et de la mention des sources. La nationalité des auteurs ainsi que leur appartenance institutionnelle doivent être précisées.

Le texte doit être présenté en double interligne et suivre nos recommandations disponibles à l'adresse http://annales.ehess.fr/index.php?497. Il ne doit pas dépasser les 90 000 signes (notes et espaces compris), les notes en bas de page sont limitées à 100. Les citations en langue étrangère sont traduites, l'original est donné éventuellement en note.

Nous attirons l'attention des auteurs sur le fait que leur article, une fois accepté pour publication, sera traduit en anglais pour une diffusion papier et en ligne. Les auteurs sont mis en contact direct avec les traducteurs, ce dialogue favorisant la réalisation d'une traduction scientifique de qualité.

Les auteurs sont informés qu'il leur revient de trouver, au préalable, les versions originales anglaises des citations qu'ils fournissent en français dans leur article, lorsqu'il en existe une édition canonique. Ils s'engagent à fournir un fichier de ces versions anglaises, contenant aussi les nouvelles références éditoriales, les versions anglophones des noms propres cités, ainsi que celles des concepts employés ; ce fichier sera transmis au traducteur le moment venu.

Abonnement 2022 / *Subscription 2022*
Annales. Histoire, Sciences Sociales

AHS / XAN

Tarifs H. T. / *Prices before tax*	Particuliers / *Individuals*	Institutions / *Institutions* FRANCE	Institutions / *Institutions* INTERNATIONAL
Édition française (numérique) / *French edition (online)*	–	☐ 150 €	☐ 200 € / £166 / $238
Édition française (imprimée et numérique) / *French edition (print and online)*	☐ 58 €	☐ 154 €	☐ 257 € / £214 / $307
Édition bilingue (numérique) / *Bilingual edition (online)*	–	☐ 192 €	☐ 320 € / £266 / $381
Édition bilingue (imprimée et numérique) / *Bilingual edition (print and online)*	☐ 86 €	☐ 234 €	☐ 389 € / £322 / $463

Nom / *Surname* : .... Prénom / *First Name* : ....

Adresse / *Address* : ....

Code postal / *Postcode* : .... Ville / *Town* : ....

Pays / *Country* : ....

Courriel / *E-mail* : ....

Tél. / *Tel.* : ....

Choisissez votre mode de paiement / *Please select how you wish to pay*
Devise / *Currency* :   ☐ EUR   ☐ GBP   ☐ USD

☐ par carte de débit/crédit / *by debit/credit card*
    Type de carte / *Card type* (Visa / Mastercard / A mex, etc.) : ....
    N° de carte / *Card number* : ....
    Date d'expiration / *Expiry date* : ....
    Signature/*Signature* : ....

☐ m'envoyer une facture / *send me an invoice*
    Les abonnés résidant dans l'Union européenne sont tenus de payer la TVA au taux applicable dans leur pays. Le cas échéant, merci de préciser votre numéro de TVA intracommunautaire / *Subscribers based in the European Union are required to pay VAT at the rate applicable in their country. If necessary, please specify your VAT number.*

Adressez votre commande et votre paiement à / *Send your order and payment to*
**Cambridge University Press Journals, University Printing House,
Shaftesbury Road, Cambridge, CB2 8BS, UK**

Si vous avez des questions ou si vous souhaitez passer commande pour les *Annales* /
If you have any questions or want to order the Annales :

- journals@cambridge.org / +44 (0)1223 32 6375 pour le service francophone / *for a French-language service*
  - subscriptions_newyork@cambridge.org / +1 800-872-7423 pour les Amériques / *for the Americas*
  - journals@cambridge.org / +44 (0)1223 32 6070 pour le reste du monde / *for the rest of the world*

Pour obtenir plus d'informations et connaître les conditions générales de vente /
For further information and terms and conditions of sale
www.cambridge.org/annales/subscribe-fr

Éditions de l'EHESS 2022 *Directeur de la publication* : Christophe PROCHASSON

Tous droits de traduction, d'adaptation et de reproduction par tous procédés, réservés pour tous pays.
Le Code de la propriété intellectuelle (CPI) n'autorisant, aux termes de l'article L. 122-5, 2º et 3ºa, d'une part, que les « copies ou reproductions strictement réservées à l'usage privé du copiste et non destinées à une utilisation collective » et, d'autre part, que les analyses et les courtes citations dans un but d'exemple et d'illustration, « toute représentation ou reproduction intégrale ou partielle faite sans le consentement de l'auteur ou de ses ayants droit ou ayants cause est illicite » (art. L. 122-4 du CPI). Cette représentation ou reproduction, par quelque procédé que ce soit, constituerait donc une contrefaçon sanctionnée par les articles L. 335-2 et suivants du CPI.

Diffusion Cambridge University Press (Cambridge/New York)
Dépôt légal : 2022 — nº 1, janvier-mars 2022

Imprimé au Royaume-Uni par Bell and Bain Ltd.
ISSN (édition française) : 0395-2649 (version imprimée)
et 1953-8146 (version numérique)

Nº commission paritaire : 1119 T 07521